Plenk's Spezialführer

Berchtesgadener Alpen
Die schönsten Rundtouren

Elke Kropp

- Rundtour
- Aufstieg wie Abstieg
- Höhenmeter im Anstieg
- Gefahrenhinweise
- vergnüglich für Kinder
- Varianten
- auch im Winter lohnend
- Einkehrmöglichkeit

- Talwege
- Wanderwege, kaum ausgesetzte Stellen
- Wege mit ausgesetzten Stellen
- Schwierige, längere Touren, steil und ausgesetzt

- Startpunkt
- Wegrichtung
- Ziel

ISBN 978-3-944501-46-8

Tourenverzeichnis

Was diesen Wanderführer ausmacht

Wer die Berge liebt, den zieht es zwangsläufig irgendwann nach Berchtesgaden. Denn diese Region mit Königssee, Watzmann und dem berühmten Bild der Ramsauer Kirche vor den mächtigen Felswänden der Reiteralm ist eine der bekanntesten Gegenden in den Alpen. Zu Recht! Denn hier lässt sich die Bergwelt in einer unglaublichen Vielfalt erleben – von kleinen Spaziergängen entlang quirliger Bachläufe bis hin zu anspruchsvollen ausgesetzten Gipfelbesteigungen. Das ganze Jahr über lohnt es sich, hier unterwegs zu sein – auch wenn das Wetter mal nicht so mitspielt.

Klima in Berchtesgaden keineswegs rauer

Viele Interessenten halten das Klima in Berchtesgaden für besonders rau, denn schließlich findet der Funtensee im Steinernen Meer in den Wetterberichten oft Erwähnung als Kältepol Deutschlands. Doch ist das Klima im Berchtesgadener Land nicht anders als in anderen Bergregionen auch: Im Winter schneit es öfter als im niedriger liegenden Flachland, die Natur im Frühjahr braucht ein oder zwei Wochen länger, bis alles grün ist, und im Sommer kühlen die Nächte oftmals sehr schön ab. Der Herbst ist oft golden im wahrsten Sinne des Wortes – die Region im südöstlichen Zipfel Bayerns ragt sehr häufig aus der Nebelsuppe des Voralpenlandes heraus.

Kälterekorde am Funtensee durch besonderes Phänomen

Der Funtensee kann übrigens aufgrund der besonderen Kessellage mit den Kälterekorden aufwarten: Im Winter 2001 wurden als Kälterekord minus 45,9 Grad gemessen. Aufgrund der Kaltluft, die sich in dieser Mulde nachts sammelt, gibt es am Funtensee sogar eine doppelte Waldgrenze: Die Bäume wachsen erst 60 Meter oberhalb des Sees bis in die Regionen um 1.800 Meter, der üblichen oberen Waldgrenze.

Große Teile der Berchtesgadener Alpen geschützt

Ein großer Teil der Berchtesgadener Alpen wurde 1978 zu Deutschlands einzigem Alpen-Nationalpark deklariert – doch die Geschichte des Naturschutzes geht in dieser Region weiter zurück. Bereits 1910 wurde die Landschaft des südlichen Königssees und des Obersees mit den sie umgebenden Bergen zum Pflanzenschonbezirk erklärt – um dem sich schwunghaft entwickelnden Handel mit Alpenpflanzen entgegenzuwirken.

Schon damals hätten viele engagierte Naturschützer am liebsten einen Nationalpark nach dem Vorbild des 1872 gegründeten Yellowstone Parks errichtet, doch war dies auch deshalb nicht erreichbar, weil die bayerischen Könige bis 1918 ihre Hofjagden in dieser Alpenlandschaft abhielten.

Naturschutz-Aktivitäten gegen drohende Verschandelung

1916, also mitten im Ersten Weltkrieg, planten norddeutsche Investoren, einen meterhohen assyrischen Löwen in die Falkensteiner Wand am Königssee meißeln zu lassen – als kriegsverherrlichendes Denkmal. Dies rief viele Naturschützer auf den Plan, die schließlich erreichen konnten, dass 1921 das bisherige Pflanzenschutzgebiet zum Naturschutzgebiet ernannt und auch erweitert wurde: Es umfasste jetzt den gesamten Königssee, aber auch Watzmann, Hochkalter, einen Teil der Reiteralm und den Hohen Göll mit den dazwischen liegenden Tälern. Als in den sechziger Jahren Pläne für eine Seilbahn auf den Watzmann auftauchten, begann der „Kampf um den Watzmann", aus dem 1978 die Nationalpark-Gründung resultierte.

Nahezu alle 70 Wanderungen als Rundtouren angelegt

Die Wanderungen und Bergtouren, die in diesem Buch vorgestellt werden, sind – mit wenigen Ausnahmen, bei denen sich wirklich keine sinnvolle Variante anbietet – als Rundkurse angelegt. Sie führen stets zum Ausgangspunkt zurück, wo jeweils die Parkplätze und auch die Bushaltestellen angegeben werden. Urlauber, die in den fünf Gemeinden des Berchtesgadener Talkessels ihre Unterkunft haben, können die öffentlichen Busse kostenlos benutzen.

Historische Spaziergänge als zusätzlicher Bonus

Berchtesgadens Geschichte als eigenständiges Land mit Sitz im Reichstag, als Hitlers zweiter Regierungssitz, als mittelalterlicher Abbau- und Produktionsort des Salzes und als Ziel vieler Marienwallfahrten hat eine Reihe von interessanten Bauwerken, Museen und Ausflugszielen hinterlassen, die heute gute Alternativen bei Regenwetter darstellen – das macht vielen die Entscheidung leichter, sich für längere Aufenthalte in Berchtesgaden zu entscheiden. Die große Zahl und Spannbreite der unterschiedlichen Touren ermöglichen, sich die Vielfalt der Region zu erschließen, und fünf „Historische Spaziergänge" eröffnen einen Blick in die außergewöhnliche Geschichte des südöstlichen bayerischen Landstrichs.

Gehzeiten sorgfältig recherchiert

Bei allen Touren ist der Zeitbedarf – stets reine Gehzeiten, wie sie auch auf den offiziellen Wanderwegweisern erscheinen – angegeben. Diese werden nach einem Schlüssel berechnet, der Strecke und Höhenunterschiede berücksichtigt. Die Zeiten sind reichlich bemessen; trainierte Wanderer unterbieten sie – außer in schwierigem Felsgelände – meist deutlich. Die österreichischen Gemeinden Saalfelden und Maria Alm berechnen ihre Gehzeiten offensichtlich etwas knapper, dort benötigen auch viele erfahrene Wanderer die angegebenen Zeiten.

Schwierigkeit durch Farbeinteilung schnell erfassbar

Neben den Gehzeiten ist aber auch der Schwierigkeitsgrad wichtig für Wanderer, wenn sie die ihrer Fitness und ihren Fertigkeiten entsprechende Tour auswählen möchten. Dieser Wanderführer nutzt die übliche Farb-Charakterisierung Gelb – Blau – Rot – Schwarz bezüglich des Schweregrades, charakterisiert aber alle schwarzen Touren nochmals hinsichtlich der Ausgesetztheit und der Schwierigkeit der Kletterstellen. Aus den Farben ergeben sich folgende Charakteristika.

Gelb

Talwege ohne längere Steigungen, ohne kritische oder möglicherweise rutschige Stellen, können auch bei schlechtem Wetter begangen werden.

Blau

Meist nicht allzu steile, kaum ausgesetzte Wege. Die Touren erfordern kaum Bergerfahrung, sind aber durchaus auch mal als längere Touren konzipiert.

Rot

Kurze ausgesetzte Abschnitte, teilweise steile Pfade. Keinerlei Stellen, bei denen man die Hände zum Klettern benutzen müsste, aber durchaus seilversicherte Passagen, die Trittsicherheit, Schwindelfreiheit und Umsicht verlangen. Touren nur mit guten Wanderschuhen begehen!

Schwarz

Schwierige, lange Touren, die alpine Bergerfahrung und oftmals auch Klettergeschick erfordern. Sie sind in vielen Fällen über weite Abschnitte steil und ausgesetzt, die Wanderer müssen also auf jeden Fall schwindelfrei sein. Um der großen Bandbreite der Schwierigkeitsgrade in dieser Kategorie besser gerecht zu werden, sind bei jeder schwarzen Tour zusätzliche Hinweise zu finden.

Die Kletterstellen werden hierbei gemäß der UIAA-Skala charakterisiert: „**I**" bezeichnet ungesicherte Felskletterei mit geringen Schwierigkeiten, bei der aber die Hände zur Hilfe genommen werden sollten, um das Gleichgewicht zu unterstützen. „**II**" bezeichnet mäßige Schwierigkeiten, bei denen die Hände an einzelnen Stellen auch zum Hochziehen eingesetzt werden und stets drei Punkte (Hände oder Füße) des Körpers am Fels gehalten werden sollten.

Die Tourenbeschreibungen enthalten allesamt Einkehrmöglichkeiten, sofern welche existieren. Ihnen ist jeweils eine Übersichtskarte beigefügt, die eine gute erste Orientierung ermöglicht. In der hinteren Lasche befindet sich zudem eine Wanderkarte der gesamten Region.

GPX-Daten kostenlos erhältlich
Ein zusätzlicher Bonus, den der Verlag bietet: Alle 75 Touren können kostenlos als GPS-Tracks heruntergeladen werden. Dies ermöglicht ein QR-Code, der sich auf Seite 257 in diesem Buch befindet. Wie dies funktioniert, ist ebenfalls dort zu lesen. Die GPX-Daten hat der Verlag – ebenso wie die eingefügten Karten – **auf Basis von offiziellem Kartenmaterial** nach bestem Wissen und Gewissen erstellt. Dennoch kann es vorkommen, dass die Wiedergabe durch GPS-Geräte nicht in allen Fällen einwandfrei funktioniert. Daher bittet der Verlag die Nutzer, stets Vorsicht walten zu lassen, das eigene Orientierungsvermögen nicht zu ignorieren und nicht abseits jeglicher Pfade ins Gelände zu gehen.

Hilferuf im Notfall
Die internationale Notrufnummer ist 112. Wir raten, das Handy bei Touren immer eingeschaltet zu lassen. Im Notfall kann so Ihr Standort ungefähr bestimmt werden. Die Akkus sollten möglichst neu sein, da ältere Akkus bei Kälte sehr schnell einbrechen. Denken Sie daran!

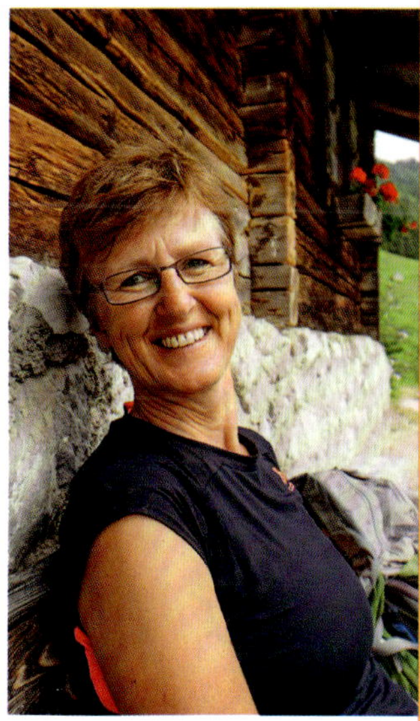

Die Autorin
Elke Kropp zog 1990 aus München nach Schönau am Königssee. Sehr bald vertiefte sie ihre Begeisterung für die Berge und das Wandern, anfangs mit Familie, später auch mit Freundinnen und Alpenvereins-Kameraden. Als der Plenk Verlag sie beauftragte, seinen klassischen Wanderführer zu aktualisieren und in eine zeitgemäße Form zu bringen, kannte sie – bis auf einen – bereits alle Gipfel der hier beschriebenen Touren. Dennoch hatte sie viel Spaß dabei, alle Gipfel und Wanderrouten nochmals zu erobern.

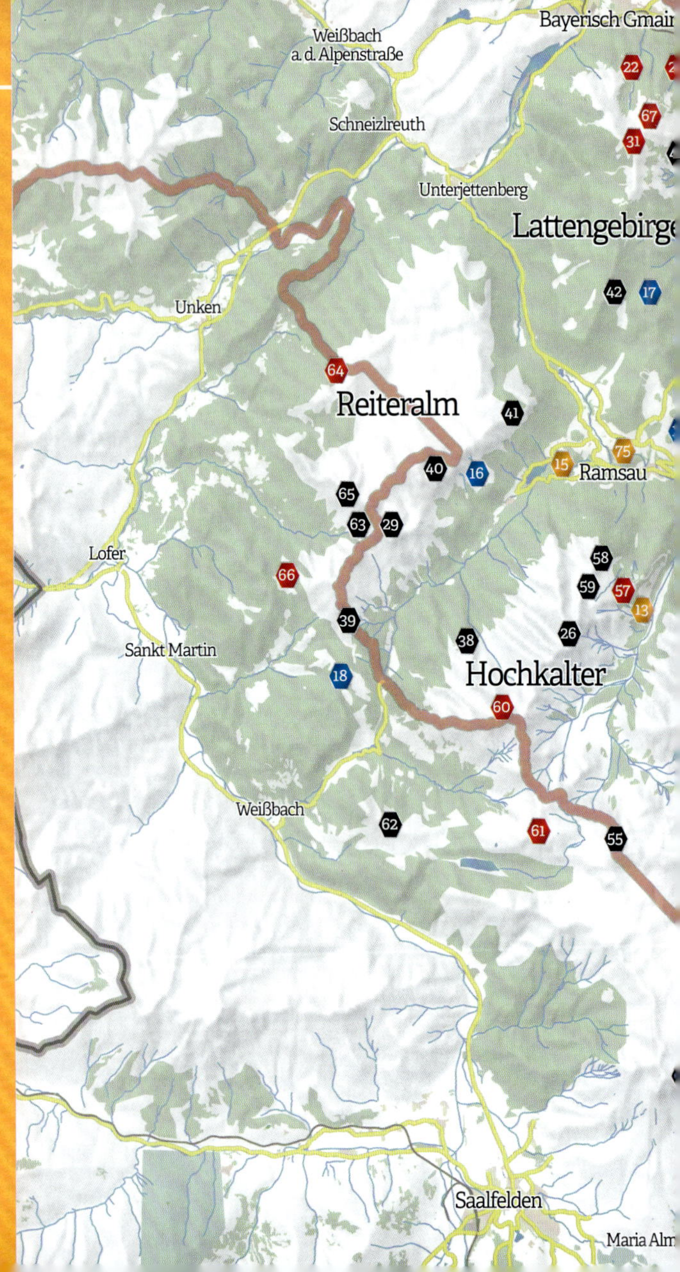
Bayerisch Gmain
Weißbach
a. d. Alpenstraße
Schneizlreuth
Unterjettenberg
Lattengebirge
Unken
Reiteralm
Ramsau
Lofer
Sankt Martin
Hochkalter
Weißbach
Saalfelden
Maria Alm
22
67
31
42
17
64
41
75
15
40
16
65
63
29
58
66
59
57
13
39
38
26
18
60
62
61
55

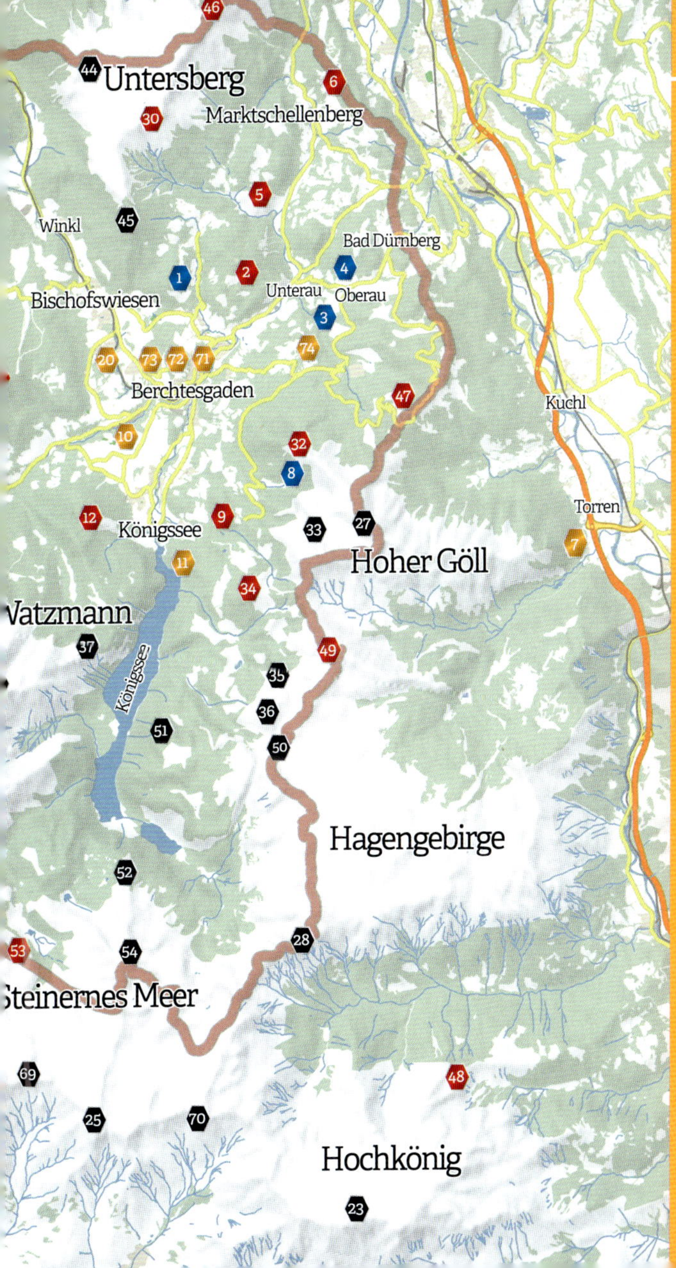

Untersberg
Marktschellenberg
Winkl
Bad Dürnberg
Bischofswiesen
Unterau
Oberau
Berchtesgaden
Kuchl
Torren
Königssee
Hoher Göll
Watzmann
Königssee
Hagengebirge
Steinernes Meer
Hochkönig

Wanderungen unter und um vier Stunden

Wer an die Berchtesgadener Alpen denkt, hat sofort den hohen schroffen Watzmann und die ihn umringenden Hochgebirgsgipfel im Sinn. Doch eröffnen die weiten Ebenen, die von den Gebirgsstöcken der Berchtesgadener Alpen eingekreist sind, und die Täler zwischen ihnen auch interessante Optionen für kürzere Wanderungen entlang der Flüsse, entlang alter Soleleitungen und Pfade sowie quer durch wiesenreiche Flächen. Kleinere Vorgipfel und mehrere Almen lassen sich ebenfalls im Rahmen von Halbtagestouren erreichen.

Viele Optionen für weniger ambitionierte Wanderer

Bei den Touren unter oder um die vier Stunden war die Qual der Wahl am größten: So viele Optionen an gepflegten Spazierwegen, lohnenden Ausflugszielen und Naturschönheiten bieten sich in den Berchtesgadener Alpen. Die ausgewählten 22 Touren haben ihren Schwerpunkt im Berchtesgadener Talkessel: Die Wanderungen beginnen überwiegend in Berchtesgaden, Markschellenberg, Schönau am Königssee, Ramsau oder Bischofswiesen, den fünf Gemeinden, die man zum inneren Landkreis Berchtesgaden zählt.

Wanderungen starten meist im Talkessel

Zwei Vorgipfel im Lattengebirge werden von Bayerisch Gmain aus erreicht, starten also jenseits des Hallthurm, des Passes, wo früher die Fürstpropstei Berchtesgaden an das Land Salzburg grenzte. Eine Tour begibt sich in das Tal zwischen Hohem Göll und dem Hagengebirge, das nur von der österreichischen Seite anzufahren ist, doch mit den malerischen Bluntauseen und dem nahen Gollinger Wasserfall die etwa halbstündige Autofahrt wert ist.

Höhepunkte zu jeder Jahreszeit

Wandern kann man in Berchtesgaden zu jeder Jahreszeit: Für ihre Besucher räumen die Orte viele Winterwanderwege, die Königssee-Boote fahren – außer bei Vereisung des Sees – weiterhin nach St. Bartholomä, der Hintersee friert schnell zu und erscheint dann wie eine winterliche Idylle, die Brueghel-Gemälden entsprungen sein könnte. Die Wildfütterung mit ihrem 13 Meter hohen Beobachtungsturm lockt ins Klausbachtal. Bereits im März strotzen die Kneifelspitze und die Hänge rund um Ettenberg vor Schneerosen und Frühlingserika. Der Oktober lockt mit seiner klaren Luft, wenn woanders die Nebel hängen. Selbst im November lassen sich viele schöne Spaziergänge unternehmen.

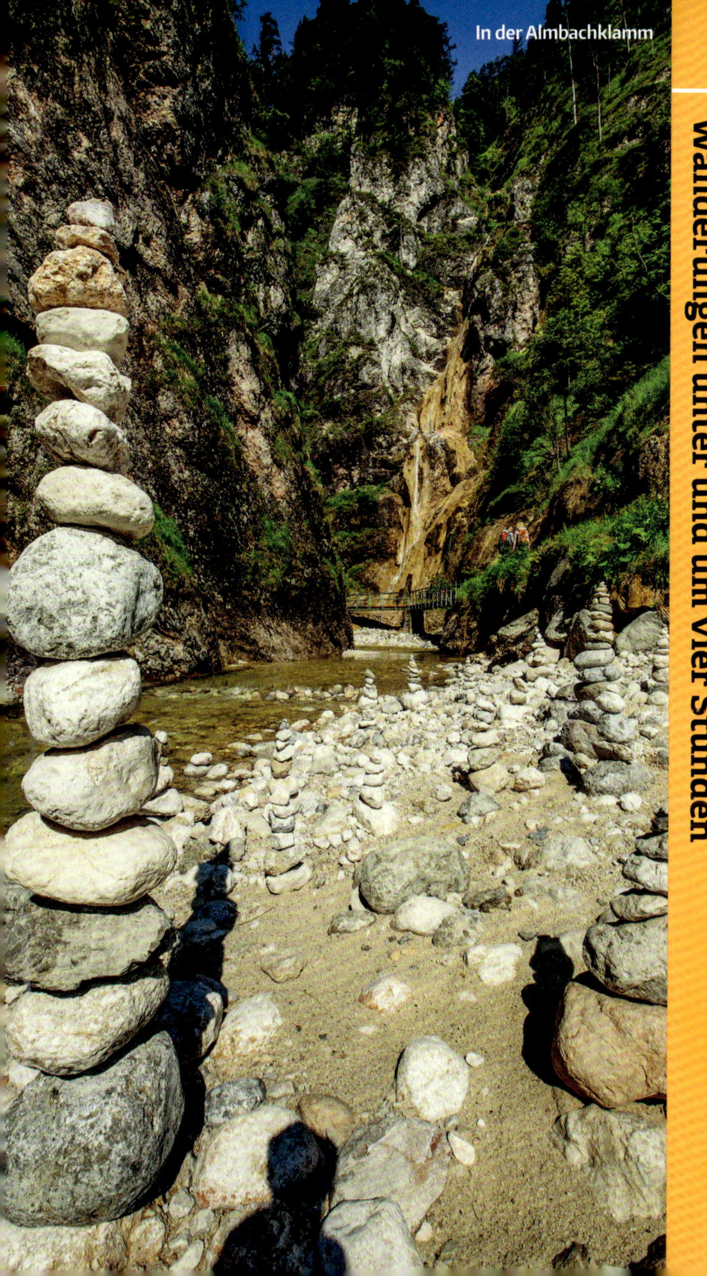

In der Almbachklamm

Maria Gern mit Klamm und Höhenweg

Ein Spaziergang, bei dem sich Perle an Perle reiht: die wunderschön gelegene Kirchleit'n-Kapelle, der Wanderweg im tiefen Einschnitt des Gerner Bachs, die kunstreiche Wallfahrtskirche in Maria Gern, der Blick von Obergern übers Tal hinweg und der Weg zurück durch den Rostwald und entlang offener Wiesenflächen.

Parkplatz und Bushaltestelle Nonntal, Berchtesgaden (alternativ andere Parkplätze und Bushaltestellen in Berchtesgaden und über den Schlossplatz ins Nonntal gehen, 550 m)

Gut 4 Stunden: Über Emmaus-Weg und Kirchleit'n-Kapelle zur Hilgergasse 30 Min., nach Maria Gern 45 Min., nach Obergern 45 Min., über Gerner Höhenweg zum Aschauerweiher Bad 1 ½ Std, Querung durch den Rostwald und Abstieg über den Doktorberg nach Berchtesgaden 35 Min.

Auf der dem Parkplatz Nonntal gegenüberliegenden Straßenseite beginnt der Emmaus-Rundweg mit einer kleinen Treppe. Bald darauf jedoch verlassen wir diesen Rundweg nach rechts Richtung Kirchleit'n-Kapelle, deren Turm bereits auf einer Anhöhe vor dem Lockstein zu erspähen ist. Nach

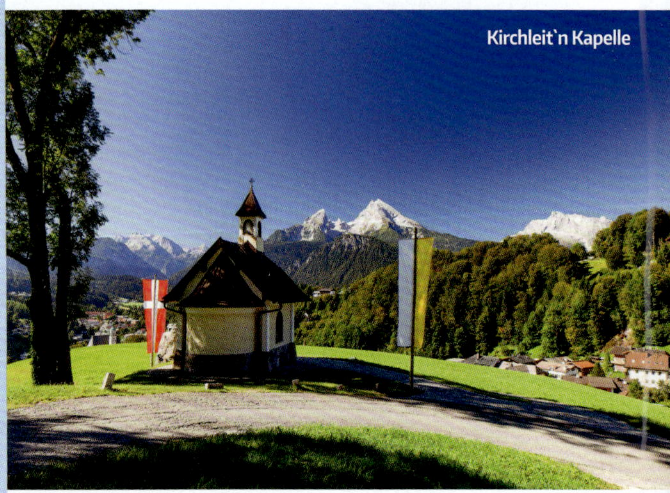
Kirchleit`n Kapelle

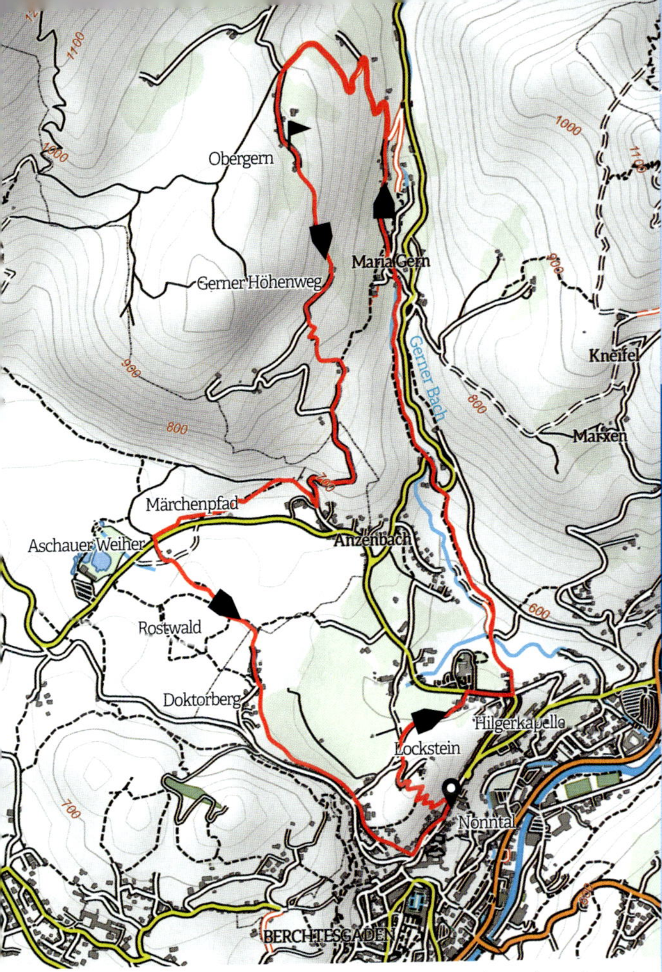

der Kapelle folgen wir zunächst der Straße und den Wegweisern Richtung Krankenhaus. Kurz darauf zweigt rechts ein asphaltierter Weg ab, auf dem wir uns noch ein weiteres Mal rechts halten. Beim Krankenhaus gehen wir nach rechts einige Meter der Straße entlang, bis Wanderschilder an der linken Seite den Weg hinunter in die Hilgergasse (schräg gegenüber der Hilgerkapelle) ausdeuten, an deren Ende ein kleiner

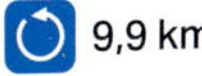 9,9 km  460 Hm   Ghs. Maria Gern

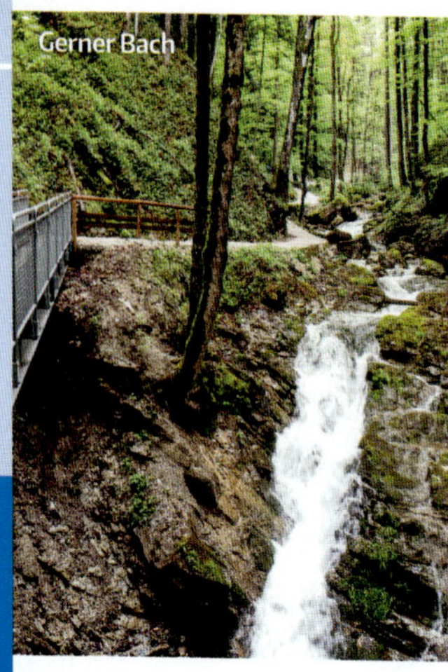

Gerner Bach

Wanderweg entlang des Gerner Bachs weiterführt. Der Weg quert den Bach, verläuft an der anderen Bachseite als Fußweg weiter oberhalb des Bachs und endet an einer Straße. Dort gehen wir nach links unten und entdecken in einer scharfen Linkskurve der Straße den Klammweg, der nach rechts entlang des Gerner Bachs hinauf führt. Nach etwa 20 Minuten können wir nach rechts einen Abstecher zur Wallfahrtskirche Maria Gern und zum Gasthaus machen. Danach gehen wir wieder zum Klammweg hinunter und folgen diesem nach rechts zwischen den Häusern hindurch immer am Bach entlang. Während die kleine Straße für Autos unterbrochen ist, können wir als Wanderer weitergehen, bis der Klammweg schließlich auf eine andere Straße, den Obergerner Weg, stößt. Dieser Straße folgen wir nach links aufwärts und gehen sechs Kehren (ca. 1,5 km) der Straße entlang. Bei der Kreuzung halten wir uns dann links Richtung Aschauerweiher Naturbad und wandern jetzt auf dem Gerner Höhenweg,

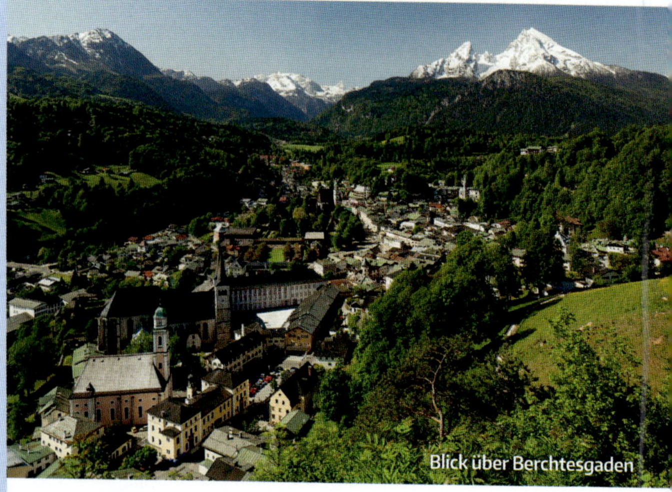

Blick über Berchtesgaden

der uns herrliche Ausblicke, vor allem Richtung Hohen Göll und ins Hagengebirge, beschert. Die Ausschilderung ist zwischenzeitig etwas verwirrend, einmal müssen wir den Schildern nach Maria Gern (über den Gerner Höhenweg) folgen, dann ist bei einer Häusergruppe auch wieder der Aschauer Weiher ausgeschildert und wir nehmen diesen rechten Zweig. Von dieser kleinen Straße zweigen wir weiter unten entsprechend der Ausschilderung nach rechts hinten Richtung Maximiliansreitweg ab. Bei der Station 11 des Märchenpfads wählen wir die als Rückweg ausgeschilderte Abzweigung nach links und gelangen somit zum Dietfeldparkplatz, wo wir die Straße überqueren.

Dem dort gegenüber beginnenden Wanderweg folgen wir an der nächsten Kreuzung links Richtung Berchtesgaden Ortsmitte. Wir halten uns weiterhin Richtung Berchtesgaden, gehen zwischen ein paar Häusern hindurch, kreuzen eine Straße und nehmen dann den Sandweg, der uns oberhalb des sogenannten wiesenreichen Weinfelds – mit herrlichen Ausblicken, auch auf den Lockstein und die Kirchleit'n-Kapelle – Richtung Berchtesgaden weiterführt. Dort, wo der Sandweg endet, nehmen wir schräg gegenüber die kleine Straße namens Weinfeldweg, die uns – auch über einige Treppen – auf die Straße namens Doktorberg und dann hinab ins Nonntal führt.

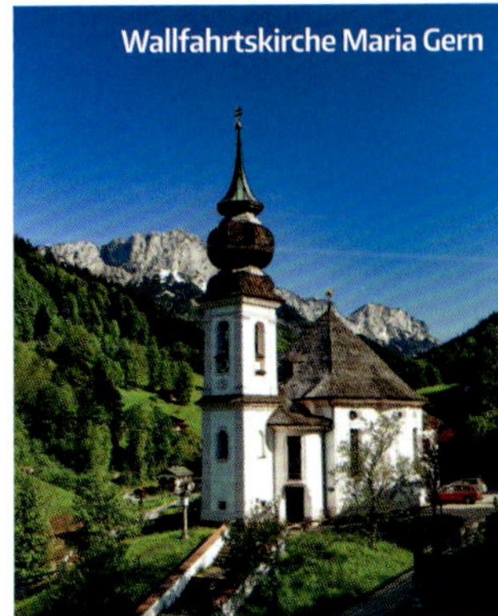
Wallfahrtskirche Maria Gern

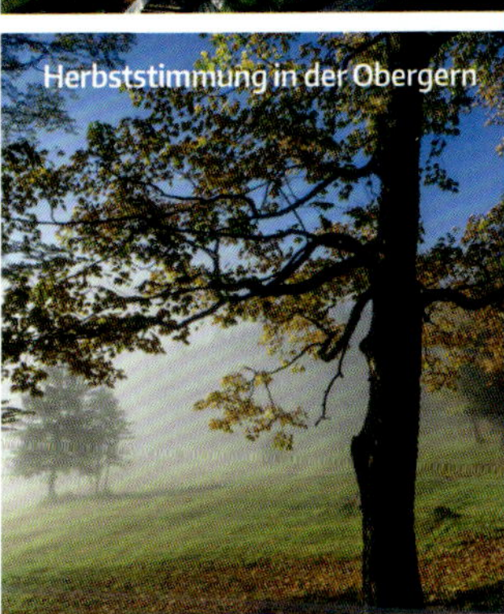
Herbststimmung in der Obergern

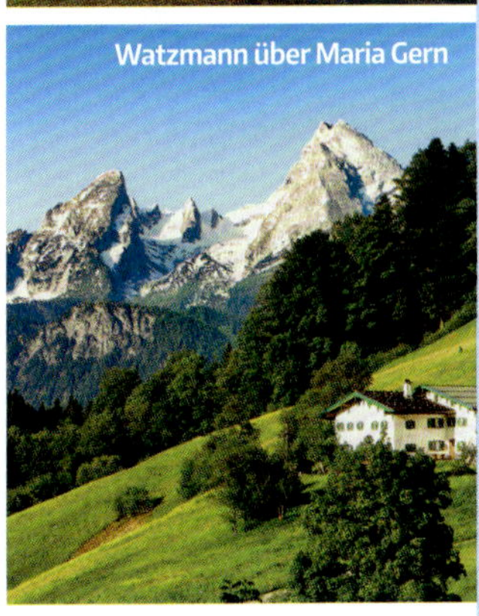
Watzmann über Maria Gern

Kneifelspitze, 1.188 m

Der Ausspruch „klein, aber fein" gilt bei keinem Gipfel so sehr wie bei der Kneifelspitze. Obwohl ruckzuck oben, hat man einen grandiosen Ausblick. Und eine ungewöhnliche Blumenpracht am Weg lockt zu verschiedenen Jahreszeiten, vor allem wenn man wie wir einen einsamen Anstieg wählt.

Parkplatz Maria Gern, links unterhalb der Kirche, Bushaltestelle Maria Gern (730 m)

3 ½ Stunden: Aufstieg an Marxenhöhe vorbei bis zurAbzweigung Kneifelspitzrundweg 1 Std., Kneifelspitzrundweg bis zur Abzweigung beim Marterl 30 Min., Aufstieg zum Salzburgblick 45 Min., Abstieg über Kneifellehen nach Maria Gern 1 ¼ Std.

Zwischen Kirche und Gasthaus führt eine sehr steile Straße hinauf, eine Herausforderung gleich zum Start. Dort, wo die Straße eine deutliche Kurve nach links (Richtung Lauchlehen) nimmt, gehen wir geradeaus auf einem schönen Waldweg weiter. Dieser führt uns am Abstecher zur Marxenhöhe vorbei, durch ein Drehkreuz und dann über eine der grandiosesten Wiesen Berchtesgadens. Mehr als ein halbes Jahr lang kann man sich an der dichten Blütenpracht dieser Buckelwiese erfreuen – angefangen bei den Frühlings-

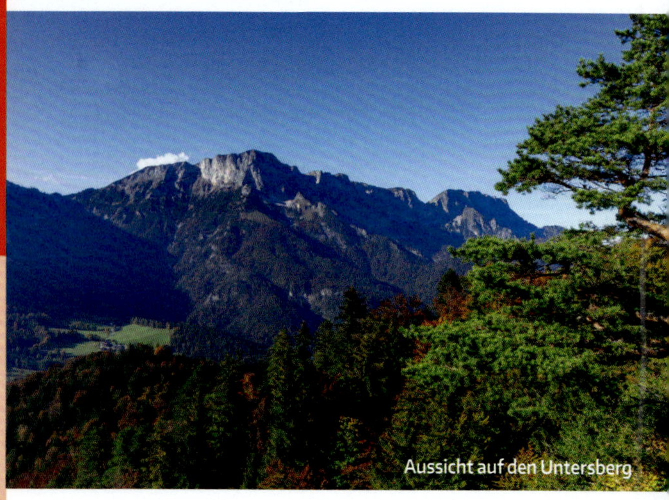
Aussicht auf den Untersberg

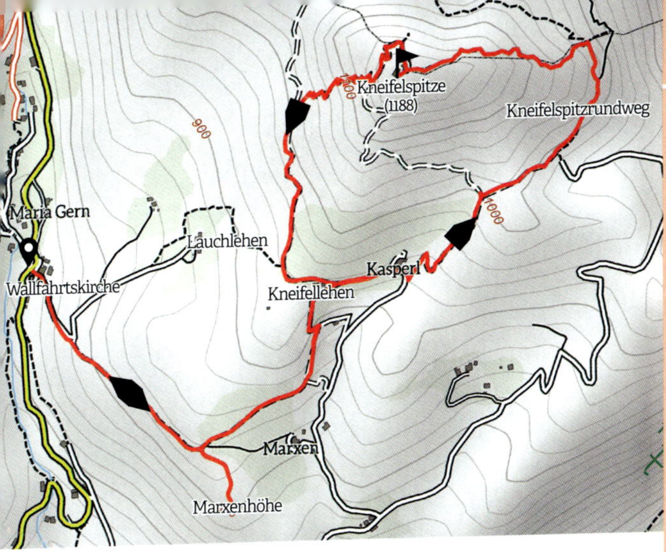

erika-Polstern im frühen Frühjahr bis hin zu Fransenenzian und Glänzenden Skabiosen im Spätherbst. Dass man bereits hier einen wunderbaren Watzmannblick hat, erfreut das Wandererherz umso mehr.

Nachdem wir die Wiese durch ein weiteres Drehkreuz verlassen haben, ignorieren wir zwei Abzweiger nach rechts und steigen über den Sandweg bergauf, bis wir am Kneifellehen den Schildern nach rechts Richtung Kneifelspitzrundweg folgen. Beim nächsten Anwesen stoßen wir auf eine Straße und biegen nach links oben ab. Die Straße geht in einen sandigen Fahrweg über, dem wir jetzt noch ca. 15 Minuten aufwärts folgen, bis uns Schilder anzeigen, dass der Kneifelspitzrundweg nach rechts abzweigt. Der Rundweg zieht sich bald als malerischer Pfad am Hang entlang langsam aufwärts.

Dort, wo wir auf zwei Bänke unterhalb eines Marterls (Kreuz) treffen, lässt sich oberhalb des Marterls ein Steig mit vielen Baumwurzeln erkennen. Dieser führt uns steil bergan, ist gut zu halten, auch wenn er hin und wieder ein wenig nach rechts oder links variiert. Dieser Pfad führt im frühen Frühjahr durch ein Meer von Schneerosen.

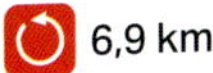

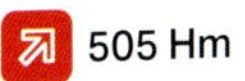

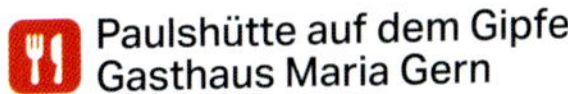

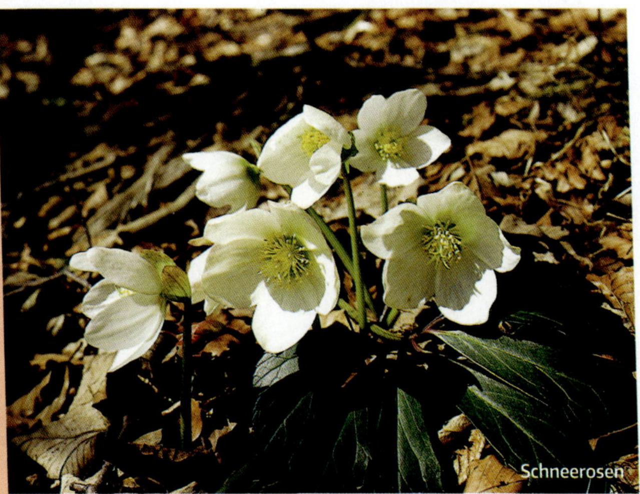
Schneerosen

Nach dem ersten Steilstück geht der Pfad eine Weile eben links an einem Rücken vorbei, dann durch eine kleine Senke und kurz darauf durch eine zweite Senke. Das letzte steile Wegstück endet dann oben beim sogenannten Salzburgblick der Kneifelspitze.

Sobald wir uns an dem Blick hinüber zum Untersberg sowie dem Tiefblick über Ettenberg hinweg nach Salzburg geweidet haben, gehen wir etwas hinab und durch eine kleine Senke hinüber zur Paulshütte, die fast das ganze Jahr über bewirtschaftet ist.

Der Abstieg erfolgt in der Senke unterhalb der Paulshütte Richtung Norden, also Richtung Maria Gern über Marxenhöhe. Wir gehen zunächst etwa 500 Meter auf dem breiten sandigen Weg, biegen dann nach rechts ab und verlieren über einen Serpentinenpfad schnell an Höhe. Dieser geht in einen breiteren Weg über; den Abzweiger nach rechts zum Direktabstieg über Lauchlehen ignorieren wir. Wir gehen nach links und zweigen kurz nach dem Kneifellehen nach rechts ab Richtung Maria Gern / Marxenhöhe. Hier treffen wir wieder unseren Anstiegsweg, gehen steil abwärts und dann wieder zurück durch die schöne buckelige Wiese.

Wer möchte, kann hier noch einen Abstecher zur Marxenhöhe machen – ein schöner Blick auf Berchtesgaden erwartet uns dort.

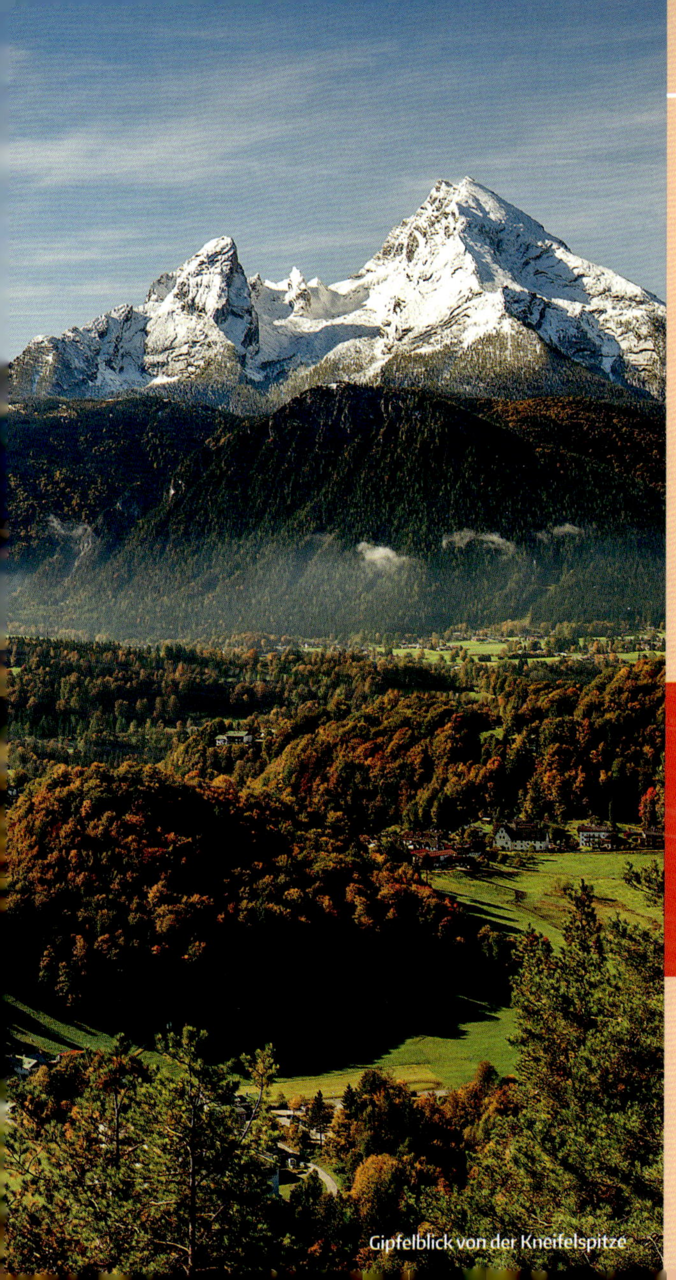

Gipfelblick von der Kneifelspitze

Stollenweg und Resteckkapelle, 1.074 m

Ungewöhnliche Wanderung, die durch drei Bergwerk-Stollen verläuft und mehrere Bachgräben kreuzt. Schöne Ausblicke, die kleine Resteckkapelle mit Rastbank als höchster Punkt.

Parkplatz Bergwerkstraße, Nähe Hotel Salzberg (Zufahrt über B 305 Richtung Salzburg, 900 Meter nach Ortsausfahrt rechts über Gollenbachbrücke, Bergwerkstraße), alternativ auch Parkplatz des Salzbergwerks, Bushaltestelle Salzbergwerk an der B 305 (525 m)

4 ¾ Stunden: Stollenweg bis Bushaltestelle Landau an der B 319 1 ¾ Std., zur Resteckkapelle 1 Std., Abstieg nach Berchtesgaden 2 Std.

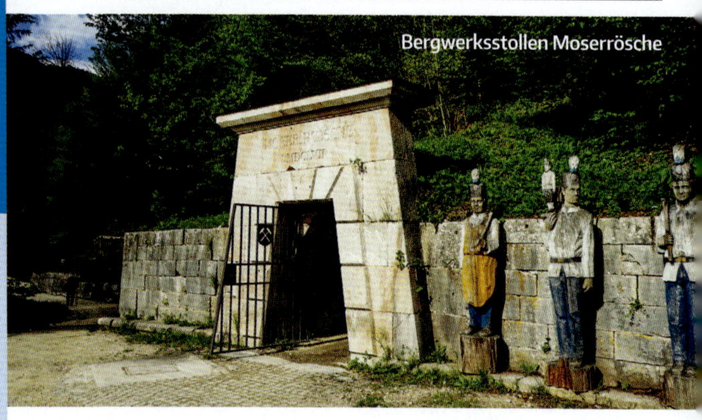

Bergwerksstollen Moserrösche

Vom Parkplatz hinter dem Hotel Salzberg gehen wir Richtung Salzbergwerk, nehmen jedoch bereits gegenüber der ersten Gebäude-Ecke den Sandweg nach links aufwärts. Bei der kurz darauf folgenden Weggabelung halten wir uns rechts und steigen dann links in den Stollen namens Moserrösche ein, nach dessen Durchquerung wir rechts hinaufgehen und der Beschilderung des SalzAlpenSteiges folgen. Dieser ausgeschilderte Weg führt aufwärts über Sträßchen („Am Frauenberg" und „Mieslötzweg") und Wiesenpfade zur Mausbichlkapelle, wo er kurz darauf auf einen breiteren ebenen Sandweg trifft, bei dem wir uns nach links wenden.

Nach etwa einer Viertelstunde stoßen wir auf eine Straße, die

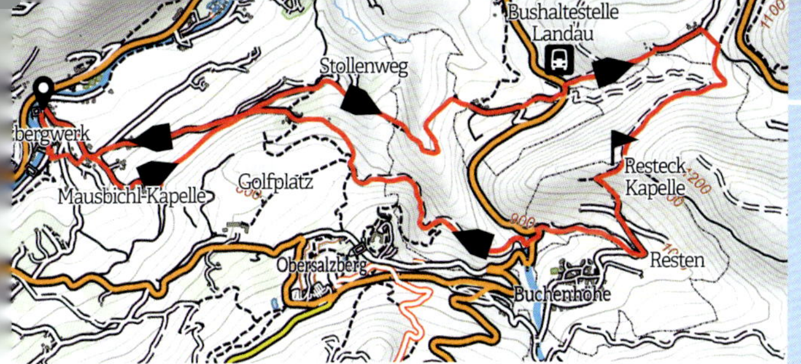

sich sofort danach gabelt: Wir nehmen die untere Straße (Stollenweg), von der wir dann nach etwa 500 Metern in einer Linkskurve rechts in den ersten Stollen abzweigen. Obwohl man bei beiden jetzt zu durchquerenden Stollen den Ausgang erkennen kann und der Boden keine Stolpersteine aufweist, ist es dennoch ratsam, dafür eine Taschenlampe mitzunehmen, was bei Kindern als willkommene Abwechslung gut ankommt. Nach dem zweiten Stollen führt der Weg durch den Larosbachgraben und mündet in eine kleine Fahrstraße. Wir folgen nicht der ersten Ausschilderung nach links, sondern zweigen erst in der deutlichen Rechtskurve (unausgeschildert, aber SalzAlpen-Steig-Symbole beim Bauernhaus) nach links in die Wiese ab und gehen nah an dem letzten Bauernhof vorbei.

Binnen weniger Minuten stoßen wir in der Nähe der Bushaltestelle Landau auf eine breite Straße (B319 zwischen Oberau und Obersalzberg), halten uns dort nach links, queren die Straße und gehen hinter der Brücke nach oben in den Wanderweg Richtung Rossfeld (über Resteck). Diesem Steig und nach den ersten Häusern der kleinen Straße folgen wir, bei der nächsten Häusergruppe gehen wir nach rechts über den Feldweg und biegen 100 Meter weiter wieder rechts in den Forstweg ab. Dieser Weg führt zur etwas versteckt liegenden Resteckkapelle, wo wir den Rossfeld-Wanderweg verlassen und uns Richtung Resten / Buchenhöhe wenden.

Ein breiter Sandweg führt steil nach unten, im Tal wenden wir uns nach rechts. Beim Erreichen der Hauptstraße (B 319) gehen wir nach links über die Brücke und biegen dann rechts in den Wanderweg ein, der uns zunächst fast eben am Hang entlang zum Rand des Golfplatzes und dann steiler abwärts auf den Spornhofweg führt. Diesem folgen wir stets abwärts, gelangen auf den Mieslötzweg und dann auf die Bergwerkstraße, wo gleich links von uns das Hotel Salzberg liegt.

 12,9 km  640 Hm   Bergschänke beim Salzbergwerk

Auer Rundweg und Lerchecker Wand, 960 m

Wanderung mit herrlichen Aussichten auf Watzmann, Hochkalter, Reiteralm und Untersberg. Sonniger Aussichtspunkt mit Rastbänken als Höhepunkt einer Tour, die zu den eher einsamen Wanderungen gezählt werden darf. Auch im Winter eine schöne Tour (möglicherweise Fahrstraße für den Aufstieg wählen!), da die Sonne relativ lange auf die Bänke scheint.

Parkplatz Kirche und Auerwirt, Lindenweg in der Oberau, Bushaltestelle Schusterhäusl auf der gegenüberliegenden Seite der Rossfeldstraße (720 m)

3 Stunden: Bis zur Lerchecker Wand 45 Min., bis Neuhäusl 35 Min., bis Oberau 1 ¼ Std., Auer Rundweg 30 Minuten

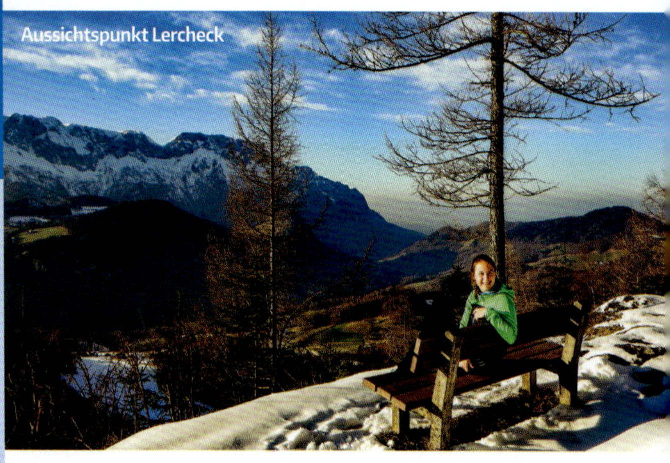
Aussichtspunkt Lercheck

Von der Kirche auf dem Lindenweg etwa zehn Minuten lang abwärts gehen, dann der Ausschilderung nach rechts auf den Auer Rundweg folgen. Nach ca. zehn Minuten Anstieg wählen wir bei den Wegweisern den nicht (!) ausgeschilderten Forstweg nach geradeaus oben und folgen diesem, bis er links als gut wahrnehmbarer Pfad – immer an der Felskante entlang, aber nicht ausgesetzt – zu den Rastbänken über der Lerchecker Wand führt. Für den weiteren Weg wählen wir den breiteren Pfad und nehmen bei der Weggabelung nach ca. zwei Mi-

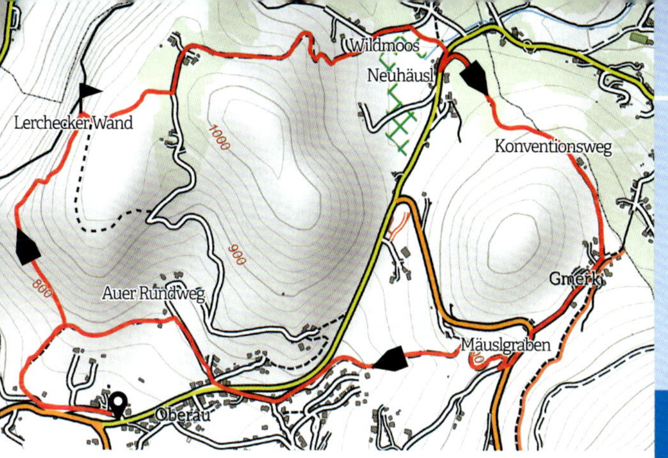

nuten den linken Weg Richtung Oberau-Neuhäusl, der dann zu der Straße „Lärchecker Weg" führt, bei der wir links abbiegen.

An der Kuppe öffnet sich der Blick auf die österreichische Osterhorngruppe. Die Straße geht bald in einen Feldweg über, der nach rechts in den Wald führt und dann wieder auf eine Straße („In der Lärch") trifft, auf der wir weiter abwärts gehen. Rechts sind noch Restflächen des Wildmooses zu erkennen, das diesem Ortsteil den Namen gab.

Nach der Schilffläche nehmen wir einen (nicht ausgeschilderten, aber deutlich erkennbaren) Pfad quer durch die Wiese, der über eine Brücke und ein paar Stufen zu der gegenüberliegenden Straße führt, wo wir uns rechts halten. Kurz darauf wählen wir gegenüber dem Hotel Neuhäusl den ausgeschilderten Weg, folgen zunächst der Straße und gehen dann geradeaus nach oben über eine Wiese und dann oberhalb der Bergstation eines Schlepplifts entlang. Der Forstweg, in den wir nun einmünden, ist nur durch eine Tafel mit gekreuzten Werkzeugen der Bergleute (Ausschilderung für den Konventionsweg) als Wanderweg erkennbar.

Der Weg geht kurz darauf als Pfad nach rechts oben weiter, verläuft oben wieder entlang einer Wiese und über die Zufahrt des obersten Bauernhofs hinunter zu einer querlaufenden Straße im Ortsteil Gmerk. Dort halten wir uns nach rechts, treffen nach gut fünf Minuten auf die Rossfeldstraße und fol-

 8,9 km  477 Hm  Ghs. Auerwirt und Neuhäusl

 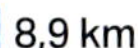 Variante, verkürzter Rückweg

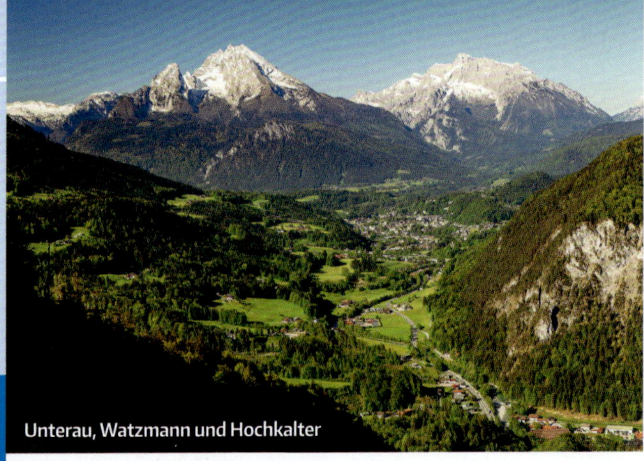
Unterau, Watzmann und Hochkalter

gen dieser wenige Minuten nach links. Dann rechts in den Weißensteiner Weg und gleich wieder rechts zu einem Wanderweg im Mäuslgraben, der im Winter als Rodelbahn genutzt wird, abbiegen.

Wir halten uns immer geradeaus Richtung Oberau, treffen dort automatisch auf das Sträßchen „Mühlauer Freie" und dann beim Alpinhotel auf die Rossfeldstraße. Diese überqueren wir mittels einer Verkehrsinsel und steigen auf dem „Lärchecker Weg" kurz an. Links zweigt der wirklich lohnende Auer Rundweg mit seinem grandiosen Rundblick über Watzmann & Co. ab. Auf diesem gelangen wir zurück zum Lindenweg und dann zur Kirche.

Variante

Vom Aussichtspunkt Lercheck kann man sowohl über den ausgeschilderten Waldabstieg Richtung Oberau als auch über die Fahrstraße „Lärchecker Weg" (zunächst Richtung Oberau – Neuhäusl, dann bei der Straße nach rechts) wieder in die Oberau absteigen. Verkürzt die Tour um fast zwei Stunden.

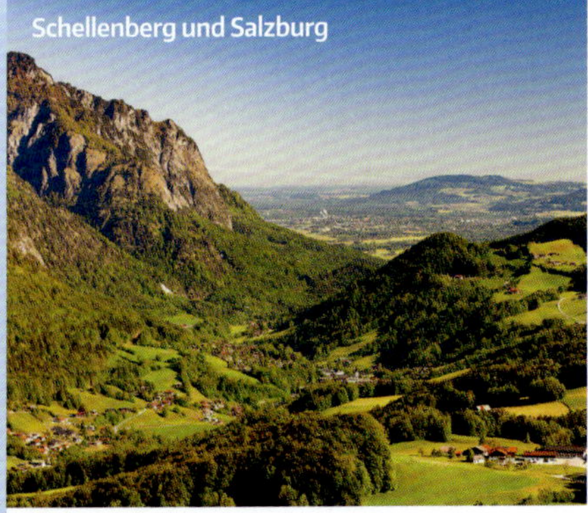
Schellenberg und Salzburg

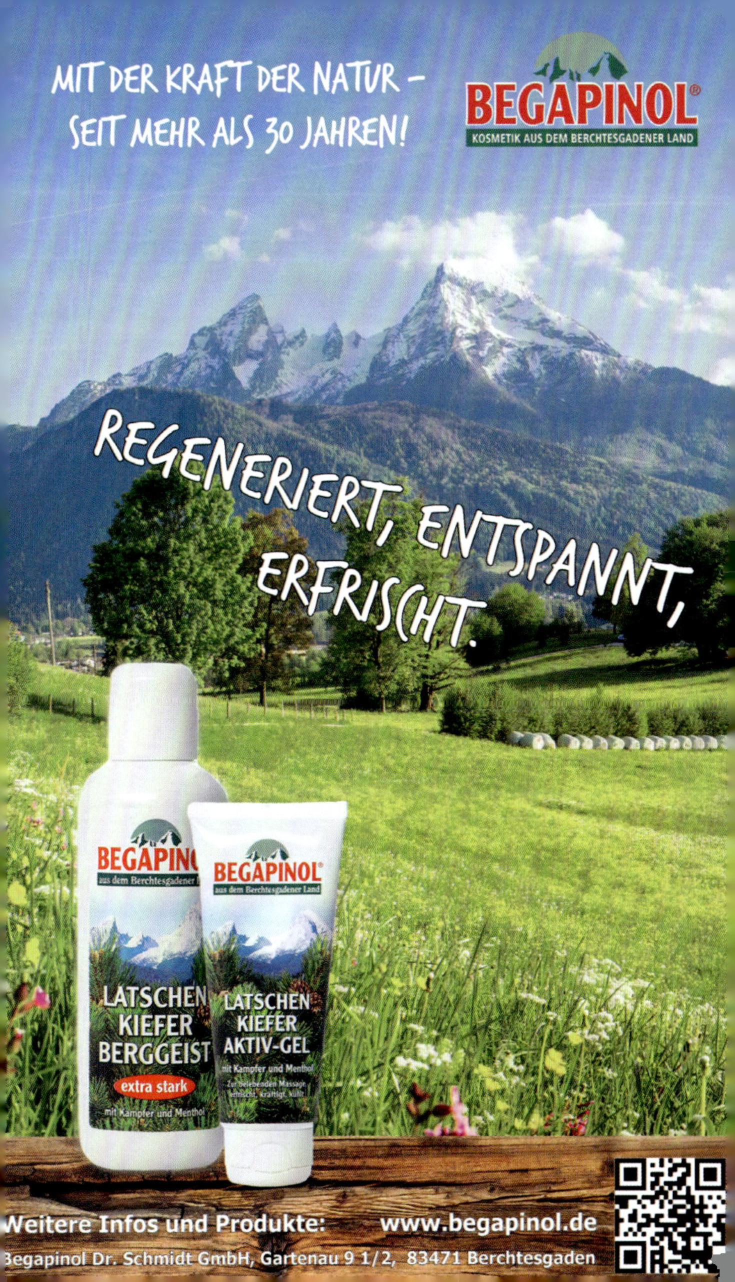

5

Almbachklamm & Ettenberg, 833 m

Abwechslungsreiche Tour, mit kurzem, aber steilem Anstieg und interessantem Rückweg durch eine spektakuläre Klamm. Vielfältige Blütenpracht über Monate hinweg. Nette kleine Wallfahrtskirche als erster Höhepunkt.

Parkplatz Almbachklamm / Kugelmühle, Bushaltestelle Abzweigung Kugelmühle an B 305 (Alpenstraße) zwischen Berchtesgaden und Salzburg (495 m)

3 ½ Stunden: Nach Ettenberg 1 ¼ Std., Abstieg zur Theresienklause 1 Std., durch die Almbachklamm zur Kugelmühle 1 ¼ Std.

Wir wählen den Weg vor der Brücke, der nach rechts am Hang entlang Richtung Ettenberg führt – Anstieg über die Hammerstielwand (ca. 350 Höhenmeter). Sobald das Wiesenplateau erreicht ist, zeigt sich die Spitze des Kirchturms der Wallfahrtskirche Mariä Heimsuchung – wir gehen in einem linken Bogen zur Kirche. Direkt gegenüber der Kirche befindet sich das Gasthaus Mesnerwirt, das allerdings nur in den Sommermonaten geöffnet ist. Wir gehen den kleinen Verbindungsweg gegenüber dem Kircheneingang hinunter, dann auf dem Sträßchen geradeaus und nach wenigen Metern links (Richtung Hinterettenberg/Almbachklamm). Dieser Straße folgen wir einen Kilometer (ca. 15 Minuten), bis nach links ein Weg Richtung Theresienklause und Almbachklamm abzweigt. Dieser führt zunächst durch eine offene Wiesenlandschaft, an einigen Höfen vorbei, dann über schmale Pfade am Hang entlang zu einer Weggabelung unterhalb einer Rastbank. Der rechte Weg bringt uns über ein kurviges Auf und Ab zur Theresienklause, wo in früheren Jahrhunderten das Wasser für die Holztrift gestaut

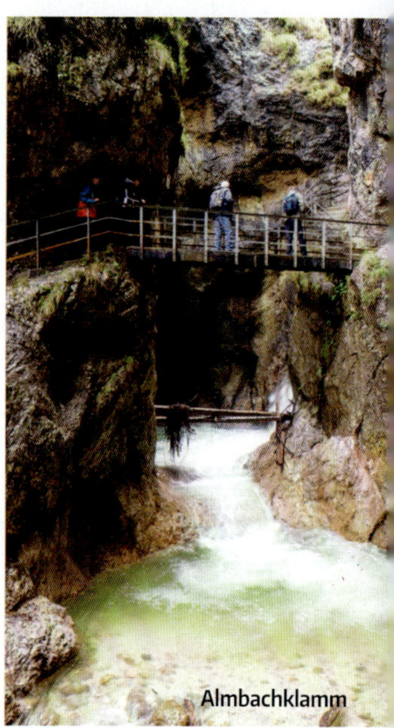

Almbachklamm

ALMBACHKLAMM

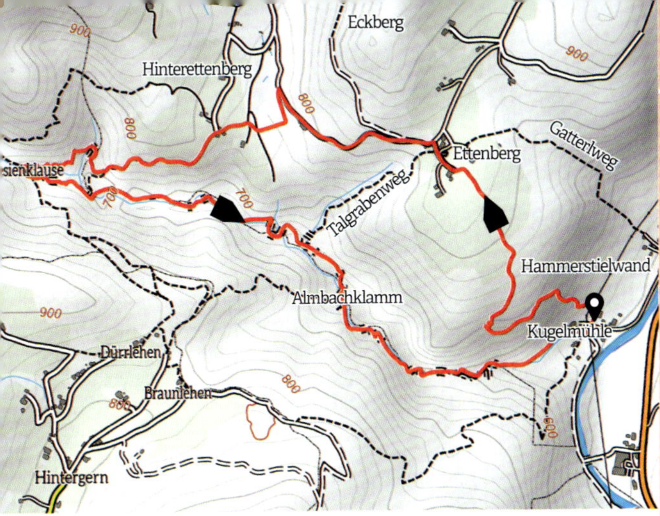

werden konnte. Nach der Theresienklause gehen wir auf der anderen Bachseite nach links zurück Richtung Kugelmühle durch das sich immer weiter verengende Bachtal, das auf seinen letzten zwei Kilometern eine Klamm bildet, die durch zahlreiche Eisenstege, Brücken, herausgesprengte Felsabsätze und einen Tunneldurchgang für die Wanderer zugänglich gemacht wurde.

Varianten

1. Diesen Abstieg kann man um eine gute halbe Stunde verkürzen, indem man noch vor der Theresienklause bei der Weggabelung unterhalb der Rastbank den linken Weg in die Almbachklamm wählt.

2. Gleich nach dem Erreichen der Straße in Ettenberg kann man links über den Talgrabenweg in die Almbachklamm absteigen (steiler Waldweg), erlebt aber dennoch das interessanteste Stück der Klamm (verkürzt die Tour um fast 1 ½ Stunden).

3. Im frühen Frühjahr, wenn die Almbachklamm noch geschlossen, die Tour nach Ettenberg aber wegen der südseitigen Ausrichtung der Hammerstielwand dennoch sehr lohnend ist, kann der Eckberg-Rundweg (unzählige Schneerosen am Wegesrand) und dann der Gatterlweg Richtung Kugelmühle als Abstieg gewählt werden (2 Std. für den Rundweg, 1 Std. für den Abstieg).

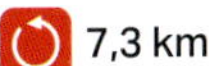
7,3 km

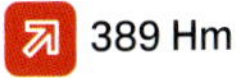
389 Hm

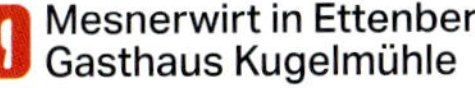
Mesnerwirt in Ettenberg, Gasthaus Kugelmühle

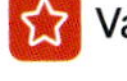
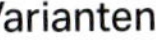
Varianten

Köpplschneid und Barmsteine, 841 m

Vor allem im Frühjahr und Herbst lohnende, aussichtsreiche Tour mit vielen Blicken ins Salzachtal und auf die Berchtesgadener Berge. Schmaler Pfad auf dem Bergkamm, der Köpplschneid, und ein spektakulärer, aber kurzer Gipfelanstieg auf den Zacken des Kleinen Barmsteins.

Parkbucht beim Mehlweg, unmittelbar nach der Abzweigung vom Götschenweg, Scheffau. Anfahrt über B 305, in Unterau rechts in Reckensbergstraße abzweigen, nach ca. 2,5 km links in den Doffenleitenweg, vor dem Sportplatz entlang fahren, nach 1 km halbrechts in Götschenweg, kurz darauf biegt rechts der Mehlweg ab und dort befindet sich eine kleine Parkbucht (680 m). Bushaltestelle Marktschellenberg, dann aber zusätzliche 200 Höhenmeter (jeweils gute halbe Stunde im An- und Abstieg)

3 ¼ Stunden: Anstieg zur Köpplschneid ab Parkplatz 1 Std., Überschreitung bis Mehlweg 45 Min., Abstieg zum Fuße des Kleinen Barmstein 30 Min., Kleiner Barmstein im An- und Abstieg 40 Min., zurück zum Auto 20 Min.

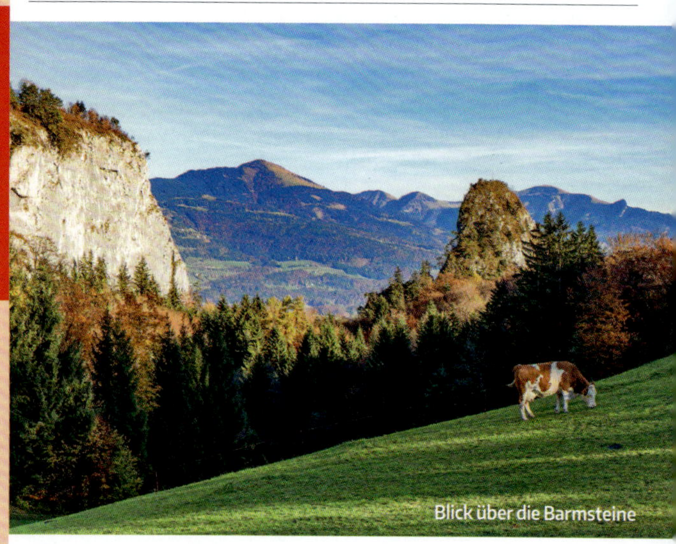

Blick über die Barmsteine

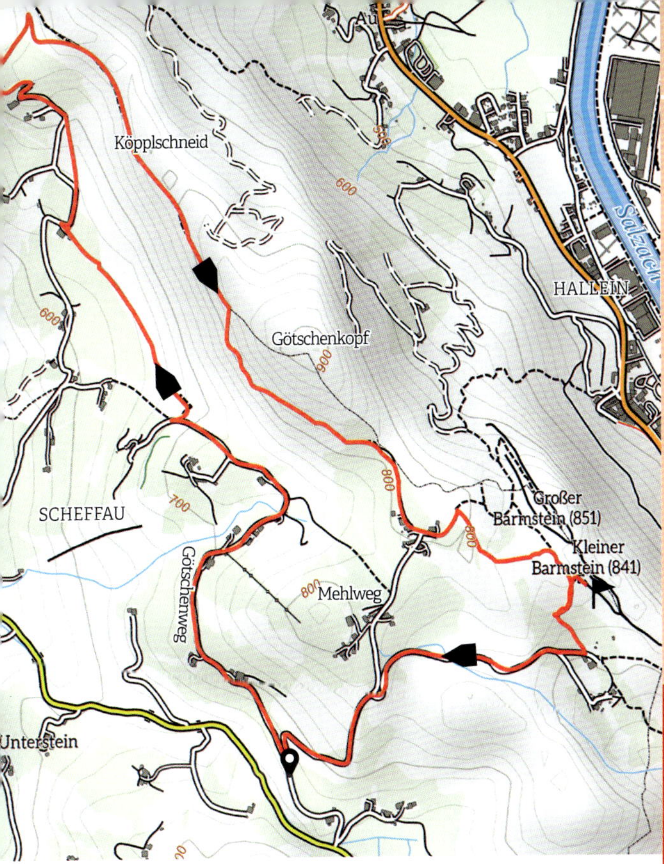

Vom Parkplatz aus zunächst dem unteren Sträßchen (Götschenweg) folgen – spektakuläre Ausblicke auf Göll, Watzmann und den zum Greifen nahen Untersberg. Der Götschenweg endet in zwei Sackgassen, wir wählen die rechte und biegen dann nach etwa 100 Metern rechts ab (hier erstmals Ausschilderung „Köpplschneid“). Der Forstweg geht bald in einen Waldpfad über, der bei einem Bauernhof wieder auf eine kleine, kaum befahrene Straße trifft. Dieser folgen wir aufwärts bis zum letzten Haus, von wo aus ein kleiner Wanderweg weiter führt. Auf relativ stei-

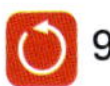 9 km  391 Hm  keine

 Varianten

len Pfaden erreicht man die Köpplschneid bei 780 Höhenmetern und wendet sich nach rechts. Der Pfad verläuft zunächst auf der Höhe und dann rechts vorbei an einem bewaldeten Rücken namens Götschenkopf. Im Abstieg queren wir die Wiese zum linken Rand und gehen dann zu den Häusern der Ortschaft Mehlweg hinab. Dort links hinunter und der Ausschilderung durch den Wald Richtung „Kleiner Barmstein" folgen.

Diesen 841 Meter hohen Gipfel erreicht man dann in einer guten Viertelstunde, muss dafür aber einige Passagen mit Tiefblick, die aber alle gut gesichert sind, überwinden. Den Rückweg nehmen wir über das wenig befahrene Sträßchen „Barmsteinweg", das in den Mehlweg übergeht und direkt zum Auto führt.

Varianten

Zusätzlich kann man auch den Großen Barmstein (851 m) besteigen. Für den teilweise ausgesetzten An- und Abstieg muss man etwa 1 ½ Stunden zusätzlich einplanen. Der Weg bis zum eigentlichen Anstieg ist häufig matschig. Vom Fuße des Kleinen Barmsteins bietet sich auch noch ein Abstecher zur Ruine Thürndl an, die von der Stadt Hallein aufwändig renoviert und gesichert wurde (ca. 20 Minuten einfache Strecke).

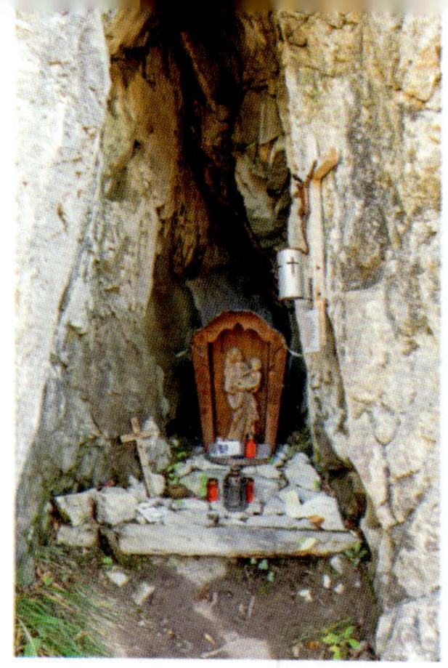

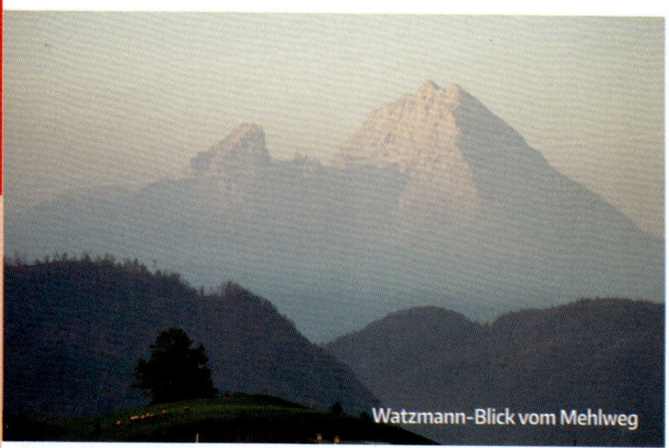

Watzmann-Blick vom Mehlweg

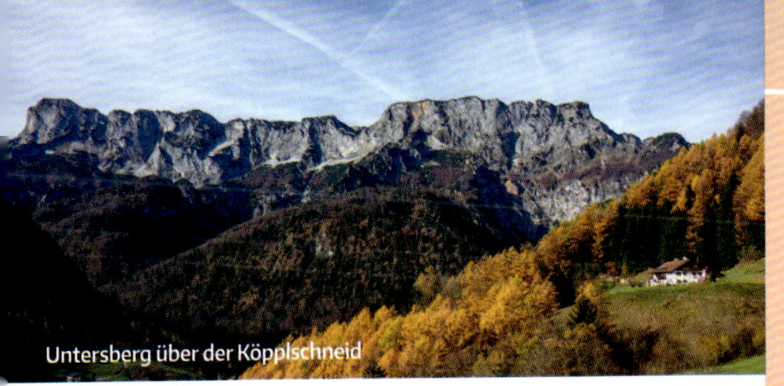

Untersberg über der Köpplschneid

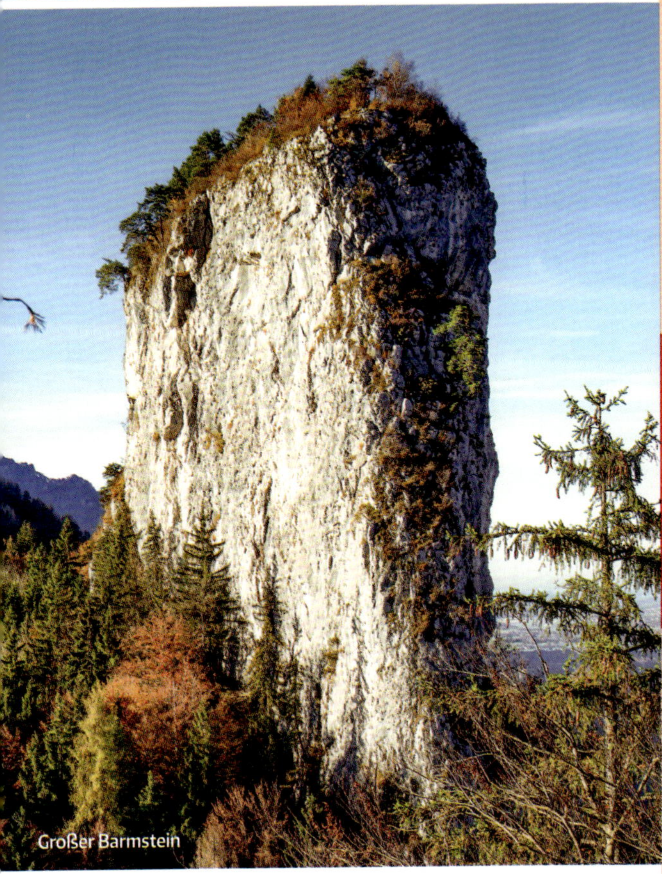

Großer Barmstein

Gollinger Wasserfall und Bluntautal

Ein großer Wasserfall, der aus einer Quellhöhle im Fels entspringt, malerische kleine Seen zwischen steilen Felswänden und ein quirliger Bachlauf: Bei dieser Wanderung zwischen Hohem Göll und Hagengebirge kommen Wasser-Liebhaber voll auf ihre Kosten.

Parkplatz Gollinger Wasserfall im Ortsteil Golling-Torren (Zufahrt ab Bahnhof Golling ausgeschildert, in der Nähe des Gasthauses Torrenerhof), Bahnhof Golling, ab dort noch etwa 2 km auf kleinen Straßen zum Ausgangspunkt (500 m)

Gut 4 Stunden: Zu den Wasserfällen 35 Min., Abstieg 20 Min., bis zum Taleingang des Bluntautals 45 Min., zum Gasthaus Bärenwirt 1 Std., Rückweg an den Bluntauseen vorbei 1 Std., zurück zum Parkplatz 45 Min.

Nach dem Kassenhäuschen, in dem eine Gebühr verlangt wird, gehen wir zunächst zum Fuß des unteren Wasserfalls, der vor allem in der Früh ein tolles Foto-Objekt darstellt. Die Steiganlagen links oberhalb führen uns dann zu der Regenbogenbrücke und nahe am oberen Wasserfall vorbei, der durch ein

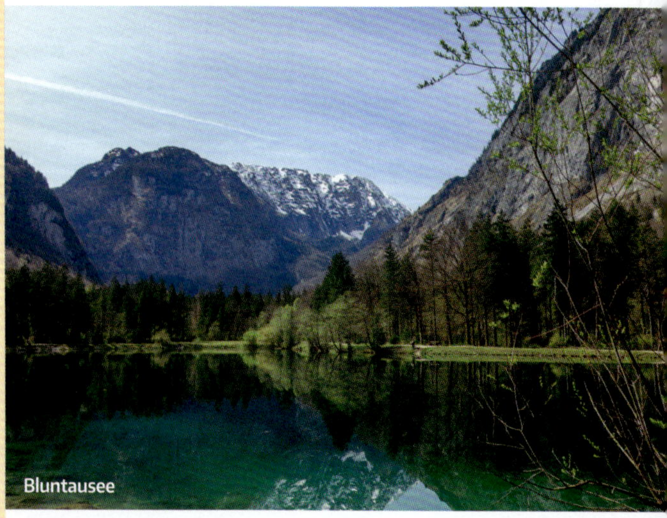

Bluntausee

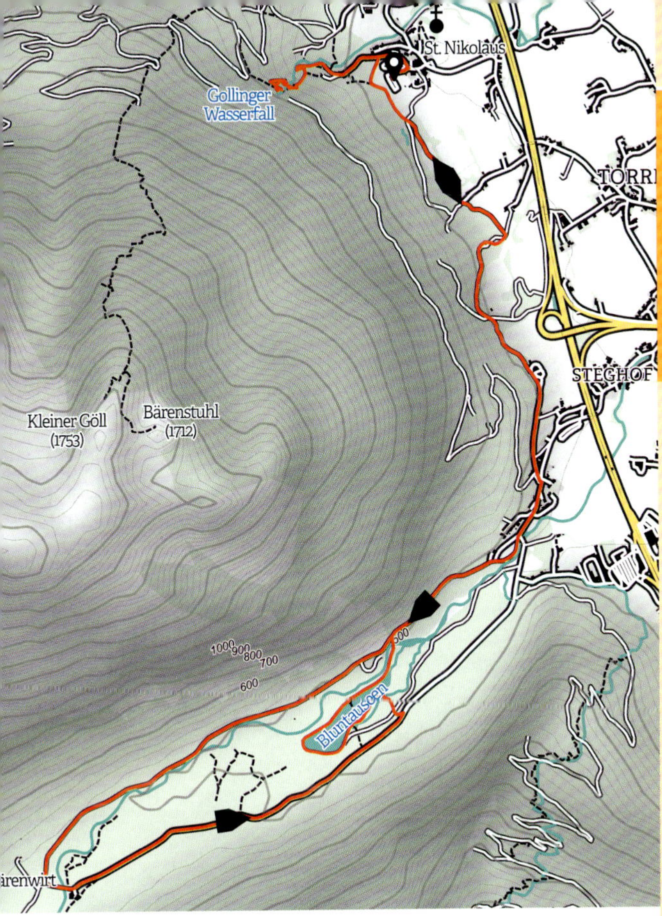

Loch im Fels, den Hexenkessel, hinunter schießt. Etliche Treppenstufen oberhalb können wir die Quellhöhle und auch den Hexenkessel genauer in Augenschein nehmen. Zurück geht es auf dem gleichen Weg wieder hinunter und dann noch ein Stück vor Richtung Parkplatz.

Allerdings biegen wir dann vor dem zweiten Haus auf der rech-

 13,4 km 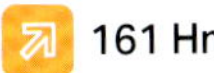 161 Hm  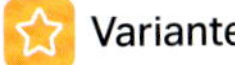 Variante

Bärenwirt im Bluntautal, Gasthäuser Abfalter und Torrenerhof am Ausgangspunkt

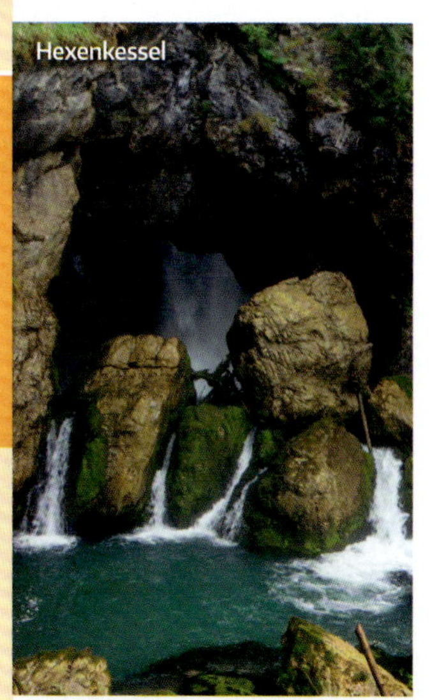
Hexenkessel

ten Seite in einen Weg ein (Hinweisschilder sind leider erst etwas unterhalb angebracht), der uns oberhalb unseres Parkplatzes und mehrerer Bauernwiesen, dann ein Stück durch den Wald, zu der Straße bringt, die uns nach rechts ins Bluntautal führt. In diesem Naturschutzgebiet verkehren aber nur ganz wenige Autos, zumal die Straße taleinwärts an Wochenenden und Feiertagen zwischen 10.00 und 17.00 Uhr (zwischen Mai und Oktober) nicht befahren werden darf. Vor der Brücke nehmen wir halbrechts den breiten Sandweg. Dieser leitet uns an der quirligen Torrener Ache entlang – die Seen können wir lediglich zwischen den Bäumen erspähen

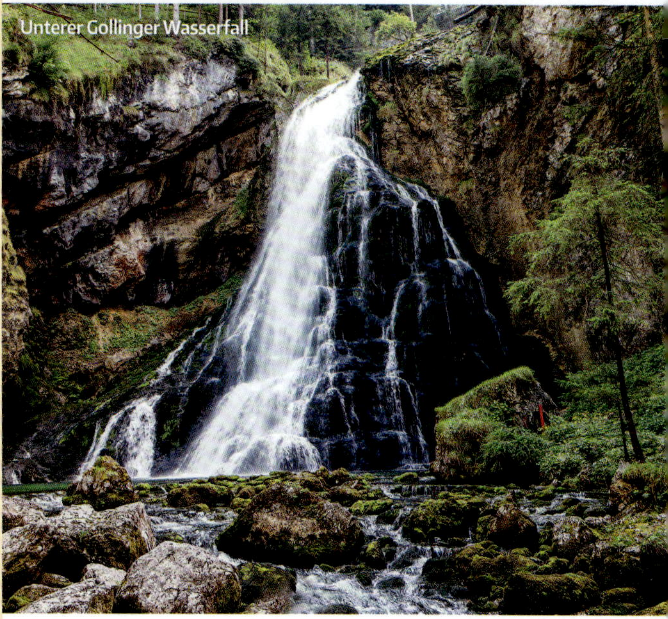

Unterer Gollinger Wasserfall

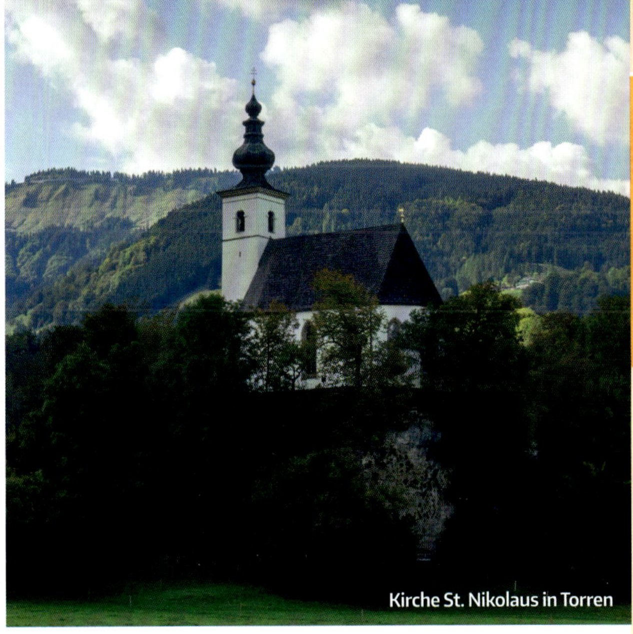

Kirche St. Nikolaus in Torren

– und bringt uns zum Gasthaus Bärenwirt, das wir nach einer Linkskurve über eine Brücke erreichen.

Für den Rückweg wählen wir die breitere sandige Straße auf der anderen (südlichen) Bachseite, zweigen aber nach etwa 25 Minuten nach links ab zu den Bluntauseen hinunter (ausgeschildert). Den linken See umrunden wir einmal und gehen dann an dem zweiten See entlang zurück bis zu der Brücke über den Bach. Kurz darauf halten wir uns links in den Bachteiweg und gelangen auf demselben Weg, den wir auch für den Hinweg genutzt haben, zurück zum Parkplatz. Wer nicht nur an Naturschönheiten, sondern auch an kulturellen Highlights ein Interesse hat, sollte sich die Nikolaus-Kirche in Torren nicht entgehen lassen. Sie steht exponiert auf einem kleinen Felsblock und fällt besonders durch die Außenkanzel auf: Die Wallfahrtskirche war so beliebt, dass die Plätze innen nicht ausreichten und die frommen Besucher dann auf der Wiese am Gottesdienst teilnahmen.

Variante

Wer seinen Ausflug noch ein Stück verlängern will, kann zusätzlich zu dem Bluntau-Wasserfall gehen, der in einer guten halben Stunde (einfach) ab dem Bärenwirt zu erreichen ist.

Scharitzkehl & Endstal, 1.320 m

Der Ligeret-Rundweg führt an einer malerisch gelegenen Selbstversorger-Alpenvereinshütte und der Salzwand des Kehlsteins vorbei. Der Abstecher ins Endstal ist deshalb so spektakulär, weil dieser Talkessel nach drei Seiten von hohen Felswänden umrahmt ist.

Parkplatz Scharitzkehlalm, Schönau am Königssee, Bushaltestelle Scharitzkehl (1.040 m)

3 ½ Stunden: Bis zur Abzweigung Endstal 25 Min., Abstecher ins Endstal 1 ¼ Std., zur Ligeretalm 25 Min., zur Graflhöhe 45 Min., zur Scharitzkehlalm 45 Min.

Wir gehen an der rechts liegenden Scharitzkehlalm vorbei und steigen auf dem breiten Weg geradeaus etwa 150 Höhenmeter hinauf. In einer scharfen Linkskehre geht neben einem Nationalpark-Schild ein kiesiger (unbezeichneter, aber deutlicher) Weg nach oben weg, der uns ziemlich steil ansteigend in einen Talschluss hinauf führt.

Zu drei Seiten umgeben uns nun hohe Felswände, links der Kehlstein mit seiner Südseite, vorne die Westwände des Hohen Göll und rechts der steile Dürrecker Berg. Trotz des steilen und nicht immer bequem zu gehenden Weges beeindruckt dieser Talschluss, der meist sehr still daliegt, weil höchstens ein paar Kletterer dort unterwegs sind. Links am Weg taucht der sogenannte Brotzeitfelsen auf, gut erkennbar durch zwei Gedenktafeln. Dahinter zweigt ein Pfad durch die Wiesen ab, der bald eindeutig wird und nach etwa 20 Minuten zu einem breiten Weg hinab führt. Hier gehen wir nach rechts aufwärts. Die kurz darauf links unterhalb auftauchende Ligeretalm mit herrlicher Fernsicht ist nicht bewirtschaftet, sondern kann von Mitgliedern der hiesigen Alpenvereinssektion als Selbstversorgerhütte gemietet werden. Sollte niemand

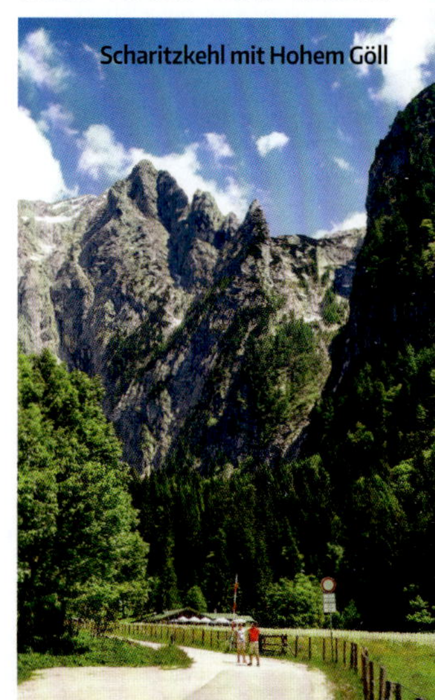
Scharitzkehl mit Hohem Göll

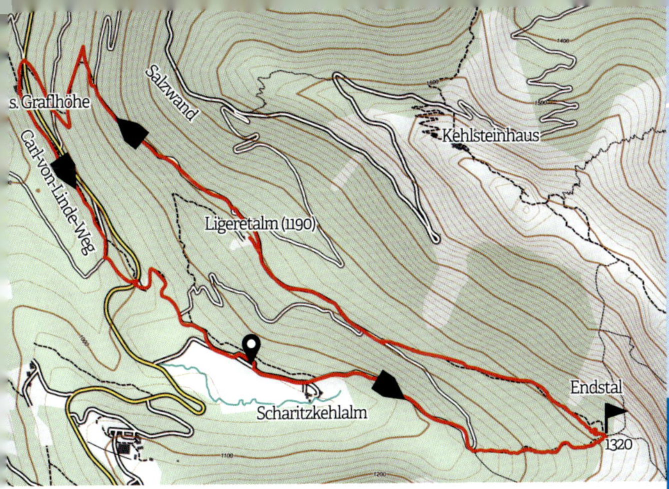

dort sein, bietet sich der Tisch vor der Hütte als Raststation mit Watzmannblick an. Wir kehren zurück zur vorher genutzten sandigen Straße, obwohl hinter der Ligeretalm auch ein Weg Richtung Scharitzkehlalm zurückginge. Unser Weg führt ein Stück weiter unter der sogenannten Salzwand des Kehlsteins entlang. Nach etwa 20 Minuten im leichten Bergab zweigt links ein als Ligeret-Rundweg ausgeschilderter Waldpfad ab. Dieser Pfad führt relativ steil bergab und wir erreichen unten die breite Scharitzkehlstraße, die den Obersalzberg mit dem Parkplatz Hinterbrand verbindet. Diese überqueren wir und gehen beim Gasthaus Graflhöhe nach links hinunter auf den Carl-von-Linde-Weg und folgen diesem dann. Dieser Weg verläuft parallel unterhalb der Scharitzkehl-Straße; nach etwa einem Kilometer gehen wir unter einem Brückenbogen wieder auf die Straße zu und überqueren diese. Bei dem Parkplatz gehen wir ein Stück den ausgeschilderten Weg Richtung Ligeret- und Scharitzkehlalm hinauf, halten uns dann nach rechts, wo uns ein breiter Sandweg wieder zum Parkplatz respektive in die Nähe der Bushaltestelle zurückbringt.

Varianten

Wer den Abstecher ins Endstal weglassen möchte, kann auch nur die gut zweistündige Ligeret-Runde gehen oder diese sogar nochmal abkürzen, indem man bei der Ligeretalm direkt zur Scharitzkehlalm absteigt – vor allem im Winter eine beliebte Alternative.

 7,2 km  411 Hm    Varianten

 Restaurant-Café Graflhöhe, Scharitzkehlalm

Brandkopf, 1.156 m

Schnell erreichter Aussichtspunkt mit eindrucksvollem Blick über Königssee und Watzmann sowie urigem Alpengasthof als lohnende Einkehr. Steiler Anstieg, dafür eher gemütlicher Rückweg.

Großparkplatz und Bushaltestelle Königssee (605 m)

Gut 4 Stunden: Bis zur Abzweigung des Stufenwegs zum Brandkopf 45 Min., auf den Brandkopf 1 ¾ Std., Abstieg zum Gasthaus Vorderbrand 15 Min., Abstieg zum Parkplatz Königssee 1 ½ Std.

An der nördlichen Seite des Parkplatzes, hinter der Tankstelle bei der Parkplatzeinfahrt, kann man dem Rummel am schnellsten entkommen: Dort ist zwischen den Zäunen ein Durchgang auf den Sieglweg möglich. Diesen nehmen wir aufwärts und an dessen Ende wenden wir uns nach rechts und kurz darauf nach links.

Unterhalb der Pension Brandtnerhof beginnt ein sandiger Pfad durch die Wiese, der uns zur Richard-Voß-Straße führt, der wir ab hier etwa einen Kilometer aufwärts folgen. (Wem das zu kompliziert erscheint oder wer's nicht gleich findet: Auch die Jennerbahn-Straße, die an der Jennerbahn-Talstation vorbei führt, mündet in die

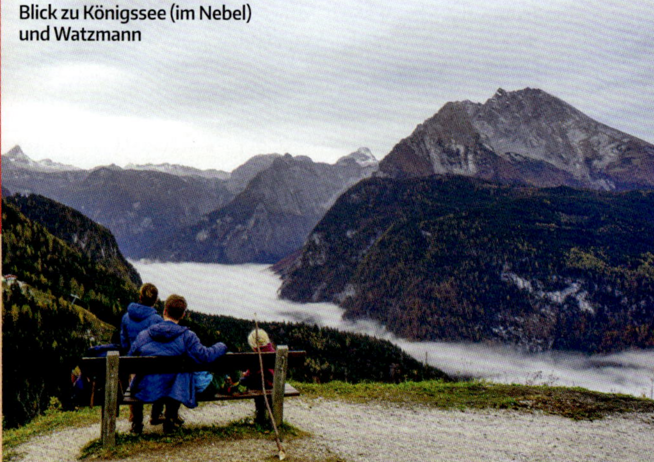

Blick zu Königssee (im Nebel) und Watzmann

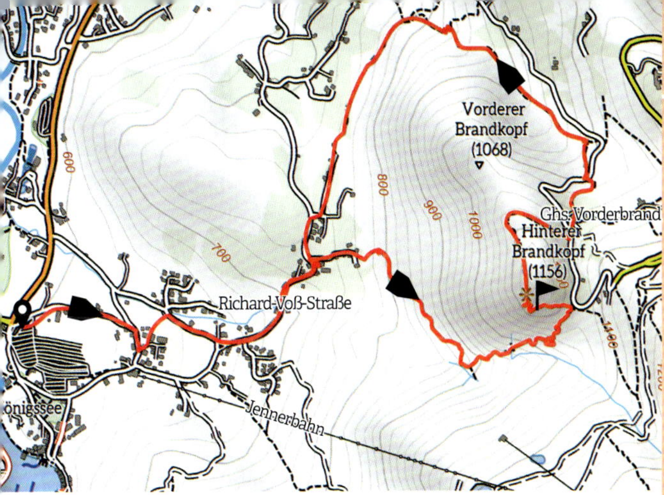

Richard-Voß-Straße.) Von der Richard-Voß-Straße zweigt, kurz vor dem höchsten Punkt, eine kleine, steile Straße nach rechts ab (gelbe Ausschilderung). Diese geht bald in einen schmalen Wanderweg über, der uns mit vielen Stufen Richtung Brandkopf führt.

Nach einer guten Stunde erblicken wir am Rande einer Wiese Schilder, die uns nach links Richtung Brandkopf weisen. Der kurze Gipfelanstieg erfolgt auf einem schmalen Pfad. Oben belohnt ein schöner Blick auf den Königssee und die ihn umgebenden Gebirgsstöcke für den steilen Aufstieg.

Abwärts geht's auf der anderen Seite – Richtung Vorderbrand. Am Ende des breiten Sandwegs überqueren wir die Straße und treffen auf das malerische Ensemble des Alpengasthofs Vorderbrand.

Nach einer eventuellen Zwischenstation nehmen wir den Wanderweg unterhalb des Gasthofs (Richtung Königssee), queren die Straße noch einmal, ignorieren alle Abzweigungen nach rechts und halten uns immer auf dem sandigen Weg Richtung Königssee. Dieser führt uns zur Kuppe der Richard-Voß-Straße, der wir dann links Richtung Parkplatz folgen, wobei wir entweder den gleichen Weg zurück wie im Aufstieg oder die Jennerbahnstraße nehmen.

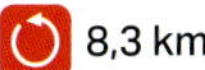
8,3 km

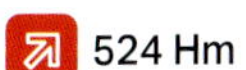
524 Hm

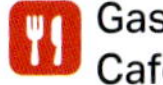
Gasthaus Vorderbrand, Gasthäuser und Cafés im Dorf Königssee

Oberschönauer Wiesen, Sulzbergkopf & Königsseer Achenweg

Die weiten Wiesen der Oberschönau lassen sich auf diversen schönen Wanderpfaden durchqueren. Über den bewaldeten Sulzbergkopf geht es hinab ins Tal der Königsseer Ache, an deren Ufer ein Wanderweg entlang läuft, den der Deutsche Volkssportverband als schönsten Wanderweg Deutschlands in der Kategorie Land & Natur prämiert hat.

Parkplatz gegenüber Gasthof Bodner, Oberschönauer Str., Oberschönau, Bushaltestelle Bodnerlehen Schönau (620 m)

4 Stunden: Schleifen durch die Oberschönau bis zum Sulzbergkopf-Gipfel 1 ¼ Std., Abstieg zum Königsseer Fußweg 30 Min., zum Königssee 1 Std., Rückweg zum Bodnerlehen 1 ¼ Std.

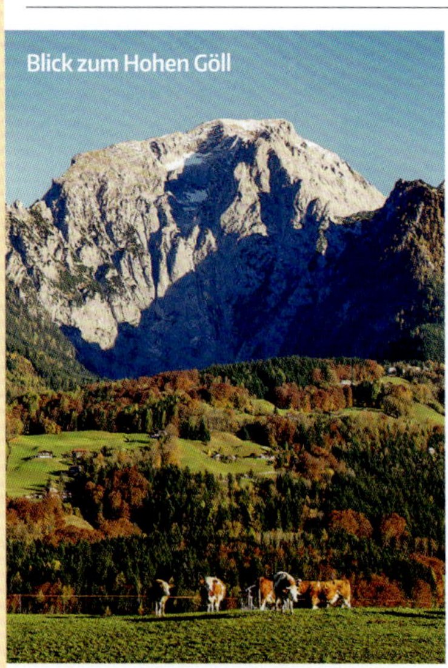

Blick zum Hohen Göll

Der kleine Parkplatz gegenüber dem Gasthaus ist kostenlos zu nutzen und ein idealer Startpunkt für unsere Runde: Wir überqueren zunächst die Straße und gehen hinter dem Gasthaus Bodner über einen Hof und durch eine Schranke. Nachdem wir zweimal die linke der kleinen Straßen (Bodnerring) gewählt haben, kommen wir an eine Straßenkreuzung, wo gegenüber gelbe Wanderschilder die Wege weisen: Wir halten uns nach rechts unten Richtung Unterstein (Straße namens Winklberg). Kurz darauf treffen wir auf eine Straße (Winklweg), gehen dort nach links und an deren Ende wieder nach links (Wegweiser Richtung Grabenkapelle und Sulzbergkopf).

Der schmale Pfad führt uns am Rand der Wiese entlang, dann

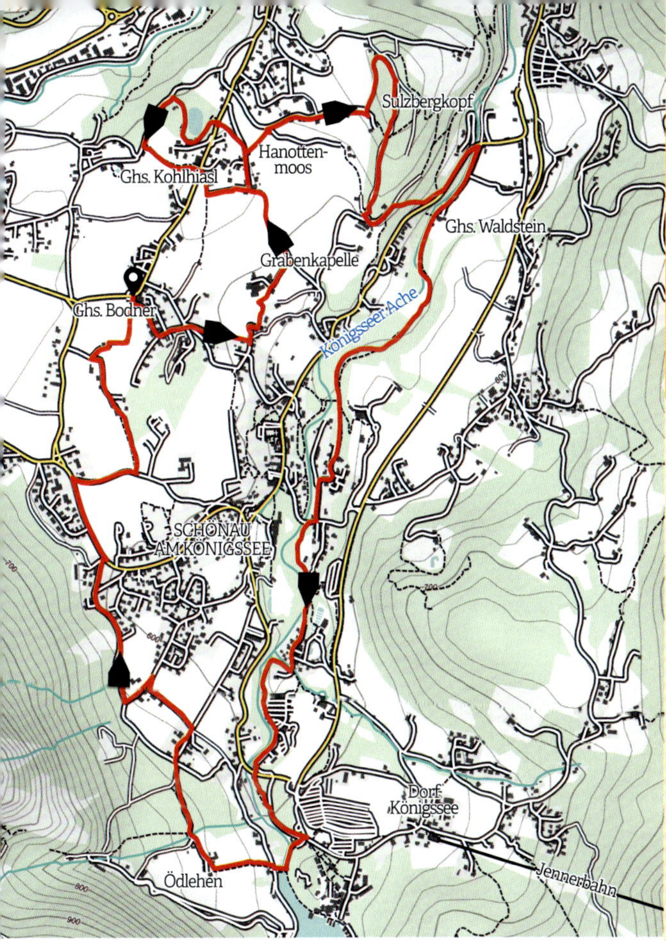

durch einen Graben und trifft gegenüber wieder auf eine kleine Straße, die wir kurz darauf bei der Grabenkapelle nach links verlassen (Richtung Oberschönau). Der sandige Wanderweg führt uns zu mehreren Bauernhäusern (Mooslehen), zwischen denen wir nach rechts in den Moosweg abbiegen. Nach etwa 200 Metern geht (vor einem Trafohaus) links ein Weg hinauf

 12,8 km 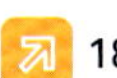 180 Hm 

 Ghs. Kohlhiasl, Echostüberl am Königssee und Ghs. Bodner

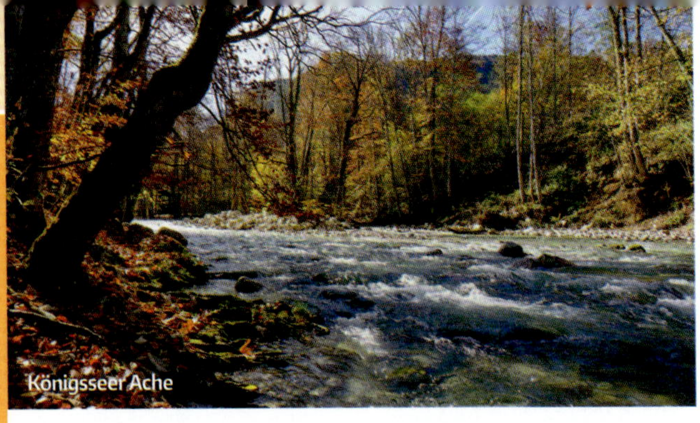
Königsseer Ache

(Ausschilderung Richtung Stangenwald), der kurz darauf die Oberschönauer Straße kreuzt. Genau gegenüber beginnt ein Weg, der unterhalb an einem Weiher entlang führt. Auf der anderen Seite geht es wieder hinauf, auf dem Sträßchen (Hanottenweg) dann nach links. Nach 200 Metern dann wieder nach links hinauf Richtung Sulzbergkopf. Oben erreichen wir erneut die Oberschönauer Straße, gehen wenige Meter nach rechts und überschreiten die Straße auf Höhe der Bushaltestelle.

Wir queren den Parkplatz des Gasthauses Kohlhiasl, halten uns kurzzeitig rechts und biegen dann gleich in den linken Sandweg hinter dem Biergarten des Gasthauses ab. Dieser führt uns erneut zum Mooslehen und wir

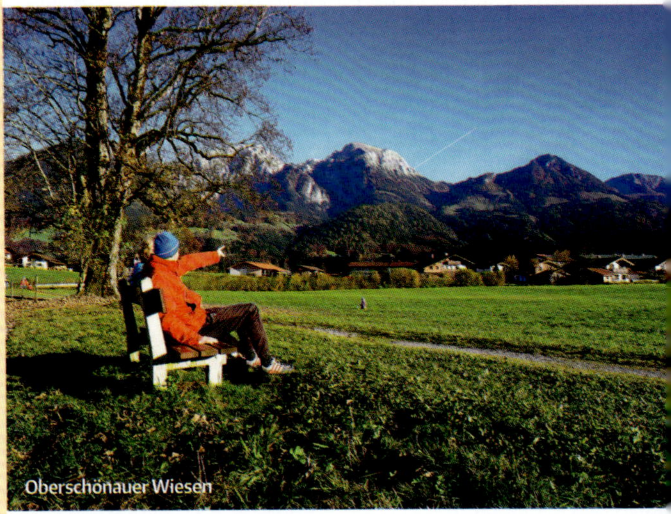

Oberschönauer Wiesen

gehen wieder ein kurzes Stück links durch den Moosweg, biegen diesmal aber nach rechts Richtung Sulzbergkopf / Bergfriedhof ab und gehen über den Holzsteg durch das Hanottenmoos. Am Ende des Stegs halten wir uns halbrechts und nehmen die Sulzberg-Mittergaß aufwärts. Kurz vor deren Ende geht ein Wanderweg nach links ab, der mit einigen Treppen startet und zum Sulzbergkopf hinauf führt.

Oben biegen wir rechts in den breiten Weg Richtung Sulzbergkopf-Sender ab, gehen an der Radiostation vorbei und über den Sandweg auf der anderen Seite wieder hinunter. Bei der kurz darauf folgenden Weggabelung halten wir uns rechts und dann stets geradeaus, bis wir auf eine kleine Straße treffen, wo wir links und gleich darauf noch einmal links gehen und dann bei dem zweiten Wegweiser (Richtung Schwöb / Berchtesgaden) nach rechts unten abbiegen. Dieser Wanderweg führt steil abwärts, trifft auf die Untersteiner Straße, die wir überqueren, um dann nach links zu gehen. Nach ca. 200 Metern nehmen wir rechts nach der Brücke den Königsseer Fußweg in Richtung Königssee. Dieser schöne Weg mit interessanten Informationstafeln führt an der Königsseer Ache entlang, teils mit schönen Blicken auf die quirlige Ache, teils durch Waldstücke oder auch mal zwischen Häusern hindurch.

Wir folgen stets den Schildern Richtung Königssee, unterqueren nach einer knappen Stunde eine Straße mittels eines Tunnels und kommen kurz darauf zu einem Hotel namens Königsseer Hof, das am Rande des großen Königssee-Parkplatzes liegt. An diesem gehen wir vorbei und biegen danach gleich rechts ab und gelangen so zu dem Wehr, das den Abfluss des Königssees in die Königsseer Ache reguliert. Wir überqueren das Wehr und gehen bei dem Sträßchen (hier Abstecher nach links zum Gasthaus Echostüberl am ruhigeren Königsseeufer möglich!) schräg gegenüber in den Sandweg Richtung Grünstein hinauf. Vor dem Ödlehen nehmen wir rechts den Jodlerweg geradeaus und dann abwärts über die nächste Kreuzung hinweg.

Kurz darauf zweigen wir jedoch unterhalb des Hauses Hohenwart nach links auf den Sandweg ab (ohne Ausschilderung), genießen die Aussicht und biegen bei der nächsten Straße nach links oben ab und gehen dann rechts in den Zulehenweg. Dieser mündet in die Waldhauser Straße, auf deren Bürgersteig wir fünf Minuten aufwärts gehen.

Beim Autohaus queren wir dann die Straße und gehen gegenüber in das Sträßchen „Am Köppelberg", das wir kurz darauf wieder verlassen: Der Wanderweg links führt uns Richtung Oberschönau Bodner, wohin wir nach einmal rechts und einmal links Abbiegen zu unserem Ausgangspunkt zurückgelangen.

Malerwinkl am Königssee und Rabenwand

Die perfekte Annäherung an den Königssee: Zahlreiche Blicke über den See machen diesen Rundweg und vor allem den Abstecher zur Rabenwand mit ihren aussichtsreichen Sitzbänken lohnend.

Großparkplatz und Bushaltestelle Königssee (605 m)

1 ¾ Stunden: Malerwinklrundweg über Jennerbahn-Talstation bis zur Abzweigung Rabenwand 30 Min., Abstecher zur Rabenwand und zurück jeweils 15 Min., über Malerwinkl zum Königssee 40 Min.

Vom Parkplatz Richtung Jennerbahn Talstation (aufwärts) gehen, 250 Meter nach der Talstation nach rechts in den Malerwinklrundweg abbiegen. Nach ca. einem Kilometer zweigt nach links der Weg zur Rabenwand ab. Dieser Abstecher, der hin und zurück jeweils 15 Minuten Gehzeit bedarf, ist auf jeden Fall lohnend, da er deutlich weniger frequentiert ist als der Rundweg, aber einen Blick über den Königssee mit seiner Bergumrahmung und der Wallfahrtkirche St. Bartholomä auf der Halbinsel eröffnet, den es von keinem anderen Punkt in dieser Bandbreite gibt.

Zurück auf dem Rundweg gehen wir abwärts mit mehreren Ausblicken auf den See, beim sogenannten Malerwinkl gibt es den Blick dann ganz ohne störende Bäume. Vor allem in der ersten Hälfte des 19. Jahrhunderts nutz-

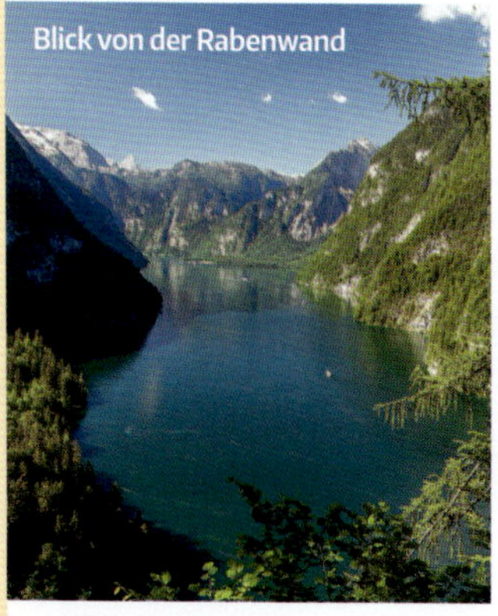
Blick von der Rabenwand

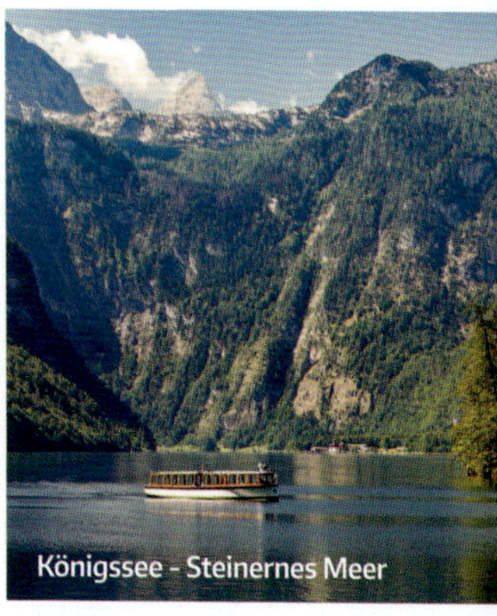
Königssee - Steinernes Meer

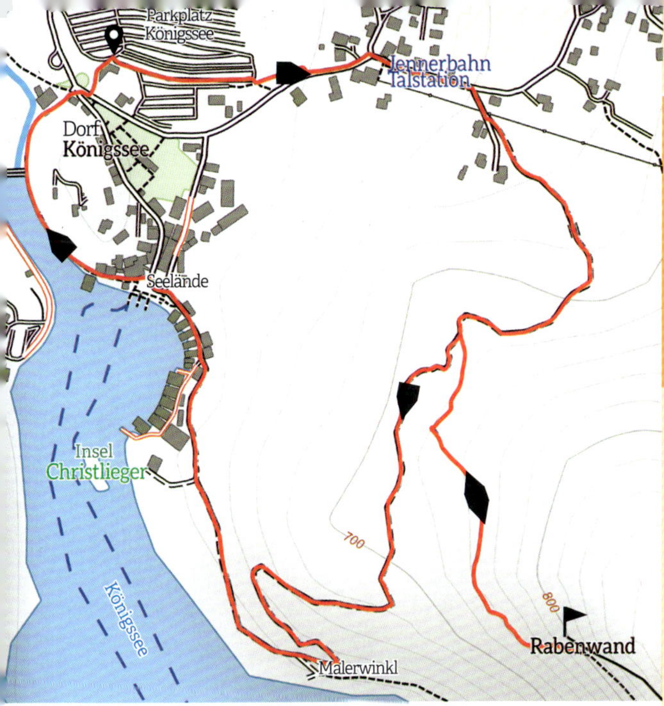

ten Landschaftsmaler diesen Ort, um die berühmte Ansicht vom See mit den Zwiebeltürmen von St. Bartholomä einzufangen, die sich später millionenfach in Postkarten, Kalendern und Puzzles wiederfand. Vom Malerwinkl führt der Weg kurz aufwärts und dann abwärts zur Seelände. Ein schöner Rückweg führt am Seeufer entlang zur Seeklause, einem Wehr, das das Seewasser dosiert in die Königsseer Ache fließen lässt.

Variante

Wer den Spaziergang noch etwas ausweiten möchte, kann über das Wehr bei der Seeklause gehen, dann gegenüber Richtung Grünstein durch die Wiesen aufsteigen, dann ein Stück durch den Wald und rechts auf der Sandstraße wieder abwärts. Der rechts abzweigende Wanderweg führt zu einer kleinen Straße zurück, der man nach rechts zum Wehr folgt (zusätzlich ca. 30 Min.).

 4,8 km  217 Hm    Variante

Gasthäuser am Königssee und an der Jennerbahn

Grünstein, 1.303 m über den Schapbachriedel

Ein stiller Anstieg auf den wegen seines gigantischen Rundumblicks beliebten Grünstein – wir nähern uns quasi von hinten über den langen Schapbachriedel, über den sich ein kleiner Pfad schlängelt.

Parkplatz Hammerstiel, Hinterschönau (760 m), Bushaltestelle Kramerlehen, von dort zusätzlich 100 Höhenmeter, ca. 20 Minuten

4 ½ Stunden: Hammerstiel-Forststraße bis zum unbezeichneten Abzweiger 30 Min., über den Schapbachriedel zur Grünsteinhütte 2 ¼ Std., auf den Gipfel 30 Min (hin und zurück), Abstieg 1 ¼ Std.

Zunächst folgen wir der Hammerstiel-Forststraße ca. eine halbe Stunde lang. In einer langgezogenen Linkskurve zweigt links ein kleiner, eingangs recht steiler Pfad nach oben ab, der deutlich erkennbar ist, sobald man genau davor steht. Dieser Pfad zieht anfangs an der Seite des Rückens entlang, später genau auf der Kante bis zum höchsten Punkt (kleines Gipfelkreuz). Dort scheint die Watzmannfamilie – rechts der Mann, links die Frau, dazwischen die Kinder – zum Greifen nahe. Der

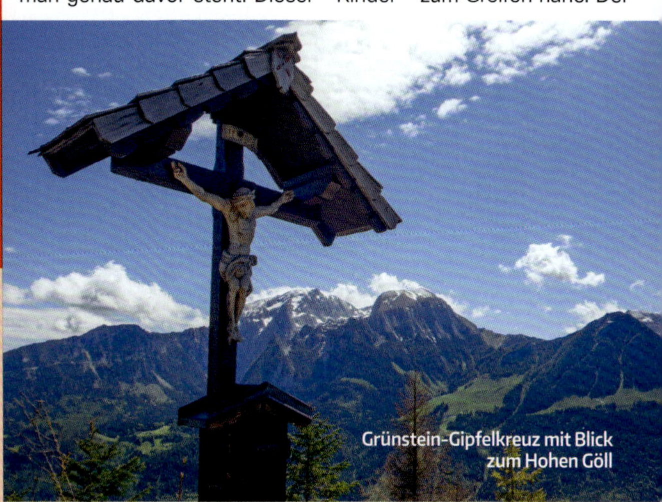
Grünstein-Gipfelkreuz mit Blick zum Hohen Göll

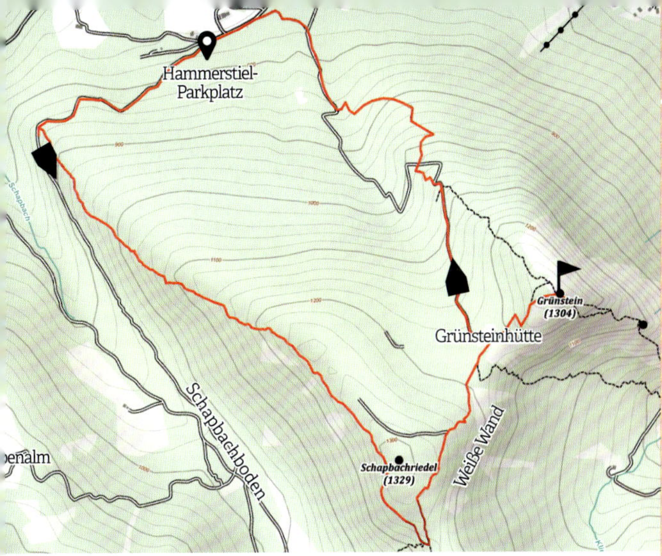

direkte Blick ins Kar ist von keinem anderen Ort so beeindruckend. Etwa zehn Minuten nach dem Gipfelkreuz trifft unser kleiner Pfad auf den offiziellen Weg zwischen Grünstein und der Kührointalm, was durch eine rot-weiße Markierung an einem Baum zu erkennen ist. Hier halten wir uns jetzt auf dem nur unmerklich breiteren Pfad nach links, also nach Norden. Dass wir richtig sind, erkennen wir auch an einem Wasserschutzgebiet-Schild, das kurz nach der Einmündung auftaucht.

Der markierte Pfad zieht sich jetzt oberhalb der Weißen Wand entlang und führt dann abwärts zur Grünsteinhütte. Erfahrene Berggeher raten an dieser Stelle, zunächst den wegen seines Rundumblicks lohnenden Gipfel zu besteigen (ca. 20 Min.) und erst dann in die Hütte einzukehren bzw. vor der Hütte auf den Bänken zu verweilen.

Der Abstieg Richtung Hammerstiel verläuft nach der Grünsteinhütte rechts hinab völlig unkompliziert auf der Fahrstraße, beziehungsweise auf ausgeschilderten Abkürzungen, wieder zum Parkplatz zurück.

Variante

Absteigen könnte man auch auf dem Weg zum Königssee, den viele Bergsteiger und auch Kletterer als Ausgangspunkt wählen. Doch müsste man dann um den halben Grünstein herum am Rande der Schönau entlang zurück zum Parkplatz wandern.

 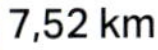 7,52 km  707 Hm  Grünsteinhütte  

13

WIMBACHKLAMM

Wimbachklamm & Schloss

Nicht sehr lang, aber vor allem nach einem Regentag spannend ist die Wimbachklamm, durch die wildes Wasser rauscht. Ein bequemer Pfad am Rande des Wimbachgrieses führt zum „Wimbachschloss", einem früheren Jagdschloss der bayerischen Könige, das inzwischen als Gasthaus dient.

Parkplatz und Bushaltestelle Wimbachbrücke, an der Alpenstraße zwischen Berchtesgaden und Ramsau (625 m)

3 Stunden: Durchquerung der Klamm 30 Min., zum Wimbachschloss 1 ¼ Std., Rückweg 1 ¼ Std.

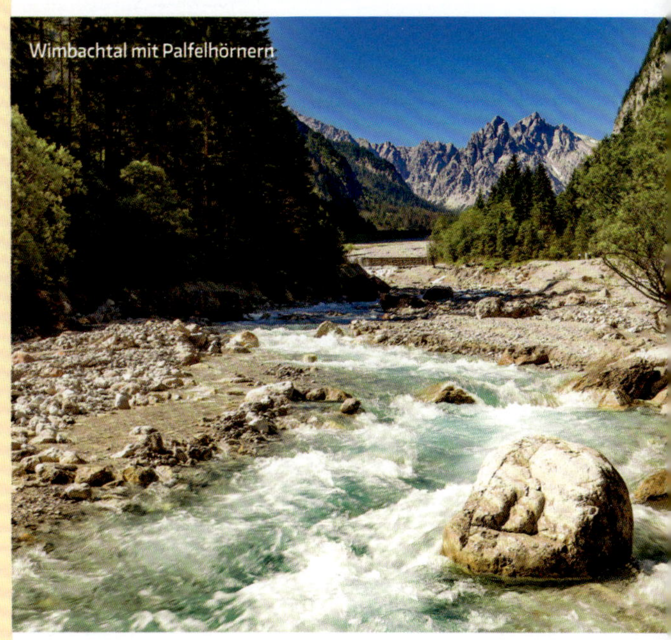
Wimbachtal mit Palfelhörnern

Vom Parkplatz aus wählen wir die geteerte Straße, wo die Wegweiser nach oben zur Wimbachklamm weisen. Kurz vor dem Ende der Straße erwerben wir – bei einem Automaten am letzten Bauernhaus, wo im Wollstadl selbstgeschorene Wolle feilgeboten wird, – Wertmarken für den Einlass in die Wimbachklamm. Vor allem, wenn es kurz zuvor geregnet hat, beeindrucken die Wasserschnellen in dem engen Einschnitt, aber auch die vielen kleinen Wasserfälle und Rinnsale an den Wänden. Die hölzernen Stege sind sehr gut durch Geländer und kleine Trittbretter gesichert, so dass die Klamm auch

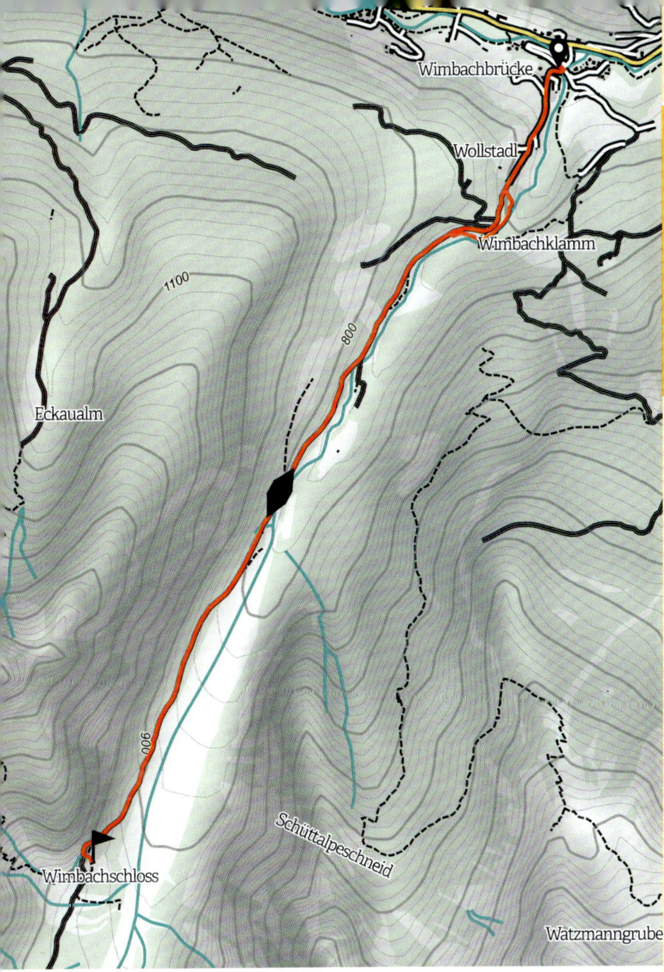

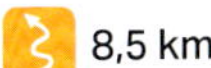 8,5 km 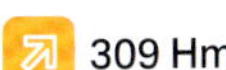 309 Hm 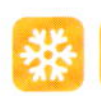  Varianten

Wimbachschloss, Wirtshaus Hocheck oberhalb des Parkplatzes, Gasthof Wimbachklamm

bei Nässe oder gar bei Regenwetter ein lohnendes Ziel ist. Nach dem Austritt aus der Klamm (Drehkreuz) folgen wir dem bezeichneten Weg auf der rechten Bachseite. Wer nach 10 Minuten aufhorcht, registriert, dass das Rauschen des Baches merkbar abnimmt – der Bach fließt in großen Bereichen des Wimbachgrieses unterirdisch. Unser Weg ist rechts und links gespickt mit kleinen Nebenpfaden, die Ausblicke ins Gries ermöglichen oder den Kindern Abwechslung bieten. Wir gelangen zum Gasthaus Wimbachschloss, von wo wir einen tollen Blick auf den gesamten Watzmanngrat – vom Hocheck (links) bis zur Südspitze – haben. Früher nutzten der letzte Fürstpropst Berchtesgadens und später die bayerischen Könige und der Prinzregent dieses Jagdschloss als Stützpunkt für ihre Hofjagden. Heute steht hier ein Gasthaus, das eine Einkehr lohnt.

Der Rückweg erfolgt wieder auf dem ausgeschilderten Sandweg Richtung Wimbachbrücke.

Varianten

Wer den Hinweg etwas abwechslungsreicher, aber auch „wilder" gestalten möchte, geht nach dem Aufstieg aus der Klamm nur etwa 15 Minuten auf dem breiten Sandweg. Dann überqueren wir links eine breite Holzbrücke, obwohl dort kein Weg ausgeschildert ist, und folgen der sandigen Straße, bis sie in ein Almgelände einmündet. Wir queren die Almwiese, gehen durch das Tor auf der gegenüber liegenden Seite und auf einem Pfad durch den Wald. Nach dessen Ende gehen wir am linken Rand des Grieses entlang, teils auf Pfaden, teils im Schotter des Grieses. Dort, wo auf der gegenüberliegenden Talseite die Wände erstmalig deutlich nach hinten weichen und einen Einschnitt erkennen lassen, halten wir uns rechts auf einen bewaldeten kleinen Hügel zu, zwischen dessen Bäumen mit etwas Mühe ein Kreuz zu entdecken ist. Wir steuern den Hügel an, sehen einen Pfad, der steil zu dem Kreuz führt, das der Soldaten gedenkt, die am 7. Juli 1970 bei einem Übungsflug mit einem Hubschrauber im Wimbachgries ums Leben kamen. Für den Abstieg wählen wir den Pfad an der anderen Seite und überqueren dann das Schotterfeld hinauf zu einem sandigen Weg. Wenn wir uns jetzt nach rechts halten, erreichen wir bald das Wimbachschloss.

Vom Wimbachschloss aus kann man auch noch weiter im Gries wandern, vor allem die erste Dreiviertelstunde bis zur Querung des breiten Griesbandes ist lohnend. Nach insgesamt etwa 1 ½ Stunden erreicht man die Wimbachgrieshütte, wo viele Wanderer eine Rast nach der anstrengenden Watzmann-Überschreitung einlegen.

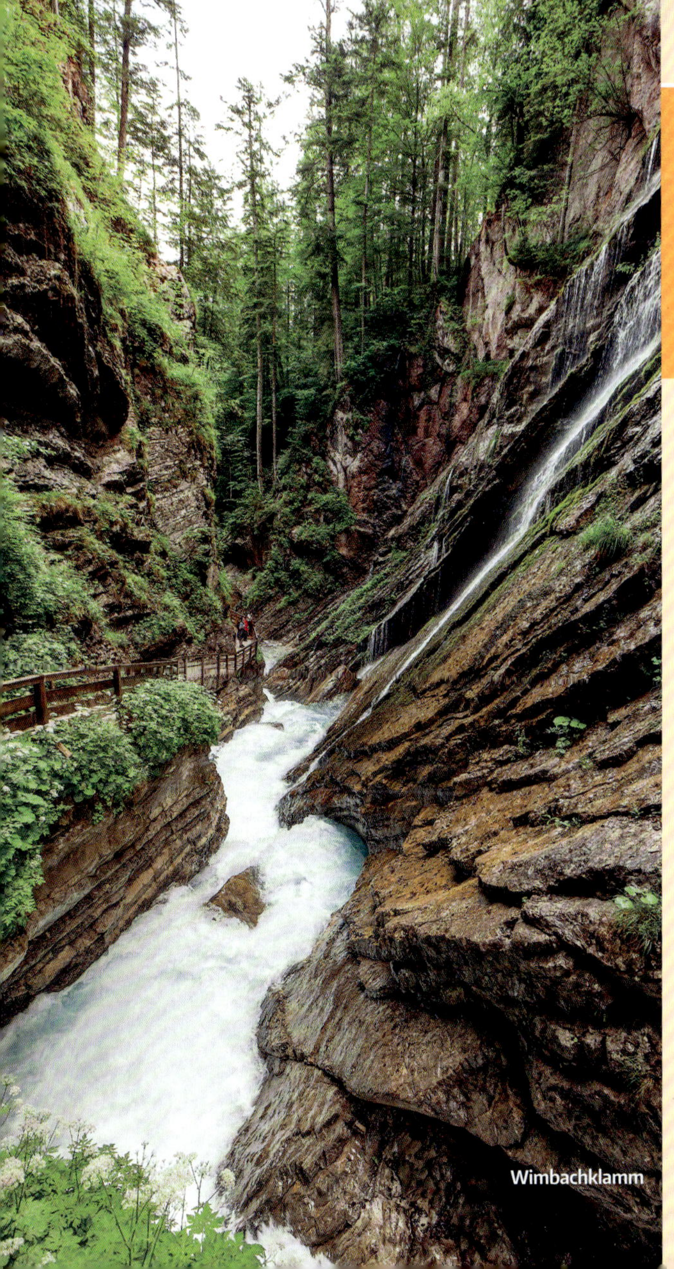

Wimbachklamm

Ramsauer Schluchtweg und Soleleitung

Stiller Anstieg vom Bergsteigerdorf Ramsau zum prominenten Soleleitungsweg, der viele Wanderer anzieht, weil er Panoramablicke und mehrere Gasthäuser zu bieten hat.

Parkplatz und Bushaltestelle Neuhausenbrücke, Ramsau (650 m)

3 ¾ Stunden: Schluchtweg bis zum Gasthaus Zipfhäusl (an der Soleleitung) 1 Std. 10 Min., Soleleitung bis Gasthaus Gerstreit 45 Min., Abstieg zur Wimbachbrücke 1 ¼ Std., Rückkehr in die Ramsau 40 Min.

Hinter dem Neuhausen-Parkplatz überqueren wir die gleichnamige Brücke und gehen dann rechts entlang der Straße namens Riesenbichl Richtung Ramsau Ortsmitte. In Sichtweite der Kirche überqueren wir den Fluss auf dem ersten Steg und dann im Anschluss die Straße und biegen schräg gegenüber in den Schluchtweg ein.

Der Weg verläuft, seinem Namen entsprechend, in der Schlucht des Schwarzecker Bachs, teils mit Geländern und Treppen abgesichert, und führt zum Soleleitungsweg. Die Abzweigungen nach links (Richtung Zipfhäusl und Hochschwarzeck über Möslerlehen) und dann noch zweimal rechts (Richtung Gerstreit) ignorieren wir, auch wenn bei der zweiten Abzweigung kein Wanderschild nach geradeaus weist. Unmittelbar vor dem Gasthaus Zipfhäusl gehen wir nach rechts. Der Weg führt nahezu eben, oberhalb von steilen Wiesen entlang, zum Gasthaus Gerstreit. Tafeln erläutern die Funktion und Bedeutung dieser Soleleitung, in deren Holzrohren das Berchtesgadener Salzbergwerk bereits zu Beginn des 19. Jahrhunderts die salzhaltige Sole nach Bad Reichenhall pumpte,

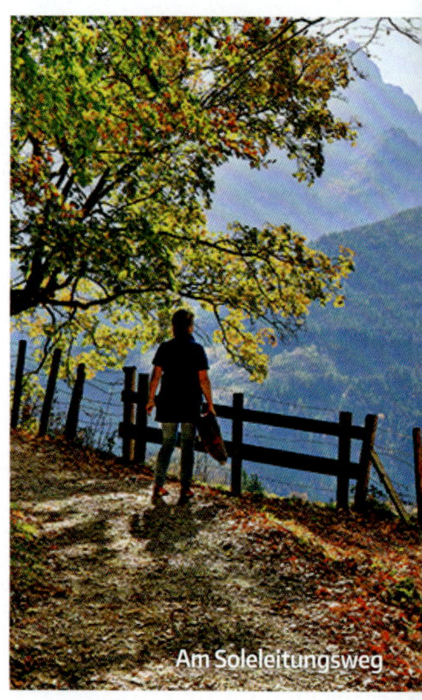
Am Soleleitungsweg

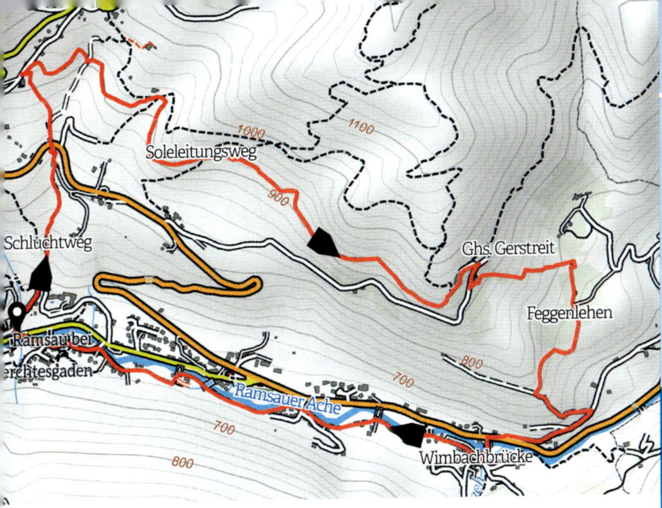

um sie in der dortigen Saline zu Salz verarbeiten zu lassen. Vis-à-vis von unserem Weg blicken wir auf den gewaltigen Hochkalterstock, aber auch auf Watzmann und Reiteralm.

Unterhalb der Gaststätte Gerstreit wählen wir den Weg links von einem Anwesen (anfangs Treppen) nach unten Richtung Wimbachbrücke. Nach etwa 20 Minuten biegen wir in einen schmalen Pfad nach rechts ab Richtung Wimbachbrücke. Kurz darauf führt der Weg direkt am Feggenlehen vorbei, wo er dann zwischen Haus und einem Kaser rechtsseitig an einem Rücken entlang durch die Wiese weiter geht. Wir bleiben auf dem Sandweg, der nochmal einen Schwung nach oben nimmt und dann zur Kederbacherstraße hinunterführt, der wir nach rechts folgen. Die Berchtesgadener Straße überqueren wir schräg nach rechts zur Wimbachbrücke, gehen dann an der Nationalpark Informationsstelle vorbei und in die rechte Richtung über den Parkplatz, an dessen Ende ein schöner Fußweg beginnt. Dieser führt uns jenseits der Ramsauer Ache entlang und wieder zur Neuhausenbrücke in der Ramsau zurück.

Variante

Den Soleleitungsweg ab Gerstreit noch weiter zu dem urigem Gasthaus Söldenköpfl verfolgen und dann den gleichen Weg wieder zurückgehen (einfach 30 Min.) und die Runde fortsetzen.

 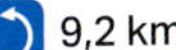 9,2 km  386 Hm   Variante

Gasthäuser Zipfhäusl und Gerstreit, bei Variante Söldenköpfl

Zauberwald & Hintersee mit Wartstein, 893 m

Verwunschener Weg, vorbei an Gletscherquellen, der Marxenklamm und durch den Zauberwald hin zum sprichwörtlich malerischen Hintersee. Der 893 Meter hohe Wartstein mit dem schönen Blick auf den Hintersee und die dahinter liegende Reiteralm krönt die Runde.

Parkplatz Pfeiffenmacherbrücke, Ramsau (Ortsende Richtung Hintersee), Bushaltestelle Ramsau Oberwirt, von dort ca. 300 Meter ortsauswärts zum Parkplatz Pfeiffenmacherbrücke (670 m)

2 ½ Stunden: Zum Hintersee 1 Std., auf den Wartstein 30 Min., Abstieg und Rückweg in die Ramsau 1 Std.

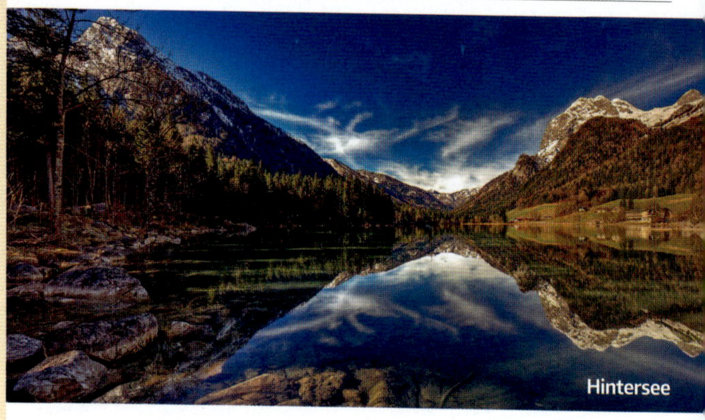
Hintersee

Ein breiter ansteigender Forstweg führt Richtung Gletscherquellen, Zauberwald und Hintersee. Nach fünf Minuten zweigt unser Weg von diesem Forstweg ab und leitet an den Gletscherquellen vorbei. In den Sommermonaten quillt tatsächlich zwischen den bemoosten Steinen das Wasser hervor, das im Blaueisgletscher, dem nördlichsten Gletscher der Alpen, schmilzt und unterirdisch abfließt. Der Weg durch den Wald endet an einer Straße, die wir überqueren, um dann kurz darauf einen Blick in die Marxenklamm (roter Steg rechts) zu werfen.

Wir folgen der Straße Richtung Pension Zauberwald, danach bleiben wir zunächst geradeaus auf dem sogenannten Mühlsteinweg Richtung Hintersee.

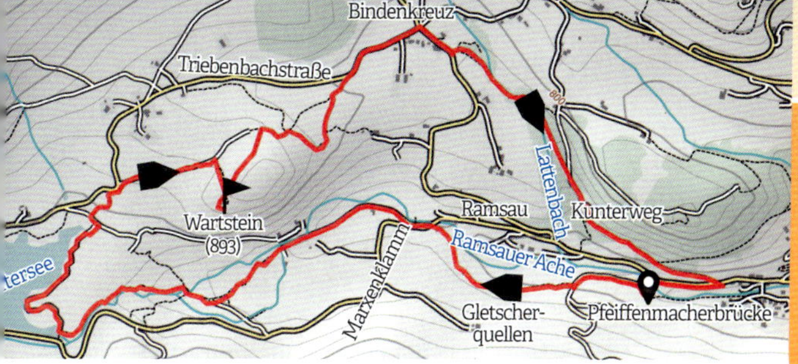

Hinter einer Brücke zweigen wir nach links ab, durchqueren den durch einen Felssturz entstandenen Zauberwald, in dem die vielen Felsblöcke inzwischen von Vegetation ummantelt wurden. An der Seeklause, dem Wehr, das den Ausfluss des Wassers aus dem Hintersee in die Ramsauer Ache kontrolliert, wenden wir uns nach rechts und gehen den Weg am Seeufer entlang. Dort sind mehrfach Malerstaffeleien aufgestellt, die erkennen lassen, dass sich die Landschaftsmaler gerne Motive aus dieser Landschaft aussuchten.

Dort, wo der See-Rundweg auf eine Sandstraße trifft, gehen wir zunächst nach links, wenden uns aber kurz darauf nach rechts Richtung Halsalm / Wartstein. Unser Pfad führt ein kurzes Stück aufwärts, dann halten wir uns wieder rechts (weg von der Straße). Wir gehen rechts bergauf auf den Gipfel des Wartsteins, der einen herrlichen Tiefblick auf den Hintersee, aber auch auf die dahinter liegende Reiteralm und den gegenüberliegenden Hochkalter mit seinem Blaueisgletscher bietet.

Für den Abstieg wählen wir einen schönen Weg über die Kunterwegkirche: Unterhalb des Wartsteingipfels rechts halten, dann rechts Richtung Ramsau. Wenn wir aus dem Wald heraustreten, wählen wir den Pfad, der entlang des rechten Waldrandes und vorbei an Sitzbänken führt. Im Bogen gehen wir dann zur Triebenbachstraße und auf dieser etwa 200 Meter nach rechts. Am Bindenkreuz, einer Kreuzung mit einem schönen Schilderbaum, halten wir uns wieder rechts, um dann kurz darauf links in einen ausgeschilderten Wanderweg Richtung Ramsau abzuzweigen. Dieser Weg führt uns entlang des klammartigen Lattenbachs zur Kunterwegkirche und dann hinab in den Ort Ramsau. Deren Hauptstraße („Im Tal") müssen wir 300 Meter nach rechts folgen, um zum Parkplatz zurück zu gelangen.

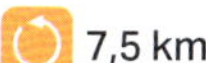 7,5 km 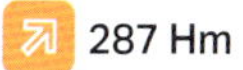 287 Hm 

 Gasthäuser am Hintersee (kleiner Abstecher)

Hintersee & Halsalm, 1.200 m

Der Hintersee zog schon im 19. Jahrhundert zahlreiche Landschaftsmaler an und darf zweifelsohne als malerisch bezeichnet werden. Dem Uferspaziergang folgt ein steiler Anstieg auf die Halsalm, die in einer Senke vor der Reiteralm liegt und Einblicke ins raue Gebirge erlaubt.

Parkplatz Seeklause kurz vor dem Hintersee, Bushaltestelle Hintersee / Zauberwald (795 m)

Knapp 4 Stunden: Weg entlang des Hintersees bis zum Hostel Alpen Experience CVJM Aktiv Hintersee 30 Min., Aufstieg zur Halsalm 1 ½ Std., Abstieg über die Halsgrube zum Klausbachhaus 1 ¼ Std., Rückweg entlang des Hintersee-Südufers 30 Min.

Wir gehen auf der gegenüberliegenden Seite der Straße über die Seeklause, die den Hintersee von der abfließenden Ramsauer Ache trennt, und dann am Ostufer des Hintersees entlang. Dieser Weg trägt den Namen Malerrundweg und ist garniert mit Malerstaffeleien, die die Perspektiven der Landschaftsmaler im 19. Jahrhundert nachvollziehbar machen. Bei allen Abzweigungen wählen wir den linken Weg, bis wir an die kleine Straße mit verschiedenen Gasthäusern und Hotels kommen. Hinter dem großen holzverkleideten CVJM-Gäste-

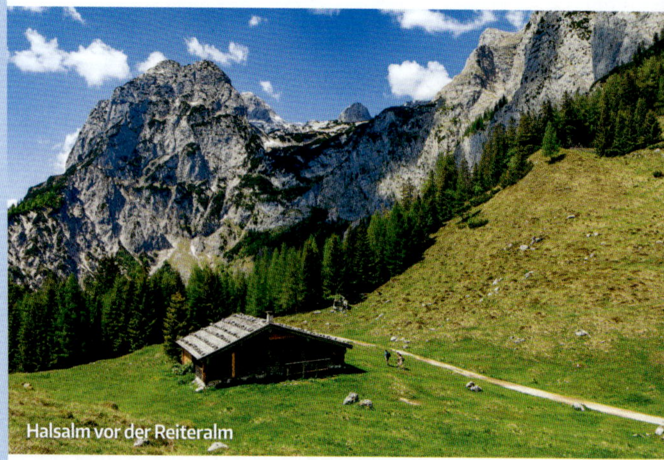

Halsalm vor der Reiteralm

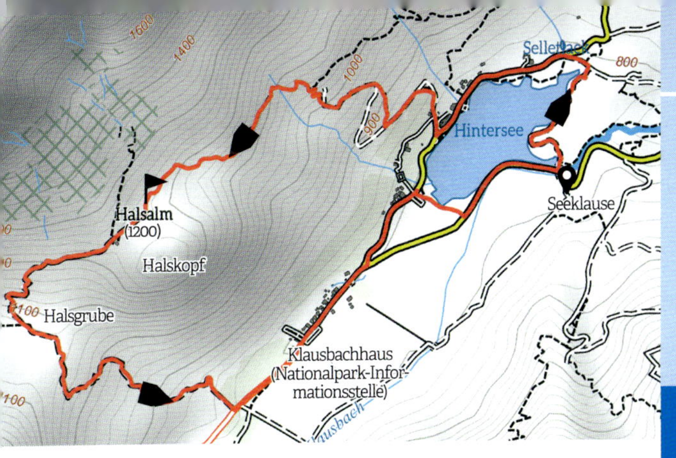

haus biegen wir rechts ab, verlassen die kleine Zufahrtsstraße und gehen am nächsten Haus rechts in den ausgeschilderten steilen Wanderweg Richtung Halsam.

Nach etwa 45 Minuten des Anstiegs treffen wir auf einen Wanderweg, dem wir nach links folgen. Anfangs noch in stetiger Steigung, dann aber zunehmend flach bringt uns dieser Weg am Hang entlang zu dem offenen Almgelände in einer Senke zwischen dem (unattraktiven, da komplett bewaldeten und nicht mit Wegen erschlossenen) Halskopf und den steilen Südosthängen der Reiteralm. Die Halsalm ist zwar nicht im großen Stil bewirtschaftet, doch werden Getränke und kleine Brotzeiten angeboten. Für den Abstieg gehen wir über das Almgelände hinaus, nehmen den sandigen Fahrweg abwärts in die sogenannte Halsgrube. Wenn wir auf der Almstraße etliche Kehren hinter uns gelassen haben, treffen wir unten auf die Straße, die durch das Klausbachtal führt und nur vom Almerlebnisbus befahren werden darf.

Dort wenden wir uns nach links und kommen nach wenigen Minuten zum Klausbachhaus, einer sehenswerten Nationalpark-Informationsstelle mit interaktiven Ausstellungen über die Almwirtschaft und die Adler im Nationalpark. Dann gehen wir die Straße entlang (bei der Gabelung nach 200 Metern der linken Straße folgen) und schließlich über den Wanderweg am rechten Hintersee-Ufer zurück zum Parkplatz.

 8,5 km  449 Hm 

Halsalm, Gasthaus Auzinger kurz nach dem Klausbachhaus, Gasthäuser am Hintersee

Mordaualm, 1.194 m und Schmuckenstein-Umrundung

Da er südseitig ausgerichtet ist, lohnt sich der Weg zur Mordaualm zu allen Jahreszeiten – außer bei sehr viel Schnee. Zumal vor allem im Frühsommer eine bunte Blütenpracht das Auge verwöhnt.

Parkplatz Taubensee an der Alpenstraße (B 305) zwischen Ramsau u. Unterjettenberg, Bushaltestelle Taubensee (895 m)

Gut 4 Stunden: Vom Parkplatz bis in die Mordau (1 Std., über Pfaffental 30 Min. länger), rund um den Schmuckenstein 2 ¼ Std., Abstieg von der Mordau 45 Min.

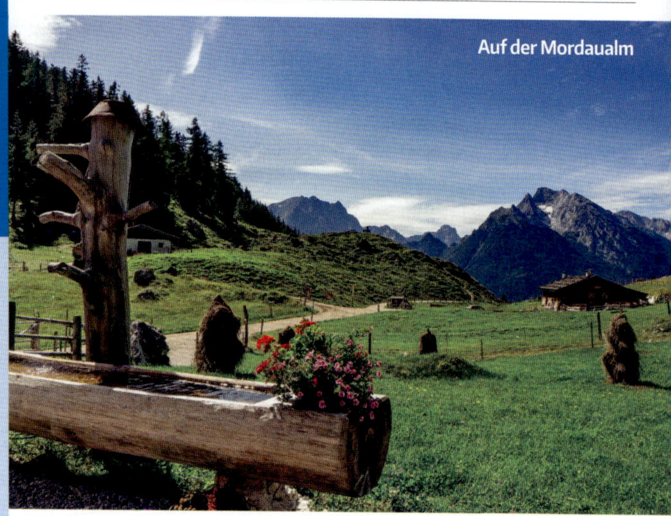

Auf der Mordaualm

Oberhalb der nordseitigen Parkbuchten (aus der Ramsau kommend rechte Straßenseite) beginnt der Forstweg Richtung Mordau. Wer den Anstieg nicht über den weitgehend schnurgeraden Alm-Fahrweg zurücklegen möchte und dafür in Kauf nimmt, dass die Tour insgesamt etwas länger dauern wird, kann nach etwa fünf Minuten rechts abbiegen, einen kleinen Bachlauf überqueren und dann hinaufgehen zu dem Weg, der von der Alpenstraße herführt. Diesem folgen wir nach links oben, bis wir zu einem Forsthaus am Waldrand gelangen. Dort verlassen wir den Pfaffental-Rundweg und halten uns auf dem oberen Weg nach halblinks Richtung Mordau. Nach 400 Metern treffen wir auf den Alm-Fahrweg, dem wir nach rechts oben bis zur Alm folgen.

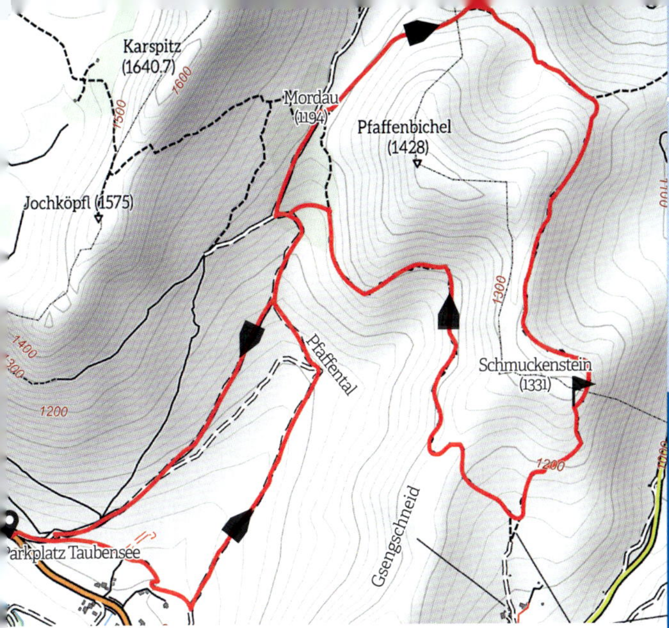

Für den Schmuckenstein-Rundweg wählen wir den Weg hinter der letzten rechten Almhütte, der uns halbrechts nach vorne führt. Dieser geht bald in einen schmalen Pfad über, der den Pfaffenbichel und den Schmuckenstein zunächst nord- und ostseitig umrundet, aber den waldigen Gipfel nicht tatsächlich erreicht – auch wenn dies die gelben Hinweistafeln vermuten lassen. Eine schön gelegene Bank mit Aussicht lädt zum Verweilen ein, bevor der Weg deutlich steiler in Richtung Hochschwarzeck abwärts führt. Auf einer Wiese, beim oberen Ende des Schmuckenstein-Skilifts, wenden wir uns nach rechts, nehmen den etwas mühsamen Karrenweg und erreichen schließlich den Sattel zwischen Gsengschneid und Schmuckenstein.

Danach verläuft unser Rundweg wieder abwärts und erreicht nach etwa 25 Minuten die Wiesen der Mordaualm.

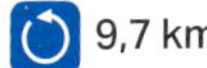 9,7 km 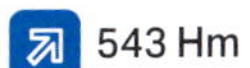 543 Hm 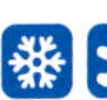  Varianten

 Mordaualm (drei Kaser; in den Sommermonaten)

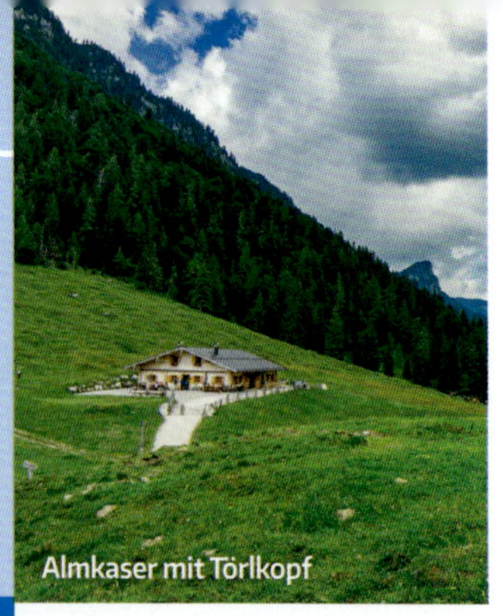
Almkaser mit Törlkopf

Nicht bezeichnet, aber leicht zu erkennen ist der Pfad, der abwärts in die Senke links unterhalb führt. Spätestens bei der gefassten Quelle des Bachlaufs wenden wir uns nach unten und gehen weglos dem Bachlauf entlang auf die stets sichtbare Alm-Fahrstraße zu. Diese nehmen wir dann wieder für unseren Rückweg zum Parkplatz.

Varianten

Vor allem im Winter ist der Pfaffental-Rundweg (Anstieg wie beschrieben, ab dem Forsthaus aber den hinab führenden Pfaffental-Fahrweg) meist gespurt und wegen der schönen Ausblicke auf Watzmann und Hochkalter lohnend.

Auch ein Abstieg nach Hochschwarzeck nach der Hälfte des Schmuckenstein-Rundwegs und dann über die Gasthäuser Nutzkaser und Zipfhäusl und den Soleleitungsweg wieder zurück Richtung Pfaffental-Rundweg wäre eine denkbare Alternative.

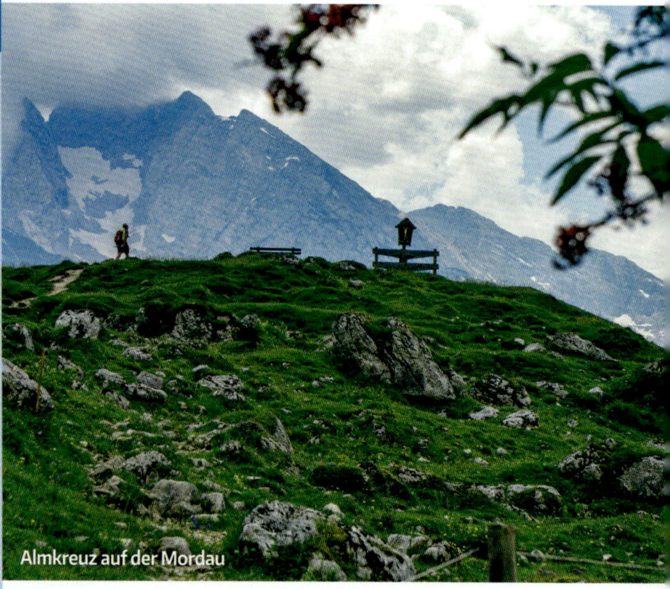

Almkreuz auf der Mordau

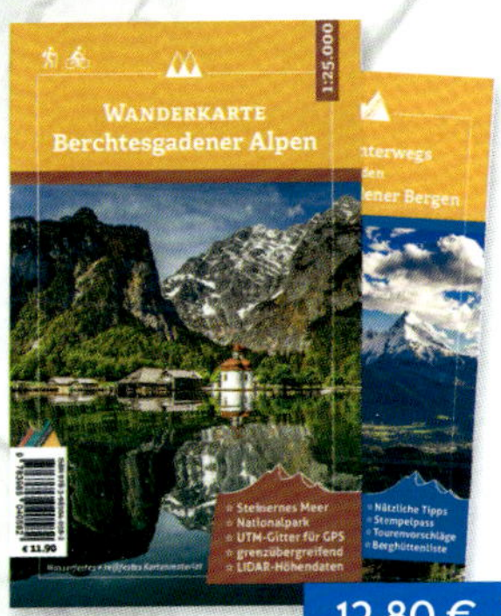

12.80 €

Wanderkarte 1:25.000

Berchtesgadener Alpen und Nationalpark Berchtesgaden, Bergsteigerkarte

- mit nummerierten Wanderwegen und UTM-Gitter für GPS
- inklusive Tourenführer, Schutzhüttenverzeichnis und Sicherheitsregeln
- alle Gipfel und Wege in den Berchtesgadener Alpen
- wasserfest und unverwüstlich
- Topographische Daten auf Basis von LIDAR Vermessung
- in Zusammenarbeit mit dem Nationalpark Berchtesgaden
- ISBN 978-3-940141-98-9

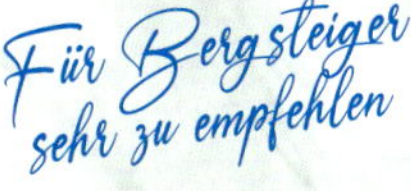

Der beste Wanderführer in den Chiemgauer und Berchtesgadener Alpen

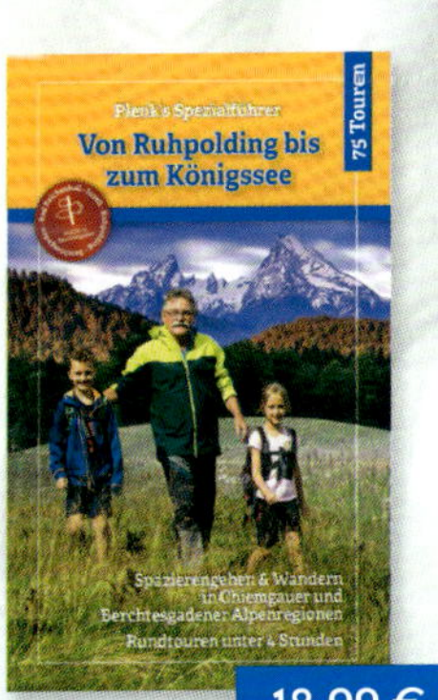

18.99 €

Plenk´s Spezialführer

Von Ruhpolding bis zum Königssee

- Spazierengehen und Wandern in Chiemgauer und Berchtesgadener Alpenregioinen – 75 Touren
- Rundtouren unter 4 Stunden
- vielfältige Tourenvarianten
- kostenlose GPX-Tourendaten Download
- detaillierte Kartenskizzen
- einfache Handhabung
- farbliche Einteilung nach Wegekategorien
- starke Bebilderung
- Einkehr-Optionen
- ISBN 978-3-944501-89-5

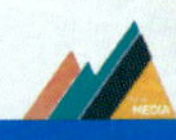

IDEAL FÜR IHRE WANDER- UND BERGTOUREN

Erhältlich im Buch- & Zeitschriftenhandel oder unter **plenk-verlag.com**

Klausbachtal & Litzlalm, 1.375 m

Zwei Nationalpark-Informationsstellen, drei Almen und dazu jede Menge Natur pur: Im Klausbachtal erhält man einen hautnahen Eindruck von Deutschlands einzigem Alpennationalpark, ohne sich allzu sehr anstrengen zu müssen – zumal das größte Stück des Anstiegs mit dem Bus zurückgelegt wird.

Parkplatz und Bushaltestelle Hirschbichlstraße, Fahrt mit dem Almerlebnisbus bis zur Haltestelle Hirschbichl (1.140 m)

Gut 4 Stunden: Aufstieg zur Litzlalm über „Abkürzung" 40 Min., Aufstieg zum oberen Kaser (Reitkaser) und von dort Abstieg zur Eiblkreuzung 30 Min., Abstieg zum Hirschbichl 30 Min., Übergang zur Bindalm 15 Min., Abstieg zur Engert Holzstube 40 Min., zur Abzweigung Ragertalm 30 Min., Abstecher zur Ragertalm (Gehzeit hin und zurück 20 Min.), Rückkehr zum Parkplatz 40 Min.

Nach der Bushaltestelle gehen wir noch etwa zehn Minuten die Straße entlang aufwärts (vorbei an dem Gasthaus und auch an dem ausgeschilderten Sandweg zur Litzlalm), bis oben auf der Passhöhe „Hirschbichl" ein als „Abkürzer" ausgeschilderter Waldpfad nach rechts Richtung Litzlalm abzweigt, der gleich zu Anfang eine schmale Brücke passiert. Dieser Steig bringt uns

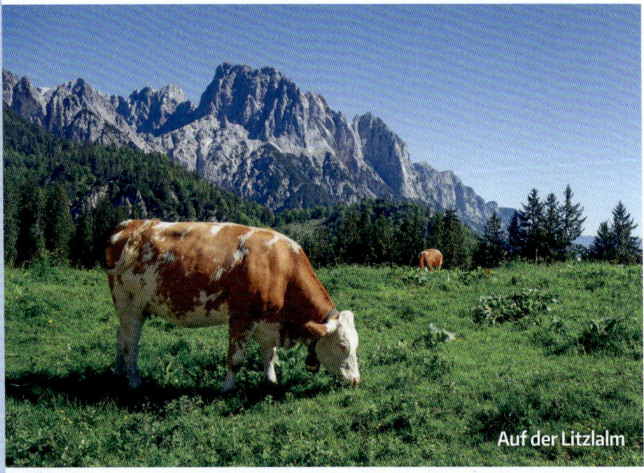

Auf der Litzlalm

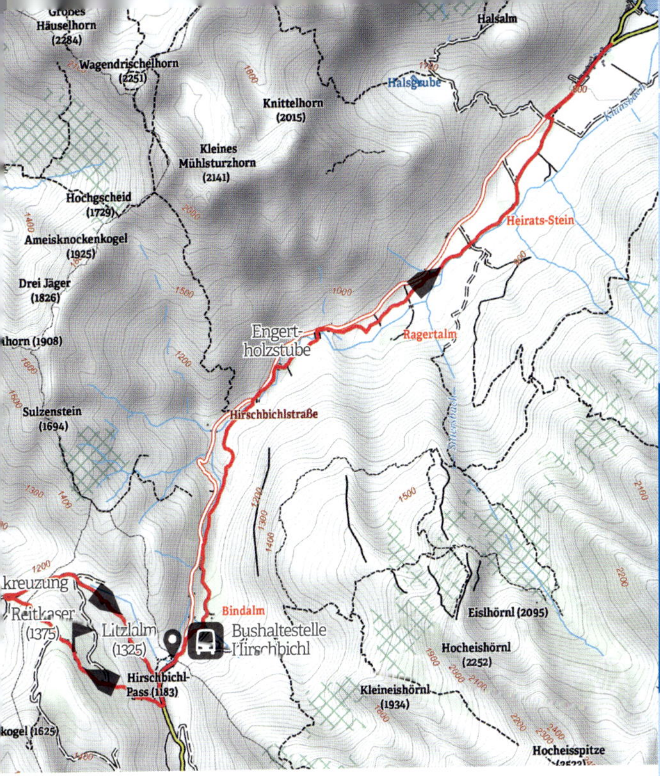

zum weitläufigen Almgelände mit mehreren Almgebäuden, darunter die „Litzlalm Jausenstation", einer beliebten Einkehr für Wanderer und Radler. Dort, wo wir auf die breite Almstraße stoßen, geht es rechts zur Jausenstation.

Unser Weg führt nach der eventuellen Rast aber wieder zurück zu dieser Weggabelung und wir gehen noch etwa zehn Minuten weiter aufwärts, um zum obersten Almgebäude, dem Reitkaser, zu gelangen. Dort zweigt rechts ein Pfad Richtung Eiblkreuzung ab, der durch Wiesen, wo rot-weiß markierte Holzpflöcke den Weg weisen, und ein Waldstück hinabführt. Kurz bevor wir die Wegkreuzung erreichen, erblicken wir vorne die Eiblkapelle, wohin der Abste-

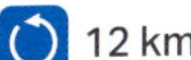 12 km  233 Hm   Variante

Litzlalm, Ghs. Hirschbichl, Bindalm, Ragertalm

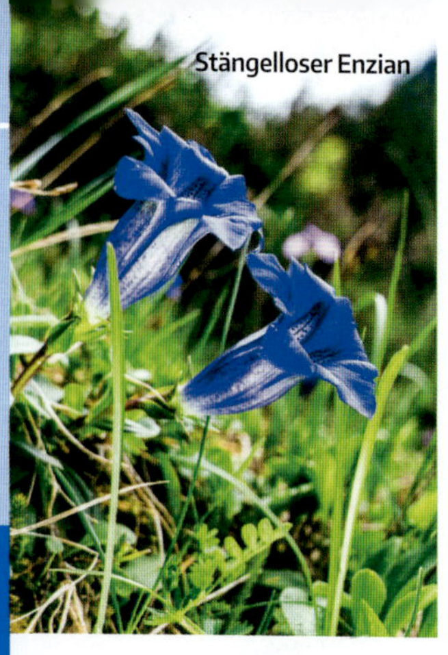
Stängelloser Enzian

cher nicht nur wegen der malerisch gelegenen Kapelle, sondern auch wegen des herrlichen Blicks auf den Hirschbichlkamm, der zum Greifen nahe wirkt, und die Loferer Steinberge im Westen lohnt. Wieder zurück an der Kreuzung halten wir uns geradeaus (Ausschilderung Richtung Hirschbichl) und bei der

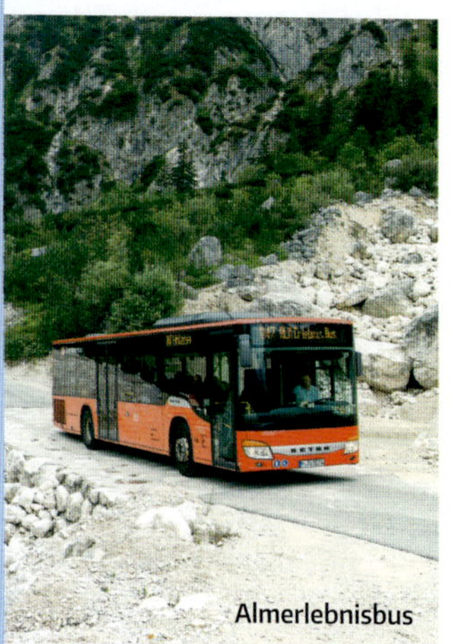
Almerlebnisbus

nächsten Wegkreuzung (Hufnagel-Kreuzung) dann wieder geradeaus abwärts. Wir erreichen die bereits sichtbare Hirschbichlstraße über einen kurzen Sand-Verbindungsweg. Der Straße folgen wir ein Stück nach links, am Gasthaus und der Schranke vorbei und dann noch weitere fünf Minuten abwärts, bis rechts ein schöner, teils galerieartig am Hang angelegter Weg zur Bindalm abzweigt. Gleich zwei Kaser der Bindalm laden zu einer kleinen Brotzeit ein.

Zudem ist das Almgelände berühmt für die Blumenpracht, vor allem für die unzähligen Enziane im Mai. Wir gehen weiter abwärts, lassen die Bushaltestelle links liegen und bleiben auf dem Wanderweg. Dieser führt uns abwärts durch einen Wald und bringt uns zu einem Rastplatz mit einigen Tischen und der Nationalpark-Informationsstelle Engert-Holzstube. An den Sitzgruppen gehen wir vorbei und folgen einem Sandweg parallel zur Straße, bis wir nach etwa fünf Minuten an eine Brücke kommen. Diese überqueren wir und gehen danach ein Stück aufwärts, um dann wenige Minuten später auf einen Holzsteg zu gelangen, der uns entlang einer steilen Wand zur spektakulären Hängebrücke führt.

Nach der Brücke verläuft der Weg auf der anderen Bachseite (nahezu parallel zur Straße) weiter. Nach etwa zehn Minuten kann man – falls man diese Wanderung im Mai oder Juni unternimmt – in einem eingezäunten Waldstück am rechten Wegrand gleich eine Vielzahl von Blüten des Frauenschuhs,

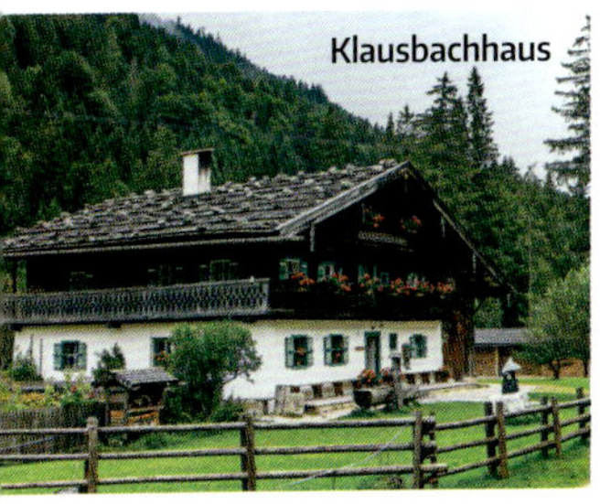
Klausbachhaus

einer sehr seltenen Orchideenart, bewundern. Nach einer weiteren guten Viertelstunde geht nach rechts ein Almweg zur Ragertalm hinauf, wo wir eine kleine Brotzeit vor der Alm einlegen können (außer zur Melkzeit ca. 16.30 bis 18.30 Uhr). Das letzte Stück zurück zum Klausbachhaus, einer zweiten urigen Nationalparkinformationsstelle mit interaktiven Ausstellungen über die Almwirtschaft und die Adler im Nationalpark, verläuft auf bequemen breiten Sandwegen und zuletzt einem kurzen Stück auf der Fahrstraße.

Variante

Der Litzlkogl (1.625 m) ist ab dem Reitkaser auf der Litzlalm in etwa 45 Minuten erreicht. Statt zur Eiblkreuzung abzusteigen, folgen wir der Forststraße noch etwa 10 Minuten, bis an deren höchster Stelle rechts bei einem Durchschlupf ein ausgeschilderter Pfad nach oben abzweigt. Über eine steile Felsstufe, die etwas Klettergeschick erfordert, aber gut mit Seilen gesichert und durch Tritte entschärft ist, gelangen wir nach oben, steigen dann nochmal kurz ab, um dann durch enge, teils steile Latschengassen zum Gipfelkreuz zu gelangen. Abstieg auf dem gleichen Weg. (Achtung: Anstieg im oberen Stück bei feuchtem Wetter und im Herbst etwas rutschig.)

Im Winter lohnend: Hirschfütterung im Klausbachtal.

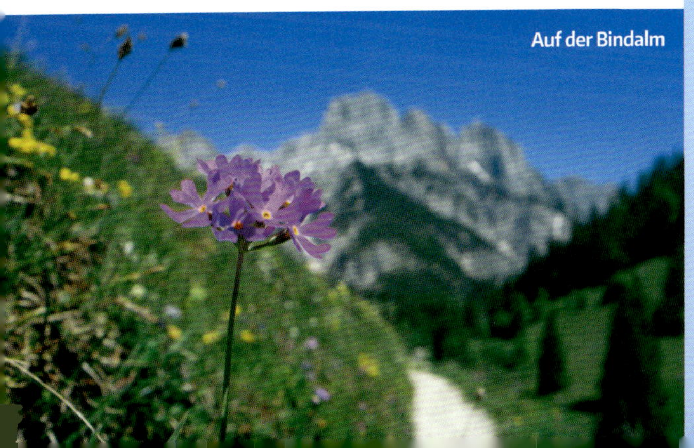
Auf der Bindalm

Toter Mann, 1.392 m über Mitterbergsteig

Bereits der schmale Mitterbergsteig, der im leichten Auf und Ab entlang der Flanken der Lattengebirgsausläufer verläuft, sorgt für vielfältige Einblicke in die Berchtesgadener Alpen. Der Tote Mann und vor allem das nahe gelegene Hirscheck spendieren weitere gigantische Rundsichten.

Parkplatz Götschen Skizentrum / Ghs. Götschenalm, an der Straße zwischen Bischofswiesen und Ramsau-Hochschwarzeck (850 m)

4 ½ Stunden: Vom Götschen-Skizentrum entlang des Mitterbergsteigs auf den Toten Mann 2 ½ Std., Abstecher zum Hirscheck jeweils 10 Min. hin und zurück, Abstieg durch den Kaseranger 1 ¾ Std.

Wir wenden uns zurück zur Straße, gehen nach rechts (Richtung Bischofswiesen) auf dem kleinen Sandweg neben der Straße, bis uns nach etwa fünf Minuten Wanderschilder den Weg Richtung „Toten Mann über Mitterbergsteig" in eine kleine Fahrstraße rechts weisen. Diesem Sträßchen folgen wir etwa fünf Minuten, ein breiter Weg biegt dann nach links ab und führt uns in einem großen Bogen wieder auf die kleine

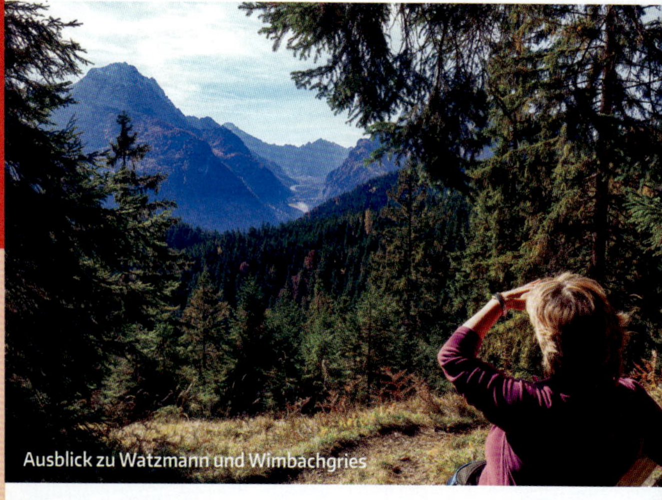
Ausblick zu Watzmann und Wimbachgries

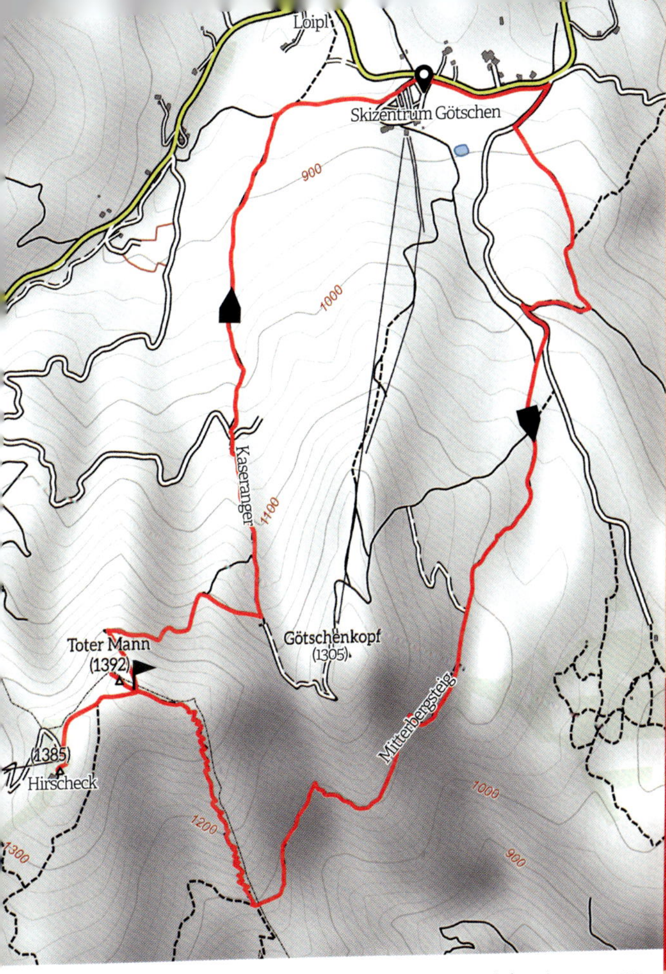

Fahrstraße. Wir halten uns links und bleiben für ca. 300 Meter auf diesem Sträßchen, das in diesem Abschnitt von der Skipiste gekreuzt wird. Ein Wegweiser kennzeichnet unseren Abzweiger nach rechts; kurz darauf gehen wir nicht über die Skipiste zum Götschenkopf, sondern bleiben auf dem Weg.

 10,4 km 621 Hm  Varianten

Berggaststätte Hirschkaser, Abstecher zum Söldenköpfl-Gasthaus, Ghs. Götschenalm

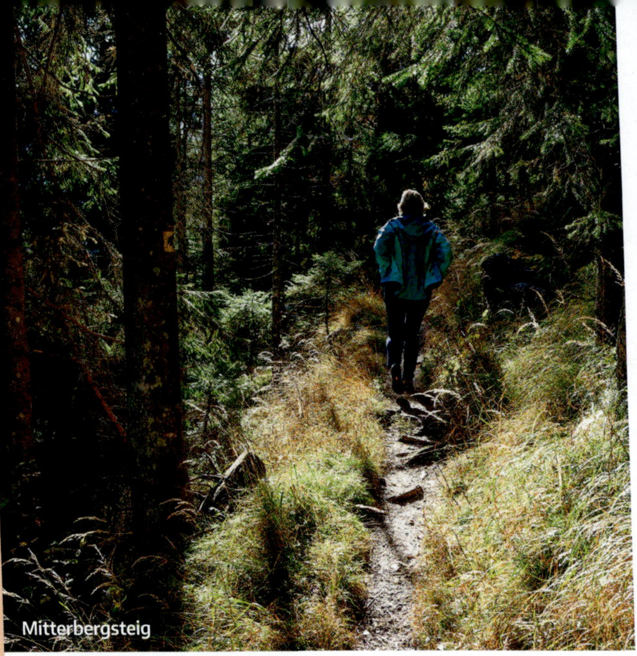

Mitterbergsteig

Diesem breiten Weg folgen wir entsprechend der guten Ausschilderung Richtung „Toter Mann". Nach etwa 15 Minuten mündet der Sandweg in einen bald schmäler werdenden Waldweg. Als sogenannter Mitterbergsteig verläuft dieser Pfad auf knapp unter 1.100 Höhenmetern im leichten Auf und Ab entlang der Bergkanten von Götschenkopf, Mitterbergriedl und Toten Mann. Er ermöglicht Blicke ins Wimbachgries, auf Watzmann, Hochkalter, aber auch auf die Teufelshörner und die Übergossene Alm des Hochkönigs. Ganz unmittelbar nachdem der schmale Waldpfad in einen breiteren sandigen Karrenweg übergegangen ist, beginnt rechts der Steig zum Toten Mann. 300 steile Höhenmeter bringen uns auf die Gipfelkuppe, wo wir vor uns die kleine Bezold-Hütte sehen, hinter der Bänke zum Rasten einladen. Der Abstecher zum gegenüberliegenden Hirscheck-Gipfel

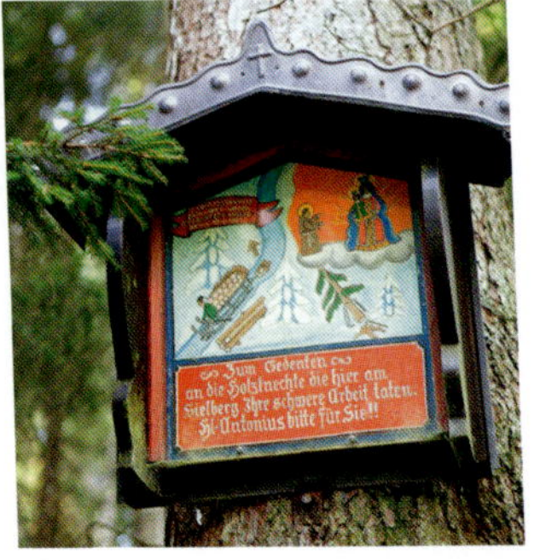

ist wegen des grandiosen Rundumblicks und der Berggaststätte fast obligatorisch. Unser Abstieg beginnt dann unterhalb der Bezold-Hütte, Wegweiser zeigen nach Loipl, Skigebiet Götschen. Ein kleiner Pfad durch den Wald bringt uns in die Senke zwischen Totem Mann und Götschenkopf, den sogenannten Kaseranger, wo dann ein breiter Sandweg abwärts führt, der eine Forststraße überquert, zwischenzeitig etwas schmaler wird und am Ende auf eine breite Forststraße trifft. Dort biegen wir nach rechts ab und sind in 10 Minuten am Parkplatz.

Varianten

1. Auf der Strecke unterhalb des Götschenhangs, noch auf dem sandigen Weg, zweigt etwa fünf Minuten nach dem Silberg-Findling (Hinweistafel) links (inmitten einer Baumgruppe) ein Wiesenpfad ab, der auf die Schneid des Silbergs führt. Dort lädt eine kleine Bank zum Verweilen und Genießen der Aussicht ein.

2. Dort, wo vom Mitterbergsteig der steile Steig zum Toten Mann hinauf startet, kann man in ca. 25 Minuten zum Gasthaus Söldenköpfl absteigen.

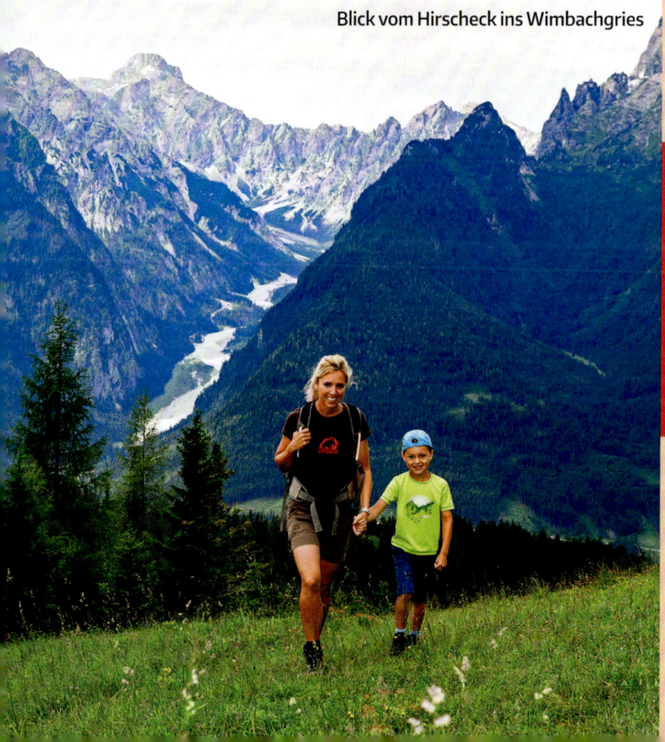
Blick vom Hirscheck ins Wimbachgries

Maximiliansreitweg und Böcklweiher

Dort, wo einst der bayerische König Maximilian II. ritt, lässt es sich mit herrlicher Aussicht oberhalb der Ortschaft Bischofswiesen entlang flanieren. Der Böcklweiher, eingebettet in ein Biotop mit Moospflanzen, ist ein weiterer Höhepunkt dieser Tour.

Parkplatz Aschauerweiher Bad, Bischofswiesen (650 m), Bushaltestelle Reitoffen (Bischofswiesen-Stanggaß) und dann die Runde von dort starten

2 ¾ Stunden: Vom Aschauerweiher Bad über Maximiliansreitweg bis Bischofswiesen 1 Std., bis zum Böcklweiher 45 Min., bis Stanggaß (Bushaltestelle Reitoffen) 30 Min., über Hochgartdörfl zurück zum Aschauerweiher Bad 30 Min.

An dem Naturschwimmbad, das wegen seiner großzügigen Anlage im Sommer sehr geschätzt ist, gehen wir links vorbei und halten uns hinter der Kneippanlage rechts. Bei den nächsten beiden Wegkreuzungen wählen wir jeweils den linken Weg und erreichen so den Maximiliansreitweg, dem wir wieder in die linke Richtung folgen. Dieser Weg führt uns oberhalb von weitläufigen Bauernwiesen, die im Winter als Langlaufloipen

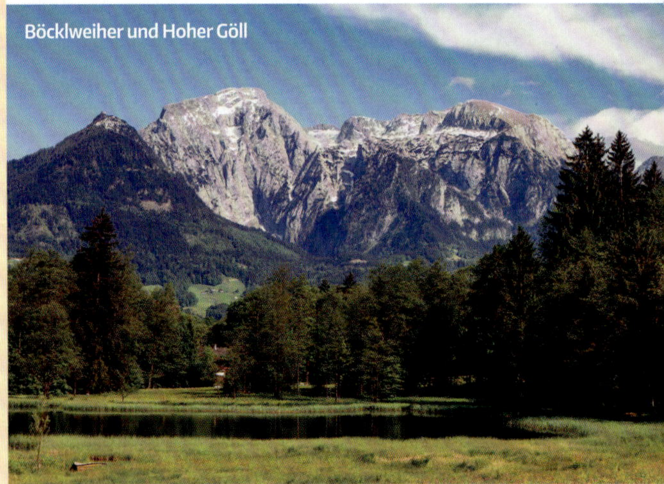

Böcklweiher und Hoher Göll

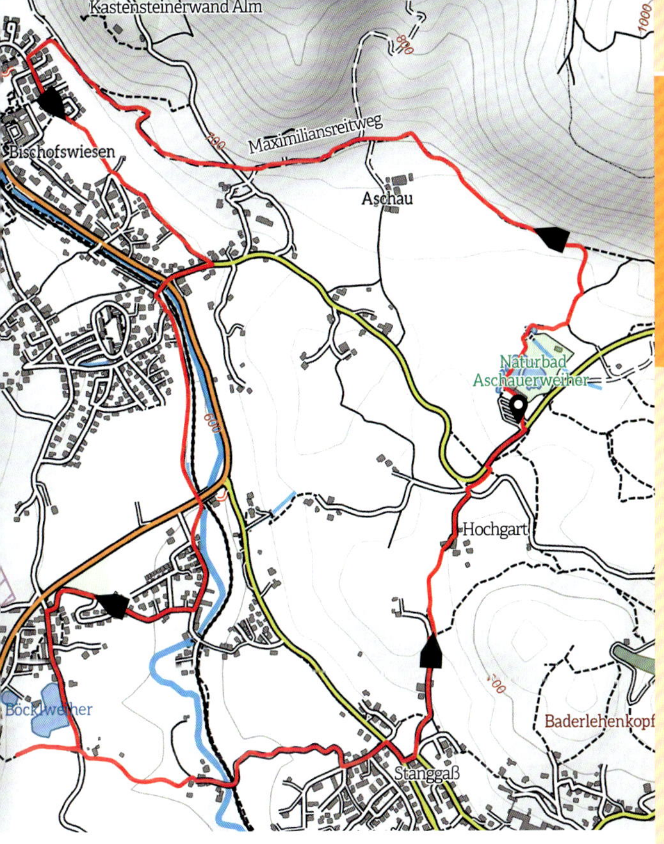

genutzt werden, durch schöne Baumalleen und an zwei kleinen Wasserfällen vorbei (rechts oberhalb der Holzzäune) und bietet herrliche Aussichten auf Göll, Hagengebirge, Steinernes Meer und Watzmann. Der Weg kreuzt das Sträßlein „Kastensteinweg", das einen Abstecher zum Gasthaus Kastensteinerwand Alm ermöglicht. Wir jedoch gehen weiter und biegen etwa 20 Minuten später bei einer Weggabelung in Richtung Bischofswiesen Ortsmitte ab. Danach halten wir uns

9,4 km 186 Hm

Märchenpfad Varianten

Kastensteinerwand Alm (Abstecher), Aschauer Wirt
(in den Sommermonaten geöffnet)

zweimal links, gehen durch die sogenannte Datzmann-Siedlung, deren zentrale Straße „Am Datzmann" in einen Wiesenweg übergeht. Dieser wiederum mündet in das Sträßchen „In der Au", dem wir bis zum Ende folgen und dann nach rechts abbiegen.

Die Aschauerweiherstraße trifft auf die Bundesstraße (Berchtesgadener Straße), die wir, ebenso wie die gleich nachfolgenden Bahngleise, überqueren. Unmittelbar darauf die linke Straße wählen und der Straße und anschließend dem Sandweg entlang der Bischofswieser Ache folgen. Wir unterschreiten die große Brücke und biegen nach rechts in den Uhlmühlweg ab, wo bereits der Böcklweiher als Ziel ausgeschildert ist. Am Ende des Uhlmühlwegs geht es links in die Böcklweiherstraße, die uns innerhalb weniger Minuten zu dem malerischen Weiher bringt. Ein kleiner Abstecher ins Böcklmoos ist wegen der vielfältigen Pflanzenpracht, vor allem im Frühsommer, lohnend. Doch sollte man beim Fliegerdenkmal wieder umkehren, da der Rest der Böcklweiher-Umrundung sehr nahe an der stark befahrenen Bundesstraße 20 entlang verläuft.

Wir dagegen nehmen den gegenüberliegenden, rechts von dem Bauernanwesen abbiegenden Wanderweg, durchlaufen das idyllische Bachtal, dann die kleine Häusergruppe am Bachingerweg, überqueren die Ache und die Bahngleise und steigen über den Bachingerweg auf der anderen Überböschung wieder an. Über den linken Teil des Urbanwegs gelangen wir beim ehe-

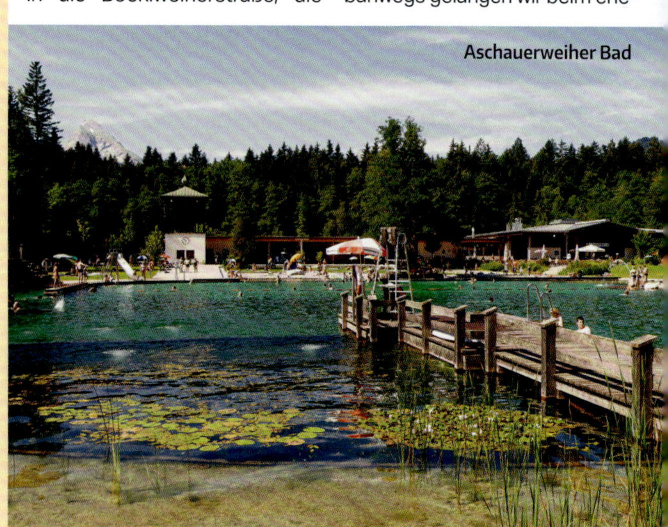
Aschauerweiher Bad

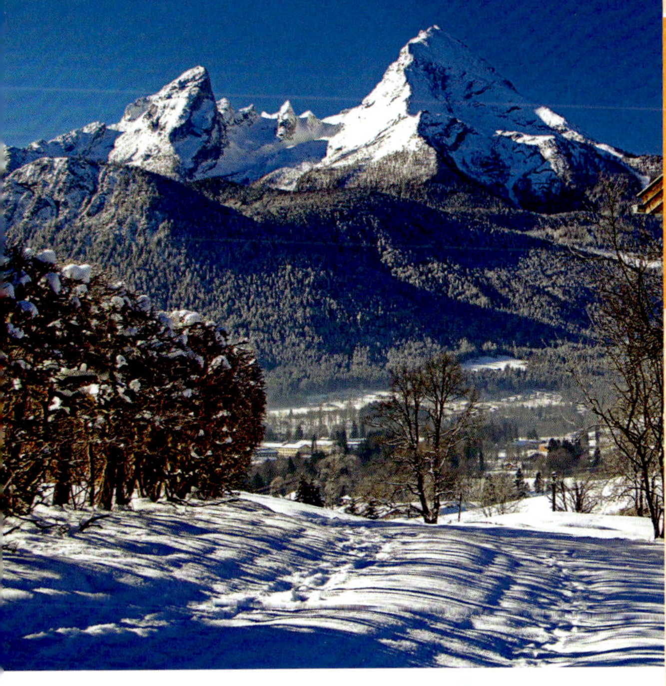

Watzmannblick vom Hochgartdörfl

maligen Gasthof Reitoffen (Bushaltestelle!) zur Berchtesgadener Straße, die wir an der Ampel überqueren, um dann in die Sonnleitstraße einzubiegen und gleich links den Sieglweg zu nehmen. Über diese kleine Straße und den anschließenden Sandweg kommen wir zum Hochgartdörfl, wo sich eine viel fotografierte Watzmann-Perspektive eröffnet. Die Straße führt weiter zu einem Kreisverkehr, über den wir den Fußweg neben der Aschauerweiherstraße erreichen, der uns in wenigen Minuten zum Parkplatz zurück bringt.

Varianten

1. Der Abstecher zur Kastensteinerwand Alm ermöglicht nicht nur die Einkehr in dieser auf einem Felsblock gelegenen Gaststätte, sondern auch einen netten westseitigen Abstieg. Dieser trifft dann wieder auf den Maximiliansreitweg, wo wir uns links Richtung Bischofswiesen halten.

2. Mit Kindern lohnt sich der Märchenpfad ab dem Aschauerweiher, eine Schleife mit elf schönen Stationen, die nette, aus Holz geschnitzte Szenen darbieten.

Freimahderköpfl, 1.020 m

Ein Kleinod, kaum bekannt und dennoch voller abwechslungsreicher Natureindrücke: Das Felsenbachtal, der Kamm des Freimahderköpfls und der tief eingeschnittene Speikbach ergeben eine schöne Rundtour.

Parkplatz beim Friedhof Bayerisch Gmain (von der B 20 zwischen Bischofswiesen und Bayerisch Gmain 200 Meter nach dem Ghs. Dreisesselberg links in die Friedhofstraße abbiegen, 560 m), Bushaltestelle Bayerisch Gmain Dreisesselberg, von dort ca. 10 Min. zusätzlicher Fußweg

3 ¾ Stunden: Anstieg über das Felsenbachtal auf das Freimahderköpfl 1 ¾ Std., Abstieg zum Speikbach 45 Min., Speik-Weißbach-Schleife 40 Min., Abstieg zum Parkplatz 30 Min.

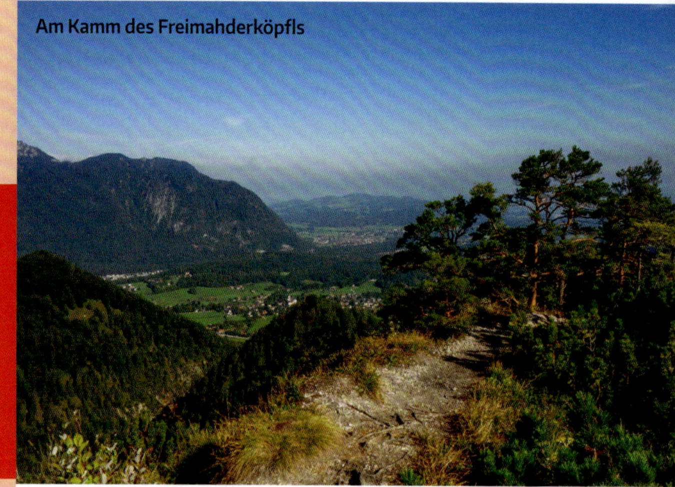
Am Kamm des Freimahderköpfls

Wir gehen zum oberen Rand des Parkplatzes in der Nähe der Aussegnungshalle. Den ausgeschilderten Weg nehmen wir aufwärts und gehen dann auf dem Sandweg nach links. Jetzt folgen wir eine Weile den deutlichen Kennzeichen des SalzAlpenSteigs und erreichen den Hochbehälter der heutigen, unterirdisch verlaufenden Soleleitung. Wir queren links mittels der Metallbrücke den Weißbach. Bald darauf geht es bei einer Kreuzung nach rechts und dann über die Bahngleise: Nun halten wir uns links und folgen diesem Weg etwa 500 Meter. Oberhalb eines Wartungshauses für die Soleleitung zweigt unser Weg in das Felsenbachtal nach rechts ab, hier verlassen wir den SalzAlpenSteig. Anfangs auf einem Karrenweg, doch schon bald auf einem netten kleinen Waldpfad (links) gewinnen wir schnell an Höhe und kommen auf eine Schneid mit einer Sitzbank. Wir wählen den ausgeschilderten Pfad nach links oben. Dieser

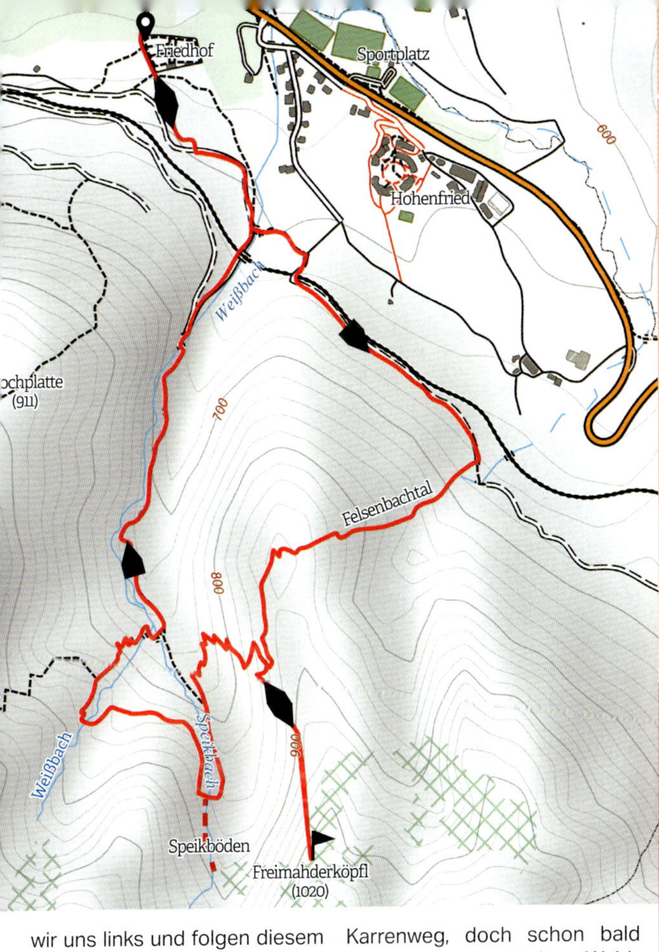

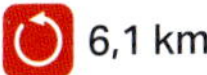 6,1 km  525 Hm  Variante

Ghs. Dreisesselberg

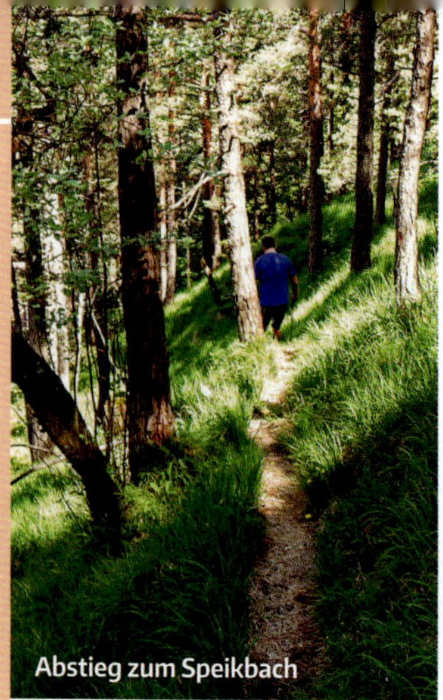
Abstieg zum Speikbach

windet sich an dem licht bewaldeten Kamm entlang, erlaubt interessante Blicke in die rechts und links gelegenen Schluchten mit ihren Wasserfällen und auf die sich auftürmenden Gipfel des Lattengebirges, unter anderem auf die als „Schlafende Hexe" titulierten Gipfel.

Der Pfad endet an einem lauschigen Platz mit einer Bank, das Gelände dahinter ist steil und unwegsam. Der Abstieg erfolgt zunächst auf demselben Pfad zurück zu der unteren Bank, dann aber links, also auf der anderen Seite, hinab. Nach dem steilen Serpentinen-Abstieg trifft der Pfad auf den Rundweg Weißbach – Speik, dem wir nach links, also leicht aufwärts (!) folgen.

Die Zusatzschleife führt uns zunächst entlang des Speikbachs, wo wir geradeaus noch ein Stück weiter (unausgeschildert im Bachbett) zu einem Wasserfall in den Böden der Speik gehen können. Nach dem Abstecher in die Speikböden gehen wir links (auf der anderen Bachseite) quer am Hang entlang zum Weißbach. Auch diesen Bachlauf überqueren wir, um dann ein Stück hinaufzusteigen. Den baldigen Abzweiger Richtung Dreisesselberg ignorierend, gehen wir auf dem kurvenreichen Pfad wieder zum Weißbach hinunter und gelangen über zwei Eisenbrücken zum Weg auf der anderen Weißbach-Seite.

Wir gehen links Richtung Bayerisch Gmain hinunter, überqueren den Weißbach nochmals mittels einer Steinbrücke, bleiben dann geradeaus und gehen unter der hohen Bahnbrücke durch. Bald darauf biegen wir rechts zum Friedhof ab.

Hinweis

Die Tour bietet sich vor allem im Frühjahr und Herbst an, da im Sommer dort viele Zecken auftreten. Daher empfiehlt es sich, auf jeden Fall lange Hosen zu tragen.

Variante

Wer die Wanderung kürzer halten möchte, kann auf den Speik-Weißbach-Rundweg verzichten und gleich nach dem Abstieg vom Freimahderköpfl nach rechts entlang des Speikbachs absteigen (verkürzt die Tour um knapp 40 Minuten).

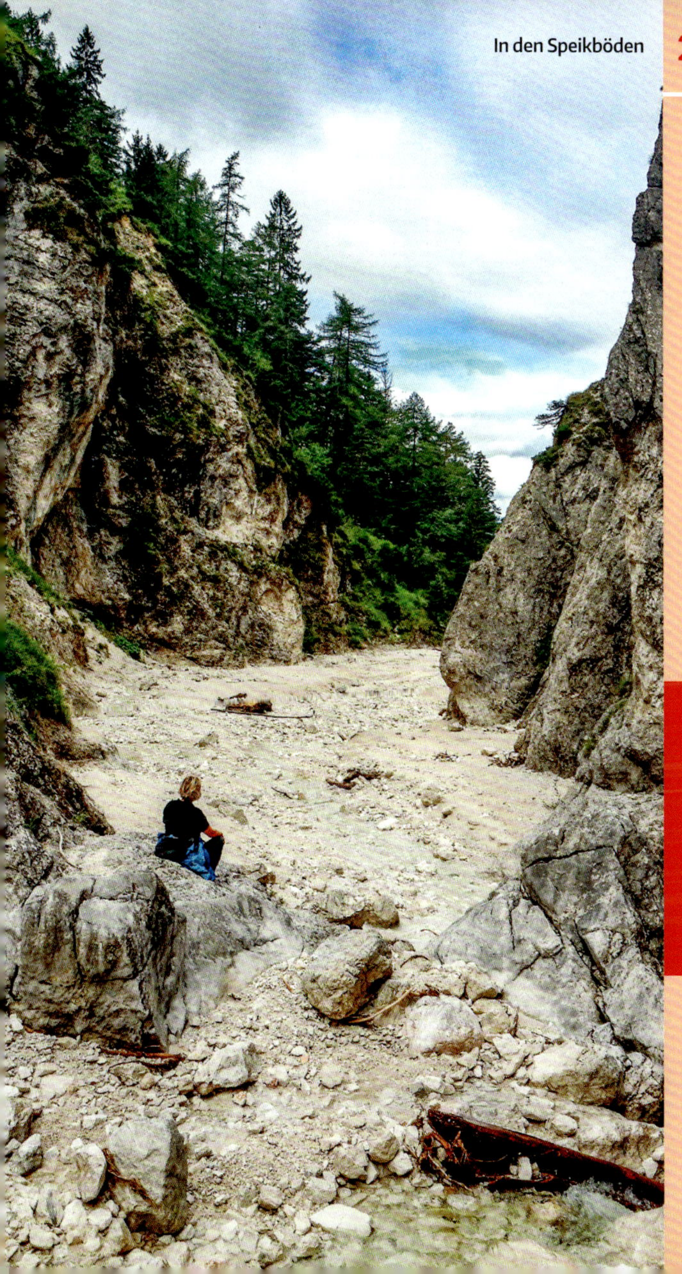

Dötzenkopf, 1.001 m

Mittels eines kurzen Anstiegs gelangt man auf die schöne Aussichtsloge über dem Bad Reichenhaller Talbecken. Der Abstieg schlängelt sich – bestens präpariert und gesichert – entlang steiler Hänge durch schönen Bergwald.

Parkplatz Bergkurgarten Bayerisch Gmain, von der B 20 zwischen Bischofswiesen und Reichenhall kurz vor dem Ortsende-Schild von Bayerisch Gmain nach links abbiegen, der Ausschilderung „Wanderzentrum Bergkurgarten" folgen (580 m). Bahn- und Bushaltestelle Bayerisch Gmain, von dort etwa 20 Min. zusätzlicher Fußweg

3 ¾ Stunden: Wappachkopf 30 Min., weiter zum Dötzenkopf 1 Std., bis zur Abzweigung Bildstöcklkapelle 1 Std., Abstecher zur Bildstöcklkapelle (hin und zurück) 15 Min., Abstieg und Querung nach Bayerisch Gmain (Wanderparkplatz) 1 Std.

Vom Parkplatz gehen wir den recht breiten Wanderweg nach oben, wohin auch der Dötzenkopf-Rundweg ausgeschildert ist. Nach wenigen Minuten zweigt unser (ausgeschilderter) Weg nach rechts ab. Wir queren den Wappbach und hal-

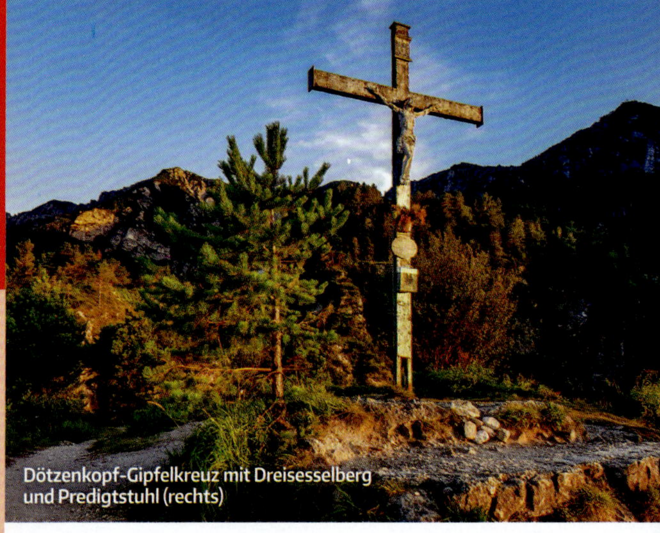

Dötzenkopf-Gipfelkreuz mit Dreisesselberg und Predigtstuhl (rechts)

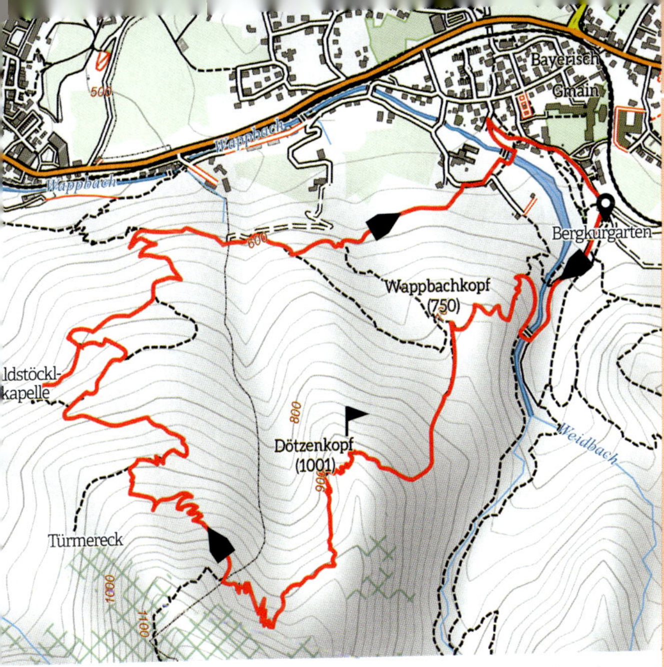

ten uns bei der kurz darauf folgenden Weggabelung weiter geradeaus.

Ein schöner Pfad führt nun hinauf zu einer kleinen Senke, von wo aus wir rechts in wenigen Schritten den Wappachkopf erreichen. Wieder zurück in der Senke angekommen, gehen wir geradeaus weiter und steigen auf einem schmalen, teilweise recht steilen Pfad hinauf auf das Gipfelplateau des Dötzenkopfs.

Nach dem Genuss der schönen Aussicht gehen wir auf der anderen Seite des Gipfels weiter auf dem Dötzenkopf-Rundweg. Dieser führt nun, teilweise über sichere Eisenbrücken, an den Flanken benachbarter Köpfe entlang und schlängelt sich dann auf netten kleinen Pfaden hinab. Wir ignorieren die Abzweigungen Richtung Spechtenköpfe und Türmereck, biegen nach links unten ab und erreichen kurz darauf eine Art Wendeplatte, wo ein breiter Wirtschaftsweg beginnt.

Dort können wir nach links oben einen Abstecher zur Bildstöckl-Kapelle nehmen, einem Aussichtpunkt mit mehreren Sitzbänken, der einen weiten

 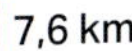 7,6 km  568 Hm  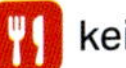 keine

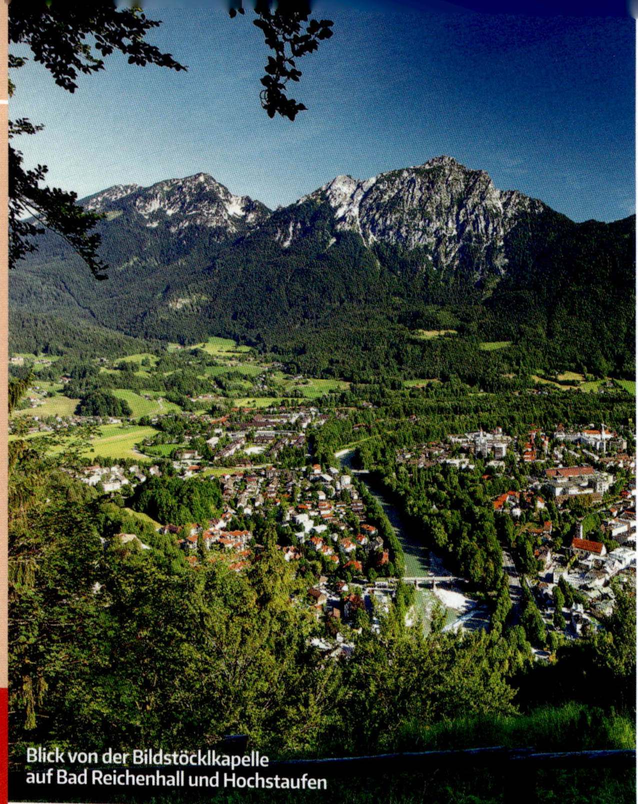

Blick von der Bildstöcklkapelle auf Bad Reichenhall und Hochstaufen

Blick über das Talbecken und Bad Reichenhall sowie auf das Hochstaufen-Massiv eröffnet. Zurück an der Wendeplatte nehmen wir den breiten Wirtschaftsweg und folgen der Ausschilderung Richtung Bayerisch Gmain.

Ein Pfad führt uns dann in mehreren großen Kehren etwa 15 weitere Minuten hinab und teilt sich dann: Rechts geht es Richtung Bayerisch Gmain, wobei wir mehrmals leichte Gegenanstiege in Kauf nehmen müssen. Bei der nächsten Weggabelung müssen wir Obacht geben und den schmaleren Pfad nach links unten nehmen (Ausschilderung hinter uns oben am Baum). Bei der Lichtung mit den Häusern halten wir uns links, beim Kriegerdenkmal geht nach rechts oben ein Fußweg zur Alpentalstraße, der wir dann nach rechts folgen oder alternativ auf den Wegen durch den Bergkurgarten zum Parkplatz zurückgehen.

Die neun Höchsten

Neun Gebirgsstöcke zählt man zu den Berchtesgadener Alpen, wobei der Hochkönigstock komplett in Österreich liegt und in keinster Weise an den Berchtesgadener Talkessel heranreicht. Doch ist er nur durch zwei Scharten, die beide über 2.200 Metern liegen, vom Steinernen Meer abgetrennt, bildet also quasi ein Anhängsel dieses Gebirgsstocks. Auch das Steinerne Meer selbst, das Hagengebirge und der Hohe Göll ragen überwiegend, der Hochkalterstock, die Reiteralm und der Untersberg mit einem kleineren Teil ihrer Fläche in die Gefilde des österreichischen Bundeslandes Salzburg.

Gesteinsschichten entstanden auf dem Meeresboden

Die Gesteinsschichten der Berchtesgadener Alpen entstanden im warmen Meer: Während des Erdmittelalters vor über 200 Millionen Jahren war das Gebiet der Alpen von der Tethys, dem Trias-Meer, bedeckt. Die Sand- und Geröllmassen, die Flüsse hineinschwemmten, bildeten zusammen mit abgestorbenen Muscheln und Schalentieren die Sedimente, die sich – viele hundert Meter dick – durch ihr eigenes Gewicht zu Fels verfestigten. Daher können wir heute auf den Wanderungen immer noch Fossilien, etwa Muscheln oder Korallen, entdecken.

Salzlager in Schichten eingeschlossen

Auch die unterirdischen Salzablagerungen, die Berchtesgadens Geschicke so entscheidend beeinflussten, entstanden zur Zeit des Trias-Meers: In seichteren Lagunen verdunstete das Wasser, im Laufe der Jahrmillionen entstanden riesige Salzflächen. Durch gewaltige Bewegungen der Erdkruste, die zum Ende des Erdmittelalters einsetzten und 100 Millionen Jahre andauerten, schoben sich andere Gesteinsschichten über diese Salzbecken und die Alpen türmten sich auf. Die Sedimente vom Meeresboden wurden nach Norden gedrängt, vielfach gefaltet und übereinander geschoben: In den Berchtesgadener Alpen finden wir ganz überwiegend gestufte Kalkschichten, die auf einem Dolomitsockel aufliegen.

Höhlen, Spalten und Dolinen im Kalkgestein

Die Erosion und die Eiszeiten sorgten für das heutige Aussehen der Gebirge: Mächtige Gletscher schürften die Täler und das Königsseebecken aus. Da Regenwasser aufgrund seines schwachen Säuregehalts in das Kalkgestein eindringen kann, bilden sich Spalten, Klüfte, Höhlen und Dolinen – trichterähnliche Vertiefungen, über denen die Decke eingestürzt ist.

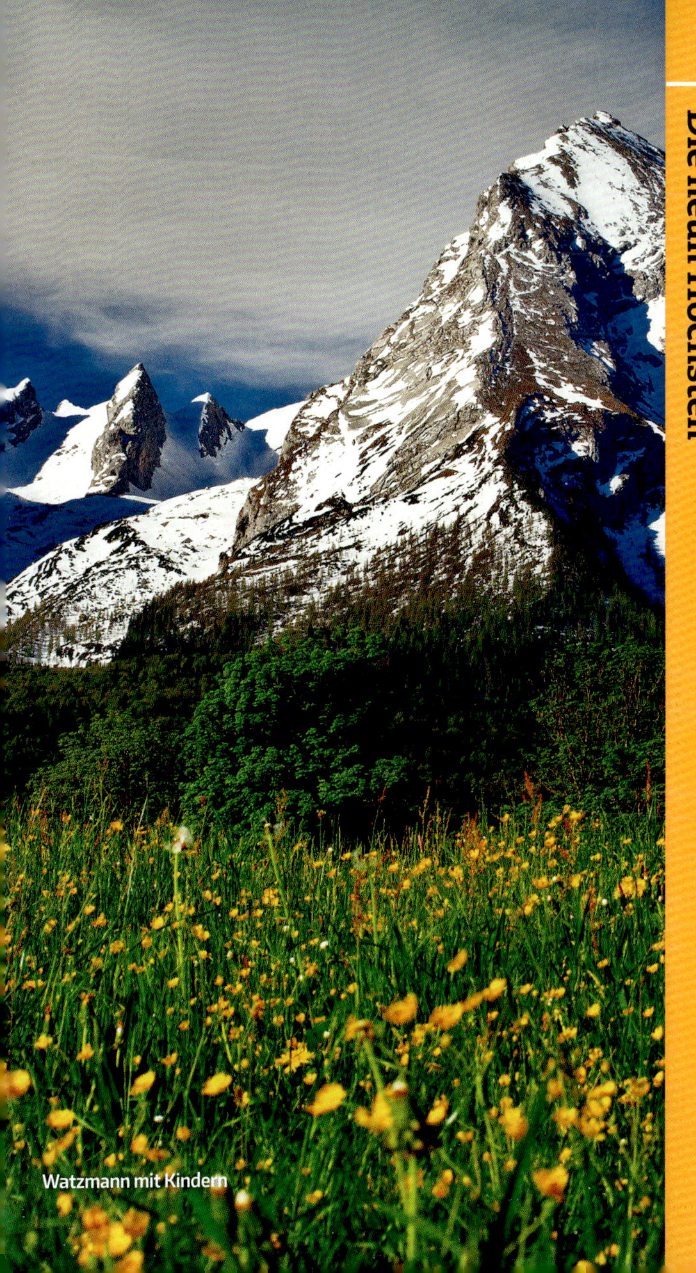

Watzmann mit Kindern

23

Hochkönig, 2.941 m

Der höchste Gipfel der Berchtesgadener Alpen ist – bei einem Anstieg ab dem Arthurhaus – keineswegs der schwierigste. Dennoch ist der Anstieg lang und ein wenig mühsam, da die letzten 400 Höhenmeter im ständigen Auf und Ab zu bewältigen sind. Dass der Rundumblick beim Matrashaus phänomenal ist, steht außer Frage.

Parkplatz Arthurhaus am Ende der Mandlwandstraße, Mühlbach am Hochkönig, von Bischofshofen kommend vor dem Ortszentrum von Mühlbach rechts abzweigen (1.502 m)

9 – 11 Stunden: Zur Mitterfeldalm 45 Minuten, zum Hochköniggipfel (Matrashaus) 4 – 5 Std., Abstieg insgesamt 4 – 5 Std.

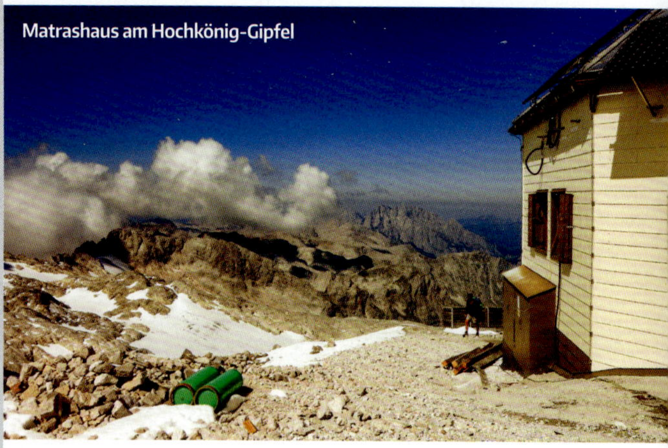

Matrashaus am Hochkönig-Gipfel

Oberhalb des Parkplatzes geht es nach links auf einem breiten Almweg (teilweise auch auf einem Pfad etwas oberhalb) Richtung Mitterfeldalm, dort dann geradeaus weiter. Der Weg wird bald schmaler, hangelt sich an den Ausläufern der Mandlwand entlang, duchquert ein steiles Schotterfeld und steigt stetig in zusehends steilerem Gelände. Wir gehen an der Südwand der markanten Torsäule entlang und arbeiten uns nach und nach in diesem breiten Einschnitt, dem Ochsenkar, hinauf.

Obwohl wir uns am Ende des Kars bereits auf 2.500 Höhenmetern befinden, haben wir erst

23

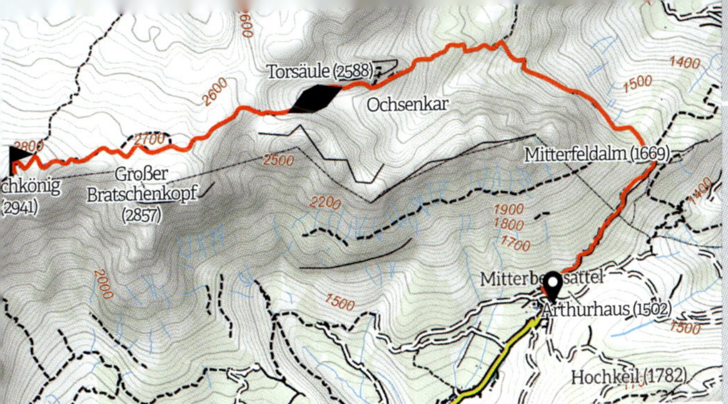

etwa die Hälfte des Anstiegs geschafft. Denn nun heißt es – von rot-weißen Stangen angeleitet – in vielfältigem Auf und Ab das Gelände zu queren, das vor 20 Jahren noch komplett von dem Gletscher mit dem schönen Namen „Übergossene Alm" bedeckt war. Je nach Jahreszeit überqueren wir teilweise Schneefelder, meist auf guten Trittspuren, bei denen wir aber keinerlei Gletscherspalten zu befürchten haben.
Sobald wir das Matrashaus am Horizont erspähen, können wir Hoffnung schöpfen: Die Einschnitte gehen nicht mehr gar so tief hinunter und wir nähern uns zusehends dem finalen Aufschwung zum Gipfel, der durch einige Leitern und Stahlketten erleichtert wird. Ohne Frage beeindruckt der Rundumblick auf diesem Gipfel, der seine Umgebung weit überragt.

Nach einer Rast am oder im Matrashaus nehmen wir den gleichen Weg als Abstieg, da alle anderen Abstiege eine komplizierte Logistik erfordern, um wieder zum Ausgangspunkt zurück zu gelangen und überwiegend mit hohen Risiken (wie Steinschlag) verbunden sind. Die Mitterfeldalm ist, wenn man früh genug dort wieder ankommt, durchaus eine weitere Brotzeit wert und bekannt für ihre leckeren „Nussstangerl".

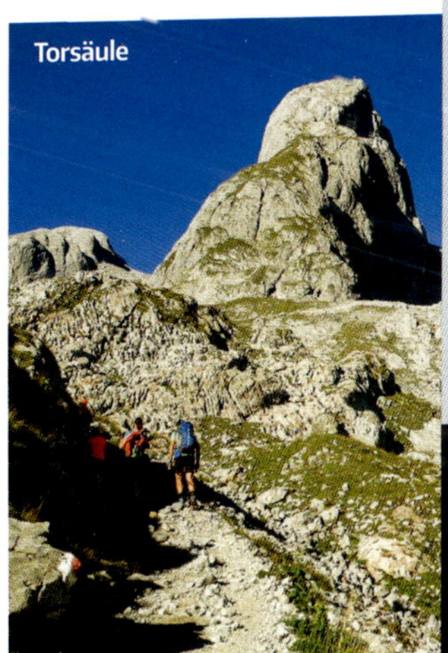
Torsäule

 17,8 km 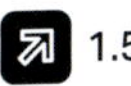 1.516 Hm 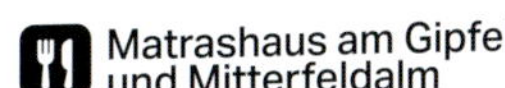

Matrashaus am Gipfel und Mitterfeldalm

HOCHKÖNIG

Watzmann, 2.713 m

Der zweithöchste Gipfel Deutschlands, gigantische Tiefblicke zum Königssee und ins Wimbachgries – der Watzmann ist eine beliebte, viel begangene, aber leider oft unterschätzte Tour. Obwohl man die Wanderung durch eine Übernachtung im Watzmannhaus (1.928 m) unterbrechen kann, bleibt sie lang. Die Querung zur Mittelspitze ist extrem ausgesetzt und sollte daher klettererfahrenen Wanderern vorbehalten bleiben.

Parkplatz Hammerstiel, Hinterschönau (760 m), Bushaltestelle Kramerlehen, von dort zusätzlich 100 Höhenmeter, ca. 20 Min. zusätzliche Gehzeit

15 Stunden: Zur Schapbachalm 1 ¼ Std., zur Kührointalm 1 ¼ Std., zur Falzalm 1 Std., zum Watzmannhaus 1 Std., zum Watzmann-Hocheck 3 Std., Watzmann-Mittelspitze 1 Std., zurück zum Hocheck 1 Std., Abstieg zum Watzmannhaus 2 Std. , zur Mitterkaseralm 1 ¼ Std., Stubenalm 45 Min., Parkplatz Hammerstiel 1 ¼ Std.

Auf der breiten Forststraße Richtung Schapbachalm startet unser langer Wandertag. An der Wegkreuzung unterhalb der Schapbachalm (im Schapbachboden), wo wir kurz vor Ende der Wanderung wieder herauskommen werden, halten wir uns jetzt nach links, Richtung Kührointalm. Zweimal zweigt der ausgeschilderte Wanderweg von der Forststraße ab (erst nach links, weiter

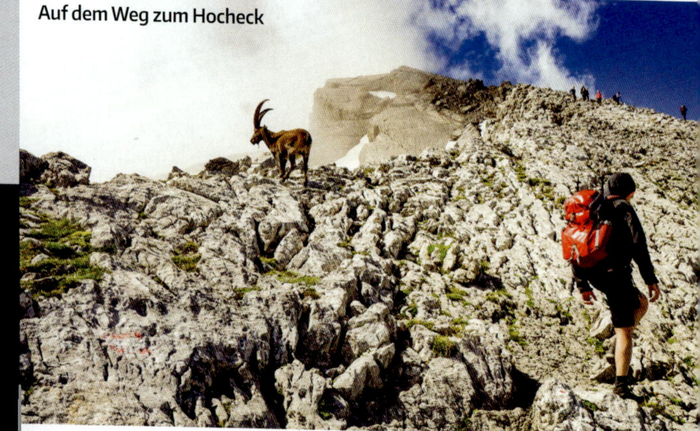
Auf dem Weg zum Hocheck

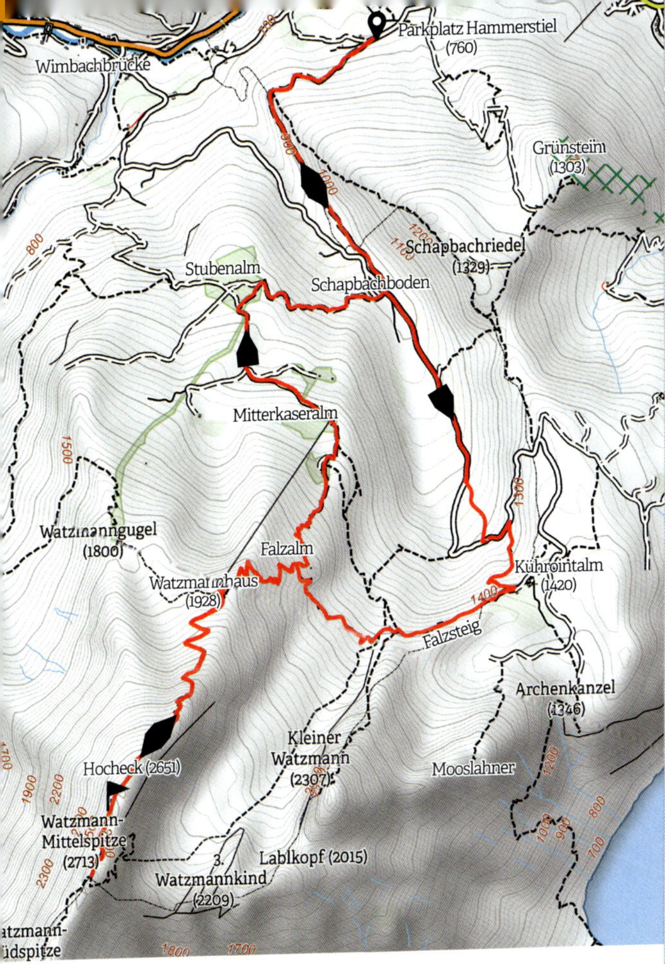

oben nach rechts) – Abkürzungen, die auf jeden Fall lohnen. Auf der Almfläche der Kühroint-alm (1.420 m) herauskommend, halten wir uns direkt nach rechts und gehen an der Kührointhütte,

21,8 km 2.010 Hm Variante

Kührointalm (Aufstieg) , Watzmannhaus, Mitterkaseralm (Abstieg)

Viele schwierige Kletterstellen (I)

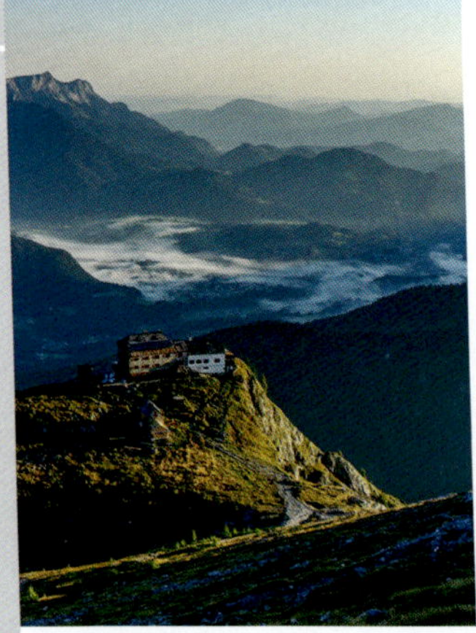

einer Selbstversorgerhütte der hiesigen Alpenvereinssektion, vorbei.

Der Falzsteig, zunächst ein noch recht breiter Wiesenweg, dann bald ein schmaler Pfad, führt uns zur malerisch gelegenen Falzalm, wobei eine Felsstufe mit Drahtseilversicherungen erleichtert wird. Oberhalb der Hütte der Falzalm treffen wir auf den Weg, der über die Stuben- und Mitterkaseralm heraufkommt, den wir später als Abstieg wählen werden. Wir halten uns nach links und bewältigen die letzten 300 Höhenmeter zum Watzmannhaus auf einem wunderbar hergerichteten Weg.

An der Geländekante angekommen, können wir entweder beim wenige Meter oberhalb gelegenen Haus eine Rast (oder auch Übernachtung) einlegen oder gleich nach links oben weiter ansteigen. Der Weg wird immer steiniger und wir müssen gut aufpassen, um der Markierung folgen zu können. Nach gut 300 Höhenmetern kommen einige Seilsicherungen, doch sind die Passagen keineswegs schwierig. Der Anstieg dauert aber deutlich länger, als man vom Haus aus denken mag, weil man von dort nicht das Hocheck, sondern lediglich einen Vorgipfel sieht und sich der Weg danach noch weit Richtung Süden zieht. Zwischendurch begeistern uns einige Tiefblicke ins Watzmannkar.

Nach dem Hocheck (2.651 m) ändert sich der Charakter der Bergtour frappant: Hier sollten nur diejenigen weitergehen, die absolut schwindelfrei, trittsicher und geübt in leichter Kletterei sind. Der Weg ist nicht (!) durchgängig mit Drahtseilen gesichert und stellenweise sehr ausgesetzt. Ob man sich diese Passage hinüber zur Mittelspitze zutrauen kann, merkt man relativ bald, denn es geht mit einem etwas Klettergeschick verlangenden Überstieg und einer sehr ausgesetzten Passage über einen kleinen Felskopf los. Auch sollte man bedenken, dass man tatsächlich dieselbe Zeit zurück zum Hocheck benötigt.

Der Abstieg zum Watzmannhaus ist dann zwar mühsam, aber nicht schwierig. Danach geht es bequemer hinab zur Falzalm, dort links Richtung Mitterkaser- und Stubenalm. Oberhalb der Hütten der Stubenalm wählen wir den Forstweg nach rechts Richtung Schönau Hammerstiel. Im Schapbachboden gehen wir geradeaus weiter und nehmen dieselbe Forststraße zurück zum Parkplatz, auf der wir gestartet waren.

Variante
Legendär ist die luftige Watzmann-Überschreitung, die aber nur sehr konditionsstarken und geübten Wanderern vorbehalten bleibt. Bei der Mittelspitze ist man nämlich noch lange nicht in der Mitte der Gratüberschreitung angekommen, sondern man braucht zur Südspitze nochmals 2 ½ Stunden. Nach der Südspitze muss man 200 Hohenmeter abklettern und sich dann sehr lange durch brüchiges und schottriges Gelände Richtung Wimbachtal hinabarbeiten.

Nach dem etwa 4-stündigen Abstieg ins Wimbachtal braucht man noch weitere 2 ½ Stunden zurück zur Wimbachbrücke. Wer sich für die Überschreitung entscheidet, sollte die Tour am Parkplatz Wimbachbrücke starten, dann den Aufstieg zum Watzmannhaus (über Stuben- und Mitterkaseralm) wählen.

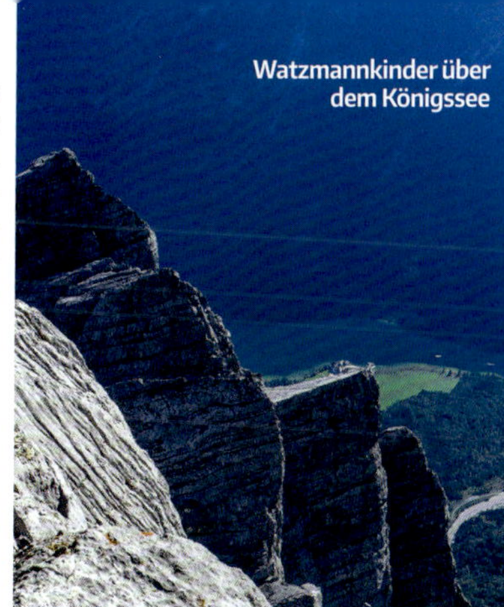
Watzmannkinder über dem Königssee

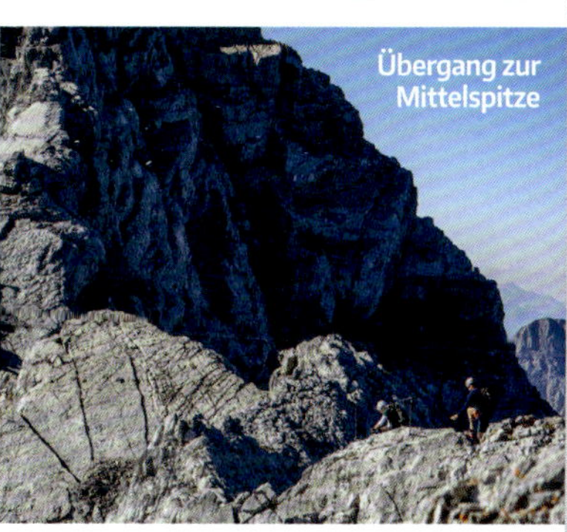
Übergang zur Mittelspitze

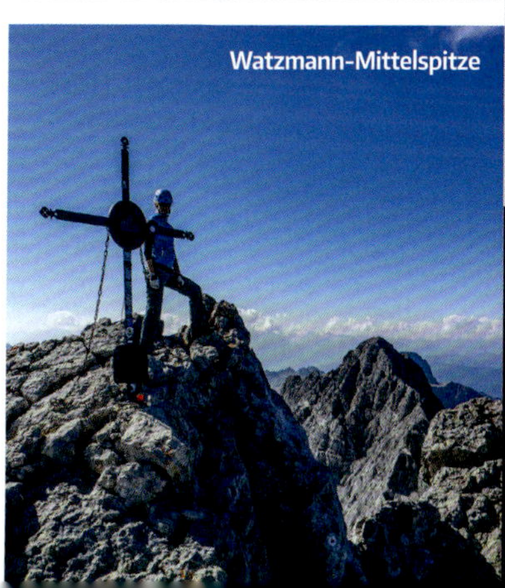
Watzmann-Mittelspitze

Selbhorn, 2.655 m

Der Nordgipfel des Selbhorns ist mit seinen 2.655 Metern tatsächlich der höchste Gipfel des Steinernen Meers, auch wenn die zwei Meter niedrigere Schönfeldspitze oft als solche tituliert wird. Im Vergleich zur Schönfeldspitze ist das Selbhorn deutlich einfacher zu erreichen, der Weg ist zwar sehr lang, aber der Anstieg nicht annähernd so ausgesetzt und schwierig.

Parkplatz Rohrmoos (Maria Alm-Krallerwinkl), im Ortszentrum von Maria Alm der rechten Straße – vorbei am Schwimmbad – bis zur Schranke folgen (890 m)

11 ¼ Stunden: Zur Lechneralm 1 Std., auf den Braggstein 2 Std., zur Luegscharte 2 ½ Std., Aufstieg auf den Selbhorn-Südgipfel 1 Std., Nordgipfel Auf- und Abstieg ½ Std., Abstieg zur Luegscharte 45 Min., Abstieg und Querung zur Buchauer Scharte 40 Min., Abstieg nach Rohrmoos (Krallerwinkl) 2 ¾ Std. (Zeiten wie auf den Wegweisern angegeben, allerdings teilweise sehr knapp bemessen!)

Vom Parkplatz der Straße aufwärts folgen, bis etwa zehn Minuten später nach rechts ein Fahrweg Richtung Lechneralm abzweigt. Nach weiteren 15 Minuten geht links ein Pfad von der Fahrstraße ab. Zwar weisen die gelben Schilder nur Richtung Massingsattel, doch führt dieser Pfad, der die Fahrstraße nochmal kreuzt (Ausschilderung Massingsattel), ebenfalls zur Lechneralm. Auf dem Almgelände ist die Ausschilderung etwas ungenau: Wir müssen den Pfad rechts (Richtung Massing-

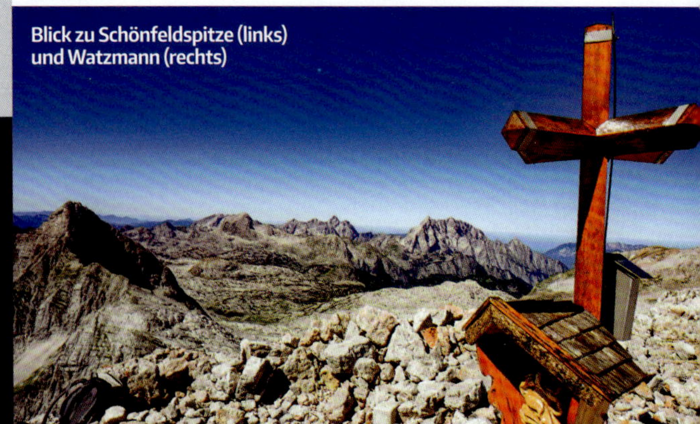

Blick zu Schönfeldspitze (links) und Watzmann (rechts)

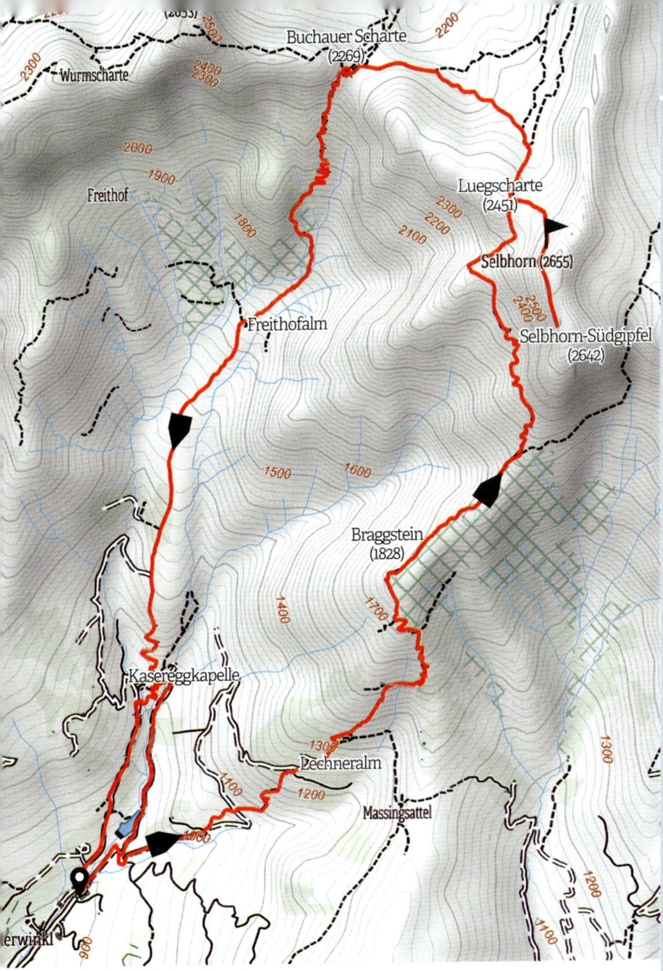

sattel) wählen, der mit einem Überstieg über den Zaun startet. Auf der Höhe des obersten Almgebäudes weisen die Schilder dann erstmals auch Richtung Braggstein (nach links). Diesem Weg folgen wir und ignorieren nach etwa 15 Minuten den Abzweiger Richtung Hinterthal. Der obere Weg führt uns über steile Waldwege und schließlich durch die Latschen zu einer Hütte un-

 16,4 km  1.905 Hm

 (unschwierige) Kletterstellen (I)  keine

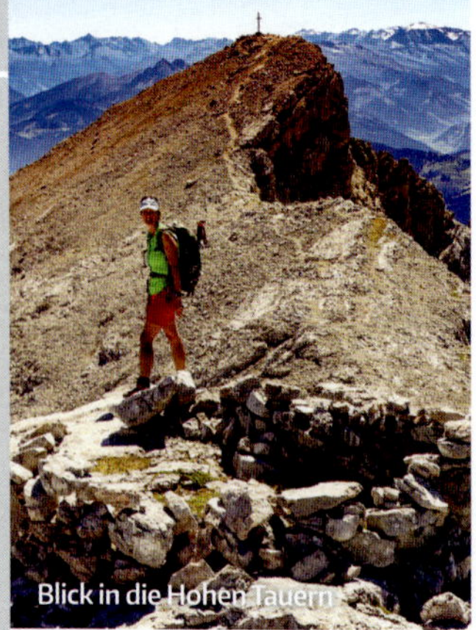
Blick in die Hohen Tauern

terhalb des Braggsteins (1.828 m), dessen Gipfel nur wenige Meter rechts vom Pfad einen idealen Rastplatz darstellt. Die sich anschließende Querung bis zu der Stelle, wo sich die Wege zur Luegscharte und zur Wasserfallscharte teilen (2.024 m), ist angenehm zu gehen, nicht steil und sehr aussichtsreich.

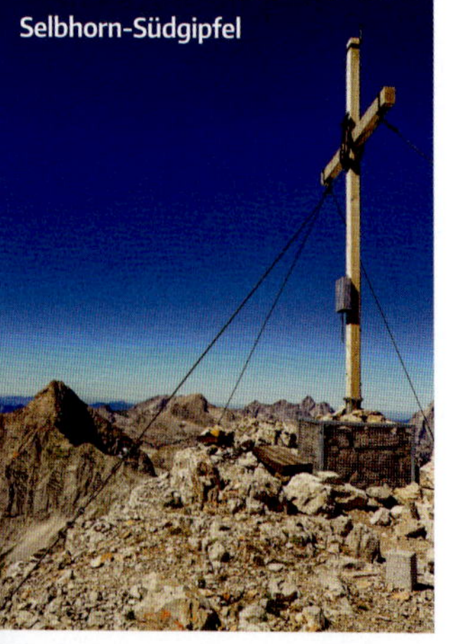
Selbhorn-Südgipfel

Danach wird der Weg Richtung Luegscharte aber zusehends steiniger und verlangt hohe Konzentration, damit die Tritte in Sand und Geröll stets guten Halt finden.

Vor der Luegscharte muss man nach einem Kamm nochmal einige Höhenmeter absteigen. Ab der Luegscharte führt der Anstieg nach rechts oben zunächst durch wunderbar griffigen Fels, eine Wohltat nach dem brüchigen Gelände bis hierher. Erst wenn wir fast den lang gezogenen Selbhorngrat erreicht haben, müssen wir nochmals eine Geröllpassage überwinden. Einige, teils seilversicherte Kletterstellen und Wege entlang der Bänder bringen uns bis fast zu den Gipfeln.

Ein Metallstock zeigt die Stelle an, wo die Gipfelanstiege sich trennen: Für den niedriger liegenden Südgipfel, der aufgrund seiner exponierten Lage zusätzlich zu dem Rundumblick in diverse Gebirgsstöcke einen phantastischen Talblick bietet, müssen wir nochmal eine Felsnase abklettern, was durch Drahtseile vereinfacht wird.

Der Nordgipfel wird in nicht bezeichneter, aber unschwieriger Kletterei oberhalb des Metallstockes in wenigen Minuten erreicht. Nach dem Abstieg zur Luegscharte wenden wir uns zur Nordseite Richtung Buchauer Scharte nach unten, dafür müssen wir einen Bogen um die

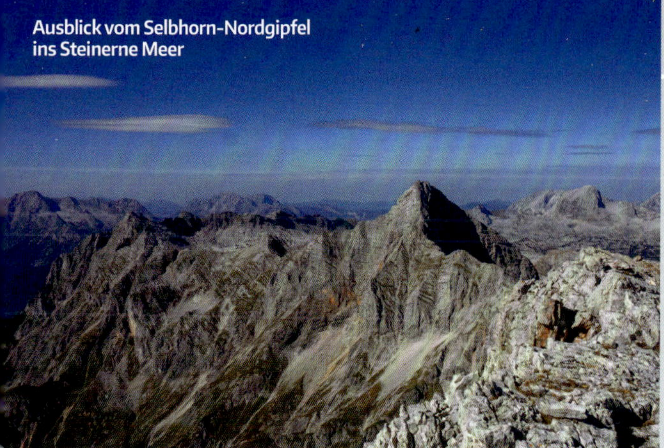
Ausblick vom Selbhorn-Nordgipfel ins Steinerne Meer

Mannlköpfe und einen kurzen Gegenanstieg in Kauf nehmen. Doch führt der Abstieg von der Buchauer Scharte durch weniger tückisches Gelände, als wir es im Aufstieg erlebt haben.

Nachdem wir die vielen Kehren im Geröll hinter uns gebracht haben, geht es durch Wiesen und Latschengassen zur Freithofalm, deren schattiges Bänkchen neben dem Brunnen eine ideale Raststation darstellt. Über die relativ steile Almstraße und einen Waldweg mit vielen Kehren gelangen wir zur Kaseregg-Kapelle, wo sich uns zwei Optionen bieten: Der linke Weg quert kurz darauf mittels einer Brücke den Krallerbach und verläuft danach auf einer breiten Forststraße neben dem Bach geradewegs zum Parkplatz zurück. Der Abstieg unterhalb der Kapelle stößt dagegen nach einigen Kehren im Wald und einer schmalen Brücke wieder auf die Almstraße und führt durch offeneres Gelände an einem Bauernhof vorbei, wo wir links über die Brücke zum Parkplatz zurück finden.

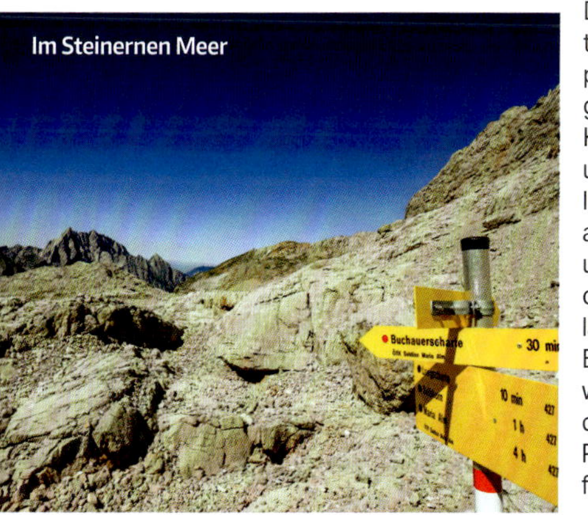

Im Steinernen Meer

Hochkalter, 2.607 m

Der Hochkalter ist der zweithöchste Berg im Alpennationalpark Berchtesgaden, längst nicht so überlaufen wie der Watzmann, aber dennoch von vergleichbarer Klasse. Die Gratwanderung erfordert absolute Schwindelfreiheit und einiges an Klettergeschick, ist somit teilweise sogar anspruchsvoller als die Watzmann-Überschreitung.

Parkplatz und Bushaltestelle Holzlagerplatz, Ramsau (790 m)

10 ½ Stunden: Zur Blaueishütte 2 ½ Std., Aufstieg auf den Hochkalter 3 Std., Abstieg über Ofental zum Klausbachhaus 4 ½ Std., Rückweg zum Parkplatz ½ Std.

Gegenüber dem Parkplatz startet die Sandstraße, die Richtung Blaueishütte führt. Dieser folgen wir, bis nach der ersten markanten Linkskurve (nach ca. 25 Min.) ein breiter, unbeschilderter Weg nach rechts abgeht. Dieser Weg stößt kurz darauf wieder auf die Sandstraße und alle Ausschilderungen weisen nach links oben. Wir jedoch nehmen die Sandstraße nach rechts und anschließend den Pfad, der kurz darauf an der linken vorderen Seite des Wendeplatzes nach oben abzweigt. Diesem eindeutig bleibenden Pfad folgen wir jetzt etwa 350 Höhenmeter. Somit treffen wir wieder auf die Sandstraße, gehen nach rechts (leicht abwärts) zu einer Holzgalerie und zweigen kurz darauf

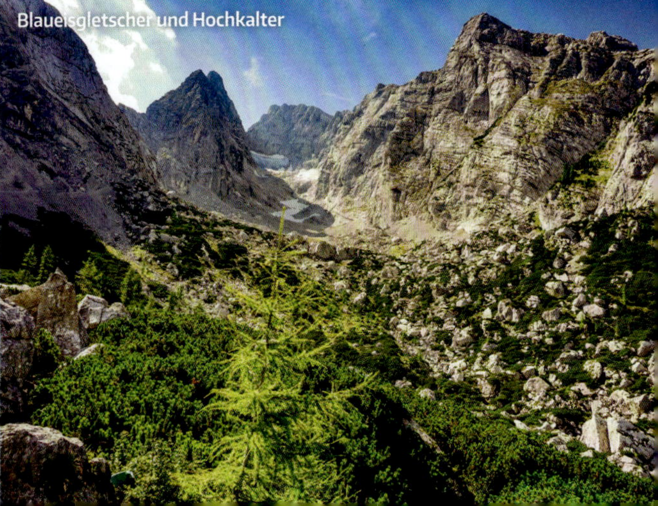
Blaueisgletscher und Hochkalter

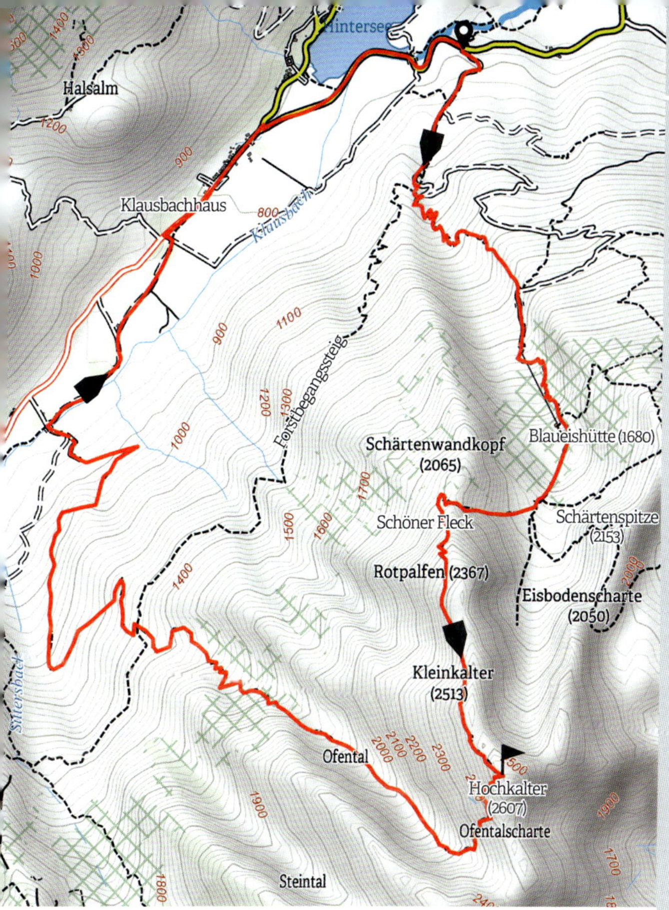

entsprechend der Ausschilderung nach links Richtung Blaueishütte ab. Nach der Hütte folgen wir den Schildern Richtung Hochkalter und ignorieren die Abzweigungen Richtung Schärtenspitze und Blaueisgletscher. Das Gelände wird zunehmend steiler und steiniger und wir müssen in der breiten Schutt-

 17,3 km  1.811 Hm  Variante

 Blaueishütte, Ghs. Auzinger

 sehr schwierige Kletterstellen (II), sehr ausgesetzt

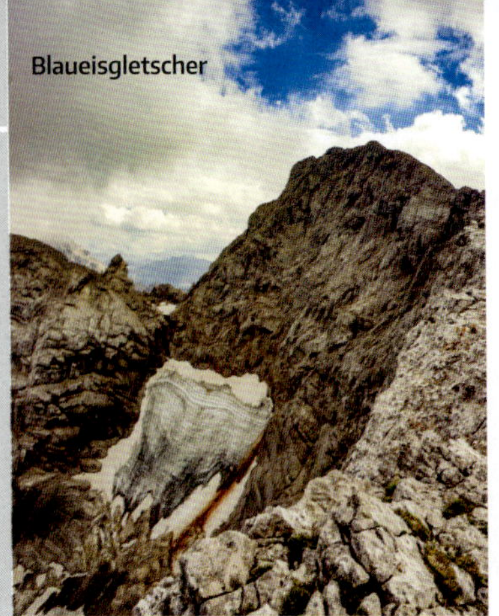

Blaueisgletscher

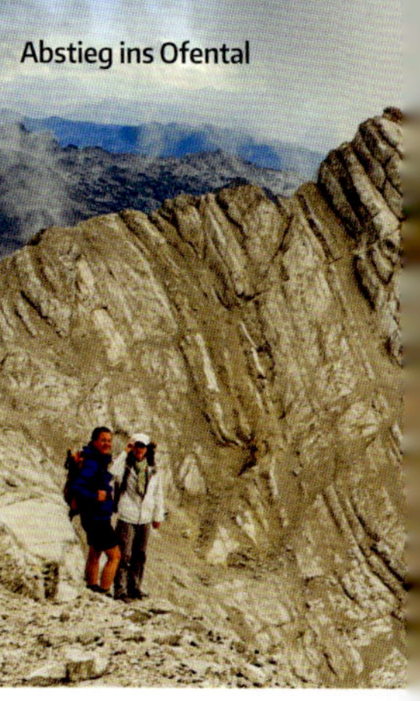

Abstieg ins Ofental

rinne sorgfältig nach den Markierungen Ausschau halten, die uns an eine Felswand unterhalb des sogenannten Schönen Flecks (2.015 m) heranbringen. In dieser Wand müssen wir etwa 30 Höhenmeter kletternd aufsteigen, wobei wir immer gute Tritte und Griffe vorfinden und oben erstmals von der Aussicht Richtung Reiteralm überwältigt sind. Wer jedoch bei dieser Wand an seine Grenzen kommt, sollte die Bergtour besser nicht fortsetzen, weil die Anforderungen, sowohl ans Klettergeschick als auch die Schwindelfreiheit, noch deutlich zunehmen. Denn unsere Gratwanderung führt uns nochmals zu einer 15 Meter hohen Felswand, dann zunehmend ausgesetzter hinter dem Gipfel des Rotpalfen, auch Wasserwandkopf genannt, vorbei und über den Kleinkalter zum Hochkalter, wobei wir mehrfach auch in Scharten abklettern müssen. Wir blicken jetzt direkt in den Blaueisgletscher hinab und können erahnen, dass die Tage des nördlichsten Alpengletschers gezählt sind.

Nach der Gipfelrast wählen wir den Abstieg in die andere Richtung und arbeiten uns zunächst mühsame 300 Höhenmeter zwischen den Felsen durch sandiges und brüchiges Gelände ins Ofental hinab. Dort tun sich zwei Wege im Schotter auf, wir wählen den rechten, der uns dann recht schnell voran bringt, da wir teilweise im Sauseschritt durch den Schotter gleiten können. Ein angenehmer Pfad bringt uns dann durch den Wald bis zu einer Sandstraße, der wir dann über drei Kilometer lang folgen, bis wir den Wanderweg im Klausbachtal erreichen und dort rechts Richtung Hintersee abbiegen. Wir passieren die Nationalparkinformationsstelle und die Schranke und müssen dann noch weitere zwei Kilometer am

Hintersee entlang zum Parkplatz zurückgehen.

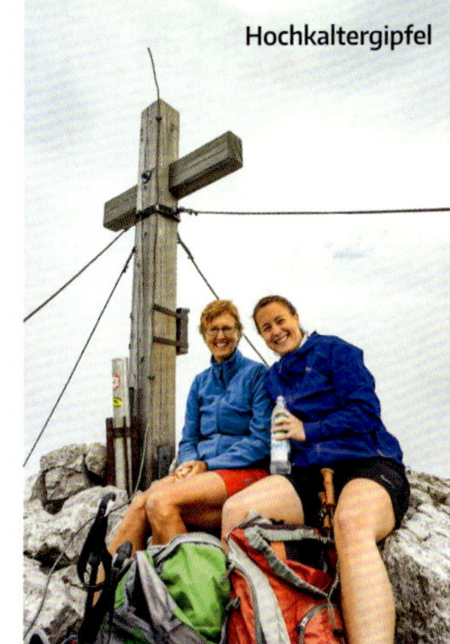
Hochkaltergipfel

Variante
Wer noch Kraft hat, kann auch das nördlichste Wegstück des Forstbegangssteigs als Rückweg aus dem Ofental nehmen: Beim Abstieg fallen in einem lichten Waldstück auf etwa 1.330 Höhenmetern zwei Schilder auf, die lediglich nach oben und unten weisen. Unterhalb entdeckt man dann jedoch den kreuzenden, nicht beschilderten Pfad des Forstbegangsteigs, auf dem wir nach rechts gehen. Kurz darauf kommen wir bei der Ofentaldiensthütte vorbei, bleiben dann lange immer etwa auf der gleichen Höhe, mehrere Gräben in leichtem Auf und Ab querend, bis wir nach etwa einer Stunde steil über einen Waldrücken hinweg absteigen und den ersten Abkürzer unseres Aufstiegs in einer Kurve erreichen. Ab da geht es flott abwärts zum Parkplatz (etwa eine halbe Stunde länger als der Standardabstieg über den Hintersee).

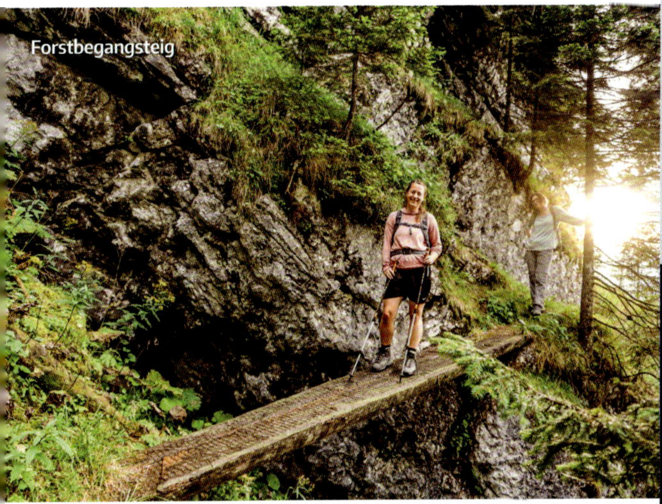

Forstbegangsteig

Hoher Göll, 2.522 m

Einer der mächtigen, hoch aufthronenden Gipfel der Berchtesgadener Alpen: Der Hohe Göll fordert Kondition und einiges an Klettergeschick, belohnt dafür aber mit gut gesicherten Steigen und einem grandiosen Rundumblick. Der Anstieg über den Kehlriedel und den Kehlstein gehört zu den weniger bekannten Pfaden.

Parkplatz Ofnerboden (P 11) an der Südauffahrt der Rossfeldstraße (1.150 m), Bushaltestelle Klaushöhe, von dort allerdings zusätzliche 3 km (200 Höhenmeter) auf der Asphaltstraße.

11 ½ Stunden: Bis zum Einstieg in den Kehlriedel-Steig 45 Min., Aufstieg zum Kehlstein 2 Std., zum Wendepunkt des Kehlsteinrundwegs 30 Min., Durchstieg des Mannlgrats 1 Std., Aufstieg auf den Hohen Göll 2 ½ Std., Abstieg zum Abzweig des Salzburger Steigs – Variante Kamin 1 Std., Abstieg durch den Kamin 1 Std., zum Purtschellerhaus 1 ¼ Std., über den Eckersattel zum Parkplatz 1 ½ Std.

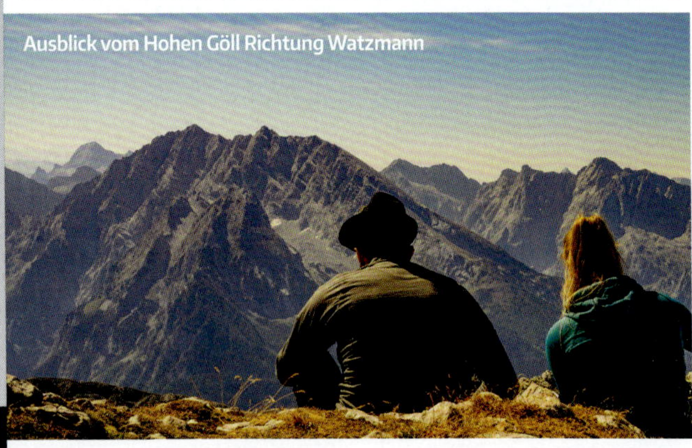
Ausblick vom Hohen Göll Richtung Watzmann

Gegenüber dem Parkplatz, unmittelbar bei dem Betriebsgebäude Ofnerboden, starten wir in einen ausgeschilderten Pfad Richtung Kehlstein und biegen kurz darauf rechts auf die Forststraße ab. Bei den nächsten vier Weggabelungen halten wir uns stets in Richtung „Kehlstein“ und „Scharitzkehlalm über Salzwandstraße / Ligeretalm“. 15 Minuten vor der Unteren Kehlalm (nur an dieser Stelle ausgeschildert!) teilen sich die Wege Richtung Kehlstein und Scharitzkehlalm und wir nehmen – obwohl wir auf den Kehlstein wollen (!) – den rechten Weg Richtung Untere Kehlalm / Scharitzkehlalm. Wir folgen dieser Sandstraße etwa 15 Minuten lang, bis von unten eine zweite Straße in unsere einbiegt. Wenige Meter weiter vorn, noch vor der dreifachen Weggabelung, sehen wir an einem Baum ein „Wasserschutzgebiet"-Schild und davor biegt links ein Pfad in Form von einigen Tritten auf Steinblöcken nach oben ab und streift bald darauf die Almwiese der ehemaligen und jetzt kaum

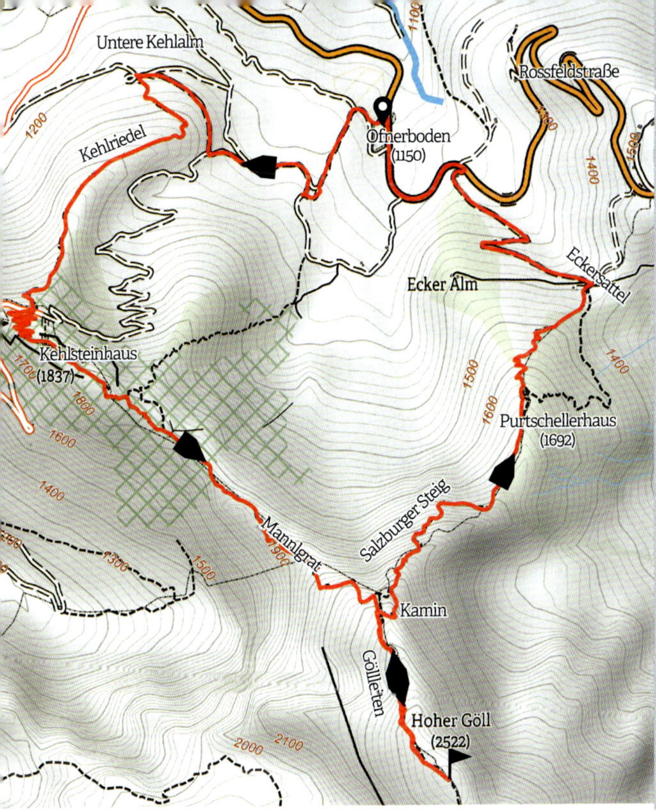

 13,1 km  1.452 Hm

 Kehlsteinhaus, Purtschellerhaus

 sehr ausgesetzte Passagen, Kletterstellen (I)

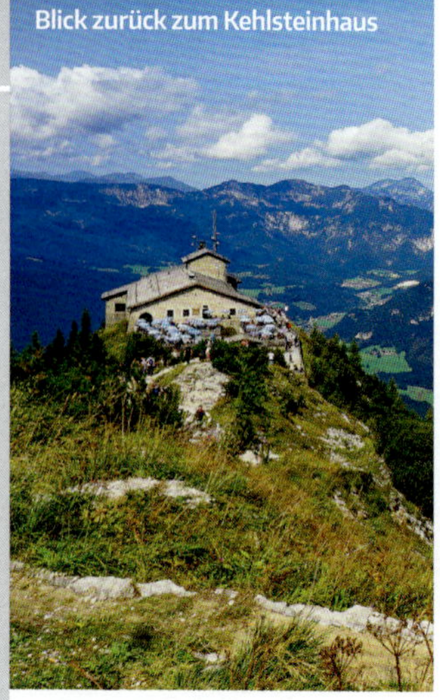
Blick zurück zum Kehlsteinhaus

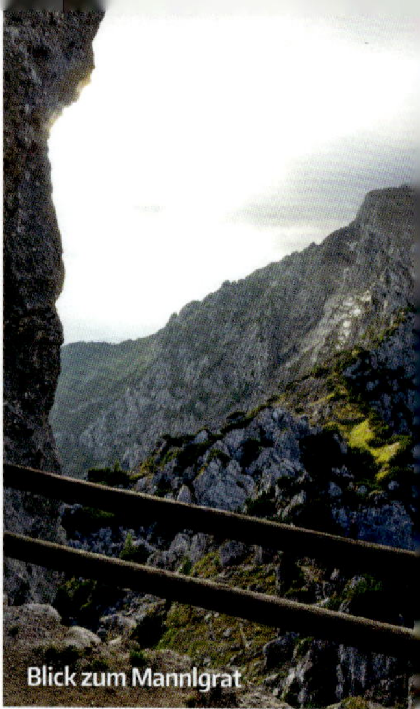
Blick zum Mannlgrat

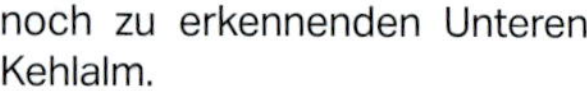

noch zu erkennenden Unteren Kehlalm.

Obwohl dieser Einstieg schwer zu finden war, verläuft der Pfad danach ganz eindeutig (nicht über die vermeintliche Leiter, sondern rechts!) bis zum Wendehammer der Kehlsteinbusse. Nur im unteren Teil ist der Weg gelegentlich noch etwas schlammig, dann schlängelt er sich als Waldpfad auf die Kante des Kehlriedels und am Ende durch einige Felsbrocken hindurch zu einer Treppe unterhalb der Kehlsteinstraße. Zum Kehlsteinhaus und -gipfel nehmen wir den ausgeschilderten Aufstieg, der auf der gegenüberliegenden Straßenseite beginnt.

Das vielbevölkerte Gipfelplateau verlassen wir über den Kehlsteinrundweg, versäumen aber nicht, den vom Weg abzweigenden (ausgeschilderten) Aussichtspunkt anzusteuern, weil der Blick zwischen den beiden Felsmauern hindurch auf Mannlgrat und Göll eine Schau ist. Der Mannlgrat erfordert für über eine gute Stunde absolute Schwindelfreiheit und Klettergeschick, ist aber gut durch Drahtseile, Tritte und geschickt platzierte Eisengriffe gesichert. Er leitet im mehrfachen Auf und Ab an den Felsköpfen entlang, teils aber auch zwischen und unter den Felsen hindurch, zum breiten Gipfelmassiv des Hohen Gölls hinüber.

Dort beginnt ein steiler Anstieg, über geröllige und steinige Wege, die sogenannte Gölleiten hinauf. Nach etwa einer Stunde stoßen die Wanderer dazu, die vom Purtschellerhaus über den

Salzburger Steig aufgestiegen sind (Wegkreuzung mit gelben Schildern). Der Anstieg zum – erst im letzten Moment sichtbaren – Gipfel zieht sich dann noch weit nach rechts hinüber und erfordert in einer Scharte kurzzeitig nochmal etwas erhöhte Aufmerksamkeit. Beim Abstieg gehen wir nicht ganz bis zur Wegkreuzung zurück, sondern steuern kurz davor auf einen Wegweiser zu, der den Einstieg in den Kamin anzeigt.

Dieser gut markierte und gesicherte Abstieg führt durch steiles, zum Teil brüchiges Gelände auf den Salzburger Steig hinunter, den man übrigens genauso gut über die Schusterroute erreichen kann, die etwas ausgesetzter an der nordwestlichen Kante entlang, aber ebenfalls gut gesichert, bergab leitet. (Im Frühsommer sollte man die Schusterroute wählen, da dann oftmals ein steiles Schneefeld die Querung vom Kamin zum Salzburger Steig hinüber gefährlich macht.)

Der Salzburger Steig führt dann – weiterhin mit viel Kletterei – an mehreren Felsköpfen entlang und verlangt nochmals einige kleinere Gegenanstiege, bevor er uns zuletzt auf einem bequemen Pfad zum Purtschellerhaus (1.692 m) bringt.

Nach einer verdienten Rast nehmen wir den steilen Abstieg, der auf der westlichen (bayerischen) Hüttenseite als steiler Pfad startet. Dieser führt uns auf sehr direktem Weg, zuletzt über Hunderte von Holzstufen, zum Eckersattel. Dort gehen wir nach links Richtung Buchenhöhe, erreichen über zwei große Kehren einer Forststraße die Rossfeldstraße und folgen dieser dann noch etwa 700 Meter abwärts, bis wir zu unserem Parkplatz gelangen.

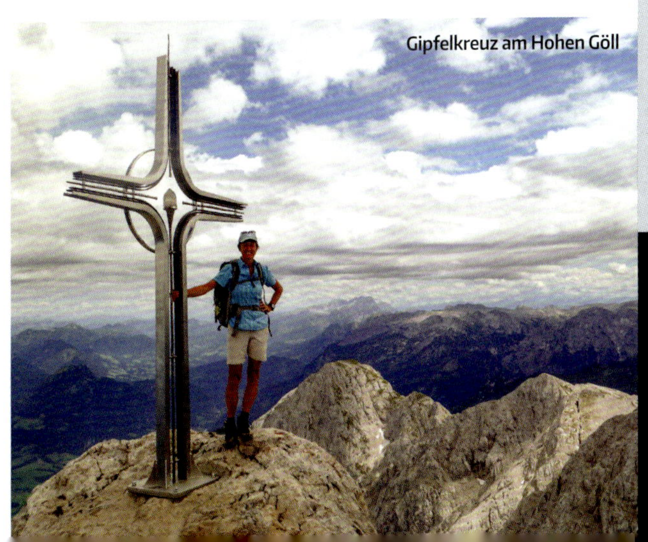

Gipfelkreuz am Hohen Göll

Großes Teufelshorn, 2.361 m

Seine exponierte Lage ganz tief in den Berchtesgadener Alpen gibt dem Großen Teufelshorn seinen großen Charme, bedeutet aber auch, dass nur sehr schnelle Geher diese Tour als Eintagestour im Hochsommer zwischen erstem und letztem Boot in Salet schaffen können. Wir bevorzugen eine abwechslungsreiche Zweitages-Tour mit Übernachtung auf der Wasseralm.

Parkplatz und Bushaltestelle Königssee,
Fahrt mit dem Boot zur Anlegestelle Salet (605 m)

18 ½ Stunden (als Zwei-Tagestour): Zum Röthbachwasserfall 1 ½ Std., zur Wasseralm 2 ½ Std., aufs Große Teufelshorn 3 Std., Abstieg zur Wasseralm 2 ½ Std., Hochgeschirr über Landtal 4 ½ Std., durch den Stiergraben zur Priesbergalm 1 ¾ Std., Abstieg zur Königsbachalm 1 Std., über die Hochbahn zum Parkplatz 1 ¾ Std.

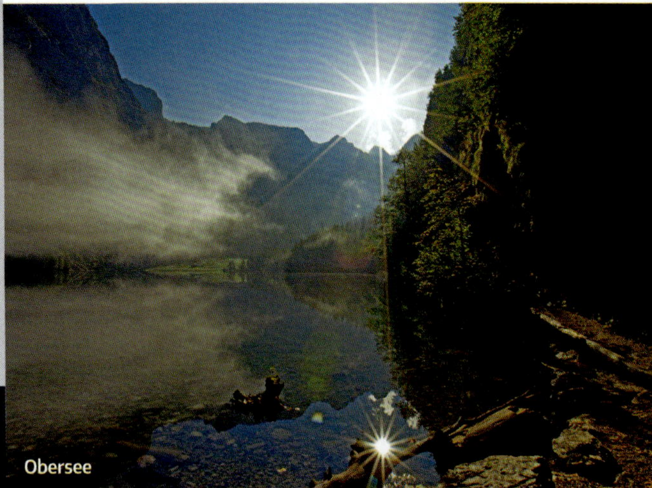

Obersee

Mit der Schifffahrt Königssee fahren wir bis zur Anlegestelle Salet und halten uns dort gleich rechts Richtung Obersee. Vor allem, wenn wir ein frühes Boot genommen haben, können wir diesen herrlich klaren See zwischen den hohen Felswänden in Ruhe bewundern, während wir ihn an seiner rechten Seite passieren. Die Fischunkelalm links liegen lassend queren wir die Almwiesen und ein Waldstück und gelangen zum Ende des Talbodens, wo uns der Röthbach-Fall, mit 470 Meter Falltiefe der längste Wasserfall Deutschlands, in seinen Bann zieht. Wir

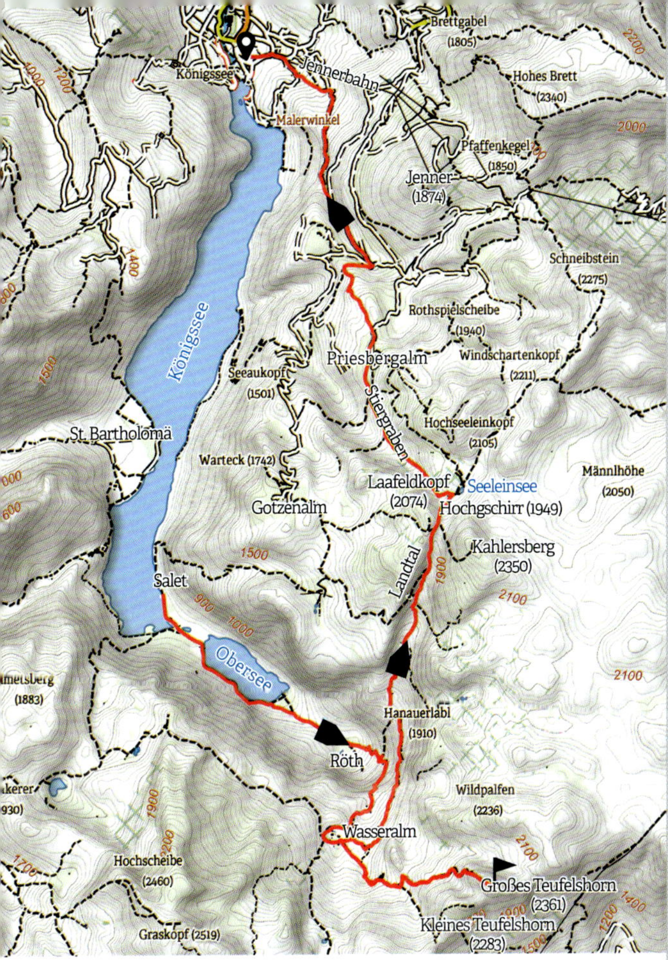

 29,1 km 2.645 Hm Wasseralm, Priesbergalm

 viele ausgesetzte Passagen, Kletterstellen (I)

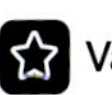 Varianten

steuern aber nicht auf ihn zu, sondern halten uns eher halblinks, wo etwas versteckt gelbe Schilder am Waldrand auf den Röthsteig hinweisen. Auf diesem Steig gelangen wir nach zahlreichen Kehren entlang des steilen Hangs und vielen seilversicherten Passagen, bei denen zum Teil auch Eisentritte helfen, zu einem Absatz, nach dem der Weg etwas flacher durch ein Waldstück führt. Regelrecht unerwartet öffnet sich der Wald dann aber wieder und in einem großen weiten Kessel liegt die Wasseralm.

Nach einer Rast gehen wir beim Brunnen vorbei über die Brücke und biegen gleich danach nach rechts oben ab. Ein im unteren Teil etwas matschiger Pfad führt uns über frühere Almwiesen hinauf zu einer nicht sehr deutlich bezeichneten Weggabelung auf 1.650 m Höhe. Das markanteste Erkennungssignal ist das rote „G. TH." unter einem Pfeil an dem Felsen. Es weist auf den mittleren der drei Wege (der rechte, der erkennbar mit roten Punkten markiert ist, führt zum Kleinen Teufelshorn und der linke geht hinauf zu den Mauerresten des Jagdhauses, das sich im Dritten Reich der Reichsminister Hermann Göring hier errichten ließ). Über den mittleren Weg gewinnen wir rasch Höhe, passieren eine markante Zirbe und steigen dann zum Großen Teufelshorn hinauf. Im mittleren Teil des Anstiegs fordern uns zwei Kletterpassagen, dafür gehen wir aber im oberen Teil lange über grasige Hänge. Der Abstieg zur Wasseralm erfolgt auf dem gleichen Weg.

Am nächsten Tag gehen wir wieder am Brunnen vor der Wasseralm vorbei, bleiben dann aber auf dem Hauptweg, der uns in leichtem Auf und Ab ins Landtal führt. Dort ignorieren wir den Abzweiger nach links, wo der Landtalsteig Richtung Obersee hinunter führt. Wir steigen dagegen auf und genießen die beliebte Wanderung durch das von hohen Hängen eingerahmte Landtal hinauf zum Hochgeschirr auf 1.949 m. Dort können wir eventuell noch einen kleinen Abstecher nach rechts zum Seeleinsee einlegen oder wir wenden uns gleich nach links in den Stiergraben, der uns an den Rand der Almfläche zur Priesbergalm bringt.

Der Weg durch die Wiesen vor der Alm wird im Juni und Juli durch Hunderte von Knabenkräutern verschönert. Kurz

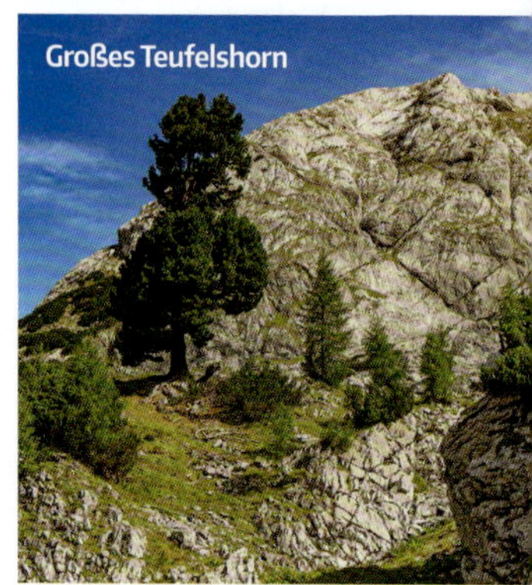
Großes Teufelshorn

nach der letzten Almhütte der Priesbergalm, die etwa fünf Minuten unterhalb der beiden direkt links vom Weg liegenden Hütten auftaucht, können wir in der Rechtskurve einen deutlichen (unbezeichneten) Pfad nach links nehmen, der anfangs eher flach, dann aber zunehmend steiler und zuletzt über Wiesen zu dem Weg führt, der die Gotzentalalm mit der Königsbachalm verbindet. Wir gehen nach rechts und steigen so in Richtung der bereits sichtbaren Königsbachalm ab. Links geht es dann abwärts Richtung Königssee – über die Hochbahn. Auch diese können wir nochmal merklich abkürzen, wenn wir kurz nach einer markanten Bachquerung, dem Pletzgraben, einen (unbezeichneten) etwas schmierigen Pfad parallel zu dem Bach wählen. Dort, wo wir auf einen von oben herabkommenden Wirtschaftsweg treffen, gehen wir noch ein paar Meter auf diesem rechts hinab, um kurz darauf einen nach links abzweigenden Pfad zu wählen. Dieser führt uns zum Malerwinklrundweg, dem wir dann nach rechts folgen und so über die Jennerbahnstraße zum Königssee-Parkplatz gelangen.

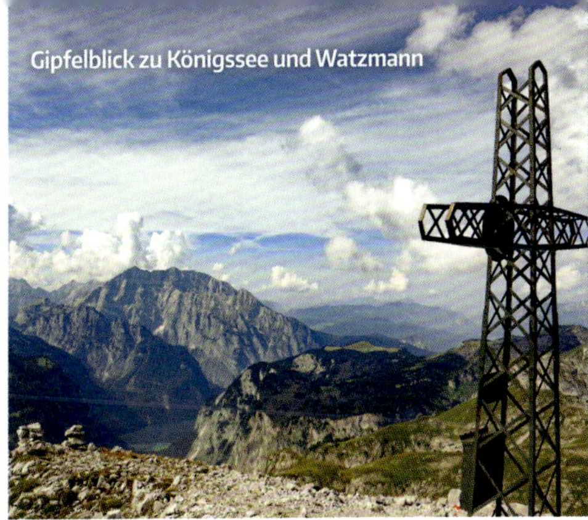

Gipfelblick zu Königssee und Watzmann

Varianten

1. Wer die Tour als eintägige Tour bewältigen möchte, sollte den Röthsteig auch für den Abstieg wählen und sich vorab gut über die Bootsabfahrtszeiten informieren.

2. Das Kleine Teufelshorn (2.283 m), das über den Pfad ab der beschriebenen Weggabelung bei etwa 1.650 Höhenmetern zu erreichen ist, ist ebenfalls ein lohnender Gipfel.

3. Die Überschreitung der Teufelshörner ist sehr schwierig, ausgesetzt und nicht eindeutig gekennzeichnet. Über brüchiges Gelände steigt man – etwas nach rechts ausweichend – vom Gipfel des Großen Teufelshorns ab ins Teufelsnieder, und erklettert dann – möglichst nicht am Rand, sondern über einen Kamin – sehr ausgesetzt und mit II-er-Kletterstellen den Gipfel des Kleinen Teufelhorns. Der Abstieg in Richtung des Schlossangers ist zwar auch etwas ausgesetzt, aber im Grunde kein Problem mehr.

Stadelhorn, 2.286 m

Der höchste Gipfel der Reiteralm hat es trotz seiner (nur) 2.286 m Höhe in sich: Sowohl der Anstieg durch die Mayrbergscharte als auch der Gipfelanstieg erfordern Mut zu teilweise ausgesetzter Kletterei, die aber keine großen Anforderungen stellt. Dafür sind alle Wege und auch das Panorama von bester Güte und bieten viel Abwechslung.

Parkplatz und Bushaltestelle Hirschbichlstraße, Fahrt mit dem Almerlebnisbus bis zur Engertholzstube (945 m)

11 Stunden: Schaflsteig bis Hochgscheidsattel 3 ½ Std., Durchstieg zur Mayrbergscharte 1 ¼ Std., Anstieg aufs Stadelhorn 50 Min., Abstieg 40 Min., Querung bis zum Reiter-Steinberg 1 Std., Abstieg zum Hintersee-Parkplatz über Böslsteig 3 ½ Std.

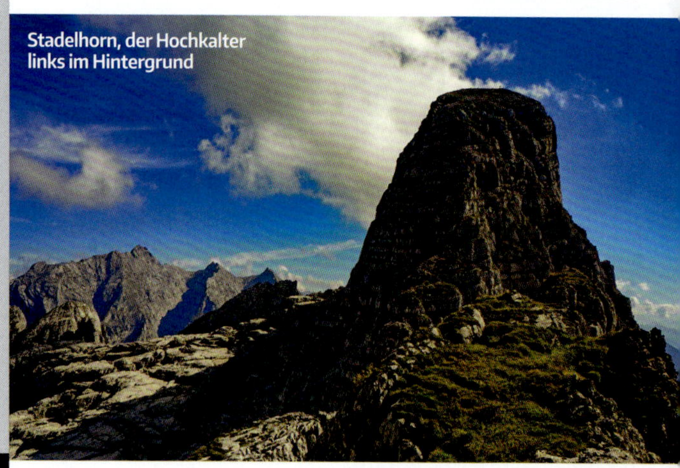
Stadelhorn, der Hochkalter links im Hintergrund

Wer beim Einsteigen in den (möglichst ersten) Almerlebnisbus „Schaflsteig" als Ziel angibt, wird von den Busfahrern fast immer bis zum Einstieg des Pfades gefahren und erspart sich die paar Minuten ab der Engertholzstube. Der Schaflsteig bringt uns in zahlreichen Kehren durch den Wald und die Latschenregion und erfordert dann etwas mehr Achtsamkeit im gerölligen Gelände.

Unter der Stadelmauer stößt der Loferer Steig dazu, der vom ös-

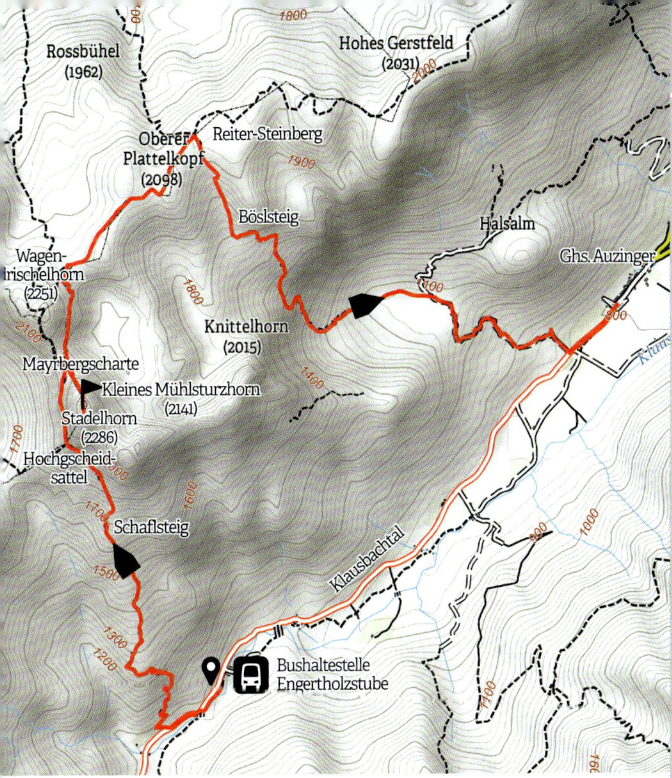

Rossbühel (1962)
Hohes Gerstfeld (2031)
Oberer Plattelkopf (2098)
Reiter-Steinberg
Böslsteig
Halsalm
Ghs. Auzinger
Wagen-lrischelhorn (2251)
Knittelhorn (2015)
Mayrbergscharte
Kleines Mühlsturzhorn (2141)
Stadelhorn (2286)
Hochgscheid-sattel
Schaflsteig
Klausbachtal
Bushaltestelle Engertholzstube

terreichischen Ort Obermayrberg hinauf kommt, welcher der nun zu erklimmenden Scharte den Namen gegeben hat. Wir steigen jetzt – fast überall drahtseilversichert – die letzten 200 Höhenmeter durch steile Kamine zur Mayrbergscharte (2.053 m) hinauf. Hier beginnt dann unsere letzte Etappe des Gipfelanstiegs, die nach rechts ausgeschildert ist und auch durchgehend (wenn auch teilweise nicht deutlich) markiert bleibt. Anfangs recht einfach geht es durch gut gestuftes Gelände und über Felsbänder hinauf. Dann brauchen wir im mittleren Teil des Öfteren unsere Hände und etwas Geschick, um die richtigen Tritte

 11,3 km 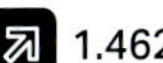 1.462 Hm 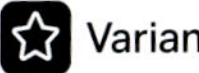 Variante

keine am Weg, Gasthof Auzinger beim Parkplatz

sehr ausgesetzt, mit Kletterstellen (I)

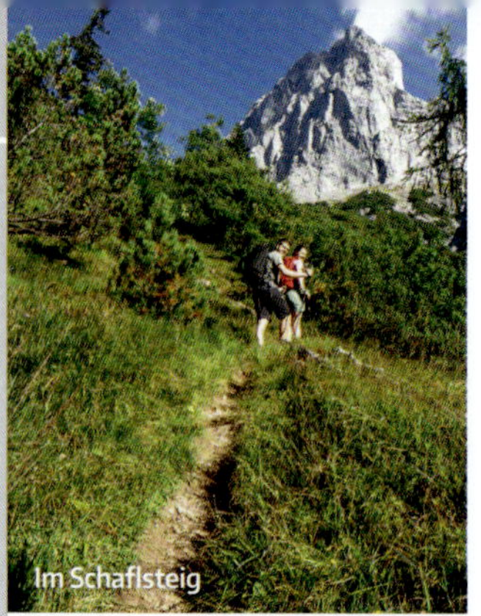
Im Schaflsteig

zu finden. Das letzte Stück zum Gipfelkreuz und den dahinter liegenden kleinen Holzbänken ist dagegen nicht mehr schwierig. Außerdem belohnt uns das gigantische Panorama für unsere Mühen.

Nachdem wir den Abstieg mit der gleichen Umsicht gemeistert haben, setzen wir unseren Weg nach rechts, unterhalb der Ostflanke des Wagendrischelhorns, fort.

Innerhalb einer halben Stunde erreichen wir zum ersten Mal einen Abzweiger Richtung Traunsteiner Hütte, halten uns aber rechts und umgehen auf erstmals wirklich erholsamen bequemen Pfad erst an der hinteren Seite den Unteren Plattelkopf und dann nach der zweiten möglichen Abzweigung Richtung Traunsteiner Hütte den Oberen Plattelkopf. Der Wiesenpfad bringt uns dann auf den kaum als Gipfel wahrnehmbaren Reiter Steinberg (2.055 m), wo man wiederum zur Traunsteiner Hütte, aber auch rechts Richtung Hintersee über den Böslsteig abzweigen kann.

Der Böslsteig führt anfangs mittels steiniger Kehren und Querungen, dann über eine drahtseilversicherte Steilstufe und

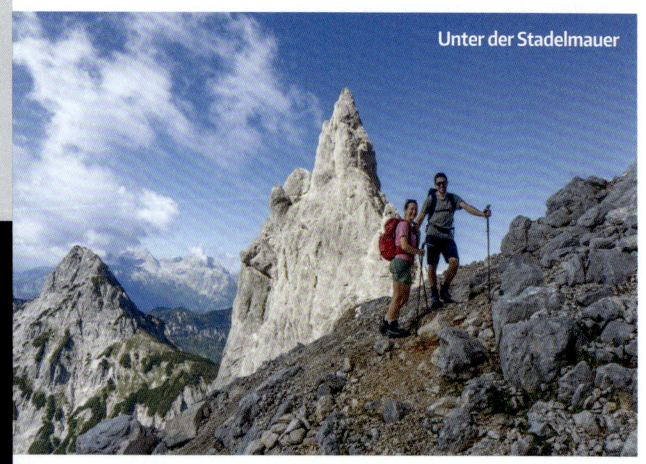
Unter der Stadelmauer

viele sandige Kurven hinab in ein breites Quertal, das wir ganz nach vorne bis zum Anstieg in Richtung der weithin sichtbaren Halsalm gehen müssen. Wenn wir dann auf die Almstraße stoßen, nehmen wir diese nach rechts abwärts und verlieren mittels ihrer steilen Kurven die letzten 300 Höhenmeter. Noch bevor wir die Hirschbichlstraße erreichen, erblicken wir links die Nationalpark-Informationsstelle Klausbachhaus kurz vor dem Parkplatz, bei dem wir dann nach wenigen Minuten ankommen.

Wichtiger Hinweis: Da oft bis in den Juli hinein noch ein großes Schneefeld in den Schaflsteig reicht, das im steilen Gelände schwer zu umgehen ist, und auch diverse Schneefelder die Querung unter dem Wagendrischelhorn (nach der Mayrbergscharte) erschweren, sollte man diese Tour nicht zu früh im Sommer angehen.

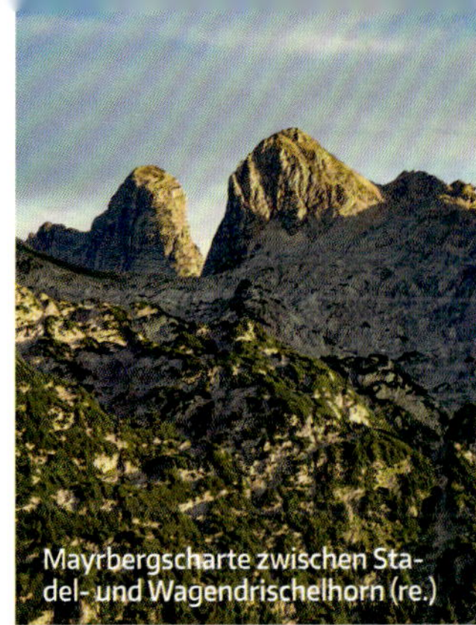
Mayrbergscharte zwischen Stadel- und Wagendrischelhorn (re.)

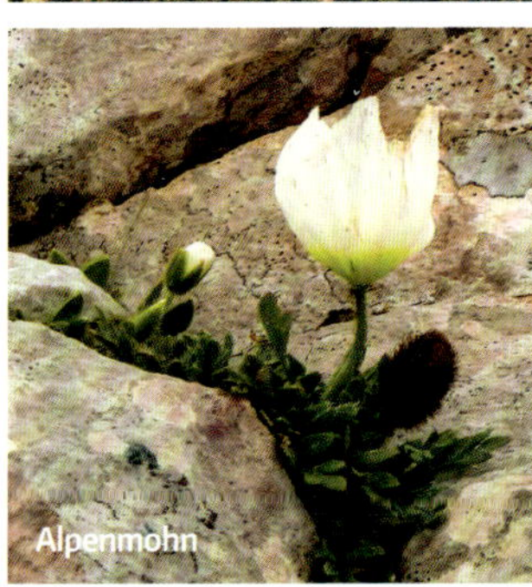
Alpenmohn

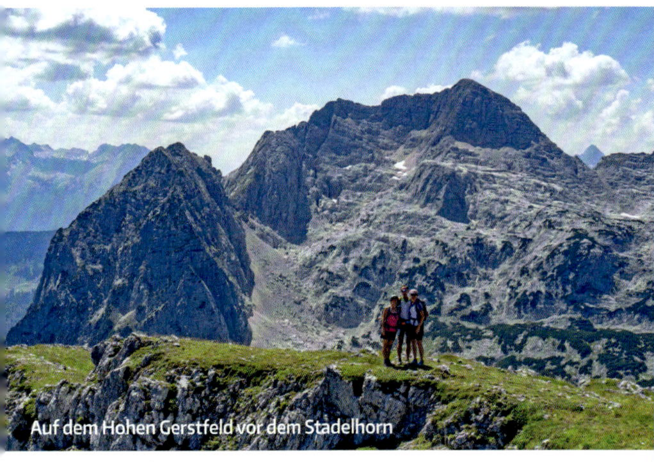
Auf dem Hohen Gerstfeld vor dem Stadelhorn

Berchtesgadener Hochthron, 1.972 m

Eine Rundtour, deren Anstieg ausschließlich aus schönen Pfaden besteht und mit der Almbachklamm, dem Scheibenkaser und dem Rosslander-Steig unter der Südwand einige Highlights bietet. Das bewirtschaftete Stöhrhaus auf 1.894 m Höhe macht die Wanderung nochmals attraktiver.

Parkplatz Hintergern rechts oder links der Gerner Straße (kurz nach der Abzweigung des Almbachwegs zum Gasthaus Dürrlehen und kurz vor einem Durchfahrt-Verbotsschild, 810 m), Bushaltestelle Hintergern

10 Stunden: Abstieg in die Almbachklamm 30 Min., Aufstieg nach Hinterettenberg (Rossboden) 45 Min., zum Scheibenkaser 2 ½ Std., Querung zum Gatterl 1 Std., Aufstieg zum Stöhrhaus 1 ¼ Std., Gipfelanstieg 30 Min. Abstieg über Stöhrhaus und Gatterl nach Maria Gern 3 ½ Std.

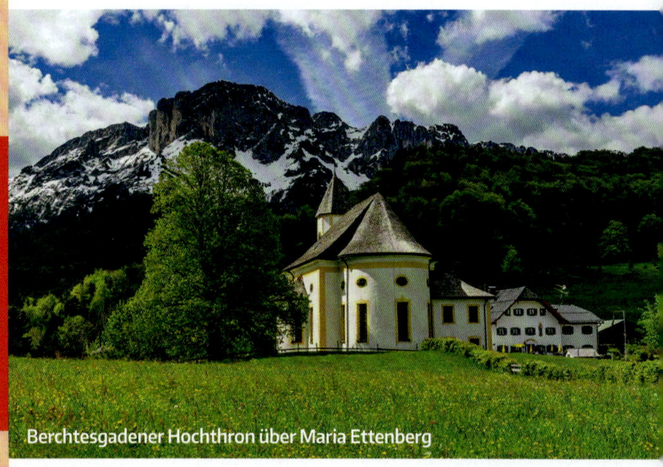

Berchtesgadener Hochthron über Maria Ettenberg

Zunächst gehen wir die Straße noch etwa fünf Minuten weiter nach oben. In einer scharfen Linkskurve zweigt rechts ein Fußweg ab, der uns am Gasthaus Dürrlehen vorbei und hinunter zur Almbachklamm führt. Denn zunächst verlieren wir auf unserer Route gut 100 Höhenmeter, werden dafür aber durch schöne Naturerlebnisse mehr als entschädigt. Bei mehreren

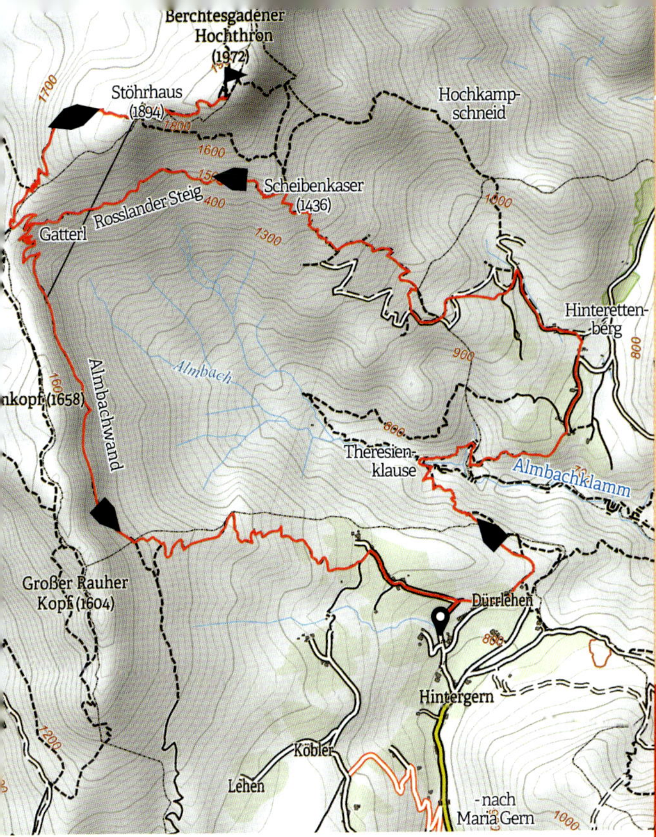

Wegverzweigungen halten wir uns Richtung Theresienklause, einer Staumauer, mit deren Hilfe früher Holz durch die Klamm getriftet wurde.

Die Klamm queren wir mittels zweier Brücken und steigen nach der Klause den rechts nach oben verlaufenden Weg hinauf. Dieser Weg windet sich an den Felswänden entlang und kommt auf einer herrlichen Wiese bei den Bauernhöfen in Hinterettenberg aus der Schlucht heraus. Wir folgen der kleinen Straße – ignorieren die Wegweiser nach rechts – und gehen beim Anwesen Neuhäusl die wenigen Meter gera-

 **18 km**  **1.432 Hm**  **Stöhrhaus am Untersberg**

 **Variante**

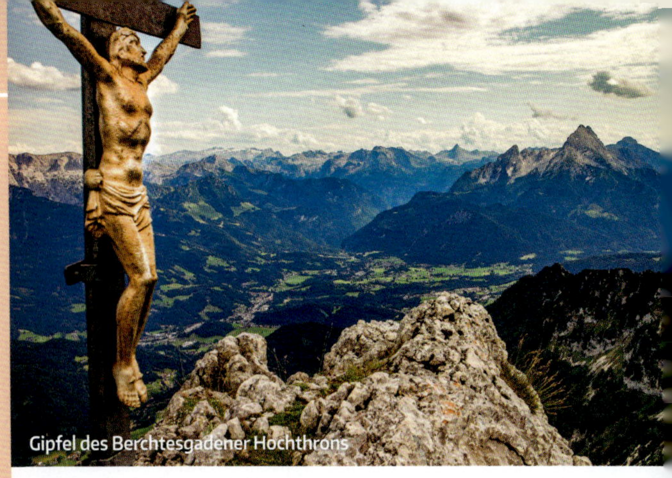
Gipfel des Berchtesgadener Hochthrons

deaus, nehmen dann kurz nach der Brücke einen abkürzenden Pfad nach links und treffen somit auf den offiziellen Weg vom Rossboden zum Scheibenkaser, dem wir nach links folgen. Der zunächst breite, dann schmäler werdende Weg, der mit einigen Zwischenpfaden abgekürzt werden kann, bringt uns zum aussichtsreichen Scheibenkaser (1.436 m).

Dort wenden wir uns nach links und stoßen nach einer knappen Stunde auf den Weg, der von Maria Gern heraufkommt, und zehn Minuten später auf die Wegkreuzung Gatterl. Zum Stöhrhaus gelangt man über einen gut ausgebauten Weg mit zahlreichen Serpentinen, der Gipfelanstieg ist ebenfalls problemlos.

Der Abstieg erfolgt bis zur Gabelung des Weges zwei Serpentinen unterhalb des Gatterls auf gleicher Route, dann wenden wir uns aber nach rechts Richtung Maria Gern. Anfangs verliert man schnell Höhe, dann verläuft der Weg jedoch lange eben (auf etwa 1.300 Höhenmeter) und sogar leicht aufwärts unterhalb der Almbachwand entlang. Dort, wo es dann wieder abwärts geht und sich das Gelände linkerhand aufschwingt, bietet sich links ein Pfad als Abkürzer an. Der bald wieder erreichte offizielle Weg führt uns lange durch den Wald und dann entlang einer schönen Baumreihe zu einer Häusergruppe. Jetzt folgen wir der Straße, bis wir wieder beim Parkplatz ankommen.

Variante

Wer den Anstieg zum Scheibenkaser etwas unkonventioneller zurücklegen möchte, kann den Pfad über die Hochkampschneid wählen. Dazu zweigen wir in der ersten deut-

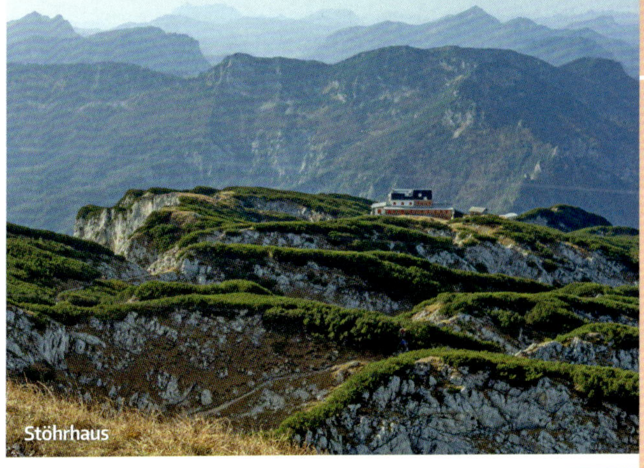
Stöhrhaus

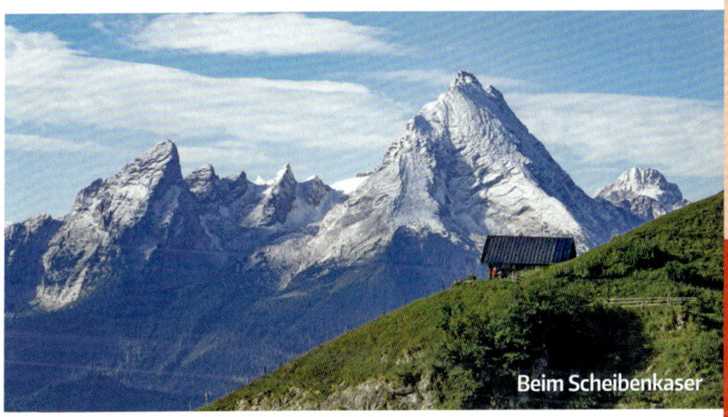
Beim Scheibenkaser

lichen Linkskurve der Forststraße, die vom Rossboden Richtung Scheibenkaser führt, nach rechts ab und überqueren die Brücke. Diesem Weg folgen wir dann ca. fünf Minuten, bis zwei große Felsblöcke rechts und links vom Weg ein markantes Zeichen geben, dass wir den Pfad nach links aufwärts nehmen sollen. Dort, wo dieser das erste steile Stück überwunden hat, geht es nach links kurzzeitig fast eben weiter. Bei der kurz darauf folgenden Gabelung halten wir uns rechts und haben nun den Pfad, der uns den Grat der Hochkampschneid entlang führt. Am Ende der Schneid erreichen wir einen kleinen Brunnen und eine Bank, die sich als Rastplatz anbietet.

Weiter geht es dann nach links auf einem Pfad, der durch Latschen und felsige Passagen zum weithin sichtbaren Scheibenkaser hinüberleitet.

Karkopf, 1.737 m

Herrlicher Bergwald im Anstieg, ein toller Blick auf die zentralen Gipfel der Berchtesgadener Alpen, eine abwechslungsreiche Querung und ein bequemer Abstieg über eine Forststraße mit vielen Abkürzungen – die Tour auf den höchsten Gipfel des Lattengebirges ist abwechslungsreich und unkompliziert.

Parkplatz Klaushäusl, Bischofswiesen-Winkl (von der B 20 Richtung Campingplatz Winkl-Landthal abzweigen, dann gleich rechts halten und ca. 1 ½ km bis fast zum Durchfahrt-Verboten-Schild fahren, 705 m). Bushaltestelle Sellboden, von dort nach 15 Min. auf dem Klaushäuslweg rechts abzweigen

7 ½ Stunden: Zur Wegkreuzung unterhalb der Steinernen Agnes 2 ¾ Std., Aufstieg auf den Karkopf 1 ½ Std., zur Törlscharte 1 Std., Abstieg zum Parkplatz 2 ¼ Std.

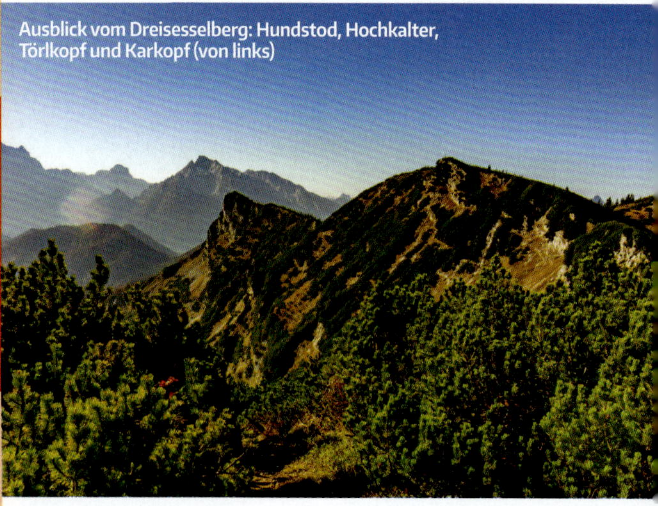

Ausblick vom Dreisesselberg: Hundstod, Hochkalter, Törlkopf und Karkopf (von links)

Zunächst gehen wir etwa zehn Minuten auf der Straße zurück, bis links gelbe Schilder den Weg Richtung Steinerne Agnes weisen. Hier folgen wir einer ausgeprägten Rechtskurve, dann dem ebenen Panoramaweg etwa zehn weitere Minuten. Jetzt verlassen wir den Panormaweg, der weiter Richtung Hallthurm führte, und gehen nach links auf einem Karrenweg. Nach weiteren zehn Minuten zweigt ein ausgeschilderter Pfad nach rechts ab, dem wir jetzt etwa zwei Stunden lang ganz entspannt durch herrlichen Bergwald folgen können. Sobald wir auf einen von Hallthurm heraufführenden Weg treffen, nehmen wir diesen nach links Richtung Karkopf. Er führt uns bald unterhalb der Steinernen Agnes vorbei, einem Geotop, dessen bizarre Felsform als Kopf einer Sennerin interpretiert wird. Ein Abstecher würde in etwa zehn Minuten über einen Waldpfad und dann durch eine steile Sandreiße dorthin führen.

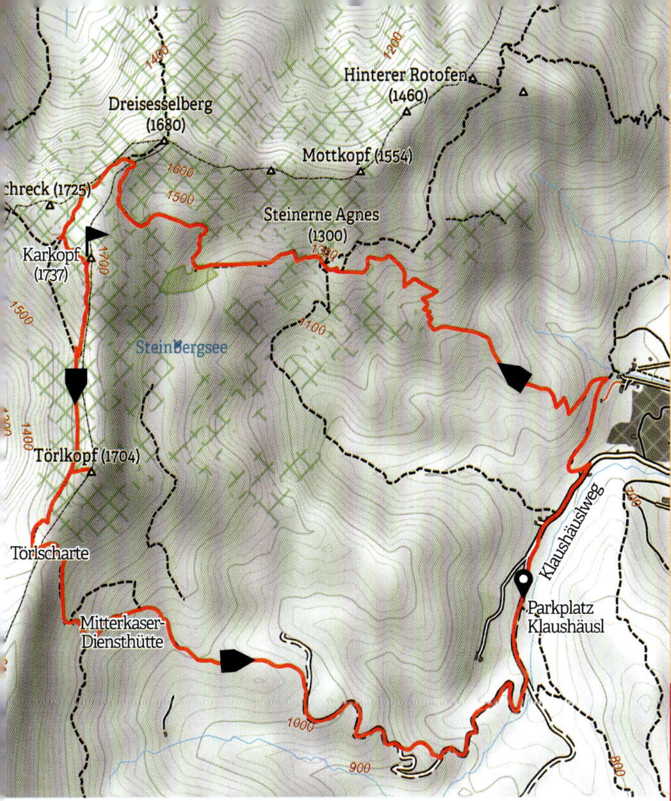

Wir nehmen den Weg durch eine Senke, wo etwas Aufmerksamkeit verlangt wird. Dann ge-

 12,8 km  1.113 Hm  keine

langen wir über ein schönes Waldstück und eine malerische Wiese zu dem letzten Stück des Anstiegs zum Karkopf: Zunächst relativ steil durch lichten Bergwald, dann durch die Latschen und über freies Gelände führt der Weg schließlich in einen weiten Bogen quer durch den Kessel bis zu einer Kante, wo er sich teilt. Wir nehmen den linken Pfad Richtung Karkopf und biegen etwa zehn Minuten später bei einer Wegkreuzung in einem kaum wahrnehmbaren Sattel wieder scharf nach links ab und erreichen in etwa fünf Minuten den Gipfel.

Nach der Gipfelrast gehen wir wenige Meter wieder hinunter, dann links an der Kante entlang auf den Törlkopf zu. In der Scharte zwischen Karkopf und Törlkopf treffen wir auf den offiziellen Weg, der uns dann unterhalb (westlich) des Törlkopfs entlang führt. Um den Törlkopf (1.704 m) zu besteigen, nehmen wir – bevor sich der Weg abwärts wendet – eine nicht gekennzeichnete, aber eindeutige Latschengasse nach links oben. Nach dem Abstieg vom Törlkopf geht es links weiter Richtung Törlscharte mit der kleinen Bergwachthütte. Von dort aus bringen uns zunächst steile Serpentinen hinab. Bei der Wegkreuzung oberhalb der Mitterkaseralm wählen wir den

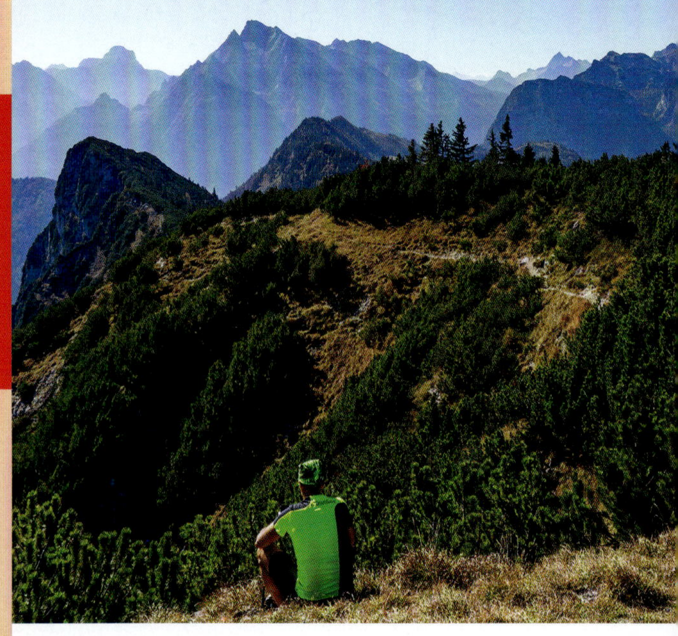

linken Weg Richtung Winkl. Sobald der Weg in eine Forststraße mündet, gehen wir nach rechts; hier ist ebenfalls „Winkl" ausgeschildert.

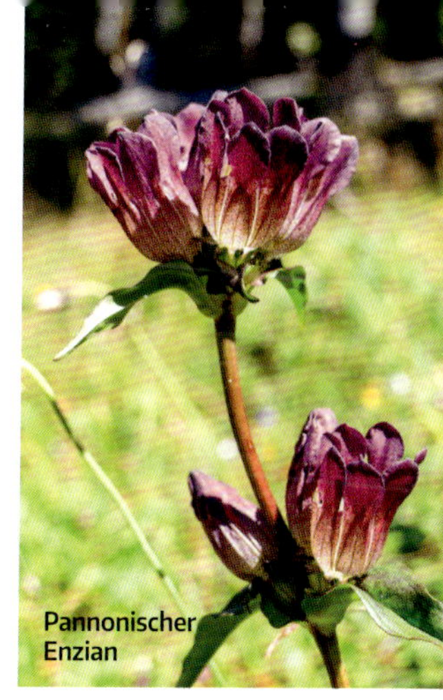
Pannonischer Enzian

Bereits nach einigen Minuten bietet sich ein erster Abkürzer (Einstieg rechts parallel zum Weg) an, der wie all die nun folgenden Abkürzer eine Waldboden-Pfad-Alternative zu der sandigen harten Forststraße darstellt. Die Abkürzer sind gut zu finden, so dass man die Forststraße mehr überquert oder streift, als dass man sie als Weg nutzt. Letztlich treffen wir wieder auf den Klaushäuslweg, dem wir nur noch kurz nach links folgen müssen, bis wir wieder zum Auto zurückkommen.

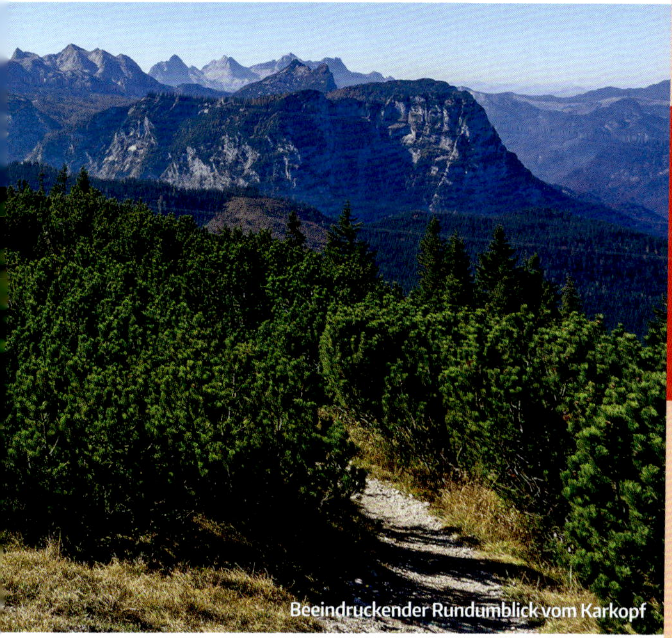

Beeindruckender Rundumblick vom Karkopf

Versteckte Wege

Die Berchtesgadener Alpen sind durch ein gut gepflegtes Netz von Wanderwegen erschlossen. In den Sommermonaten ziehen viele Wanderer von Hütte zu Hütte, durchqueren so das Steinerne Meer oder umrunden den Watzmann. Der SalzAlpen-Steig, ein Weitwanderweg, der sich vom Chiemgau bis nach Hallstatt in Oberösterreich zieht, und etliche hier ausgeschriebene SalzAlpenTouren haben verstärkt ausgelöst, dass viele Wanderwege breit ausgebaut wurden und mit Eisenbrücken und Geländern gesichert wurden, um den Ansprüchen an einen zertifizierten Premium Wanderweg gerecht zu werden.

Ursprüngliche Wegführung und einsame Bergregionen
Doch verschwanden dadurch viele nette Pfade, wo man über natürliche Wurzeln oder Steinstufen steigen durfte, unter festgewalztem Sand. Hölzerne Stege, wilde Bachquerungen über Steine und kleine Kletterpassagen wurden abgebaut und entschärft. Wer jedoch zu denjenigen gehört, die ursprüngliche Wegführungen und einsame Regionen der Bergwelt schätzen, findet in den Berchtesgadener Alpen immer noch viele Alternativen. Nicht alle Wege sind durch offizielle Wegweiser markiert, daher legt dieser Wanderführer großen Wert darauf, die Wege und ihre Schlüsselstellen sorgfältig zu beschreiben.

Eindeutige Pfade, von Einheimischen ausgetreten
Dennoch sollten Wanderer die 14 Touren in der Rubrik „Versteckte Wege" möglichst nicht alleine gehen und sich immer wieder vergewissern, ob die Wege tatsächlich als solche erkennbar sind. Bis auf ganz wenige Passagen, die aber deutlich gekennzeichnet und erklärt werden, gehen die Touren stets entlang von Pfaden, die vor allem von Einheimischen ausgetreten sind und eindeutig bleiben. Die Touren erreichen überwiegend einsame, selten begangene Gipfel, doch manche führen auch über versteckte kleine Pfade auf belebte Gipfel wie Jenner oder Kehlstein, die trotz der Besuchermassen aufgrund ihrer spektakulären Aussicht lohnen.

Rücksicht auf die einzigartige Pflanzenwelt und die Tiere
Die versteckten Wege werden – auch wenn sie im Nationalpark liegen – nach wie vor gepflegt, doch verlangen sie mehr Umsicht und bergsteigerisches Gespür als die markierten Wanderpfade. Sie bringen die Wanderer oft nahe an die unberührte Natur in dieser Bergwelt heran und daher gilt hier ganz besonders, Rücksicht auf die Pflanzenwelt und die Tiere zu nehmen.

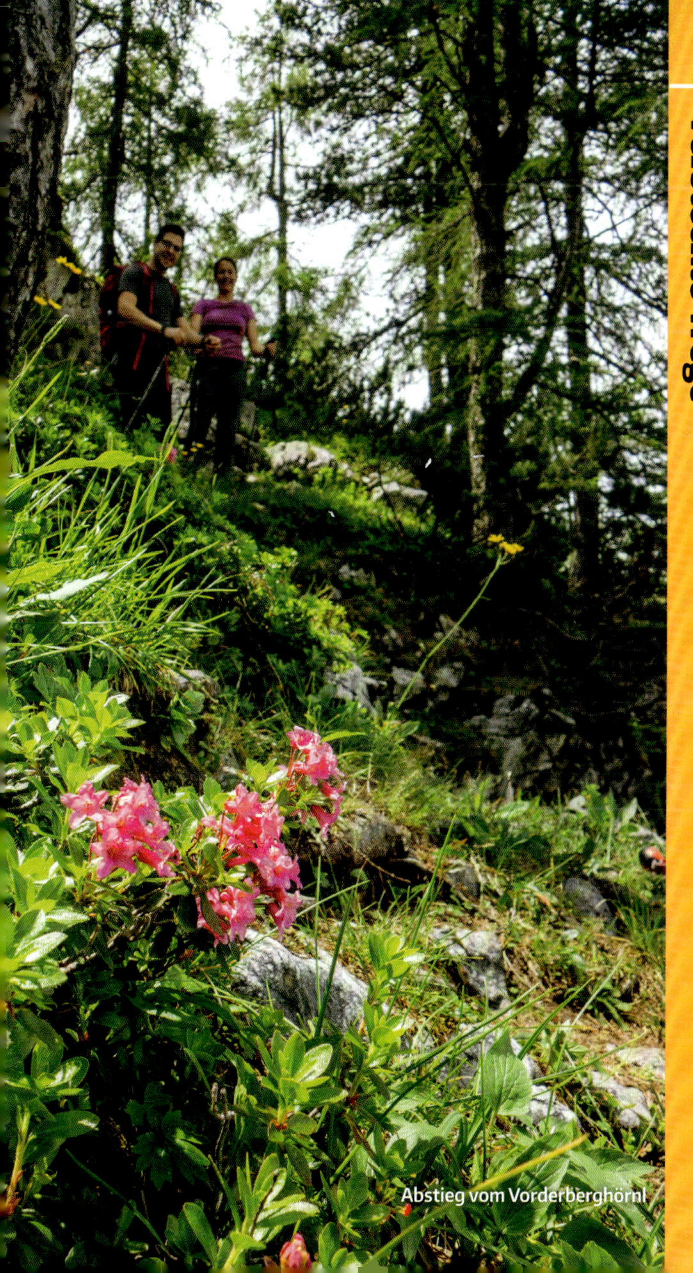

Abstieg vom Vorderberghörnl

Kehlstein, 1.881 m

Der Kehlstein ist viel besucht, um nicht zu sagen überlaufen, da er mit Bus und Aufzug zu erreichen ist. Doch wer früh (oder im Hochsommer am Nachmittag) aufbricht, kann diese einmalige Aussichtswarte über stille Pfade erreichen und hat auch den Gipfel weitgehend für sich. Und der gut hergerichtete Gipfelrundweg ist ein nahezu hochalpines Erlebnis.

Parkplatz Zaunerbrücke an der Scharitzkehlstraße (Obersalzberg; zwischen Gasthaus Graflhöhe und Abzweigung Scharitzkehlalm; 1.000 m), Bushaltestelle Graflhöhe und dann vorgehen über Carl-von-Linde-Weg bis zur Zaunerbrücke

7 ¼ Stunden: Zur Ligeretalm 45 Min., zur Kehlstein-Straße 45 Min., übers Sappenkreuz zum Kehlsteinhaus 1 ¼ Std., Kehlsteinrundweg 1 ½ Std., Abstieg über Kehlriedel zur Unteren Kehlalm 1 ½ Std., über Salzwandstraße zurück zum Parkplatz 1 ½ Std.

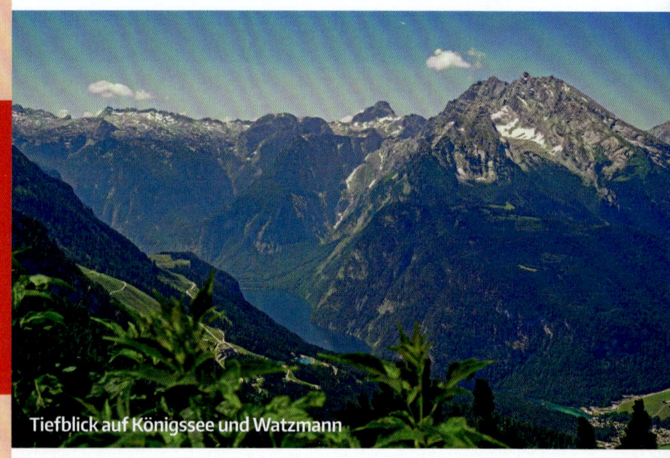
Tiefblick auf Königssee und Watzmann

Wir wählen den Direktanstieg zur Ligeretalm und halten uns bei den nächsten Weggabelungen zweimal links. Nach einer Dreiviertelstunde wäre rechts ein Abzweiger zur idyllischen Ligeretalm möglich. Geradeaus treffen wir auf eine weitere Forststraße. Hier gehen wir kurz links und dann gleich rechts in die abzweigende Sandstraße. Obwohl ein Schild darauf hinweist, dass diese Straße nach 1,6 Kilometern endet und kein weiterer Weg auf den Kehlstein führt, gehen wir bergauf und gewinnen ganz ordentlich an Höhe.

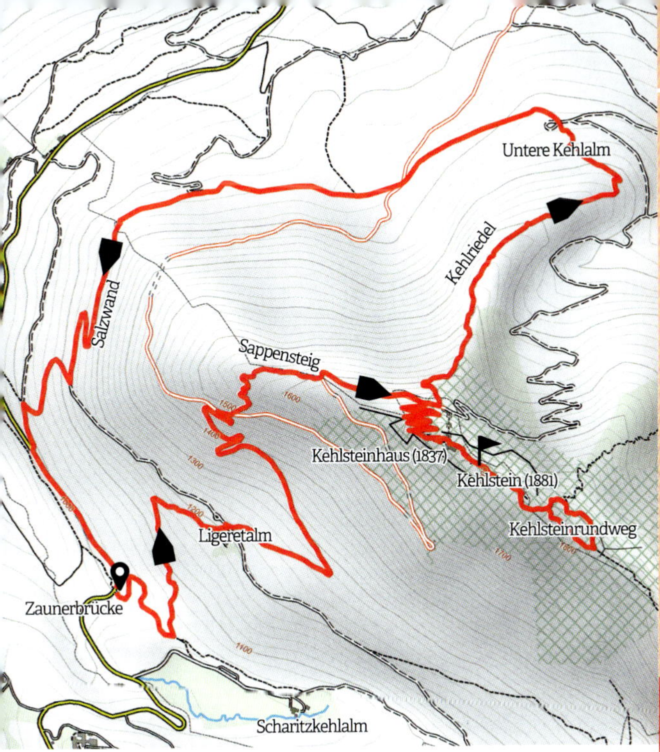

Dort, wo wir auf die nur von Bussen und wenigen Berechtigten genutzte Fahrstraße zum Kehlstein treffen, können wir die Fußgänger-Verbotsschilder ignorieren, da wir zu Zeiten unterwegs sind, in denen keine Busse fahren, und gehen ca. 50 Meter die Straße nach rechts aufwärts. Dort zweigt links ein Pfad ab – erkennbar sind natürliche Felsstufen, die durch eine Lücke im Steinschlagzaun führen. Dieser Sappensteig führt uns am steilen Südhang entlang hinauf in den oberen Abschnitt der Kehlsteinstraße, vorbei am namengebenden Kreuz, das den Tod eines dreijährigen Kindes vom Sappenlehen, das sich

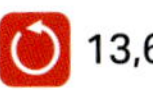 13,6 km 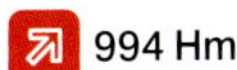 994 Hm 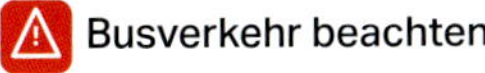 Busverkehr beachten!

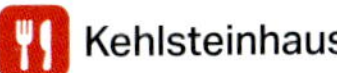 Kehlsteinhaus

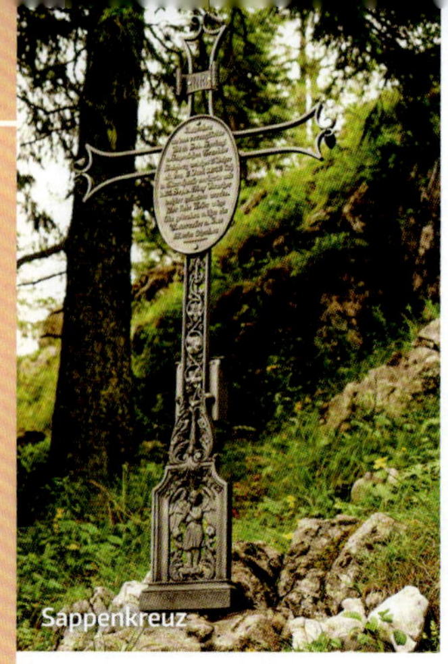
Sappenkreuz

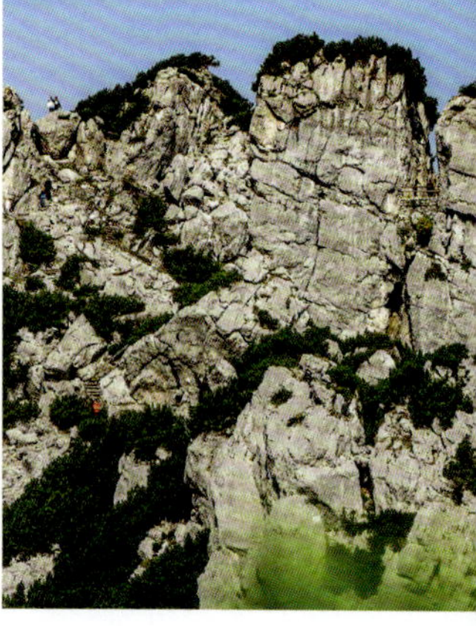
Rückblick vom Kehlsteinrundweg

1873 verirrt hatte und hier gefunden wurde, betrauert. Um auf die Straße zu gelangen, müssen wir eine kurze Stufe hinaufklettern.

Dann gehen wir nach links gut 500 Meter der Straße entlang und biegen dann rechts in den finalen Gipfelanstieg zum Kehlstein ab. Wer am Kehlsteinhaus und dem Gipfel vorbei geht, gelangt zunächst links unten zu einem Aussichtspunkt, einem ungewöhnlichen Ausguck zwischen zwei hohen Felswänden, der einen tollen Blick über den gesamten Mannlgrat hinweg zum Hohen Göll ermöglicht. Rechts geht es dann zum lohnenden Kehlsteinrundweg, der aufgrund seiner vielen Stufen, der Durchstiege zwischen Felsblöcken und Drahtseilversicherungen unerwartet alpin anmutet. Nach dem Wendepunkt verläuft der Rückweg zunächst an der Nordseite und dann im letzten Teil wieder auf dem gleichen Weg, den wir auch auf dem Hinweg genutzt haben.

Nach dem Abstieg zur Bus-Wendeplatte wählen wir bei einer Lücke im Geländer im vorderen Bereich der Wendeplatte (bei den drei Verbotsschildern) eine Treppe und halten uns dann gleich nach links abwärts. Anfangs kiesig und sehr steil, führt der Pfad durch einige Felsblöcke hindurch zum Grat des Kehlriedels, auf oder unter dem wir lange entlang gehen. Der Weg wendet sich dann nach links abwärts und erreicht über einige matschige Passagen und die kaum erkennbare ehemalige Untere Kehlalm eine Weggabelung der Salzwandstraße. Wir wählen die untere der drei kleinen Straßen (die oberen beiden bilden lediglich einen Wendekreis) und folgen

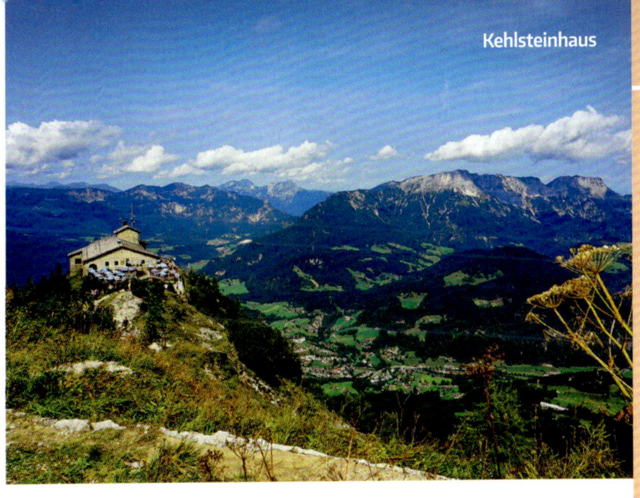
Kehlsteinhaus

dieser nach links etwa 1,5 Kilometer weit (Richtung Scharitzkehlalm). Zwischenzeitig kreuzen wir die Kehlstein-Fahrstraße und gelangen dann an eine Weggabelung, wo wir die zunächst nach oben (!) führende linke Straße nehmen. 1,5 Kilometer und zwei große Abwärtskehren weiter zweigt rechts ein ausgeschilderter Pfad Richtung Gasthaus Graflhöhe ab. Auf diesem schmalen Pfad verlieren wir schnell an Höhe. In einer markanten Rechtskurve, wo der Ligeret-Rundweg durch zwei Schilder ausgedeutet wird, gehen wir nicht nach rechts, sondern auf dem schmaleren Pfad geradeaus. Dieser schöne Steig führt uns eine Weile parallel zur Straße und mündet dann in diese. Jetzt müssen wir nur noch knapp 500 Meter die Straße entlang leicht aufwärts zum Parkplatz zurückgehen.

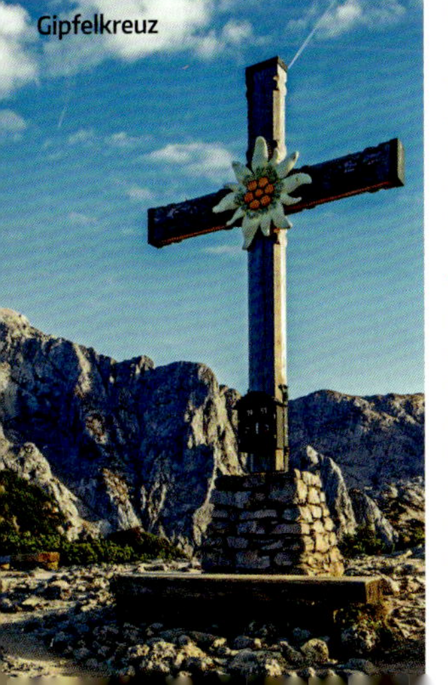
Gipfelkreuz

Wichtiger Hinweis

Diese Tour nur frühmorgens vor 8 Uhr oder im Hochsommer am Nachmittag gehen. Die benutzten kurzen Passagen auf der Kehlsteinstraße sind für Fußgänger und Radfahrer während der Busbetriebszeiten der Kehlsteinlinie gesperrt.

Brettgabel und Hohes Brett, 2.340 m

Anstieg über steile Almweiden und Pfade durch Felsrinnen, der mit einem Blick von einem vorgelagerten Felskopf über das weite Tal und unzählige Berchtesgadener Berge belohnt wird. Wunderschöne Querung durch eine weitgehend offene Landschaft hinüber zum Hohen Brett.

Parkplatz und Bushaltestelle Hinterbrand, Schönau am Königssee (1.125 m)

7 ½ Stunden: Zur Brettgabel 2 Std., zum Jägerkreuz unterhalb des Gipfels 1 ½ Std., Gipfelanstieg 30 Min., Abstieg über Jägerkreuz zum Stahlhaus 1 ½ Std., Abstieg vom Stahlhaus nach Hinterbrand 2 Std.

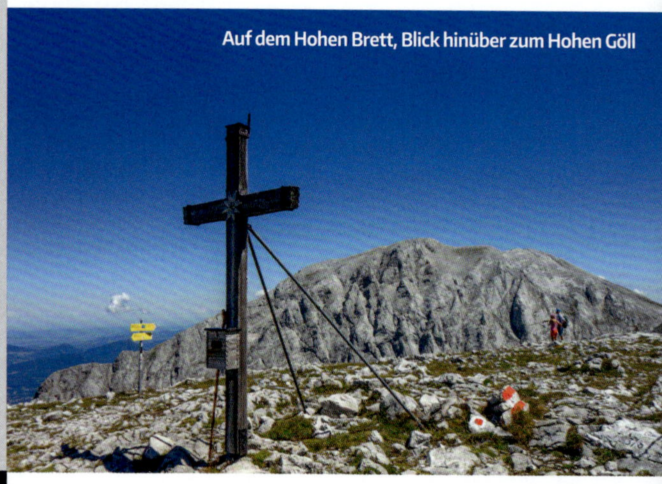
Auf dem Hohen Brett, Blick hinüber zum Hohen Göll

Unser Weg beginnt im nördlichen Bereich des Parkplatzes, wo schräg gegenüber der Bushaltestelle eine breite, auch für Radler befahrbare Forststraße Richtung Jenner Mittelstation führt. Nach zwei großen Kehren, knapp 100 m nach einer (fast immer offenen) Schranke biegt links ein breiter erdiger Pfad nach oben ab. Auf diesem gelangen wir nahezu in direkter Richtung durch den Wald zu einem Weidezaun, über den uns ein Überstieg hinweg hilft. Dann den (nicht sofort ins Auge springenden) Weg durch die Wiese nach oben wählen (nicht den Querpfad nach links und auch nicht den nach rechts nehmen!).

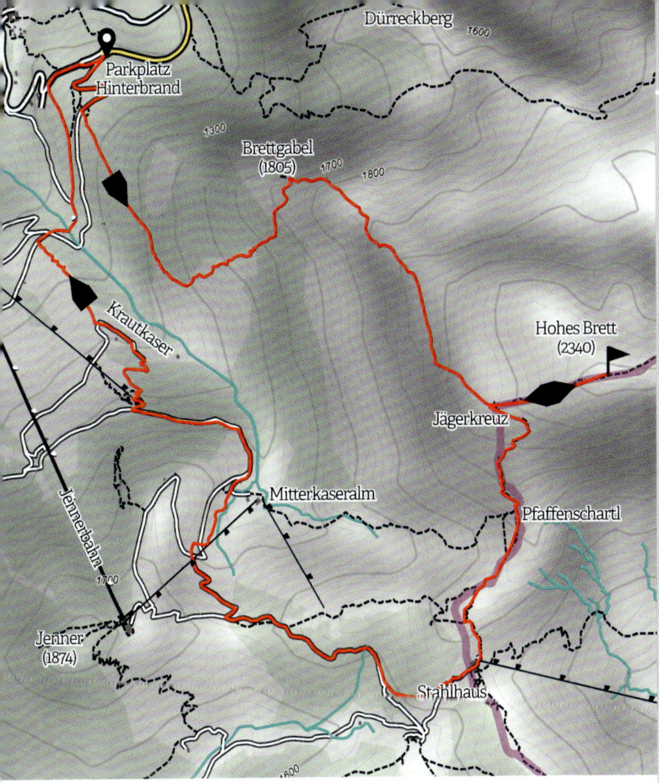

Sobald der richtige Weg gefunden ist, bleibt es einfach, ihn zu verfolgen. Er führt durch steile Almwiesen und einen Latschengürtel an den steinigen Untergrund heran und erreicht durch eine steile Rinne und ein paar Querungen zwischen Felsblöcken eine nach links herausragende Felsnase, die Brettgabel (1.805 m), mit ihrem kleinen Kreuz und einer netten Rastbank. Von dort geht es zunächst etwa zwei Minuten wieder zurück bergab. Dort, wo der Weg kurzzeitig eben ist, zweigt ein kleiner Pfad geradeaus Richtung Osten von unserem Aufstiegsweg ab. Obwohl erst et-

 10,2 km 1.235 Hm  Stahlhaus, Mitterkaseralm

 teilweise ausgesetzt und brüchig, wenige Kletterstellen (I)

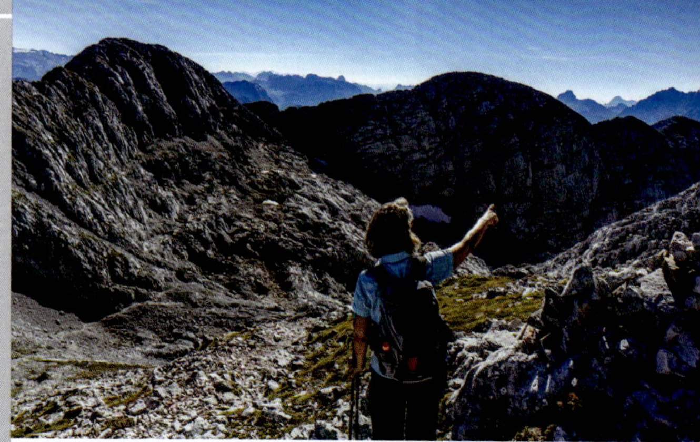
Blick zum Hohen Brett aus dem Alpeltal

was schwer zu entdecken, führt dieser dann eindeutig, erst durch die Latschen, dann über felsdurchsetzte Wiesen immer Richtung Osten, wo man das Hohe Brett zwar nicht sehen, aber vermuten kann. (Eine ohnehin kaum erkennbare Abzweigung nach links ignorieren!) Zunehmend helfen uns auch Steindauben.

Anfangs gewinnen wir schnell Höhe, dann verläuft der Weg längere Zeit auf etwa gleichbleibender Höhe an der rechten Flanke des Hohen Bretts entlang – rechts von uns immer den Jenner im Blick. Dann führt der Weg nach unten in einen Einschnitt, wo sich links ein tiefer Felsspalt auftut. Nach dem Einschnitt wenden wir uns nach rechts vorne und steigen steil den felsendurchsetzten Grashang hinauf und kommen auf eine abgeflachte Kante, die weithin sichtbar mit großen Steinhaufen gekennzeichnet ist. Diesen folgend, gelangen wir zum Jägerkreuz, einem kleinen Holzkreuz. Jetzt geht es nach links oben innerhalb einer halben Stunde auf den Gipfel des Hohen Bretts, dessen Name man hier leicht nachvollziehen kann.

Der Abstieg wendet sich dann ab dem Jägerkreuz nach links auf den gut markierten Weg.

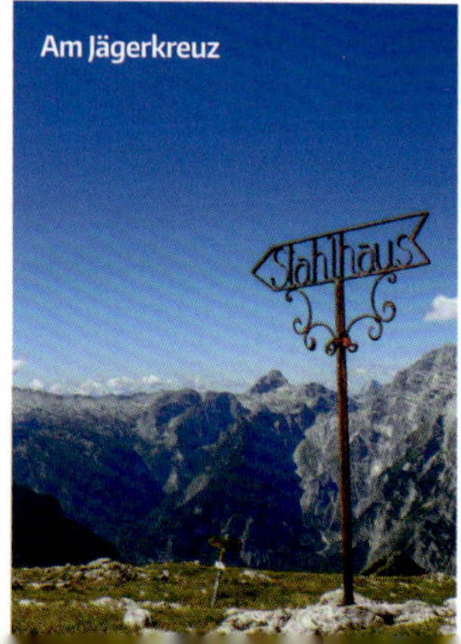

Am Jägerkreuz

Das Gelände wird felsig und steil, zwischendurch hilft sogar kurzzeitig ein Seil bei einer ausgesetzten Querung. Noch im steinigen Gelände passieren wir auf 1.900 Höhenmetern das Pfaffenschartl (ausgeschildert). Hier haben wir jetzt die Qual der Wahl: Der bezeichnete Weg führt uns wunderschön über den Wiesenrücken Richtung Pfaffenkegel und nach links absteigend zum Stahlhaus.

Unbezeichnet geht es beim Pfaffenschartl rechts hinab auf einem steilen Pfad durch ein malerisches, stilles Zwischental zur Mitterkaseralm. Dieser Weg ist deutlich kürzer und erspart den späteren Abstieg über die teilweise geteerte steile ehemalige Jenner-Skipiste zur Mitterkaseralm, allerdings entgeht uns bei dieser Wahl die Rast im Stahlhaus. Vom Stahlhaus aus geht es ausgeschildert Richtung Jenner durch Latschengassen auf ein Joch hinauf. Gegenüber geht es erst links, dann rechts steil über eine geteerte Trasse und in der Senke dann nochmal rechts zur Mitterkaseralm hinunter.

Der weitere Abstieg verläuft dann am linken Abhang entlang auf der ehemaligen Skipiste weiter und biegt dann oberhalb der deutlich sichtbaren Bergstation der Krautkaser-Bahn nach rechts unten ab. Etwas ungelenk führt dieser Weg an der Bergstation vorbei und nimmt dann weiter unten den ursprünglichen schöneren Weg wieder auf, der am rechten Rand des Krautkaser-Skihangs flott hinabführt. Der Forststraße, auf die man unten stößt, folgen wir nach rechts, kreuzen eine breitere Forststraße und nehmen den schmaleren Weg, der uns in leichtem Auf und Ab zum Parkplatz Hinterbrand zurückbringt.

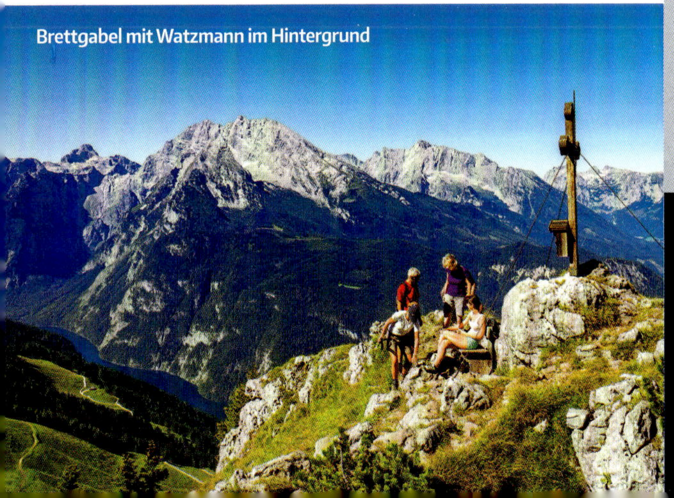

Brettgabel mit Watzmann im Hintergrund

Jenner, 1.874 m
über Lohmais und Königstal

Nirgends ist der Blick auf dem Königssee so herrlich, doch gleichzeitig ist auch kein Gipfel so derart bevölkert wie der mit einer Seilbahn erreichbare Jenner. Dennoch: Auch dorthin lassen sich kleine versteckte Pfade finden, so dass wir uns die meiste Zeit abseits der Touristenströme bewegen.

Parkplatz und Bushaltestelle Königssee (605 m)

9 Stunden: Zur Jenner-Mittelstation 2 ½ Std., Königsbergalm 1 ½ Std., Aufstieg auf den Jenner 1 ¼ Std., Querung zum Stahlhaus / Schneibsteinhaus 45 Min., Abstieg über Königstalalm und Hochbahn 3 Std.

Zunächst halten wir uns Richtung Jennerbahn, wenden uns also aufwärts. Wir gehen an der Jennerbahn-Talstation vorbei, folgen der Jennerbahnstraße, bis diese auf die Richard-Voß-Straße trifft, der wir nach rechts aufwärts folgen. Nach etwa 800 Metern weist an der rechten Straßenseite ein Schild Richtung Hinterbrand (über Stufenweg, steil). Auf diesem anfangs sehr steilen Weg legen wir die nächsten 400 Höhenmeter zurück, bis unser Weg nach Hinterbrand nach rechts abgeht. Nach einem Steilstück münden wir in den Weg ein, der vom Parkplatz Hinterbrand her führt, und gehen in die rechte Richtung weiter und ignorieren alle jetzt folgenden Abzweigungen. Wir gehen an der Jenner-Mittelstation, unter dem Dr.-Hugo-Beck-Haus und nach etwa einer halben Stunde

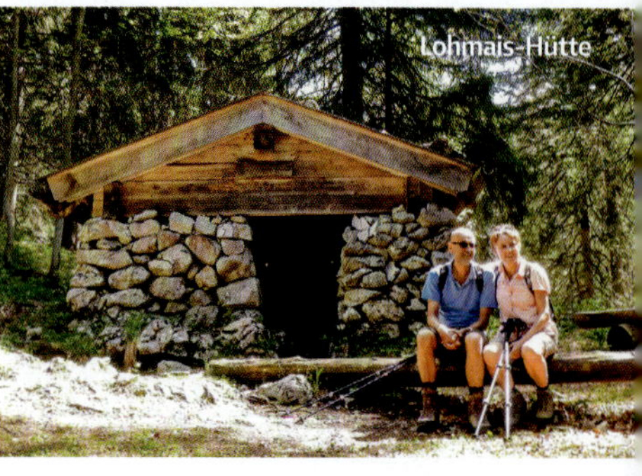
Lohmais-Hütte

an der rechts unten liegenden unscheinbaren Strubalm vorbei. Kurz darauf wird ein Gatter sichtbar, das die Almweide abtrennt. Noch davor, und zwar genau gegenüber einer metallenen Quellfassung, zieht sich ein kleiner Pfad leicht schräg hinauf zu einem Drehkreuz, welches wir ansteuern. Dieser Pfad bringt uns zur kleinen Lohmaishütte, wo wir den links oberhalb abzweigenden Pfad wählen. Dieser führt uns letztlich aus dem Wald heraus und eröffnet bei der Königsbergalm einen schönen Blick in den Kessel zwischen Jenner und Schneibstein-Ausläufern. Ein kleiner Pfad bringt uns nach links oben auf den offiziellen Weg Richtung Jenner-Bergstation. Obwohl wir dort – nach einer längeren Zeit der Abgeschiedenheit – auf sehr viele Spaziergänger treffen, gehört der Jenner-Gipfel (links nach oben) zum Programm, weil er einen wirklich einzigartigen Blick auf den Königssee ermöglicht.

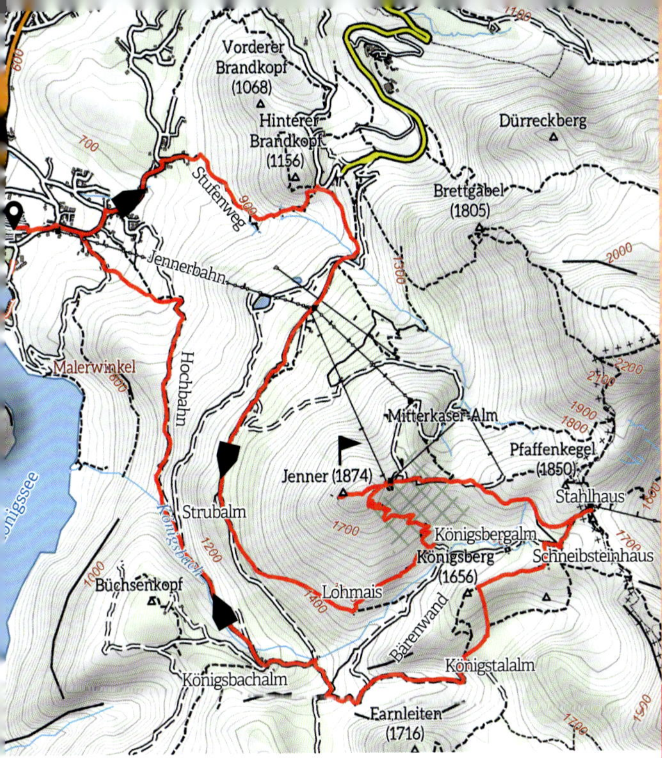

Nach dem Abstieg vom Gipfel halten wir uns links und gehen zwischen den Gebäuden hindurch Richtung Schneibstein.

 19,8 km 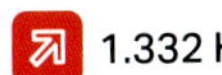 1.332 Hm  Variante, Abkürzer

Stahlhaus oder Schneibsteinhaus, evtl. Königstalalm, Königsbachalm

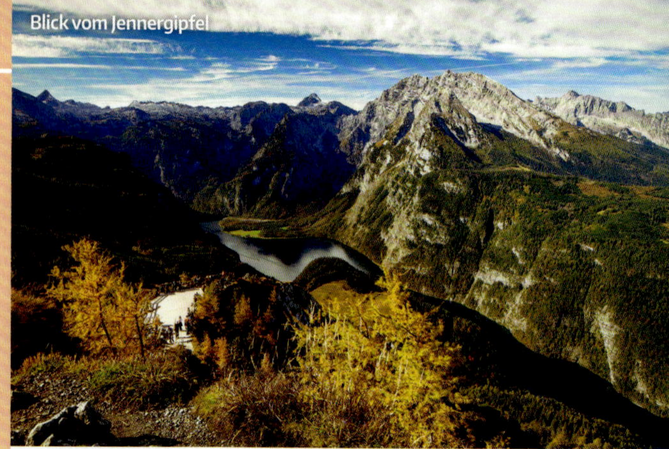
Blick vom Jennergipfel

Leider müssen wir nun ein kurzes Stück entlang der ehemaligen Skipiste gehen, wählen den rechten Zweig und versuchen die breite Piste durch kleine Pfade zu umgehen, die sich jeweils rechts hinter den Buckeln entlang ziehen. Nach ca. 20 Min. erreichen wir eine beschilderte Abzweigung, die uns Richtung der beiden Berggasthütten Stahlhaus und Schneibsteinhaus bringt, zwischen denen wir bei der nächsten Gabelung frei wählen dürfen.

Nach eventueller Einkehr setzen wir unsere Wanderung beim Schneibsteinhaus fort, wählen einen unscheinbaren Pfad von der südwestlichen Ecke der Terrasse, der uns auf einen Grasrücken hinaufführt. Ein deutlich erkennbarer Pfad zieht sich nun oben an dem Rücken entlang, der je nach Jahreszeit vor Erika oder Almrausch trotzt. Nach etwa 20 genussreichen Minuten wendet sich der Weg in Form von Trittspuren nach links unten in Richtung der Königstalalm, auf die wir hinabschauen. Wenn die Kühe auf der Alm sind, bietet sich auch die Königstalalm zur Einkehr an.

Ansonsten führt uns der Weg nicht unbedingt dorthin, sondern wir wählen rechts die Almstraße nach unten, erreichen nach einigen Kehren das imposante Tal zwischen Farnleitenwand (links) und Bärenwand (rechts). Bei der Weggabelung am Ende des Tals wählen wir den linken Weg, etwa zehn Minuten später den rechten abwärts führenden Zweig, der uns zur Kreuzung mit dem sogenannten „Steinernen Bankerl", einer in den Fels gehauenen Sitzgelegenheit, bringt. Jetzt nehmen wir den links nach abwärts führenden Weg, die Hochbahn, die an der bewirtschafteten Königsbachalm vorbei Richtung Königssee führt.

Eine Abkürzung bietet sich in einer auffälligen Linkskurve (auf 830 m Höhe) an, wo direkt hinter dem Pletzgrabenbach ein zeitweise etwas rutschiger Pfad (unbezeichnet) nach unten führt. Dort, wo wir auf einen von oben herabkommenden Wirtschaftsweg treffen, gehen wir auf diesem noch ein paar Meter rechts hinab, um kurz darauf einen nach links abzweigenden unbezeichneten Pfad zu wählen. Dieser führt uns zum Malerwinklrundweg, dem wir dann nach rechts folgen. Der Weg bringt uns zur Jennerbahnstraße, die dann abwärts zum Königssee-Parkplatz leitet.

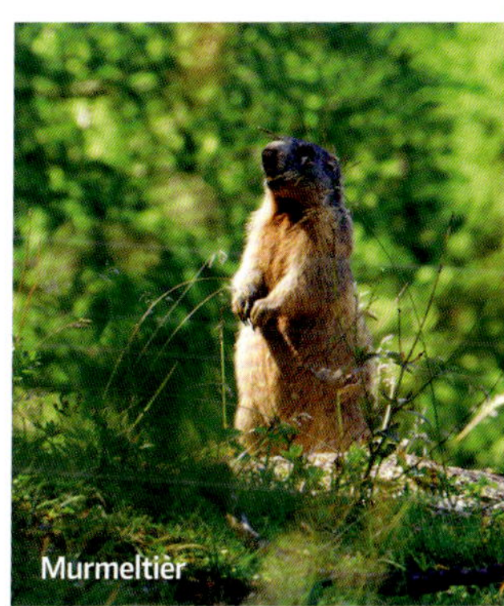
Murmeltier

Variante

Wer die Tour kürzer gestalten möchte, kann auch am Parkplatz Hinterbrand beginnen. Der Weg führt zur Jenner-Mittelstation und dann genauso weiter wie beschrieben. Beim Abstieg geht man beim „Steinernen Bankerl" oberhalb der Königsbachalm geradeaus über die kleine Brücke, zunächst 50 Meter ansteigend (in dieser Passage oft Murmeltiere auf der Wiese unterhalb zu entdecken!), dann eben bzw. leicht fallend nach Hinterbrand zurück. (Diese Variante spart mehr als drei Stunden Wegzeit.)

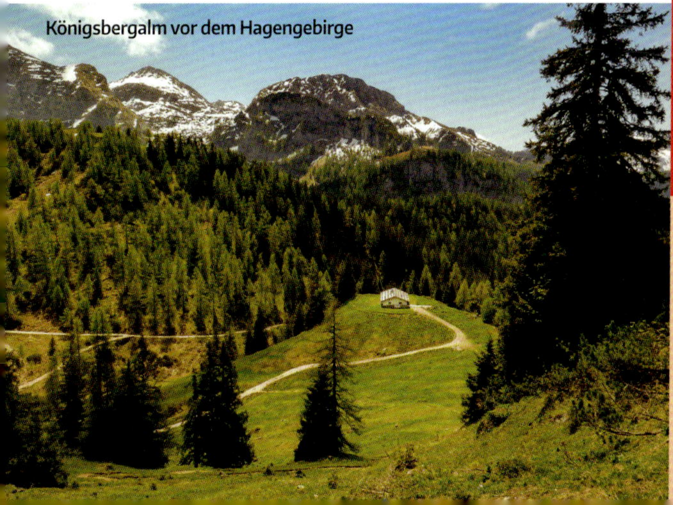

Königsbergalm vor dem Hagengebirge

Rotspielscheibe, 1.940 m

Stille Wege, eigenwillige Täler und ein grasiger Gipfel mit herrlicher Blumenpracht: Die Rotspielscheibe ist recht schnell und ohne schwierige Kletterei zu erreichen, zählt aber fraglos zu den besonderen Geheimtipps.

Parkplatz und Bushaltestelle Hinterbrand, Schönau am Königssee (1.125 m)

6 ½ Stunden: Zur Kreuzung oberhalb der Königsbachalm (Steinernes Bankerl) 1 Std., zur Königstalalm 1 Std., auf den Gipfel 1 ½ Std., Abstieg zur Priesbergalm 1 ¼ Std., zum Parkplatz Hinterbrand 1 ¾ Std.

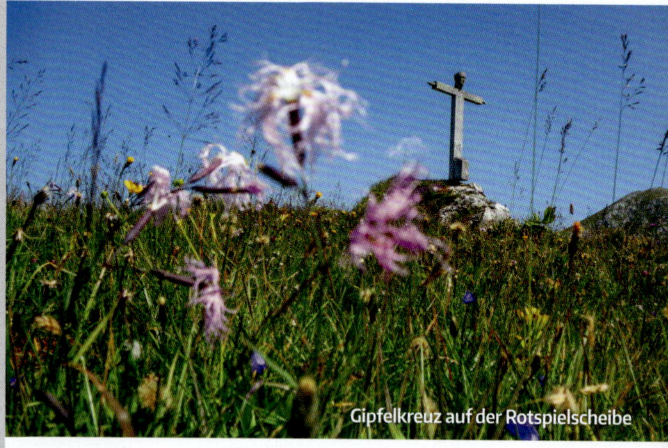

Gipfelkreuz auf der Rotspielscheibe

Vom Parkplatz wenden wir uns Richtung Jenner-Mittelstation und Königsbachalm. Wir kreuzen eine Fahrstraße und queren das Jenner-Skigebiet auf einem breiten Sandweg. Kurz darauf wird der Weg, der den schönen Namen Königsweg trägt, etwas schmaler, zieht sich unterhalb des Jenners nach Süden – mit vielen herrlichen Ausblicken Richtung Watzmann und Steinernes Meer – und fällt dann nochmal leicht. (Auf den Steinen ein Stück unterhalb des Wegs sieht man oft Murmeltiere!) Wir erreichen die Kreuzung oberhalb der Königsbachalm, die für die Einheimischen durch das „Steinerne Bankerl" (rechts) charakterisiert ist. Wir gehen nicht hinab zur Königsbachalm, sondern geradeaus steil hinauf und biegen oben (nach ca. 15

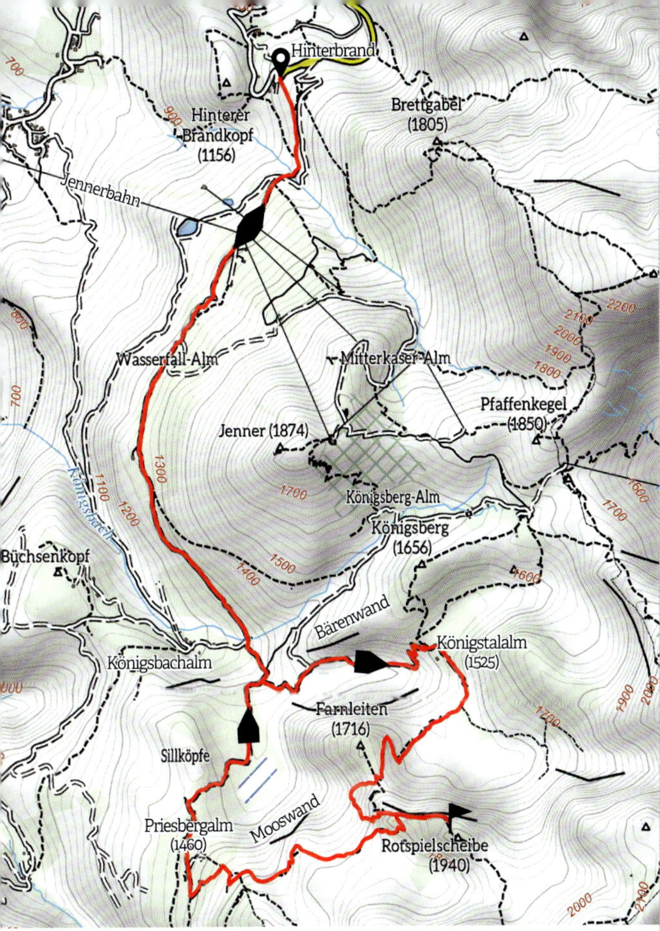

Minuten), wo es wieder etwas flacher wird, Richtung Stahlhaus und Schneibsteinhaus ab. Diesem Weg folgen wir etwa eine Viertelstunde, bis in einer deutlichen weiten Linkskurve ein kleiner Pfad rechts abzweigt (Ausschilderung „Königstalalm"

 16,2 km 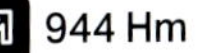 944 Hm

 keine Kletterstellen, aber ausgesetzt

zu Almweidezeiten Stockerkaser auf der Königstalalm, Priesbergalm, Dr. Hugo-Beck-Haus

mittels eines Holz-Wegweisers). Zwischen zwei hohen Felswänden (links die Bären- und rechts die Farnleitenwand) gehen wir zunächst fast eben durch das Tal und überwinden dann mittels einiger Kehren eine steile Stufe. Oben treten wir aus dem Wald heraus und gelangen in einen herrlichen Talkessel, folgen dann der Almstraße nach rechts hinauf und gehen zwischen den beiden Hütten der Königstalalm (1.525 m) hindurch – oder legen bei der rechten Hütte, dem Stockerkaser, eine Brotzeit ein.

Wiese, der Farnleiten oder Kuhscheibe, wo wir nach rechts zur höchsten Stelle kämen. Wir halten uns aber links auf die Felsen zu, die sehr steil und ungangbar wirken. Zu unserer Überraschung windet sich aber dort sehr elegant ein Weg über mehrere Bänder zwischen den Felsen hindurch, der zwar oft ausgesetzt an den Kanten verläuft, aber kein Klettergeschick erfordert. Der Weg bringt uns oben auf einen grasigen Buckel, von dem aus wir dann nochmal in eine Scharte absteigen müssen.

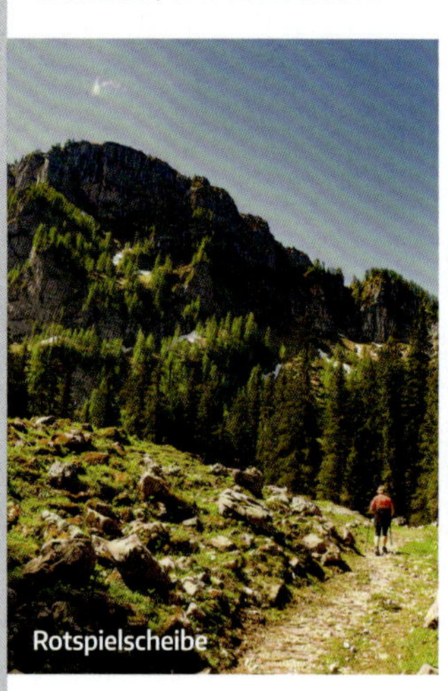

Rotspielscheibe

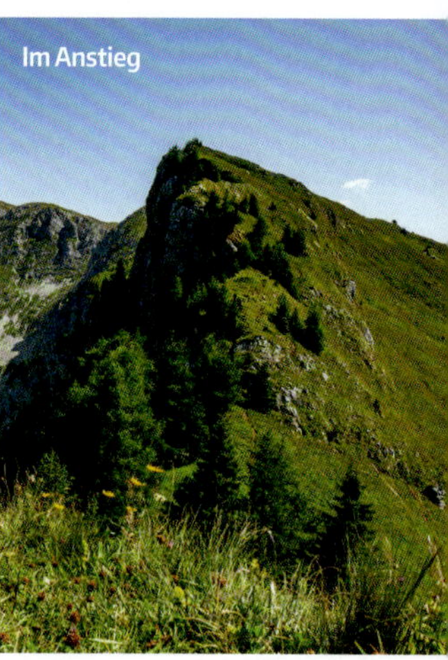

Im Anstieg

Nach den Hütten wird der Weg etwas erdiger und endet in einer Wiese. Dort entdecken wir rechts einen Trampelpfad, der kurz darauf als deutlicher Weg durch ein Waldstück auf eine weite ansteigende Wiese führt. In einem großen Bogen gelangen wir an die obere Kante der

Dort, wo wir nach dem Aufstieg aus der Scharte wieder in flacheres Gelände kommen, geht rechts ein kaum erkennbarer Steig ab. Diese Stelle müssen wir uns gut merken, da dort unser Abstieg erfolgt. Jetzt jedoch steigen wir geradeaus weiter hinauf und erreichen

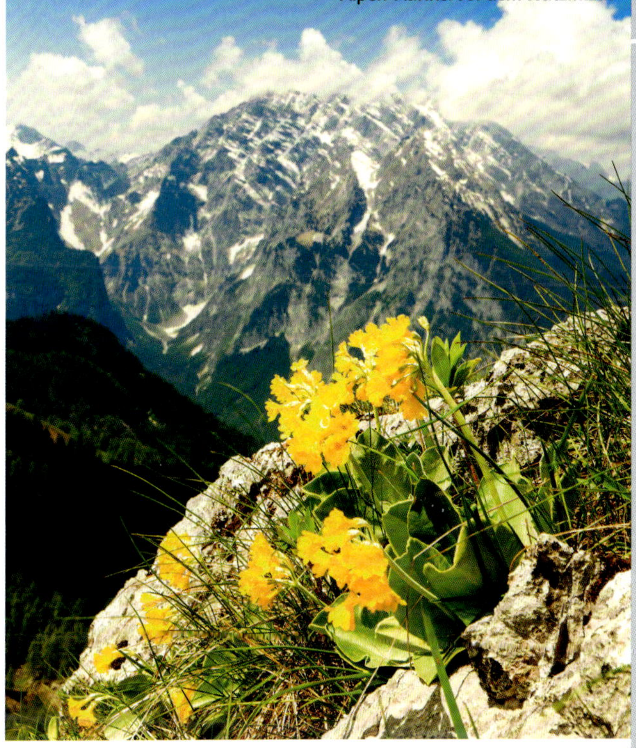
Alpen-Aurikel vor dem Watzmann

über grasige Pfade und eine etwas heikle Stufe das ungewöhnliche Gipfelkreuz auf dem mit vielfältiger Blütenpracht gesegneten grasigen Gipfelhang.

Abwärts geht es zunächst auf dem gleichen Weg zurück, vor der Scharte nehmen wir jetzt die anfangs schwer zu erkennenden Trittspuren hinab durch die Wiese, wo der Pfad bald eindeutiger wird. Unten passieren wir auf dem als Moossteig titulierten Pfad im leichten Auf und Ab einige Senken oberhalb der Mooswand, bis der Weg uns hinab führt in einen Karrenweg oberhalb der bereits sichtbaren Priesbergalm (1.460 m). Wir gehen nach rechts abwärts, nutzen die sich anbietenden Trittspuren und halten uns auf die rechten Hütten und den darunter verlaufenden breiten Weg zu. Auf diesem gehen wir rechts, beim Steinernen Bankerl halten wir uns geradeaus über die Brücke und gehen dann über den Königsweg wieder zurück nach Hinterbrand.

Fagstein, 2.164 m

Kein einfach zu findender Gipfel, doch die Einsamkeit, die Blumenpracht und die prägnante Lage inmitten des westlichen Hagengebirges entschädigen für die nicht gar so eindeutige Wegführung.

Parkplatz und Bushaltestelle Hinterbrand, Schönau am Königssee (1.125 m)

9 ½ Stunden: Zum Steinernen Bankerl oberhalb der Königsbachalm 1 ¼ Std., zur Priesbergalm 45 Min., Aufstieg auf den Fagstein 2 ½ Std., Abstieg zur Kleinen Reib´n oberhalb des Seeleinsees 1 Std., über den Stiergraben zur Priesbergalm 2 ¼ Std., Querung zum Parkplatz 1 ¾ Std.

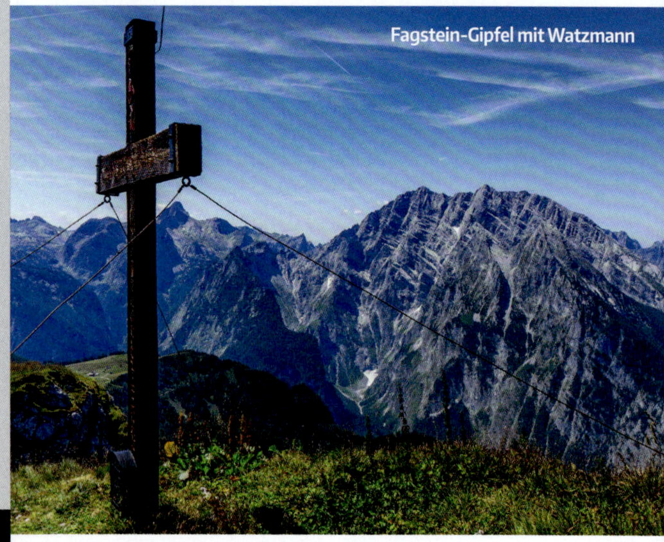
Fagstein-Gipfel mit Watzmann

Wir halten uns Richtung Jenner-Mittelstation und Priesbergalm und gehen auf dem Königsweg, der mit tollen Blicken hinüber zu Watzmann und hinein ins Steinerne Meer gleich in der Früh das Herz erfreut, unterhalb der Hänge des Jenners entlang. Wenn der Weg kurzzeitig wieder etwas abwärts Richtung Königsbachalm führt, lohnt es sich, nach Murmeltieren auf den großen Steinen unterhalb Ausschau zu halten. Beim sogenannten Steinernen Bankerl (oberhalb der Königsbachalm) geht es dann geradeaus steil aufwärts Richtung Priesbergalm. Dort halten wir uns, noch bevor rechts die erste Almhütte auftaucht, unbeschildert nach links auf der Almstraße in Richtung der oben liegenden Almkaser und nehmen bei der Gabelung den linken Zweig. Rechts vorbei an der letzten Hütte steuern wir

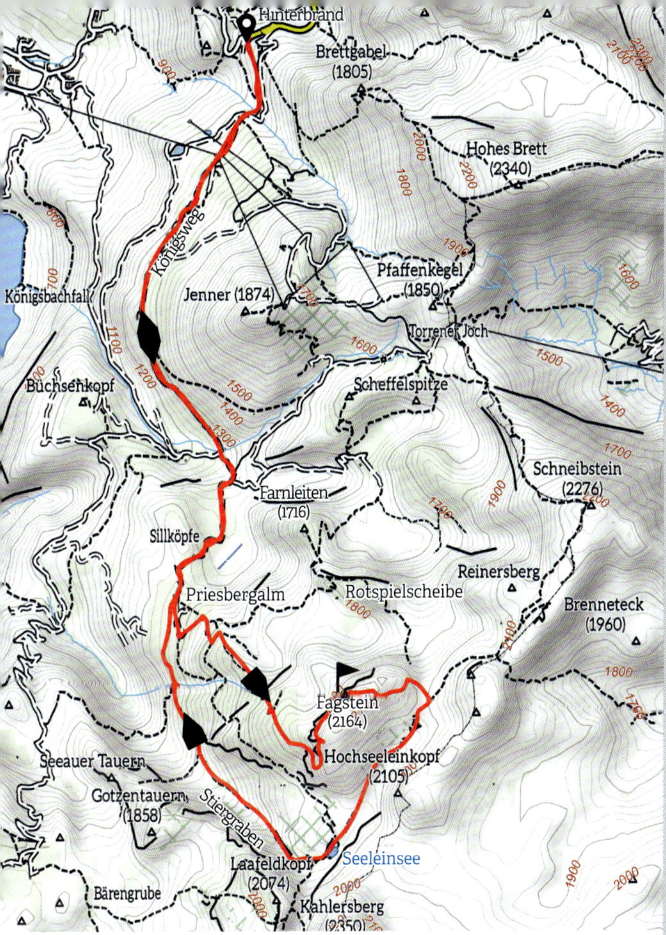

 18,9 km 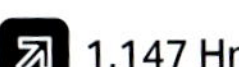 1.147 Hm  Priesbergalm  Variante

 keine Kletterstellen, aber anspruchsvoll, den Weg zu finden

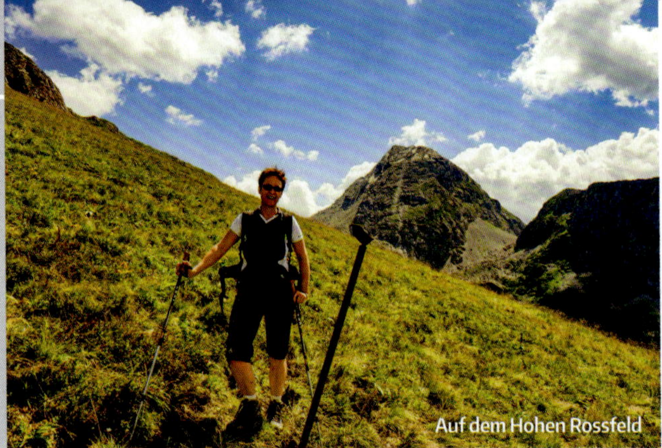
Auf dem Hohen Rossfeld

die oberhalb liegende, eingezäunte Quellfassung an, wo der Weg dann etwas eindeutiger erst nach oben und dann nach rechts zwischen den Bäumen hinüber zieht. Von diesem oftmals etwas schlammigen Pfad, der quasi auf einer Rampe verläuft, zweigen zwei Wege nach links ab.

Wir nehmen den zweiten, leider oft recht matschigen Weg und erreichen bald das untere Hohe Rossfeld. An dessen linker, also nördlicher Kante, verläuft ein eindeutiger Weg, der uns zwischen ein paar Bäumen hindurch zum oberen Hohen Rossfeld bringt. Hier zweigen wir nicht (!) in den eindeutigeren Weg nach links (Richtung Geländekante) ab, sondern halten uns schräg nach rechts aufwärts, bis wir auf einen Pfad treffen, der quer über die Wiese verläuft. Schließlich queren wir einen letzten steilen Hang und gelangen zwischen zwei Felsblöcken hindurch auf die gegenüberliegende Geländekante des Fagsteins. An dieser Kante entlang zieht sich unser Weg immer weiter nach oben, knickt dann nach rechts ab und führt das letzte Stück oberhalb des Nordwestabsturzes entlang zum Gipfelkreuz.

Für den Abstieg wählen wir den Weg in die östliche Richtung und gehen entlang und dann etwas unterhalb der Gipfelkante. Der Weg verliert sich zusehends. Doch führen uns Steindauben in die südöstliche Richtung bergab und wir steuern auf den von weithin sichtbaren bezeichneten Weg der Kleinen Reib'n zu.

Rechts geht es dann oberhalb des malerischen Seeleinsees entlang und anschließend durch den Stiergraben Richtung Priesbergalm. Letztlich bringt uns ein schöner ebener Weg, vorbei an ungewöhnlich prächtigen Blumenwiesen, zur Priesbergalm. Danach geht es wieder abwärts. Beim Steinernen Bankerl halten wir uns geradeaus über die Brücke und gehen dann über den Königsweg wieder zurück nach Hinterbrand.

Variante

Abstieg über das sogenannte Reinersbergbrückerl: Bevor man im Abstieg vom Fagstein auf den Weg der Kleinen Reib'n trifft, halten wir uns links. Punkte und Steindauben helfen uns dann, unterhalb des Fagstein-Osthangs entlang und rechts oberhalb einer Senke zwischen Fagstein und Rotspielscheibe zu queren. Der Weg durch die Karrenfelder ist etwas mühsam zu finden, aber Steindauben helfen. Der Steig führt in einem Bogen nach links und dann letztlich an die rechte Wand, die Königstalwand, heran. Dort eröffnet sich ein Abstieg Richtung Königstalalm. Dieser führt steil hinab und dann auf der gegenüberliegenden Seite Richtung Almboden. Dort, wo der Weg sich verliert, gehen wir diagonal über die Wiese, genau mittig zwischen den mit größeren Steinen gespickten Weideflächen hindurch. Wir treffen auf einen breiteren Viehweg der Königstalalm, gehen an dieser vorbei und schließlich auf der Almstraße über einige Kehren hinab in einen landschaftlich beeindruckenden Talboden zwischen Farnleitenwand und Bärenwand.

Am Ende des Tals halten wir uns halblinks Richtung Königsbachalm und stoßen dann auf den Weg, der von der Priesbergalm herunterführt. Dort gehen wir rechts und dann beim Steinernen Bankerl geradeaus.

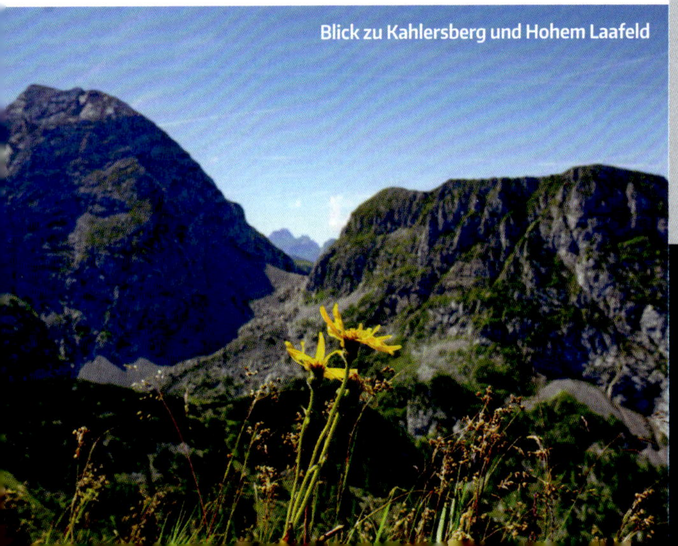

Blick zu Kahlersberg und Hohem Laafeld

Archenkanzel & Mooslahner, 1.815 m

Herrliche Tiefblicke auf den Königssee im schön angelegten, teilweise etwas ausgesetzten Rinnkendlsteig und ein herrlicher Almkessel mit Watzmannblick gestalten die Tour sehr abwechslungsreich. Der Mooslahner ist quasi der Zusatztreffer, aber nur im Sommer empfehlenswert, da der Anstieg im Herbst nicht mehr abtrocknet.

Parkplatz und Bushaltestelle Königssee, Fahrt mit der Königssee-Schifffahrt nach St. Bartholomä (603 m)

8 ¾ Stunden: Zur Archenkanzel 3 ½ Std., zur Kührointalm 20 Min., Aufstieg auf den Mooslahner 1 ½ Std., Abstieg nach Kühroint 1 Std., Abstieg zum Königssee 2 ½ Std.

Wir nehmen möglichst eins der ersten Boote nach St. Bartholomä und genießen die Stille des Sees und das Trompetenecho der Bootsführer. Auf St. Bartholomä gehen wir an der Kirche vorbei und gelangen an den Uferweg. Nach etwa 15 Minuten zweigt der St. Bartholomä-Rundweg ab, wir halten uns aber weiter rechts am Ufer entlang. Der Rinnkendlsteig führt uns dann in vielen Kehren etwa 300 Höhenmeter überwiegend im Wald hinauf und geht dann deutlich ausgesetzter an den Flanken der steilen Bergwände entlang und durch zwei markante Gräben zu einer Kreuzung kurz vor der Archenkanzel. Diese Aussichtsplattform ist nur noch fünf Minuten entfernt, bietet

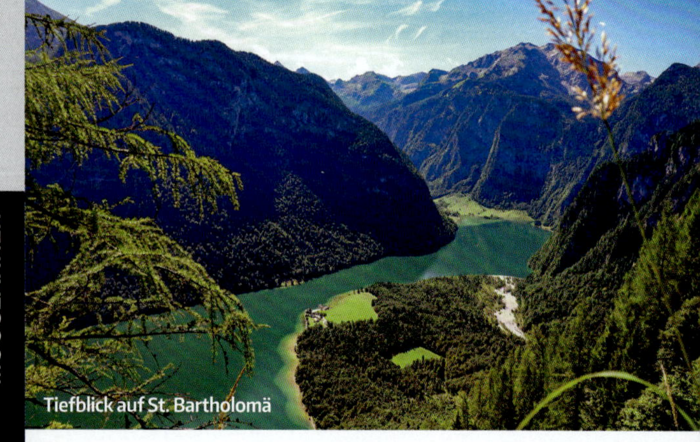
Tiefblick auf St. Bartholomä

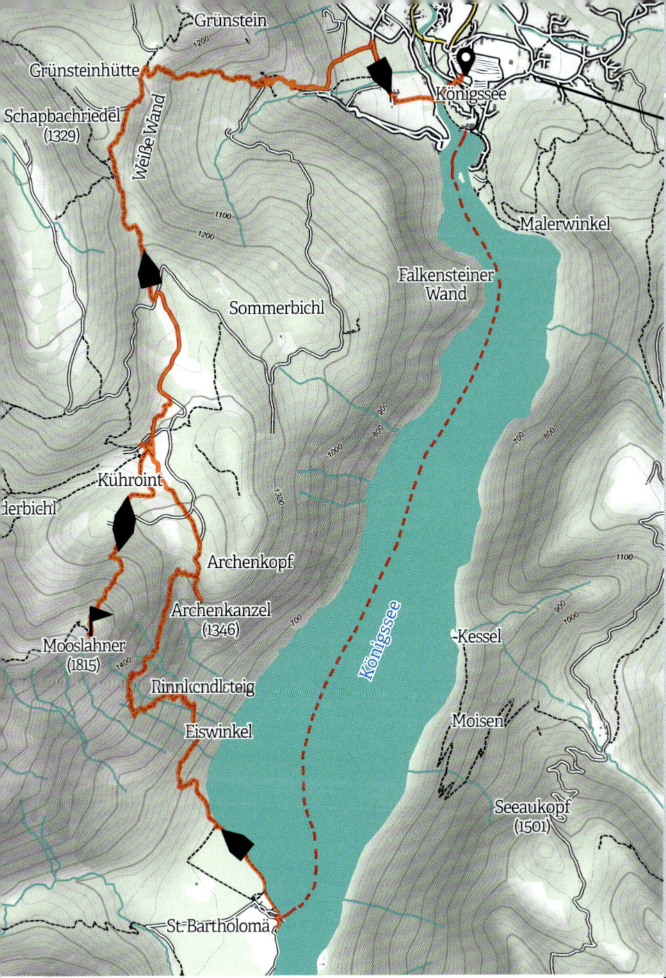

aber nach den grandiosen Ausblicken, die wir im Aufstieg genossen haben, nicht mehr viel Neues. Nach dem Abstecher zur Archenkanzel wenden wir uns in die entgegengesetzte Richtung auf die Kührointalm zu, queren zwei Forststraßen und stärken

 14,4 km  1.199 Hm  Kührointalm, Grünsteinhütte

 keine Kletterstellen, Mooslahner allerdings im Herbst rutschig

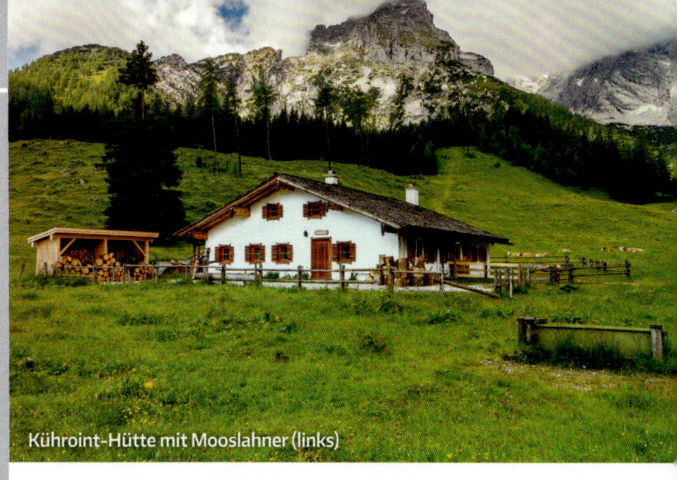
Kühroint-Hütte mit Mooslahner (links)

uns auf der Alm-Gaststätte für unseren finalen Aufstieg. Um den Weg zum Mooslahner zu finden, gehen wir zunächst zur Kapelle, wenden uns dann nach links (Richtung Süden) und steuern auf die linke der beiden großen Fichten zu. Die malerische Kührointhütte, eine Selbstversorgerhütte der hiesigen Alpenvereinssektion, bleibt rechts von uns. Bald ist der Pfad besser auszumachen, er führt rechts an der linken Fichte vorbei und bleibt durch den unterstützten Überstieg des Zaunes eindeutig. Kurz darauf verlassen wir die Almwiesen durch ein Drehkreuz.

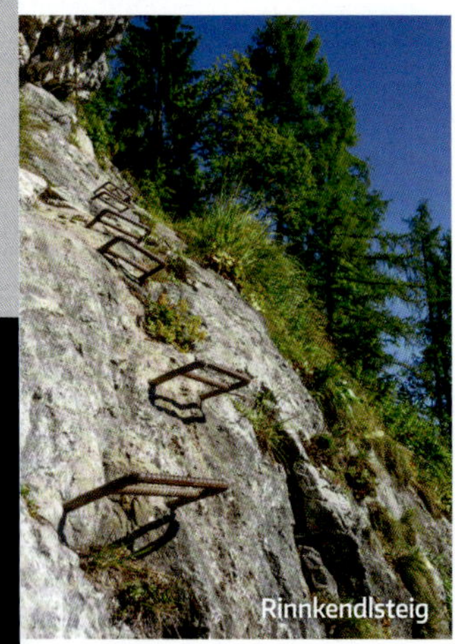
Rinnkendlsteig

Unser Pfad kreuzt nach etwa 15 Minuten eine Forststraße und zieht sich dann mehr oder weniger directissima Richtung Mooslahner-Gipfel. Vor allem im unteren Bereich ist der Weg oft sehr rutschig, speziell im Herbst, wenn keine Sonne mehr in diesen nordseitigen Anstieg hinein scheint. Der Gipfel mit seinem netten kleinen Kreuz, der ungewöhnlichen Glocke und den faszinierenden Ausblicken zum Königssee, Richtung Steinernes Meer und der Watzmann-Frau entschädigt für den anstrengenden Anstieg. Auf dem gleichen Weg geht es zurück zur Kührointalm, dann nehmen wir die Forst-

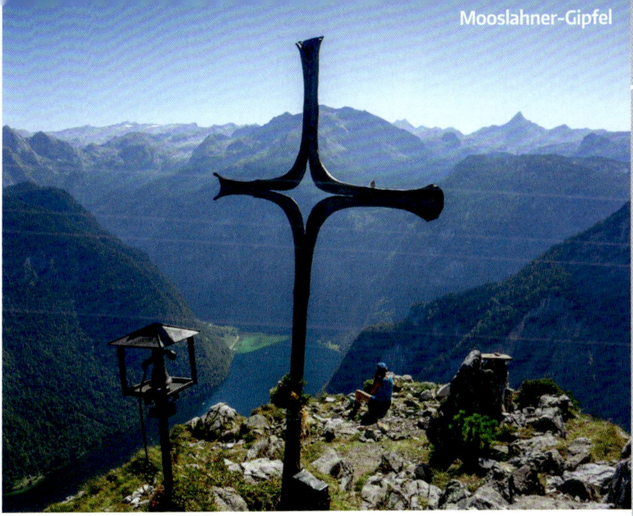

Mooslahner-Gipfel

straße nach rechts abwärts und folgen dieser etwa 20 Minuten lang (Ausschilderung Grünsteinhütte / Grünstein). In einer deutlichen Linkskurve zweigt rechts der bezeichnete Weg Richtung Grünsteinhütte ab, ein schöner Pfad über viele Baumwurzeln, der uns oberhalb der Weißen Wand zu unserem Abstiegsweg führt.

Wer keine weitere Rast in der Grünsteinhütte in Erwägung zieht, biegt kurz davor rechts Richtung Königssee ab und verliert gut 300 Höhenmeter auf einem steilen Stufenweg. Dieser mündet in eine Sandstraße ein – wir halten uns nach links abwärts und folgen dieser Sandstraße, gehen oberhalb der Kunsteis-Rodelbahn entlang und zweigen dann entsprechend der Ausschilderung nach Königssee zweimal nach

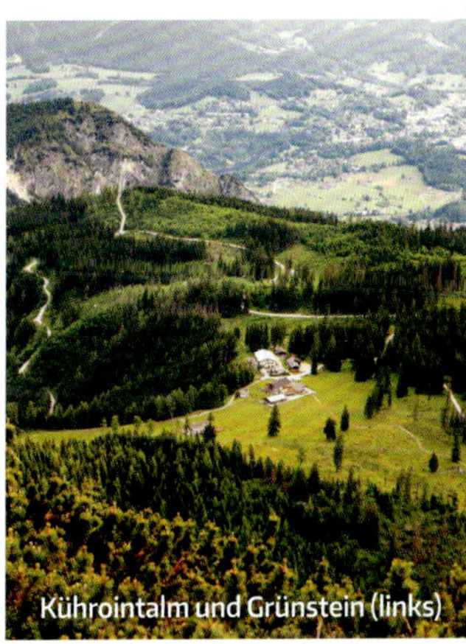
Kührointalm und Grünstein (links)

rechts ab. So gelangen wir zu einem Pfad durch Wiesen, der uns genau zum Wehr, der Abflusssperre des Königssees, führt. Dort überqueren wir den See-Abfluss, halten uns dann links entlang der Königsseer Ache und gelangen auf diesem Weg zum Parkplatz zurück.

Vorderberghörnl, 2.083 m

Ein Anstieg, wie er schöner nicht sein könnte: Schmale Pfade durch lichten Wald, ein Kar voller umwachsener Felsbrocken und ein Wiesenanstieg bis fast zum Gipfel. Der Abstieg verlangt viel Pfadfinder-Geist, so dass unter Umständen die Rückkehr auf dem gleichen Weg ratsam sein könnte.

Parkplatz und Bushaltestelle Hirschbichlstraße, dann Weiterfahrt mit dem Almerlebnisbus bis zur Haltestelle Bindalm (1.056 m)

7 ½ Stunden: Über die Bindalm zur Mittereisalm 1 ¼ Std., zur Hocheisalm-Jagdhütte 45 Min., über die Totenlöcher zum Gipfel 1 ¾ Std., Abstieg zum Forstbegangsteig 1 ½ Std., Forstbegangsteig bis Mittereisalm 1 ½ Std., Abstieg zur Bushaltestelle Bindalm 45 Min.

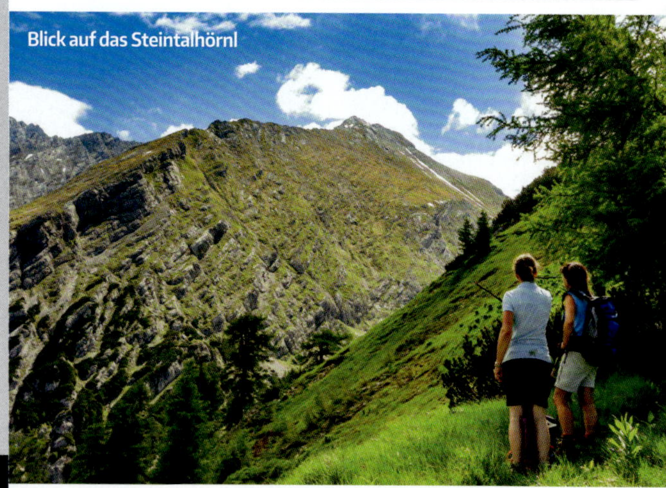

Blick auf das Steintalhörnl

Wir nehmen für diese lange Tour unbedingt den frühesten Almerlebnisbus und halten auch bei den Entscheidungen für den Abstieg die Abfahrtszeit des letzten Buses im Auge, damit wir nicht am Ende den zweistündigen Weg vom hinteren Ende des Klausbachtals zurück zum Parkplatz auf uns nehmen müssen. Von der Bushaltestelle geht es auf dem Sandweg zur Bindalm, unterhalb der Hütten hindurch und dann nach links steil den sandigen Almweg aufwärts Richtung Mittereisalm. Dort lässt sich unsere nicht ausgeschilderte, aber eindeutige Abzweigung leicht finden: Bei zwei gelben Wegweisern, die nur nach vorne oder zurück zeigen, entdecken wir (quasi in der Senkrechten) einen (nicht ausgeschilderten!) Pfad, der uns nach oben Richtung Hocheisalm führt. Dieser schöne Wald- und Wiesenpfad bringt uns zu einer romantischen kleinen Jagdhütte (1.576 m), einem idealen Platz für eine erste Rast. Wir gehen ganz nah an der rechten (östlichen) Hüttenseite entlang und treffen so auf einen hinter der Hütte ansetzenden Pfad, der uns zunächst durch den Wald aufwärts und dann an eine Kante – mit herrlicher Aussicht zu den gegenüberliegenden Gipfeln der Reiteralm – heranführt.

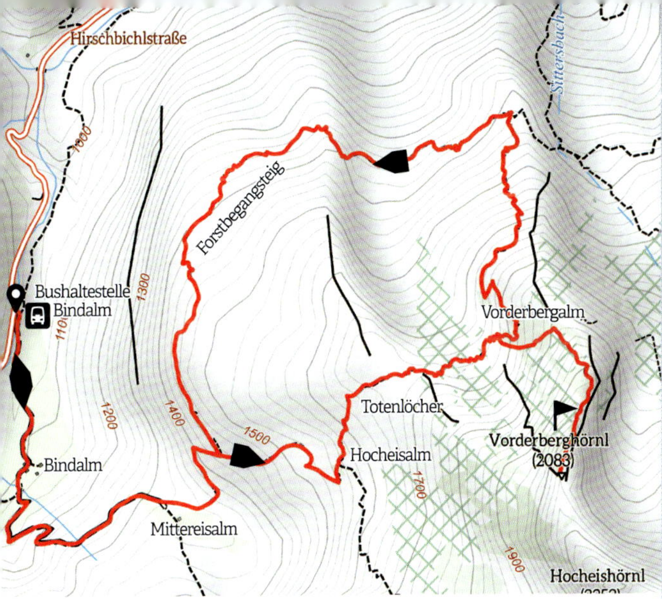

Dort steigen wir hinab in ein weites Kar mit vielen Felsbrocken, den sogenannten Totenlöchern, verlieren dabei aber nur etwa 30 Höhenmeter. Auf einem gut zu findenden Weg durchqueren wir dieses Kar und steigen gegenüber auf einem steilen Wiesenpfad aufwärts. Dort, wo der Pfad

 12,7 km 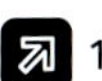 1.169 Hm  Variante

Bindalm, Gasthof Auzinger (Hirschbichlstraße)

 keine Kletterstellen, aber schwer zu findende Wege

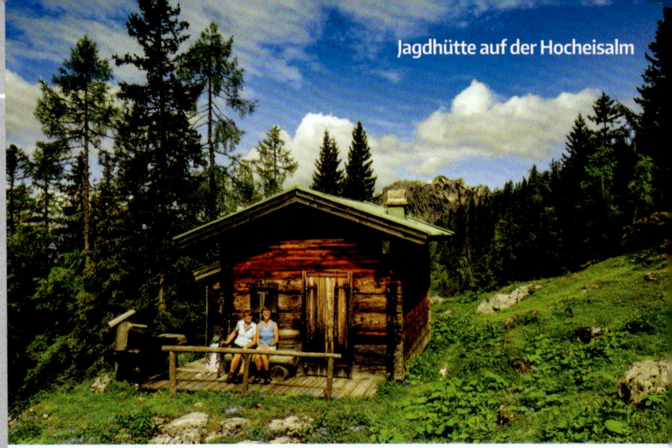

Jagdhütte auf der Hocheisalm

– nach Durchqueren des gesamten Geländes der ehemaligen Vorderbergalm – die Kante erreicht, die den gigantischen Blick ins Sittersbachtal und hinüber zu der Bergkette Steintalhörnl, Ofentalhörnl und Hochkalter eröffnet, wenden wir uns nach rechts. Wir durchqueren zunächst Wiesenhänge, dann aber auch erdige Latschengassen und felsdurchsetztes Gelände und erreichen so den Gipfel.

Der Abstieg geht zunächst wieder zurück an die Kante, wo wir erstmals zum Hochkalter blicken konnten. Dort gilt es, eine wohl überlegte Entscheidung zu treffen. Wer auf Nummer Sicher gehen will, geht am besten den gleichen Weg zurück. Nur wer nicht alleine unterwegs ist und sich zutraut, auch kniffflige und schlecht ausgedeutete Wegführungen zu entdecken, kann an dieser Stelle geradeaus weiter absteigen und einen schwach erkennbaren Pfad zwischen dem Waldrand (rechts von uns) und den Blaubeerstauden (links) schräg nach unten wählen.

Durch die ehemalige Almwiese gelangen wir hinab in den Wald. Ein roter Punkt an einer alten Lärche am unteren Rand der Wiese zeigt uns, dass wir richtig liegen. Der Weg durch den Wald ist mit etwas Suchen und Ausweichen wegen umgefallener Bäume verbunden, was durch spärliche Steindauben erleichtert wird. Nachdem wir uns etwa 300 Höhenmeter hinuntergearbeitet haben, treffen wir bei 1.420 Höhenmetern auf einen Sattel: Hier kann man blasse Punkte einem liegenden durchschnitten Baumstamm entdecken. Wir haben den Forstbegangsteig erreicht, der in früheren Jahrhunderten von Holzarbeitern angelegt wurde und zur Kontrolle des Waldgebietes vom Forst aufrechterhalten wird. Dieser Forstbegangsteig zieht sich von der Fahrstraße für die Blaueishütte-Materialseilbahn bis zur Mittereisalm im Auf und Ab am Hang entlang, ist aber nicht eindeutig markiert.

Wir wenden uns nach links und suchen den schmalen Pfad, der teilweise durch Windbruch-Stellen versteckt ist, sich aber teilweise auch sehr bequem über Holzstege am Hang entlang zieht. Anfangs geht's mehr abwärts, dann fast eine halbe Stunde nahezu eben, dann aber vor mehreren Felswänden nochmal schweißtreibend aufwärts, um dann nach einem ebenen Stück wieder in den Pfad zu münden, der die Mittereisalm mit der Hocheisalm verbindet. Hier gehen wir jetzt abwärts, erreichen nach zwei deutlichen Kehren die Mittereisalm und gehen den Almweg hinab, an der Bindalm vorbei oder dort einkehrend, zur Bushaltestelle Bindalm hinunter.

Variante

Dort, wo wir auf den Forstbegangsteig (Sattel auf 1.420 m) treffen, kann man auch nach rechts absteigen. Dies hat den Vorteil, dass wir nicht auf den letzten Almerlebnisbus angewiesen wären, sondern zum Hintersee gelangen, hat aber auch zwei Nachteile: Die Wege sind oft sehr rutschig, da das Gelände schlecht abtrocknet, und das erste Stück ist steil und man muss eine Steilstufe mittels Leitern und Drahtseilversicherungen überwinden.

Wen das nicht abschreckt, der wende sich beim Erreichen des Forstbegangsteigs nach rechts. Nachdem wir die 80 m hohe Steilstufe abgestiegen sind, treffen wir auf die sogenannte Sittersbachstrub. Der Forstbegangsteig ginge hier mittels einer Holzbrücke über den Sittersbach weiter, wir aber wenden uns nach links abwärts und folgen dem steilen, oft matschigen Pfad durch die Waldwiese hinab.

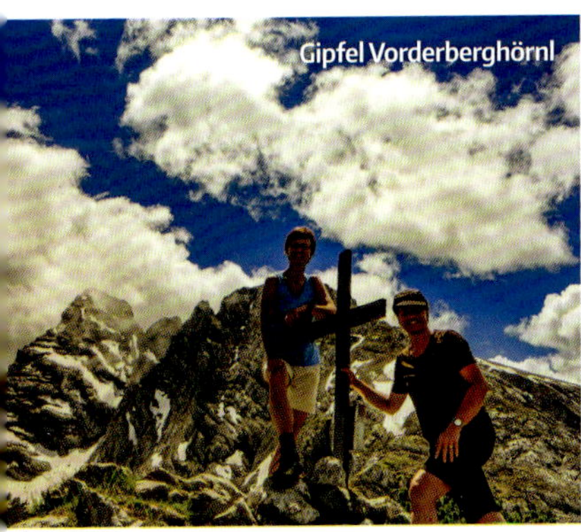
Gipfel Vorderberghörnl

Der Weg bleibt auf der (von oben aus gesehenen) linken Seite des Bachgrabens, trifft bei 980 Höhenmetern auf einen breiteren Forstweg, den wir nach rechts abwärts nehmen. Dieser führt uns zum offiziellen Abstieg aus dem Ofental, dem wir dann Richtung Parkplatz folgen können.

Sulzenstein im Hirschbichlkamm, 1.694 m

Einsamer Gipfel und wildromantische Pfade – der Sulzenstein verlangt zwar einiges an Aufmerksamkeit, einerseits um den Einstieg zu finden und andererseits bei den teils ausgesetzten letzten 200 Höhenmetern, ist aber die Anstrengung allemal wert.

Parkplatz und Bushaltestelle Hirschbichlstraße, ab dort mit dem Almerlebnisbus zur Haltestelle Bindalm (1.056 m)

4 ¾ Stunden: Von der Bushaltestelle Bindalm zum Hirschbichlkamm 1 ¾ Std., auf den Sulzenstein 45 Min., Abstieg zur Hufnagelkreuzung 1 ¼ Std., über Hirschbichl und Bindalm zur Bushaltestelle 1 Std.

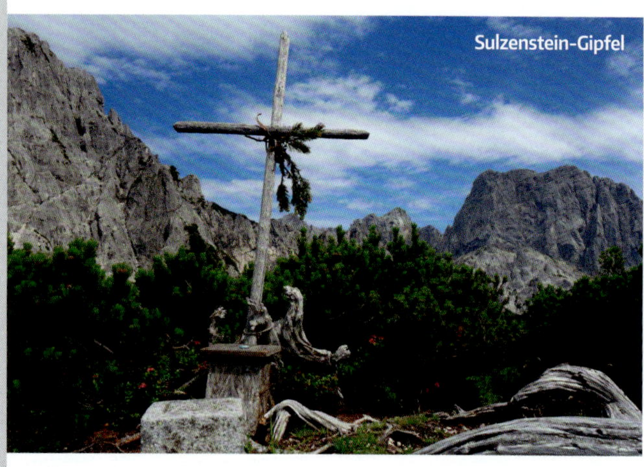
Sulzenstein-Gipfel

Von der Bushaltestelle Bindalm gehen wir zunächst gut fünf Minuten auf der Straße zurück in Richtung Hintersee, überqueren ein Viehrost und biegen – kurz nach dem Warnschild mit dem Bus-Symbol – auf der gegenüberliegenden (linken) Seite in einen Karrenweg ein. Dieser endet in einer Wiese, oben erblicken wir Mess- und Sendestationen. Wir gehen nach schräg links auf den oberen Rand der Wiese zu und an diesem entlang, bis wir einen Pfad erspähen, der rechts nach oben in den Wald führt und kurz darauf einen Zaun mittels eines Überstiegs überwindet. Ab diesem Moment ist es einfach, den Weg zu halten, weil er sich eindeutig, zunächst teilweise recht steil, aufwärts hangelt und dann am Hirschbichlkamm entlang, der die Grenze zwischen Ös-

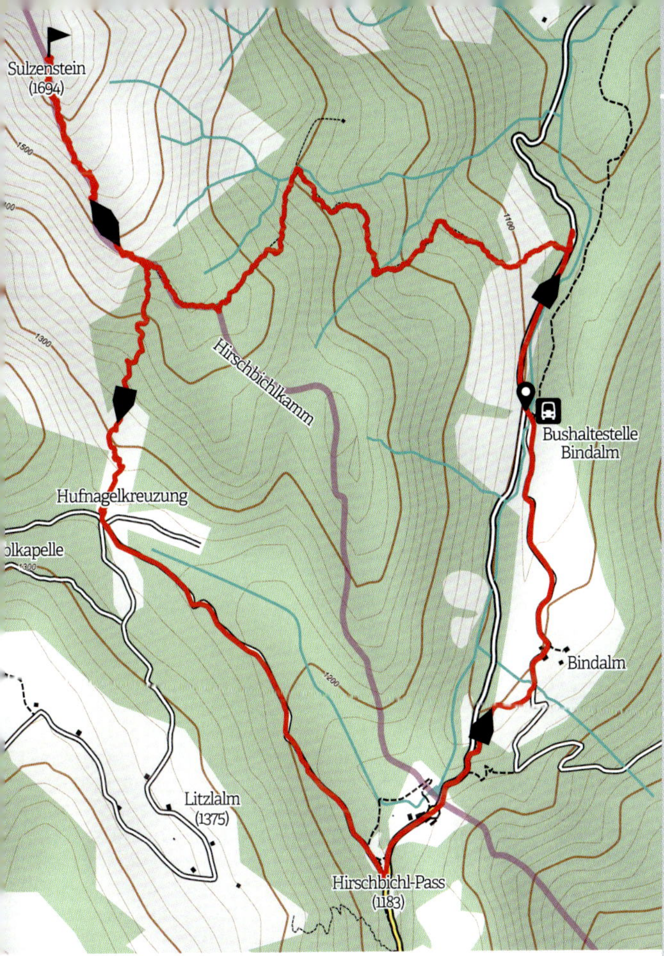

 7,3 km 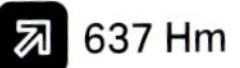 637 Hm

Litzlalm (lohnender Abstecher), Ghs. Hirschbichl, Bindalm

 kurze Kletterstellen (I) kurz vor dem Gipfel

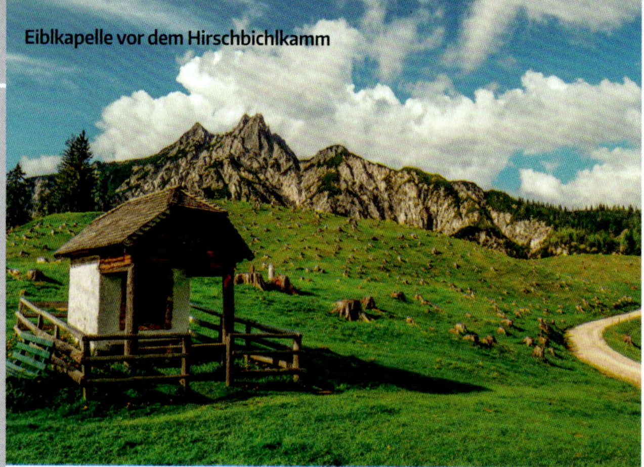

Eiblkapelle vor dem Hirschbichlkamm

terreich und Bayern definiert, flacher weitergeht. Der Weg führt durch eine wildromantische Landschaft, oft kann man das Rauschen mehrerer Bäche gleichzeitig und auch viele Vogelrufe wahrnehmen – die Zivilisation dagegen scheint völlig ausgeblendet.

Auf einer Höhe von etwa 1.460 Metern trifft der Pfad auf einen von links unten heraufkommenden Steig (kurz nach der Grenzmarkierung 164/7; Steindaube als eindeutige Wegmarkierung, später unser Abstieg). Wir folgen dem rechten Pfad, arbeiten uns meist durch die Latschen, aber zum Teil auch ausgesetzt am Kamm entlang in die Höhe. Zuletzt sind etwa 20 Höhenmeter mit einem Seil abgesichert, was aufgrund des brüchigen und sandigen Untergrunds eine große Erleichterung bedeutet. Kurz nach dem Ende des Seils wendet sich der Weg nach links, wo dann etwas unerwartet das Gipfelkreuz auftaucht.

Im Abstieg nehmen wir zunächst den gleichen Weg, wenden uns bei der Steindaube dann aber nach rechts abwärts. Dieser ebenfalls sehr nette kleine Pfad zieht sich zunächst steil nach unten und verläuft dann durch lichten Buchenwald und entlang kleiner Bachläufe, die teilweise auch gequert werden. Nach dem Überstieg über einen Zaun betreten wir eine recht steile Wiese, die wir zunächst nach rechts parallel zum Zaun, der zwischenzeitig aber unterhalb verläuft, queren. Dann wenden wir uns mehr nach links, gehen weglos oder teils auf vereinzelten Steigspuren recht steil etwa durch die Mitte der Wiese abwärts. Unten sehen wir bereits Sandstraßen, auf die wir zuhalten. An der Hufnagelkreuzung, von den Einheimischen Hufnagei genannt, treffen mehrere

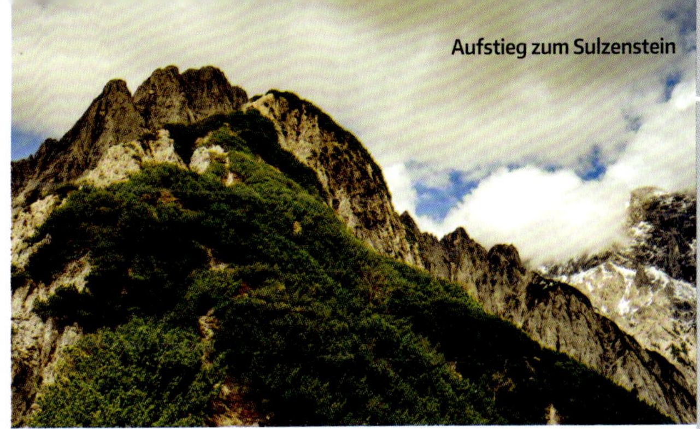

Wege aufeinander. Hier bieten sich Abstecher zur Eiblkapelle (nach rechts) und zur Litzlalm (siehe Variante) an.

Zum Abstieg wählen wir den abwärts führenden linken Sandweg, der uns zum Gasthaus Hirschbichl bringt. Weiter abwärts nach der Schranke und etwa 10 Minuten auf der Straße geht rechts ein kleiner Weg ab, der uns über das Almgelände der Bindalm mit herrlicher Vegetation (Enzianpracht etwa zwischen Mitte Mai und Mitte Juni) schließlich zurück zur Bushaltestelle führt.

Variante

Ab der Hufnagelkreuzung lohnt sich ein Abstecher zur Litzlalm (25 Minuten im Anstieg), die ihrem guten Ruf als Jausenstation alle Ehre macht. Über einen Waldsteig kann man den Abstieg zum Hirschbichl verkürzen.

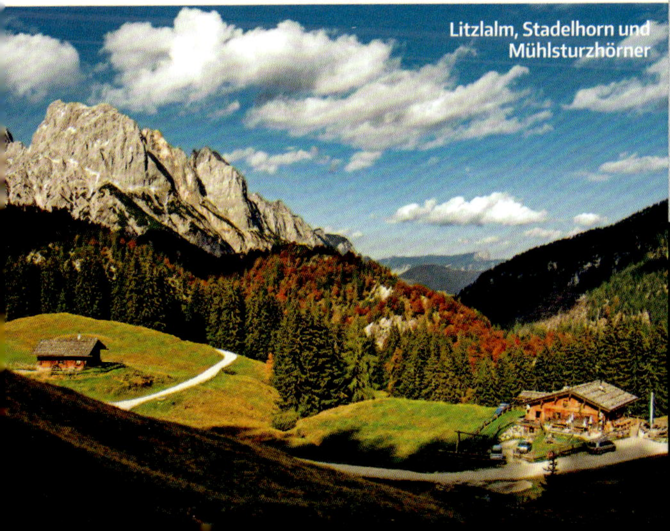

Litzlalm, Stadelhorn und Mühlsturzhörner

Edelweißlahnerkopf – Schottmalhorn – Hohes Gerstfeld – Prünzlkopf, 2.081 m

Wie die Vielzahl der Gipfel im Titel schon erahnen lässt: Diese Tour führt entlang eines Kamms, dessen Gipfel sich auf überwiegend bequemen Wiesenpfaden erwandern lassen. Genuss pur. Der An- und Abstieg dagegen haben es in sich.

Parkplatz Abzweigung Halsalm in Nähe der Straße zwischen Bindenkreuz und Hintersee (Triebenbachstraße), Bushaltestelle Abzweigung Halsalm (840 m)

10 Stunden: Bis zum Abzweiger in den Antonigraben 30 Min., Anstieg zum Edelweißlahnerkopf 3 ½ Std., Kammwanderung zum Reiter Steinberg 1 ½ - 2 Std., Abstieg über den Böslsteig bis zur Abzweigung Halsalm 2 ½ Std., Aufstieg zur Halsalm 30 Min., Querung von der Halsalm zum Parkplatz 1 Std.

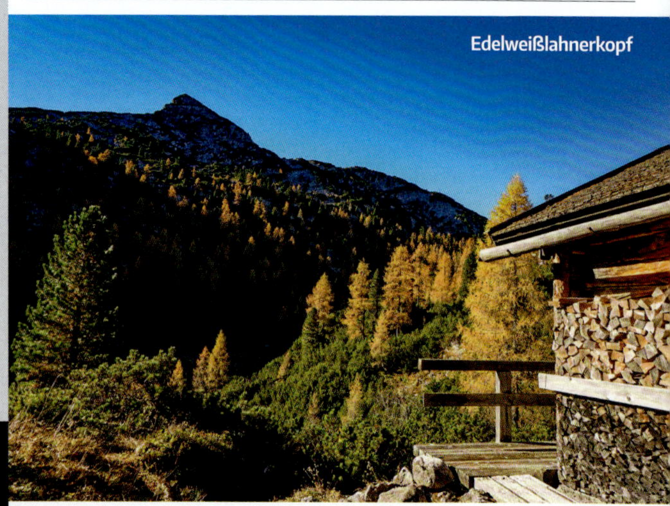
Edelweißlahnerkopf

Zunächst folgen wir dem Sandweg nach oben links Richtung Halsalm, passieren einen Kalkofen und später mehrere aufeinanderfolgende mittels Holzlatten gefasste Stufen. Kurz darauf zweigt rechts ein schmaler deutlicher Pfad, meist gekennzeichnet durch einen Steinhaufen, nach oben ab.

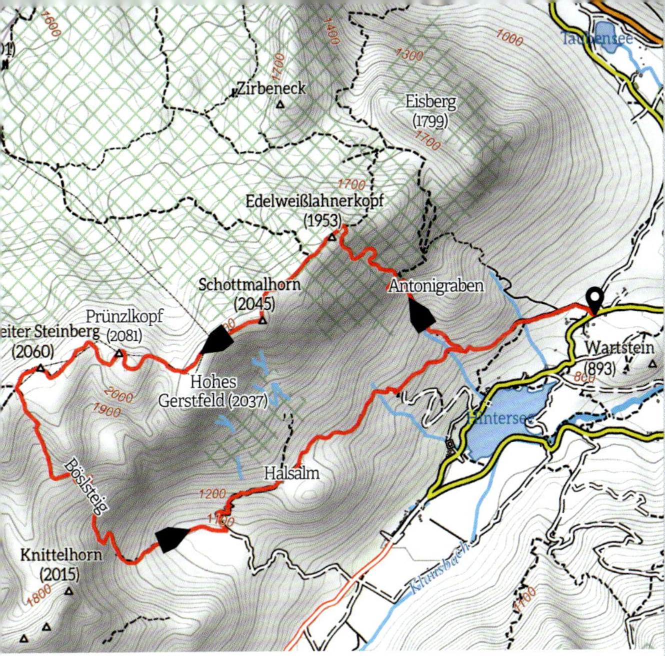

Dieser Pfad führt ziemlich steil, teils rechts neben, teils aber auch in dem Antonigraben verlaufend, nach oben an eine Wand heran.

Etwas unterhalb der Wand wenden wir uns nach links aufwärts (rechts ginge es in die Eisbergscharte) und queren das Geröllfeld. Der sich dort unterhalb der Felsen auftuende Pfad führt in etwa zehn Minuten bis zu einem Aufstieg, der durch ein gut sichtbares Drahtseil ganz eindeutig zu erkennen ist. Am leichtesten gelangt man von der linken Seite zu dem Drahtseil und muss mit dessen Hilfe eine Steilstufe überwinden. Danach windet sich der gut zu haltende Pfad, zwar mit vielen Kurven, aber im Grunde ziemlich direkt steil nach oben. Er verlangt zwar kein weiteres Klettergeschick, aber viel Umsicht, da das Gelände sehr steil ist.

Wir erreichen die Geländekante, von wo aus wir noch etwa 10

 13,8 km 1.498 Hm

 Halsalm (während der Weidemonate), Gaststätten am Hintersee

 vereinzelte, gesicherte Kletterstellen

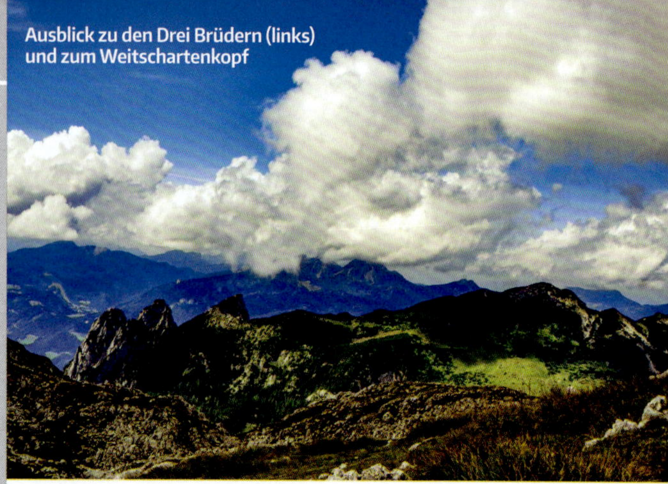
Ausblick zu den Drei Brüdern (links) und zum Weitschartenkopf

Minuten nach links zum Edelweißlahnerkopf aufsteigen. Jetzt wird die Tour etwas gemütlicher, aber dennoch sehr abwechslungsreich. Wir wandern jetzt lange Zeit, in leichtem Auf und Ab, an der Südkante der Reiteralm entlang: Den bald nach dem Edelweißlahnerkopf ausgeschilderten Abzweiger zur Neuen Traunsteiner Hütte ignorieren wir und steigen stattdessen, vorbei an einem beeindruckend tiefen Schlund, zum Schottmalhorn auf.

Als nächstes erreichen wir ein wunderschönes Wiesengelände, das Hohe Gerstfeld. Danach geht es wieder etwas ruppiger weiter: Zwei Gräben müssen wir queren, über Karrenfelder aufsteigen und die Markierungen stets gut im Auge behalten. Der (kaum wahrnehmbare) rechts von uns liegende höchste Punkt unserer Wanderung, der lediglich durch einen Pfahl gekennzeichnete Prünzlkopf, verlangt einen kleinen Abstecher vom Weg.

Nach einem weiteren Graben erreichen wir den Reiter Steinberg, der wieder grasig ist, weshalb man auch nicht allzu erstaunt ist, wenn man die dort weidende Schafherde erblickt. Ein Schilderbaum weist uns dann den Weg nach links in den Böslsteig. Dieser Steig führt anfangs mittels steiniger Kehren und Querungen, dann über eine drahtseilversicherte Steilstufe und viele sandige Kurven hinab in ein breites Quertal, das wir ganz nach vorne bis zum Anstieg in Richtung der weithin sichtbaren Halsalm gehen müssen.

Um uns die lange Traverse im Tal über Asphaltstraßen zu ersparen, nehmen wir jetzt den Anstieg von 120 Höhenme-

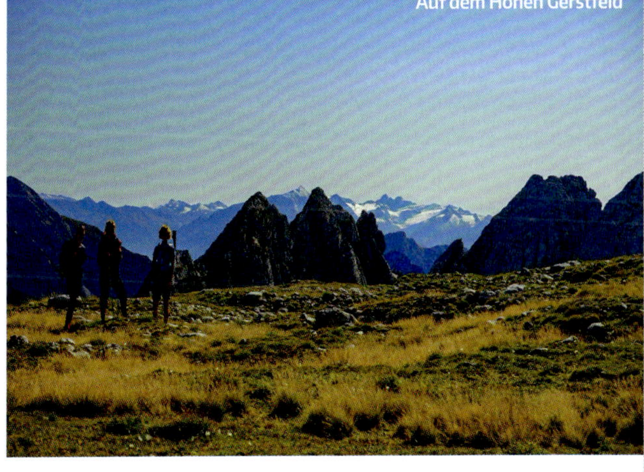
Auf dem Hohen Gerstfeld

tern zur Halsalm in Kauf, auch wenn's nach so einer langen Tour wie eine Schinderei wirkt. Ab der Halsalm geht es dann aber stetig und meist sehr bequem bergab, zunächst durch offenes Gelände und dann durch einen schönen Wald. Die Abzweigung Richtung Hintersee ignorierend gelangen wir dann wieder zum Parkplatz zurück.

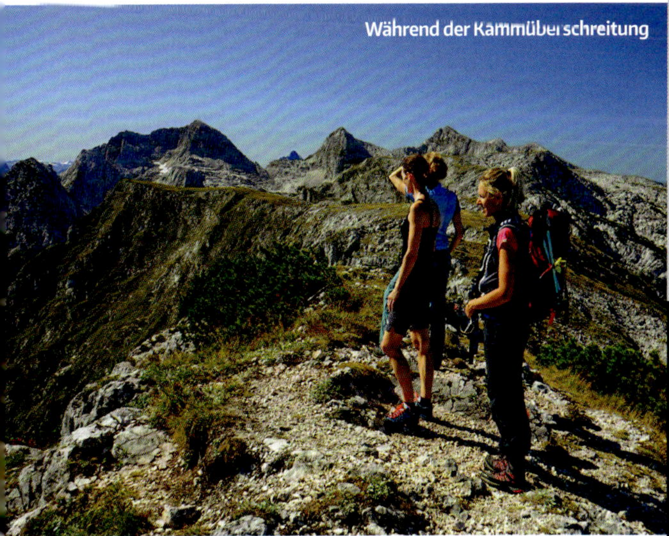

Während der Kammüberschreitung

Eisberg, 1.799 m

Der Eisberg ist eine der exponierten Panorama-Logen der Berchtesgadener Alpen – allerdings sind alle Zustiege steil und erfordern Trittsicherheit und Schwindelfreiheit. Die abwechslungsreiche und teils eigenwillige Landschaft entschädigt jedoch für die Mühen einzelner Wegpassagen.

Parkplatz Schwarzbachwacht, Ramsau-Taubensee, Bushaltestelle Alpenstraße Abzw. Hintersee (889 m)

6 ½ Stunden: Über den Eingeschossenen Steig zur Eisberg-Diensthütte 2 ½ Std., auf den Gipfel 45 Min., Abstieg in die Eisbergscharte 30 Min., Abstieg zum tiefsten Punkt kurz vor der Triebenbachstraße (Abzw. Halsalm) 2 Std., Querung (leichter Aufstieg) zur Schwarzbachwacht 45 Min.

Wir gehen hinter der Holzhütte am Parkplatzrand entlang und erblicken vor uns bereits gelbe Wegweiser. Links führt der Weg Richtung Neue Traunsteiner Hütte: Auf diesem Wachterlsteig, der bald nochmals links von der breiteren Almstraße abzweigt, legen wir die ersten 20 Minuten unseres Wegs zurück. Genau dort, wo rechts eine Holztafel die Nationalparkgrenze anzeigt und die Schilder nach vorne und hinten weisen, zweigt links ein nicht bezeichneter, aber deutlich erkennbarer Pfad ab. Dieser zieht sich zunächst durch den Wald steil nach oben und verläuft mehrmals an steilen Geländekanten, verlangt also Umsicht.

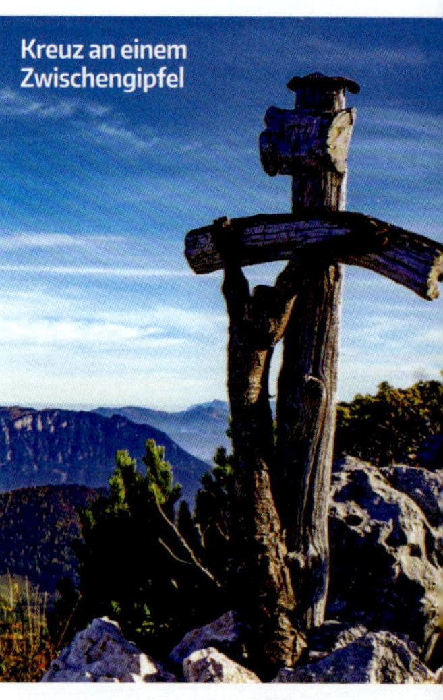
Kreuz an einem Zwischengipfel

Dann geht es in steilen Serpentinen über Wiesen hinauf, bis wir an einer steilen Wand anstehen, wo wir links bereits den durch Seile versicherten, in die Wand gesprengten, daher „eingeschossenen" Steig erkennen. Relativ schnell haben wir die ausgesetzte Passage gemeistert und folgen dem Weg, der sich in vielen Kurven an der linken Seite des Einschnitts hinaufzieht. Nach einem dichteren Waldstück folgt eine lichte Passage mit vielen Lärchen: Dass dieser Einschnitt Baumgarten genannt wird, lässt sich leicht nachvollziehen.

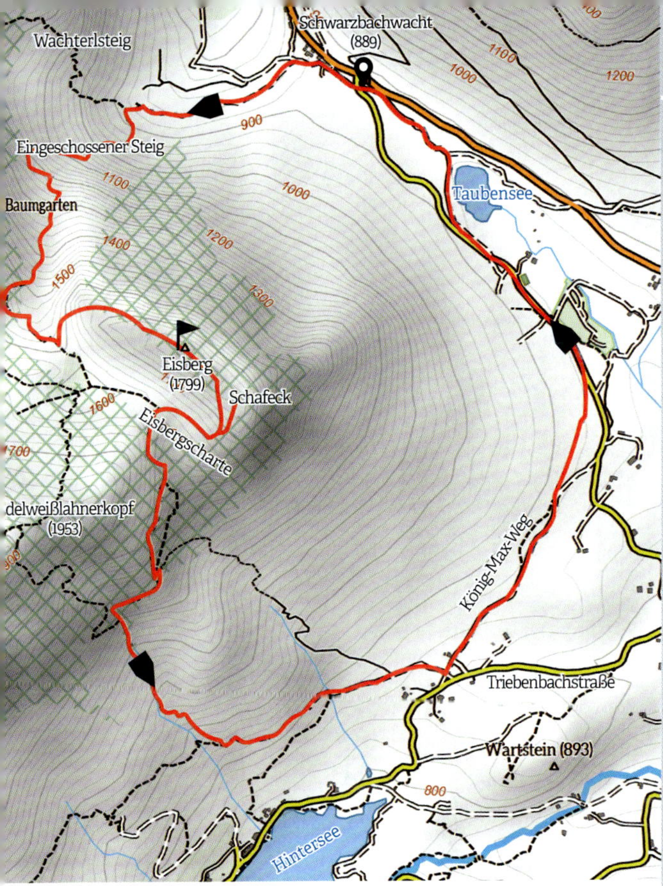

Im oberen Teil, wo der Weg streckenweise durch Schotter führt, helfen Steindauben und spärliche rote Punkte, den Weg zu halten. Sobald wir eine auffällig zerklüftete Wand erreichen,

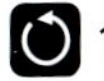 11,8 km 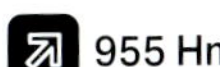 955 Hm 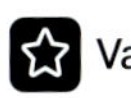 Variante

keine unterwegs, anschließend Wirtshaus Wachterl

 sehr ausgesetzt, vereinzelte Kletterstellen (I)

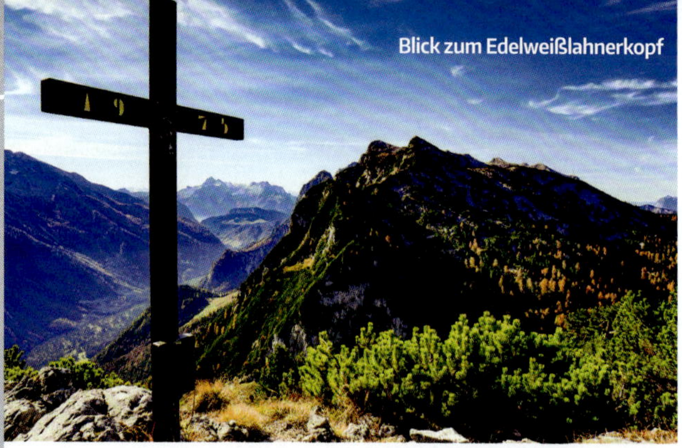

Blick zum Edelweißlahnerkopf

geht der Weg nahezu eben nach rechts weg und erreicht kurz darauf die Kante und wir erblicken erstmals die gegenüber liegende Gipfelgruppe mit dem Edelweißlahnerkopf. Wenn wir uns jetzt nach links drehen, erspähen wir eine kleine Holzhütte, die Eisberg-Diensthütte des Forstreviers, für die wir den besser ausgetretenen Pfad verlassen (nicht abwärts in die Senke gehen!).

Die sonnige Bank vor der Hütte drängt sich nahezu auf für eine Rast, bevor wir die Hütte an deren rechter Seite umrunden und somit einen kleinen Pfad aufnehmen. Dieser führt uns zunächst in einem leichten Linksbogen hinauf, zieht sich dann aber nach rechts oben Richtung Gipfelkamm. Sobald wir diesen erreicht haben, folgen wir dem Kamm, dessen steile Abhänge durch die Latschen meist etwas beschönigt werden. Nach dem zweiten Holzkreuz geht es abwärts in eine Senke, wo der Weg nach links außen führt (Steindauben) und dann über eine Stufe wieder den Kamm erreicht. Bald erblicken wir das dritte, das eigentliche Gipfelkreuz und können die herrlichen Ausblicke – vor allem auf Watzmann und Hochkalter - in Ruhe genießen. Nach dem Gipfel gehen wir noch ein kurzes Stück am Grat entlang, die ausgesetzten Stellen kann man dabei teilweise rechts umgehen. Dann geht es hinab durch eine steile Latschengasse, die an einer Stelle etwas Klettergeschick erfordert.

Nach ungefähr 20 Minuten kann man bei einer Gruppe umgefallener Bäume Trittspuren nach links entdecken, die zum Schafeck führen, einem kleinen Vorgipfel mit Tiefblick zum Hintersee. Wieder zurück bei den umgestürzten Bäumen nehmen wir den Pfad abwärts wieder auf. Kurz darauf bieten sich zwei Alternativen an: Entweder wählen wir den linken, meist weniger ausgeprägten Pfad: Dieser führt uns zunächst durch Latschengassen und eine Senke zu einer sehr ausgesetzten, aber seilversicherten und mit herausgeschlagenen Tritten vereinfachten Passage entlang der so genannten „Platte".

Der rechte, deutlicher ausgetretene Pfad führt zunächst etwas quer, dann nach links abwärts zu drei sehr auffälligen quer liegenden großen Felsblöcken (auf 1.680 m Höhe). Vor den Felsblöcken gehen wir nach links – im leichten Auf und Ab – durch die Eisbergscharte: Nach etwa einer halben Stunde kommt nochmal eine Weggabelung, wo es geradeaus auch hinunter zur Platte ginge und rechts Richtung Leiter, wie die rote Schrift auf einem Stein ausdeutet.

Der Weg Richtung Leiter erreicht den westlichen Rand der Eisbergscharte und geht dann durch sehr steile Gassen und Passagen, aber nicht ganz so ausgesetzt wie bei der Platte, hinab. Ein besonders steiles Stück wird mit einer Leiter überwunden. Zwei steile Kurven unterhalb treffen die Wege über Platte und Leiter wieder zusammen. Jetzt geht es zwischen den Bäumen am steilen Hang entlang zu einem felsumrahmten Kar, das dort oben fast wie eine Arena anmutet. Unser Weg führt durch den Schotter abwärts, dann mäandert er durch die Wiesen, verläuft teilweise entlang des Bachlaufs und dann steil im Wald hinab. Unten treffen wir auf den offiziellen Weg zur Halsalm, dem wir nach links folgen.

Kurz vor der Straße zweigen wir nach links ab (vor dem Haus entlang gehen) und treffen somit auf den König-Max-Weg, eine Querverbindung mit tollen Ausblicken, die uns Richtung Taubensee führt. Teilweise entlang der kleinen Fahrstraße und teilweise auf einem Wiesenweg rechts davon gelangen wir zu dem Weg, der oberhalb des nahezu zugewachsenen Taubensees entlang führt, dann queren wir die Straße und gelangen so zum Parkplatz zurück.

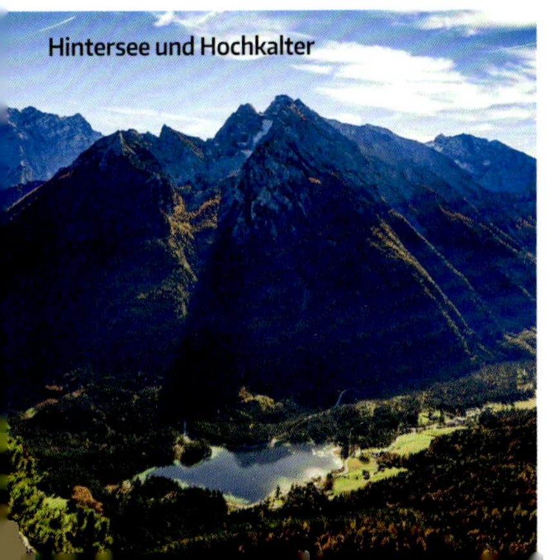
Hintersee und Hochkalter

Variante
Wer zu viel Respekt vor den Abstiegen über Platte oder Leiter hat, kann vor den drei markanten Felsblöcken auch nach rechts abbiegen und kommt – sich weiterhin rechts haltend – bald wieder unterhalb der Eisberg-Diensthütte entlang zu dem Pfad, der zum „eingeschossenen Steig" führt.

Karspitz, 1.641 m und Lattenbergschneid

Eine meist nur von Einheimischen begangene Tour, die auf kleinen Pfaden in der Nähe eines langen Grates verläuft und immer wieder herrliche Ausblicke beschert. Der Anstieg auf den Karspitz enthält ein paar leicht zu bewältigende Kletterstellen und verläuft weitgehend ausgesetzt.

Parkplatz Taubensee an der Alpenstraße zwischen Ramsau und Unterjettenberg, Bushaltestelle Taubensee (895 m)

8 ¾ Stunden: Vom Parkplatz bis in die Mordau 1 ¼ Std., bis zum Sattel zwischen Jochköpfl und Karspitz 1 ¼ Std., auf den Karspitz 45 Min., Überschreitung von Karschneid und Törlschneid 2 ½ Std., Abstieg und über Mitterbergsteig in die Mordau 2 Std., Rückkehr zum Parkplatz 1 Std.

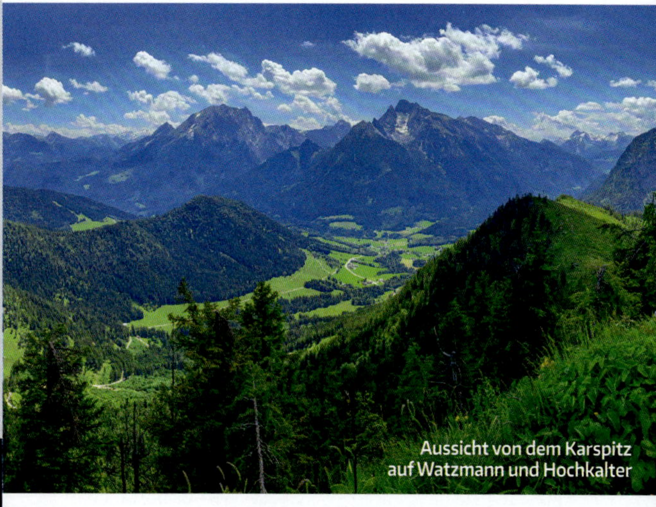

Aussicht von dem Karspitz auf Watzmann und Hochkalter

Wir nehmen den Forstweg zur Mordaualm und zweigen unmittelbar nach der ersten Almhütte nach links Richtung Lattenbergalm und Moosenalm (Almerlebnisweg) ab. Der Anstieg über die Almwiesen und durch ein Waldstück führt zu einem Sattel mit schönem Ausblick. Wir halten uns kurzzeitig rechts am bezeichneten Weg Richtung Lattenbergalm, zweigen aber dort, wo der Weg etwas an Höhe verliert, auf einem kleinen Pfad nach rechts Richtung Zaun ab. Der Pfad durchquert den Zaun bei einem deutlich erkennbaren, mit Holzlatten gezimmerten Durchschlupf und zieht sich dann über einige Fels-

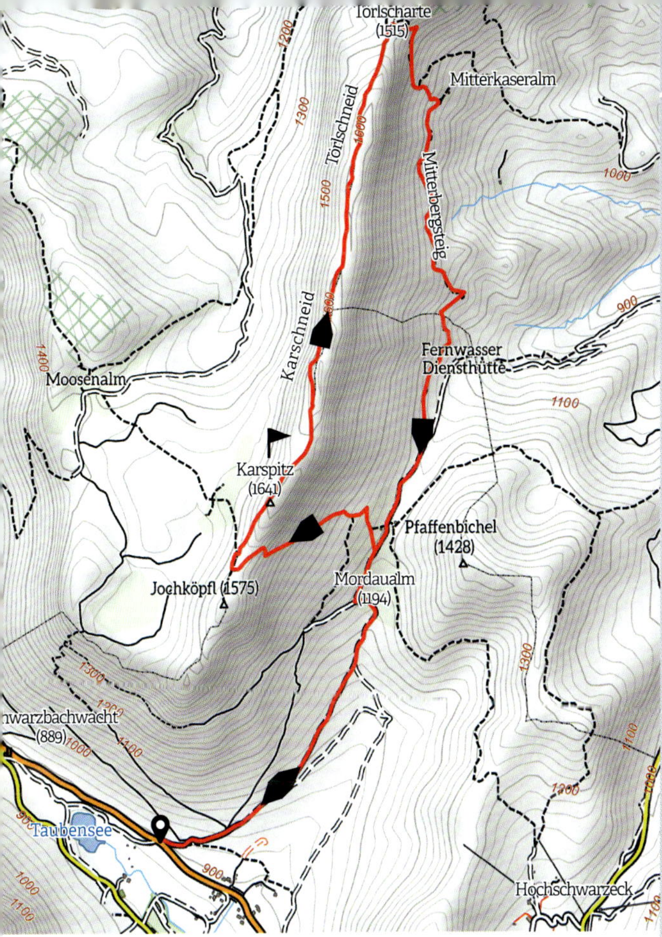

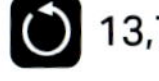 13,7 km  880 Hm 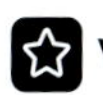 Variante

Mordaualm bei Almbetrieb in den Sommermonaten

im Gipfelbereich des Karspitz ausgesetzt und leichte Kletterei erfordernd

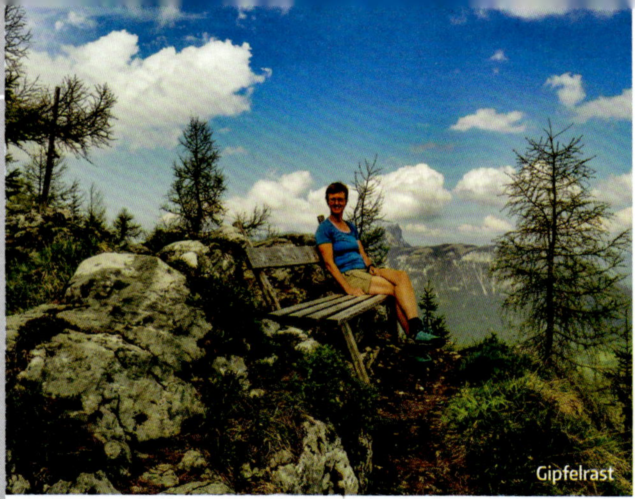
Gipfelrast

stufen, die gelegentlich auch etwas leichte Kletterei verlangen, auf den Karspitz (1.641 m) hinauf. Eine kleine Bank unterhalb des Gipfelkreuzes lädt zum Verweilen und Ausdeuten der vielen Gipfel in der Ferne ein. Ganz markant zeigt sich das Dachstein-Gebirge im Osten.

Der Pfad, der gelegentlich mit blauen und roten Punkten gekennzeichnet und anfangs gut ausgeschnitten ist, verläuft Richtung Norden auf der Lattenbergschneid entlang, zunächst lange Zeit auf der linken Seite des Kamms, nach der Überquerung der nächsten, sich nicht allzu deutlich abhebenden Anhöhe (der Karschneid) wechselt der Pfad dann auf die rechte, also östliche Seite des Kamms.

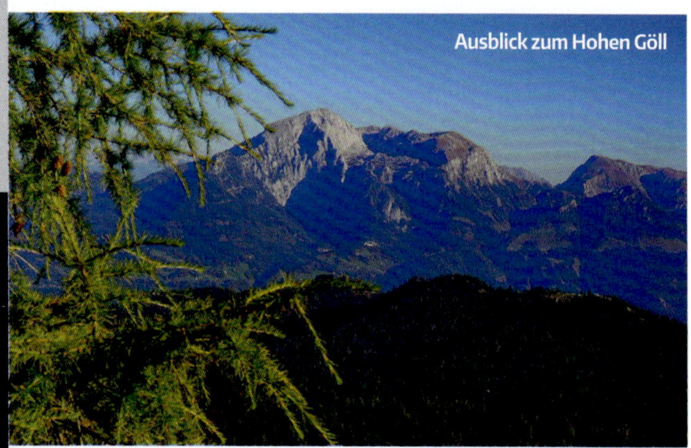
Ausblick zum Hohen Göll

Sattel unter dem Karspitz

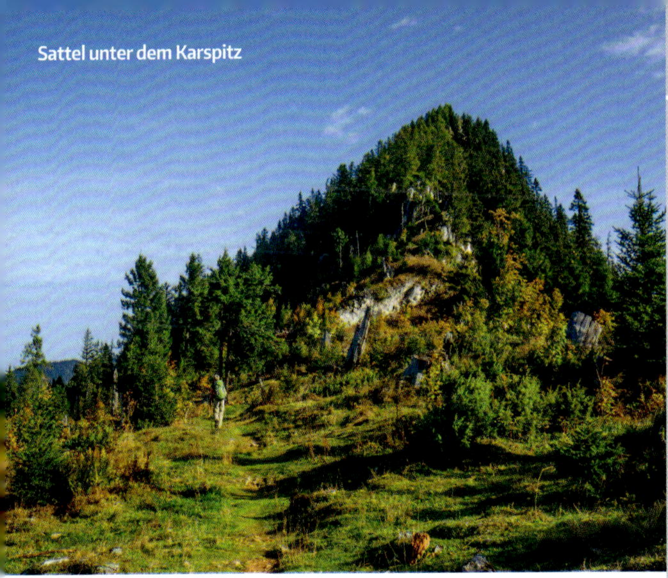

Das letzte Drittel unseres Höhenwegs führt dann wieder westlich von der Kante entlang durch Latschen, freie Lichtung, Waldstücke – sehr abwechslungsreich und gelegentlich auch ein wenig abenteuerlich, weil man oft keine zehn Meter vorher ahnen kann, wo der Weg sich als nächstes durch die Latschen schlängelt. Nachdem wir die Törlschneid – ebenfalls kein Gipfel im eigentlichen Sinne, sondern eher der höchste Punkt eines Rückens – überschritten haben, verliert der Weg schnell an Höhe und erreicht die Törlscharte bei 1.515 m. Ab hier weisen uns wieder offizielle Wegweiser in Richtung Mordaualm.

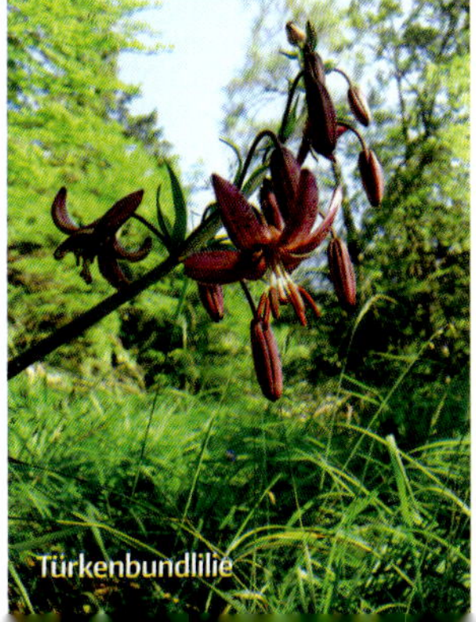

Türkenbundlilie

Der Abstieg erfolgt auf steilen Serpentinen, nach etwa einer halben Stunde zweigt oberhalb der Mitterkaseralm der Mitterbergsteig nach rechts ab. Dieser schmale Pfad führt im leichten Auf und Ab entlang der Kuppen, Rippen und Einschnitte Richtung Mordau und überwindet ein Flussbett mithilfe von Drahtstiften und einem Sicherungsseil. Letztlich trifft er auf die Forststraße, die durch das Almgelände hindurch Richtung Parkplatz zurückführt.

Steinerne Agnes und Steinbergsee, 1300 m

Der Anstieg entlang eines klaren Bergbachs, dessen Bachbett und Zuflüsse wir mehrfach queren, begeistert jedes Mal aufs Neue. Große Teile der Tour verlaufen nicht auf gepflegten Wanderwegen, sondern auf eher einsamen, meist nur von Einheimischen begangenen Pfaden, die Trittsicherheit und auch etwas pfadfinderisches Geschick erfordern.

Parkplatz Klaushäusl, Bischofswiesen-Winkl (von der B 20 Richtung Campingplatz Winkl-Landthal abzweigen, dann gleich rechts halten und ca. 1 ½ km bis fast zum Durchfahrt-Verboten-Schild fahren, 705 m), Bushaltestelle Sellboden, von dort nach ca. 15 Min. auf dem Klaushäuslweg rechts in unbezeichneten (!) Weg (offene Schranke) abzweigen

6 ¼ Stunden: Anstieg entlang des Weißbachs zur Steinernen Agnes 2 ½ Std., Querung entlang des Steinbergsees bis zum bezeichneten Weg unterhalb der Mitterkaser-Diensthütte 1 ¾ Std., Abstieg nach Winkl 2 Std.

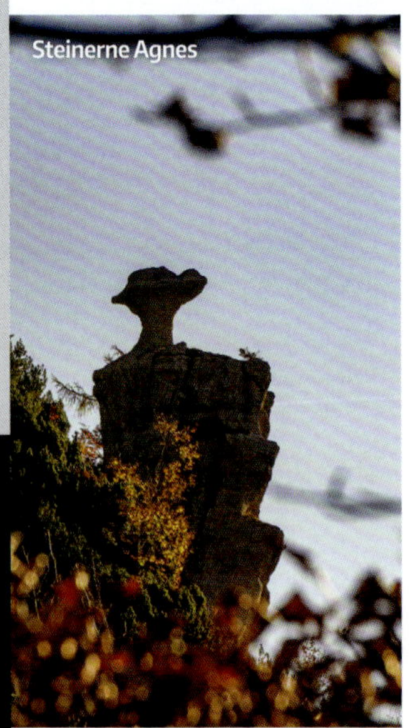
Steinerne Agnes

Vom Parkplatz aus gehen wir zunächst zurück in die Richtung, aus der wir gekommen sind, passieren die Häusergruppe an der linken Seite und die Brücke über den Weißbach. Kurz danach geht es links in einen Weg hinein, der durch eine (fast immer offene) Schranke erkenntlich, aber nicht ausgeschildert ist.

Dieser Karrenweg führt wieder an den Weißbach und ein Wasserkraftwerk heran und dann weiter am Bach entlang. Der Weg wird schmäler und erfordert (zumindest nach regnerischen Tagen) die Querung eines kleinen Zuflusses. Etwa 15 Minuten nach der Schranke gilt es Obacht zu geben: Neben mehreren großen Steinblöcken an der Uferseite zweigt unser Weg nach halbrechts oben ab. Meist helfen Steindauben rechts und links des Weges. Kurz danach wird der Pfad eindeutig, führt durch den Wald und dann wieder an die Kante oberhalb des Baches heran. Dort müssen wir den Bach zum ersten Mal überqueren, was aufgrund der vielen Steine im Bachbett selbst bei viel Wasser kein Problem darstellt. Der Weg zieht sich dann auf der anderen Bachseite hinauf und führt wenige Minuten später wieder hinüber an das andere Ufer, wo wir links oberhalb einen Wasserfall erblicken. Nachdem wir kurz darauf auch noch einen kleinen Nebenfluss überquert haben, wird der Weg etwas schwieriger: Man muss gut aufpassen, weil der

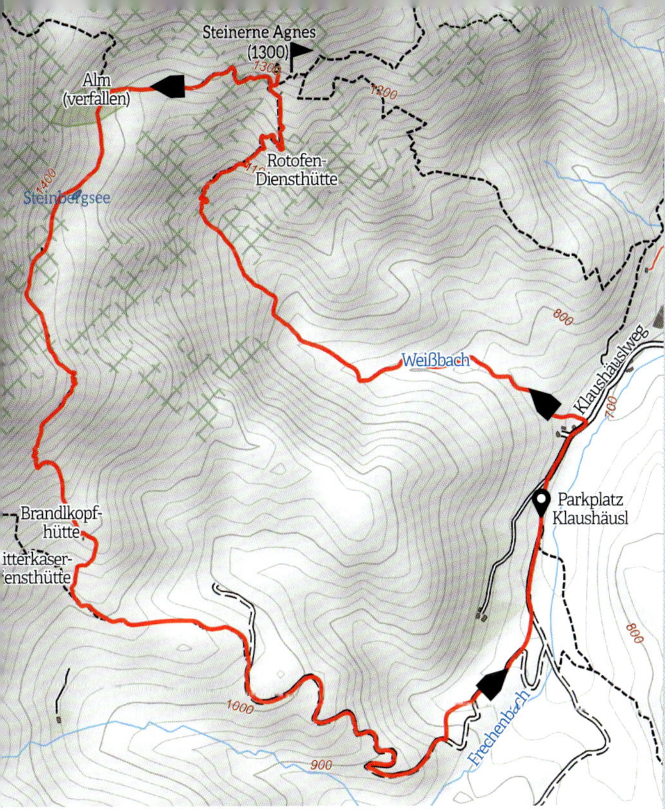

 10,1 km  736 Hm  keine

 keine Kletterstellen, aber ausgesetzte Passagen

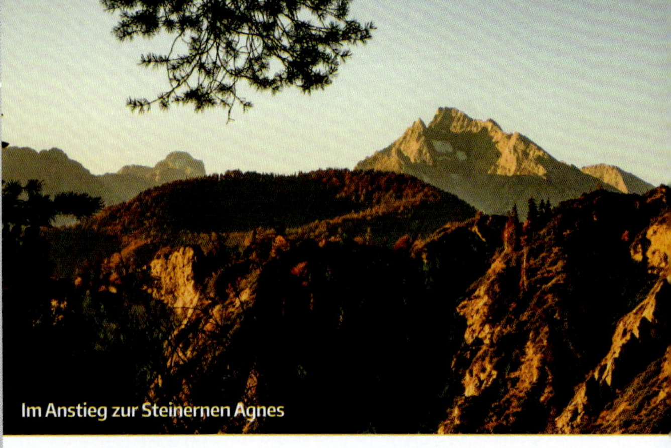
Im Anstieg zur Steinernen Agnes

Untergrund teilweise sandig ist, doch helfen Stahlstifte und -seile bei den Querungen.

Während man bisher die Aussicht auf mehrere Wasserfälle und eigenwillige Felsformationen, aus denen man mit etwas Fantasie einiges herausdeuten könnte, genießen durfte, eröffnet sich jetzt auch eine tolle Fernsicht vom Hohen Göll übers Steinerne Meer hin zum Hochkalter. Der Weg windet sich eine Weile durch lichten Mischwald, gibt an der Kante den Blick auf den Untersberg frei und erreicht schließlich die Rotofen-Diensthütte.

Dort gehen wir nach rechts oben. Wir kreuzen den offiziellen Wanderweg und steigen genau oberhalb des Schildes mit den Erläuterungen einige Minuten zur Steinernen Agnes (1.300 m) hinauf – einem Geotop, das an eine versteinerte Sennerin mit Hut erinnert. (Um den Hut tatsächlich zu sehen, muss man an den sandigen Rändern ein wenig höher steigen.) Sobald wir im Abstieg den offiziellen Weg erreicht haben, folgen wir diesem nach rechts Richtung Karkopf. Nach ca. 30 Minuten erreichen wir eine schöne Wiesenfläche mit großen Steinblöcken, die sich hervorragend für eine Rast eignen.

Dort, wo die gelben Schilder stehen, wenden wir uns – obwohl dies nicht ausgeschildert ist – nach links in die Wiese. Noch bevor wir die Latschen erreichen, nehmen wir einen Weg auf, der uns durch Steinblöcke und Latschengassen hindurch in etwa 15 Minuten zum kleinen, versteckten Steinbergsee führt. Obwohl auch am linken Ufer ein Weg sichtbar ist, wählen wir den Weg oberhalb des rechten Ufers. Dieser windet sich geschickt durch die Landschaft und legt die gesamte Strecke unterhalb von Karkopf und Törlkopf zurück.

Höchstens für wenige Schritte ist er mal nicht eindeutig als Pfad zu erkennen, daher sollte man sich stets neu orientieren, wenn man keine eindeutigen Trittspuren mehr vor sich hat. Das Gelände ist sehr zerklüftet und unübersichtlich, auf keinen Fall sollte man versuchen, sich ohne Weg durchzuschlagen.

Nach etwa einer halben Stunde ab dem Steinbergsee verliert der Weg an Höhe und geht zum Teil recht zügig bergab. Auf der Höhe von etwa 1.200 Metern taucht plötzlich die kleine Brandlkopfhütte neben dem Weg auf, die sich als Rastplatz anbietet. Von dort aus sind es nur noch wenige Minuten bergab, bis man auf den offiziellen Abstieg von der Törlscharte Richtung Winkl stößt. Wir gehen nach links, der Pfad wird zunehmend breiter und mündet dann in eine Forststraße, der wir nach rechts folgen, wo auch „Winkl" ausgeschildert ist. Nach einigen Minuten bietet sich ein erster Abkürzer (Einstieg rechts parallel zum Weg) an, der wie all die nun folgenden Abkürzer eine Waldboden-Pfad-Alternative zu der sandigen harten Forststraße darstellt.

Die Abkürzer sind gut zu finden, so dass man die Forststraße mehr überquert oder streift als dass man sie als Weg nutzt. Nachdem wir noch knapp 500 Höhenmeter hinunter gestiegen sind, treffen wir unten wieder auf den Klaushäuslweg, dem wir nur noch kurz nach links folgen müssen, bis wir wieder zum Auto zurückkommen.

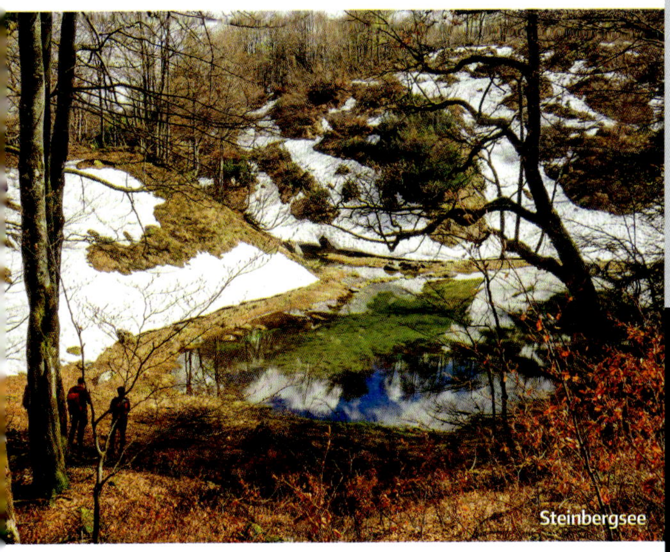
Steinbergsee

Hirschangerkopf, 1.769 m über Fadererschneid

Der einsame Anstieg entlang der Fadererschneid lässt sich idealerweise durch eine Pause bei der malerisch gelegenen kleinen Nagelsteinhütte unterbrechen und erreicht ein blumenreiches Almgelände. Der Hirschangerkopf ist ein ruhiger, lohnender Gipfel. Ausgesetzte Stellen im Jägersteig und der steile Abstieg machen die Tour anspruchsvoll.

Parkplatz Hallthurm an der B20 zwischen Bischofswiesen-Winkl und Bayerisch Gmain, rechte Straßenseite, direkt hinter dem Bahnübergang, Bushaltestelle Hallthurm (695 m)

7 Stunden: Bis zur Nagelsteinhütte auf 1.390 m 2 Std., bis zur verfallenen Vierkaseralm 1 Std., Anstieg zum Hirschangerkopf 30 Min., Abstieg und Querung über Jägersteig 1 ¼ Std., Abstieg über Almsteig 2 ¼ Std.

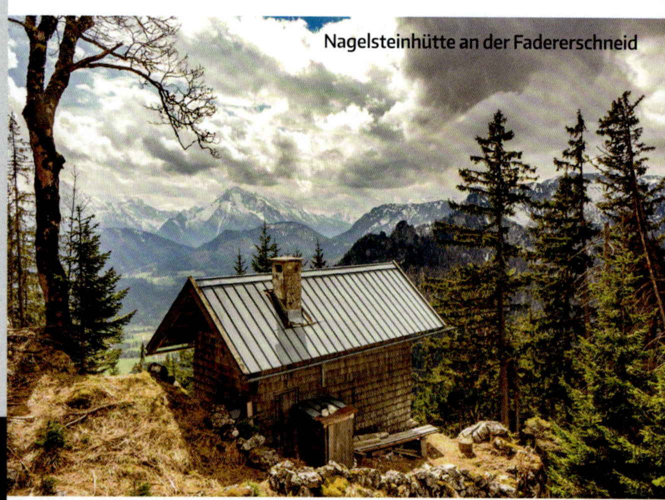
Nagelsteinhütte an der Fadererschneid

Vom Parkplatz wählen wir den linken der Karrenwege, die nach oben führen, und halten uns bei der nächsten Gabelung wieder links. Dort wo dieser zweispurige Weg an einer Art Wendeplatte (Holzlagerplatz) endet, geht rechts ein steiniger Pfad durchs Gras hinauf. Zunächst führt er etwas undeutlich durch einen Graben aufwärts, windet sich dann aber gut erkennbar in unzähligen Kehren nach oben. Lange Zeit hält der Pfad sich in der Nähe der linken Geländekante, der Fadererschneid, später (oberhalb von 1.100 m) wechselt er im lichteren Wald weiter nach rechts und die Kehren ziehen sich durch eine Waldwiese. Bei einer Höhe von 1.320 Höhenmetern erreicht er wieder die Fadererschneid und plötzlich steht man vor der malerischen Nagelsteinhütte, einer Diensthütte, vor der eine kleine

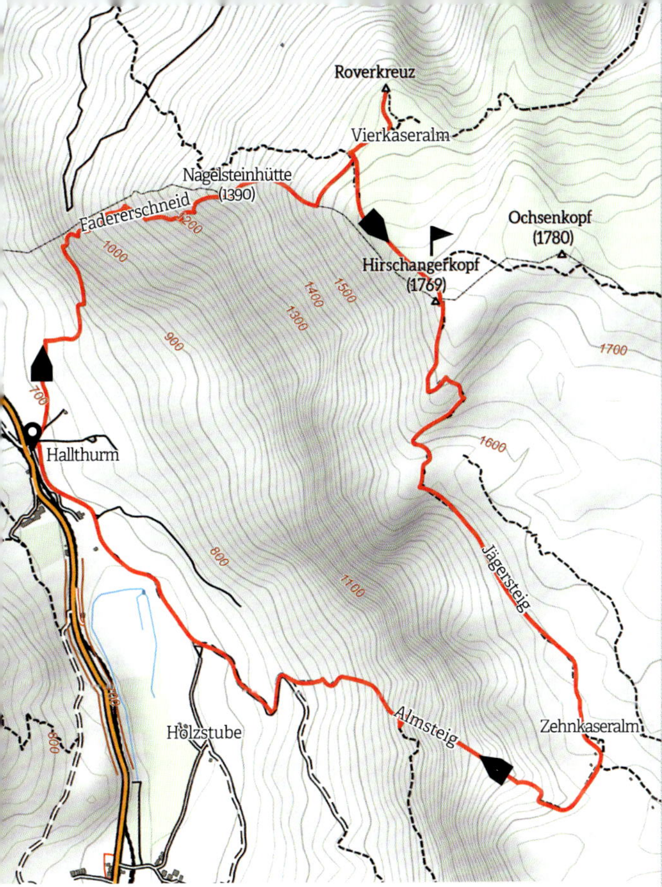

 11,2 km 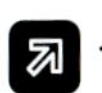 1.373 Hm 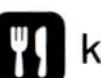 keine

 Ausgesetzte Passagen

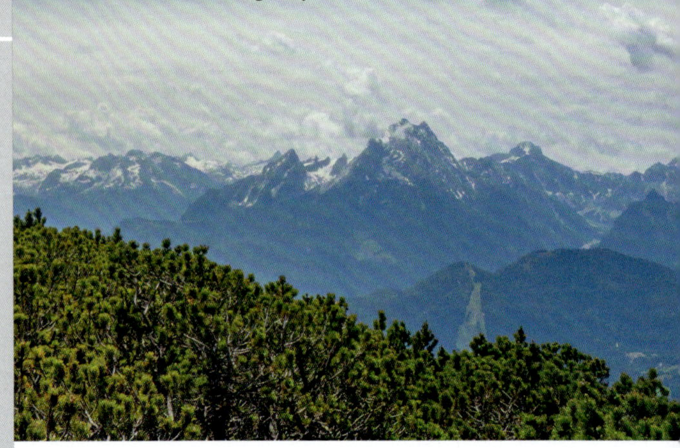

Bank zum Verweilen und Bestaunen des Bergpanoramas mit Watzmann im Mittelpunkt einlädt. Wenn man rechts an der Hütte vorbei geht, sieht man schnell einen Pfad, der jetzt durch rote Punkte und später auch Steindauben markiert ist. Dieser führt ziemlich direkt auf die Höhe von etwa 1.600 Metern und zieht sich dann quer nach links durch die Latschen und trifft bei der ehemaligen Vierkaseralm auf die Wege, die von Großgmain (Bruchhäusl und Latschenwirt) heraufkommen. Ein Abstecher zu dem links vorn an der Kante liegenden Roverkreuz lohnt sich trotz des notwendigen Abstiegs in die Senke, da die Stelle einen weiten Blick über Bad Reichenhall, Salzburg und die dahinter liegenden Ebenen mit ihren Seen ermöglicht.

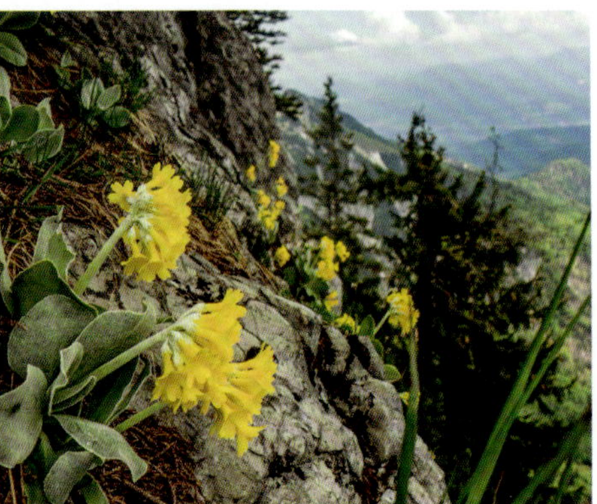

Zurück bei der bereits erwähnten Wegkreuzung wenden wir uns nach oben in Richtung des inzwischen gut sichtbaren latschenbewachsenen Hirschangerkopfs am rechten Rand des Plateaus. Diesen erreichen wir auf dem bezeichneten Weg und einem kleinen Pfad, der genau auf dem Sattel rechts abzweigt und ein wenig Kletterei verlangt.

Nachdem wir wieder von diesem latschenumrundeten, aber dennoch einen phantastischen Ausblick bietenden Gipfel abgestiegen sind, verfolgen wir den Weg unter dem Hirschangerkopf weiter in südliche Richtung. Wir verlieren nun zusehends an Höhe und kommen ziemlich bald an einem Tümpel vorbei, in dem eine Vielzahl von Bergmolchen heranwächst und sich gut beobachten lässt. Der Weg führt in einem Bogen am Hirschangerkopf entlang. Bei einer Wiese gehen wir geradeaus vor und nehmen dort den gut markierten Pfad, den Jägersteig, auf, der uns an der Wand entlang, teils mit ausgesetzten Passagen, zur Zehnkaser-Alm führt. Deutlich sichtbare Markierungen helfen, den Weg zu halten. Bei der Alm treffen wir auf den gut ausgeschilderten Almsteig, der uns Richtung Hallthurm hinab führt.

Die Abzweigung zum Reißenkaser ignorierend steigen wir steile, stellenweise mit Drahtseilen gesicherte 700 Höhenmeter hinab und erfahren am eigenen Leib, warum die Einheimischen vom „Knieschnaggler" sprechen. Der Forststraße, auf die wir unten treffen, folgen wir nach rechts, bis wir beim Parkplatz ankommen.

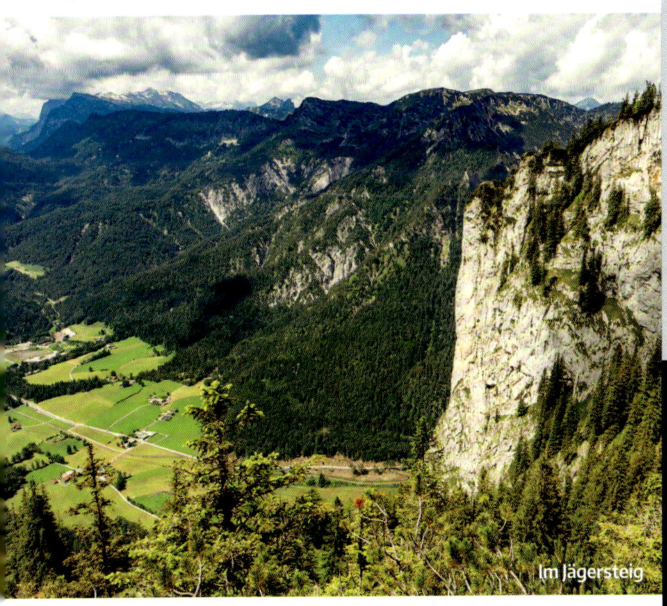
Im Jägersteig

Rauhe Köpfe-Überschreitung, 1.659 m

Den Rauhen Kopf nutzen viele Einheimische zum sogenannten Eingehen: Man startet die Bergsaison mit diesem oft schon früh schneefreien, aussichtsreichen Gipfel, der aufgrund seiner Steilheit eine erste konditionelle Herausforderung darstellt. Die Gratüberschreitung Richtung Berchtesgadener Hochthron setzt der Tour dann noch die Krone auf, fordert aber auch etwas Klettergeschick.

Parkplatz Dietfeld, Nähe Aschauerweiher Bad, Bischofswiesen (645 m), Bushaltestellen Glückauf in Berchtesgaden oder Watzmannstube in Bischofswiesen, ca. ½ bis ¾ Std. zusätzlicher Weg

8 ½ Stunden: Auf den Großen Rauhen Kopf 4 Std., Überschreitung bis zur Wegkreuzung Gatterl 2 Std., Abstieg über Stöhrweg 2 ½ Std.

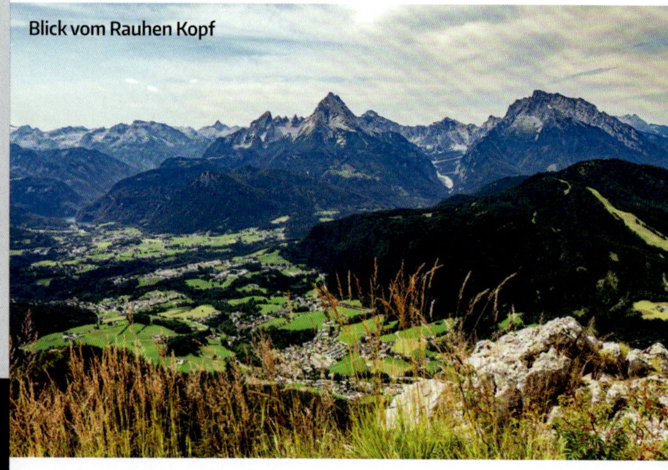

Blick vom Rauhen Kopf

Vom Parkplatz aus gehen wir in den Wald nach oben, dann bei der bald folgenden Kreuzung geradeaus weiter, bei der nächsten Kreuzung links (nicht (!) entlang des Märchenpfads). Nach einigen Minuten treffen wir dann auf den Maximiliansreitweg, dem wir wieder nach links folgen. Nach etwa einem

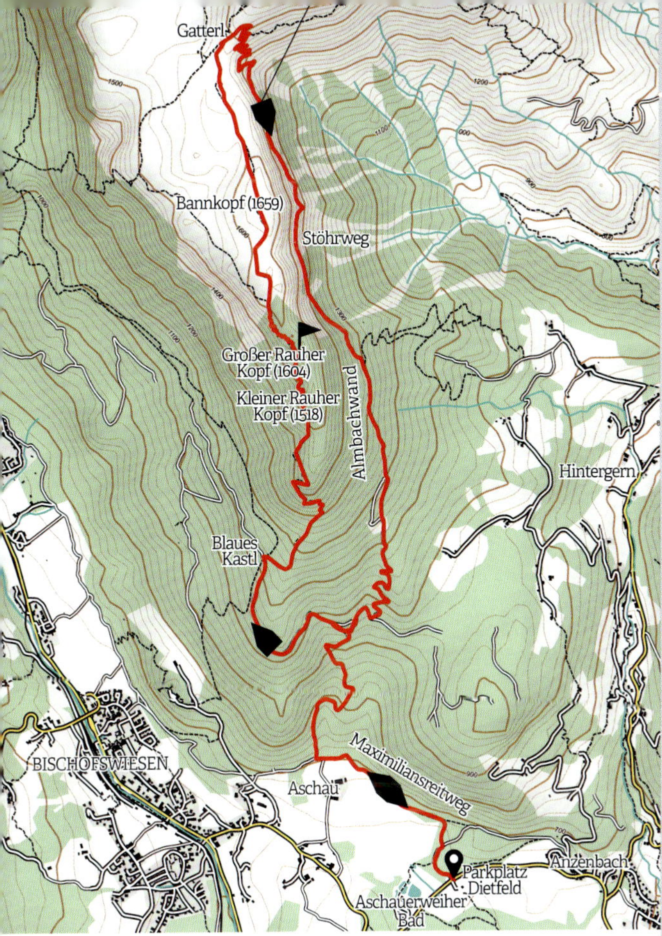

Kilometer biegt bald nach den Wasserfällen, die wir rechts oben hinter den Holzzäunen entdecken, rechts ein Karrenweg steil nach oben ab, wo unser erstes Ziel, der Rauhe Kopf, ausgeschildert ist. Dieser Weg trifft auf eine Forststraße, de-

 15,4 km  1.075 Hm  Variante

keine, nur bei Abstecher zum Stöhrhaus

kurze Kletterstellen (I) und ausgesetzte Passagen

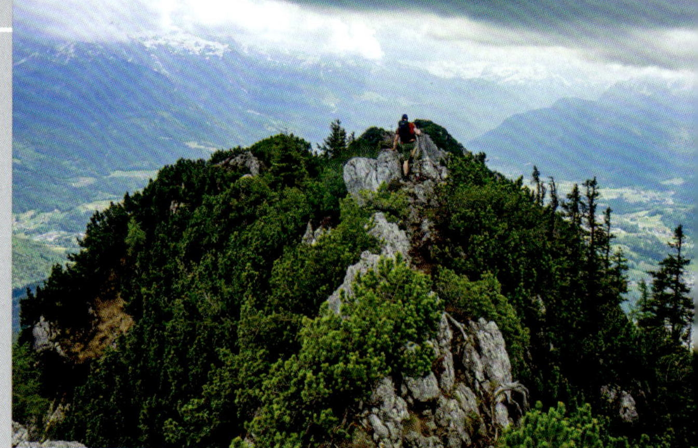

ren linken (ausgeschilderten) Zweig wir nehmen. Dieser geht bald in einen Pfad über, der sich nach gut 15 Minuten gabelt: Wir wählen den zwar markierten, aber nicht ausgeschilderten linken Weg – für den rechten gibt es ein weißes Schild „Untersberg / Stöhrhaus". Dieser linke Pfad trifft nach wenigen Minuten auf eine breite Forststraße, der wir dann nach links folgen. (Wer den Abzweiger übersieht, kommt auf die gleiche Forststraße und ebenfalls durch Abbiegen nach links auf den richtigen Weg.) Der Forststraße folgen wir bis zu dem unübersehbaren Rastplatz am Blauen Kastl.

Unser Weg geht jetzt nach rechts oben, führt relativ steil

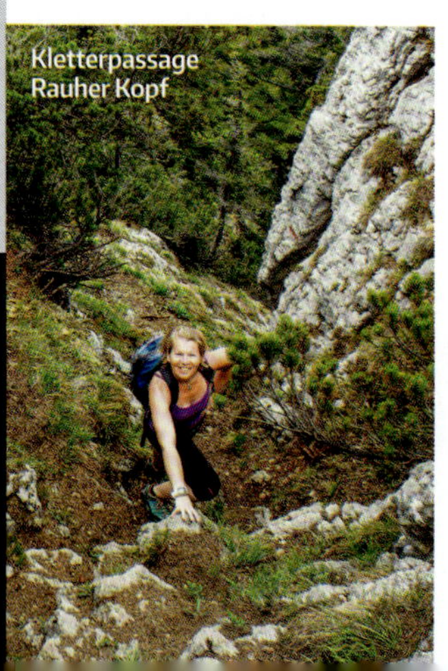

Kletterpassage Rauher Kopf

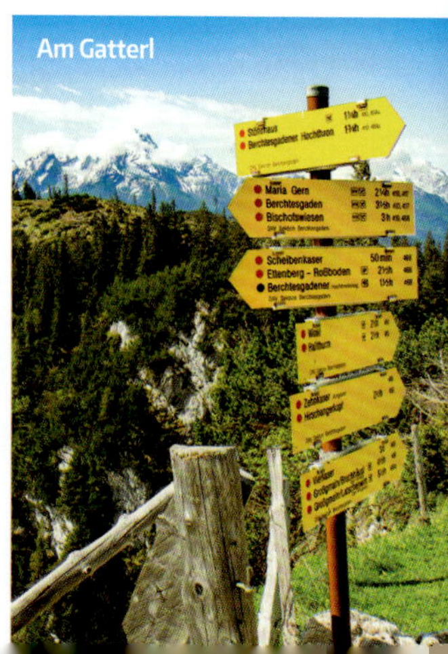

Am Gatterl

an den Abhang der Rauhen Köpfe heran. Auf der Höhe von etwa 1.420 m geht es kurzzeitig eben nach Norden, bevor der Weg sich dann wieder steil nach rechts (ausgeschildert) heraufschwingt in die Senke zwischen Kleinem und Großem Rauhen Kopf. Jetzt folgen noch zwei Steigungen im felsigen Gelände – bei einer Querung hilft ein kurzes Seil – dann ist der Gipfel erreicht.

Die nun folgende Überschreitung erfordert Schwindelfreiheit, etwas Geschick beim Klettern und im beim Auffinden eines spärlich gekennzeichneten Weges. Man klettert auf der anderen Seite des Gipfels ein kurzes Stück zwischen den Latschen ab, quert dann nach links und steigt bald mithilfe von Drahtseilen in eine steile Rinne hinab. Im Auf und Ab geht es über einige felsige Köpfe hinweg, meist zwischen Latschen. Der Weg ist zwar immer noch ausgesetzt, erfordert aber keine Kletterei mehr.

Auf dem Hochplateau, das man nach etwa einer Stunde erreicht, hält man sich am rechten Rand. Gelegentlich helfen rote Punkte, den Weg zu finden. Dass wir mit dem Bannkopf-Gipfel (1.659 m) in einer Latschengasse den höchsten Punkt überschreiten, nehmen wir in dem Moment kaum wahr, realisieren es aber bald danach, weil es jetzt konstanter abwärts geht. Sobald man aus dem Wald herauskommt, sieht man vor sich einen Pfad, den wir nach rechts aufwärts nehmen und der uns in wenigen Minuten zum sogenannten Gatterl, einer Wegkreuzung, führt.

Wir wählen den Abstieg Richtung Ettenberg, Maria Gern, Bischofswiesen, der sich nach einer Viertelstunde und zwei Serpentinen wieder teilt. Rechts hinunter geht es Richtung Maria Gern und Bischofswiesen, zunächst über Serpentinen, dann lange unter der Almbachwand entlang querend. Der Weg teilt sich nochmals, wir gehen geradeaus weiter Richtung Bischofswiesen. Nach etwa dreiviertelstündigem Abstieg über steile Kurven der Forststraße stoßen wir auf eine querlaufende Forststraße, gehen nach rechts und zweigen kurz darauf links in einen steilen Pfad ab, der hinab Richtung Aschauerweiher führt. Wir folgen dem Pfad und später dem Karrenweg nach unten, gehen dann links auf den Maximiliansreitweg und rechts Richtung Dietfeld-Parkplatz.

Variante
Wer am Gatterl noch Lust auf zusätzliche 1¼ Stunden Aufstieg hat, kann sich noch einen leckeren Kuchen oder eine Jause am Stöhrhaus verdienen. Weitere 30 Minuten braucht man dann noch auf den Gipfel des Berchtesgadener Hochthrons (1.972 m).

Gipfeltouren

Nahezu alle Gipfel, die in den Berchtesgadener Alpen auf markierten Wegen zu erreichen sind, finden in diesem Wanderführer Beachtung. Nur die schwer zugänglichen Gipfel im einsamen östlichen Hagengebirge und im südlichen Hochkönigsstock kommen nicht in der Tourenauswahl vor, da dieser Wanderführer sich schwerpunktmäßig an Bewohner der Regionen rund um Berchtesgaden und an Urlauber richtet, die im Berchtesgadener Land übernachten. Doch nicht fehlen durften die markanten Gipfel im südlichen Steinernen Meer, auch wenn die Talorte Saalfelden, Maria Alm und Hinterthal von Berchtesgaden aus etwa einstündige Anfahrten verlangen.

Gut erschlossene Urlaubs- und Wanderregion

Die Berchtesgadener Alpen sind eine gut erschlossene Urlaubs- und Wanderregion, was viele Vorteile mit sich bringt: Überall finden sich Parkplätze und meist auch Bushaltestellen an den Ausgangspunkten. Die Alpenvereinshütten, die zum überwiegenden Teil bereits im vorletzten Jahrhundert entstanden, sind gut eingerichtet und renoviert. Einige Bergbahnen und auch die Rossfeld-Höhenringstraße ermöglichen, die Touren bereits in höheren Lagen starten zu lassen. Dennoch ist die Landschaft nicht – wie in vielen stark ausgebauten Skiregionen – durch einen exzessiven Wintertourismus strapaziert.

Deutschlands einziger Alpen-Nationalpark

Die Bergregionen um Berchtesgaden konnten sich viel von ihrer Ursprünglichkeit bewahren – und werden dies auch garantiert aufrechterhalten. Denn ein großer Teil der Berchtesgadener Alpen ist als Deutschlands einziger Alpen-Nationalpark geschützt – dort gilt das Prinzip „Natur sich selbst überlassen." Zudem konnte die Gemeinde Ramsau bei Berchtesgaden 2015 als erster deutscher Ort das Prädikat „Bergsteigerdorf" vom Alpenverein erhalten, da es dessen Kriterien für einen sanften und nachhaltigen Alpintourismus erfüllt.

Almen als willkommene Abwechslung und Raststationen

Zum Glück für die Wanderer besteht der Nationalpark aus zwei Zonen: einer Kernzone, wo (so gut wie) kein Eingriff in die Natur erfolgen darf, und einer Pflegezone, in der die alte Kulturlandschaft weiterhin durch Menschen gepflegt wird. Dadurch blieben viele Almen bestehen und bieten den Wanderern willkommene Abwechslung durch offene Wiesenlandschaften mit einer eigenen Blumenwelt – und bodenständige Brotzeiten, die sie dort erwarten.

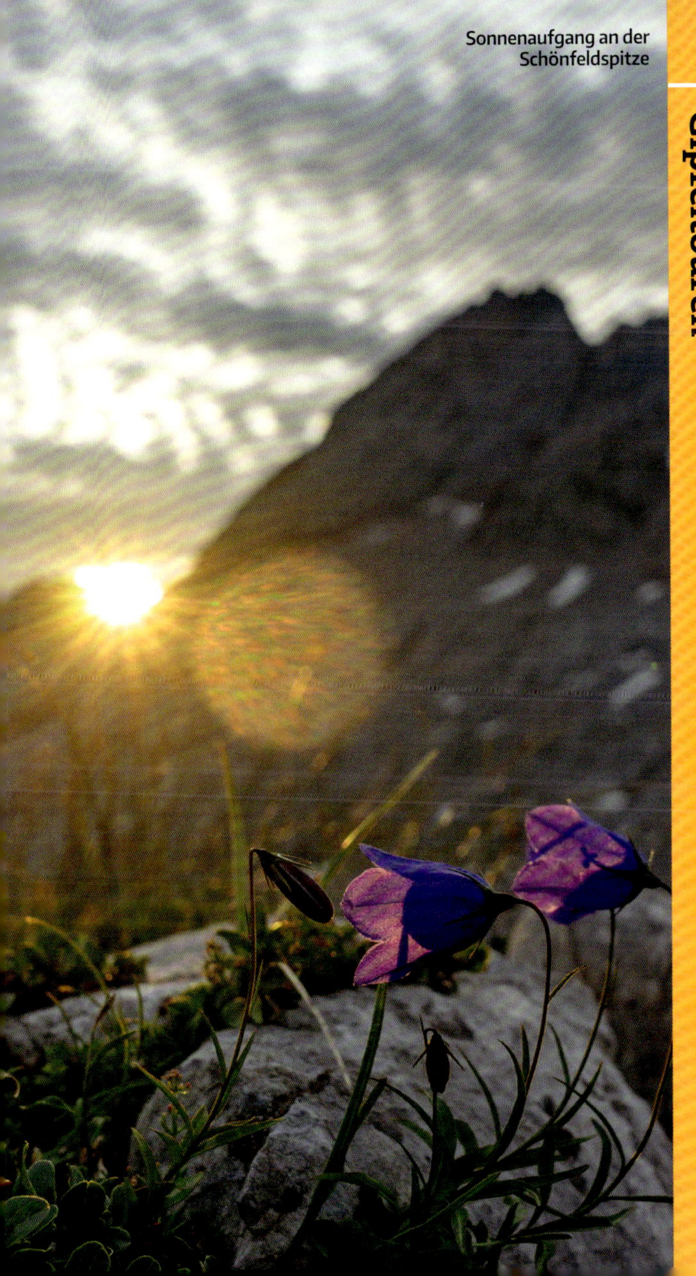

Sonnenaufgang an der Schönfeldspitze

Salzburger Hochthron, 1.852 m – mit Eishöhle und zwei spektakulären Steigen

Eine ungewöhnliche Bergtour, da sie kurz unter dem Gipfel startet und sich dann in einer abwechslungsreichen Runde wieder dorthin zurückarbeitet. Die Eishöhle, zwei Hütten, ein spektakulärer Abstieg durch Treppen in Tunnels und ein Anstieg über in den Stein gehauene Stufen sind außergewöhnliche Höhepunkte.

Parkplatz Untersbergbahn St. Leonhard (kurz hinter der deutsch-österreichischen Grenze Richtung Salzburg-Süd), Bushaltestelle Grödig-Untersbergbahn, Fahrt mit der Untersbergbahn zur Bergstation (1.775 m)

4 ½ Stunden: Zum Gipfel des Salzburger Hochthrons 20 Min., Abstieg in die Mittagsscharte 30 Min., Abstieg über den Thomas-Eder-Steig zur Eishöhle 30 Min., zur Toni-Lenz-Hütte 15 Min., zum Schellenberger Sattel 1 ½ Std., Abstieg in die Obere Rositten 30 Min., Anstieg über den Dopplersteig zum Zeppezauerhaus 45 Min., Anstieg zur Bergstation der Untersbergbahn 15 Min.

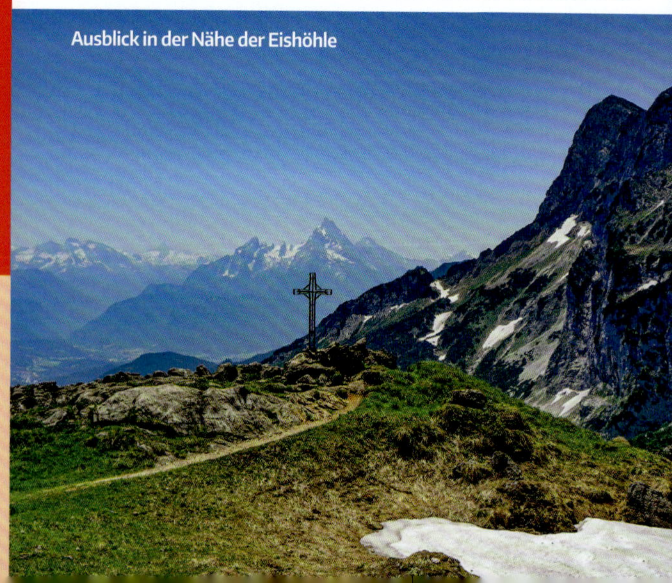
Ausblick in der Nähe der Eishöhle

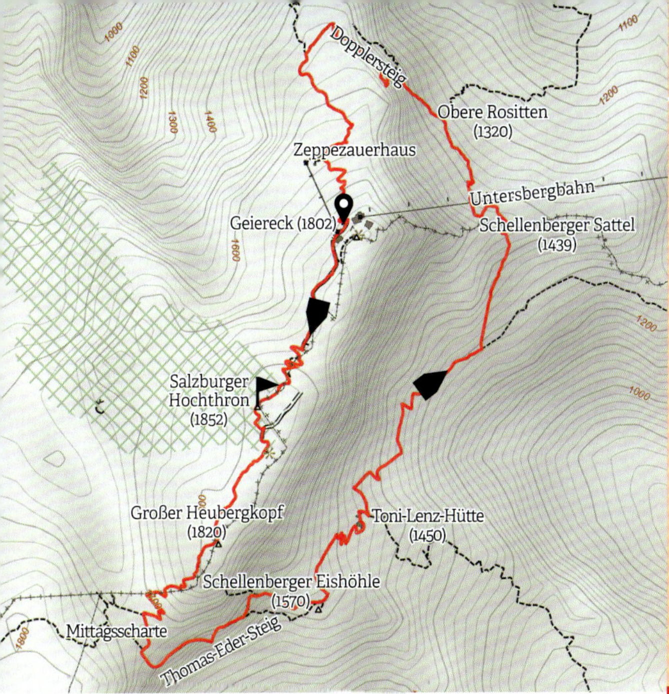

Wir nehmen möglichst die erste morgendliche Fahrt der Untersbergbahn, damit uns genügend Zeit für die vielen Höhepunkte des Tages bleibt. Der Gipfel des Salzburger Hochthrons (1.852 m) mit seinem schönen Rundumblick ist innerhalb von 20 Minuten erreicht, auch wenn der Weg dorthin in mehrfachem Auf und Ab anfangs über nicht so schöne Sandstraßen zurückgelegt werden muss.

Auf der anderen Seite des Gipfels geht es dann abwärts. Nach einigen Minuten kreuzen wir die Skiabfahrt, folgen ihr wenige Meter und gehen dann gegenüber ein Stück aufwärts an der Kante des Großen Heubergkopfs entlang. Durch Latschengassen und über freies Gelände gelangen wir abwärts in die Mittagsscharte, wo tatsächlich mittags die Sonne voll hinein scheint. Dort weisen uns die

 6,4 km 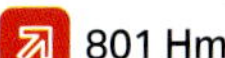 801 Hm 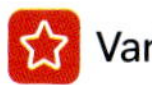 Variante

 Toni-Lenz-Hütte, Zeppezauerhaus

 für die Eishöhlenbesichtigung unbedingt warme Bekleidung mitnehmen

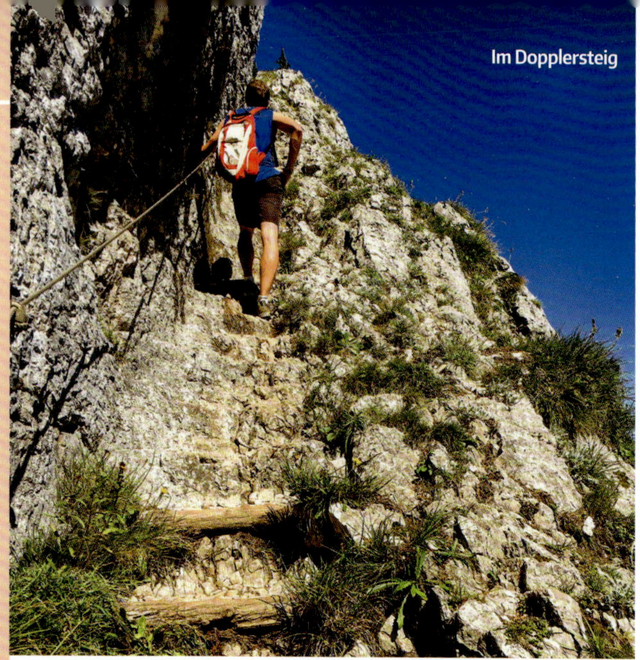

Im Dopplersteig

gelben Schilder Richtung Eishöhle nach links hinab.

Schon bald wird der Abstieg – nach einem Initiator des Steigs und einem der Gründer des Eishöhlen-Vereins „Thomas-Eder-Steig" genannt – regelrecht abenteuerlich: Steile Holztreppen, stets gut mit Geländern oder Seilen gesichert, führen durch vier bereits im Jahr 1934 in die Felsen gesprengte Tunnels. Nach der Steilstufe zieht sich der Steig parallel zum Hang zur Eishöhle (1.570 m) hin. Die geführte Besichtigung durch die größte erschlossene Eishöhle Deutschlands dauert ca. 45 Minuten und zeigt bizarre Eisformationen und beeindruckende Eishallen. Von der Eishöhle ist es nicht weit zur Toni-Lenz-Hütte (1.450 m) mit ihrer schönen Südterrasse, die weite Ausblicke ins Tal, aber auch zum Höhen Göll im Süden und zum Dachstein im Osten ermöglicht.

Das nächste Wegstück erfordert höchste Konzentration: Etwa 200 Höhenmeter geht es auf ausgesetzten, aber gut hergerichteten und mit vielen Eisengriffen und -tritten gesicherten Pfaden bergab und anschließend etwas weniger schwierig bergauf. Nach dem Schellenberger Sattel auf 1.439 m Höhe müssen wir nochmals einen Abstieg in Kauf nehmen, der uns wieder auf schmalen ausgesetzten Pfaden, diesmal überwiegend seilversichert, in die Obere Rositten (1.320 m) bringt, wohin der Dopplersteig von unten heraufkommt.

Kurz nach der Weggabelung gibt es einen nicht bezeichneten, aber deutlich sichtbaren, sehr ausgesetzten Abzweiger nach rechts zum Eingang der riesigen Kolowratshöhle, in der die Einheimischen im 19. Jahrhundert Schlittschuh gelaufen sind – bis die künstlich herbeigeführte Erweiterung des Höhleneingangs den Eisspiegel in der Höhle um sechs Meter absinken ließ. Auf dem Dopplersteig bewältigen wir jetzt unseren weiteren Anstieg: Steile Treppen mit Holztritten und dann auch viele in den Stein geschlagene Stufen führen an der steilen Wand des Geierecks entlang. Im weiteren Verlauf gelangen wir zum Taxhamer Kreuz (1.560 m), von dort geht es in etwa einer halben Stunde am Zeppezauerhaus vorbei zur Bergstation am Geiereck.

Variante

Wer den Aufstieg aus eigener Kraft bewältigen möchte, wählt am besten den Reitsteig, der beim Parkplatz an der Rosittenbrücke (465 m) in Glanegg beginnt. Dieser bringt uns zum Zeppezauerhaus und von dort zum Salzburger Hochthron. Bei der Oberen Rositten erspart man sich dann den erneuten Aufstieg über den Dopplersteig und geht stattdessen auf diesem nach unten und gelangt wieder zum Parkplatz an der Rosittenbrücke.

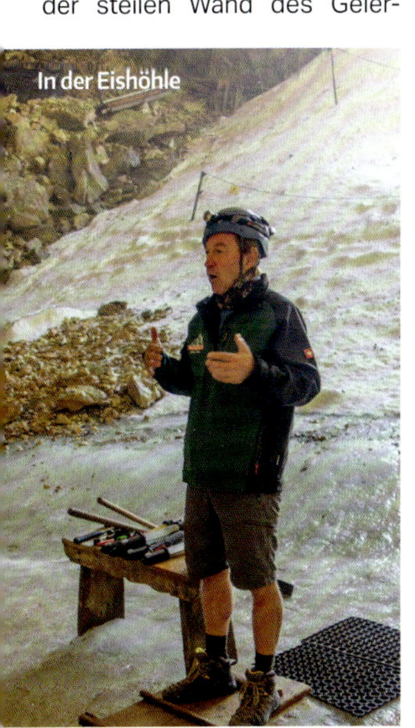
In der Eishöhle

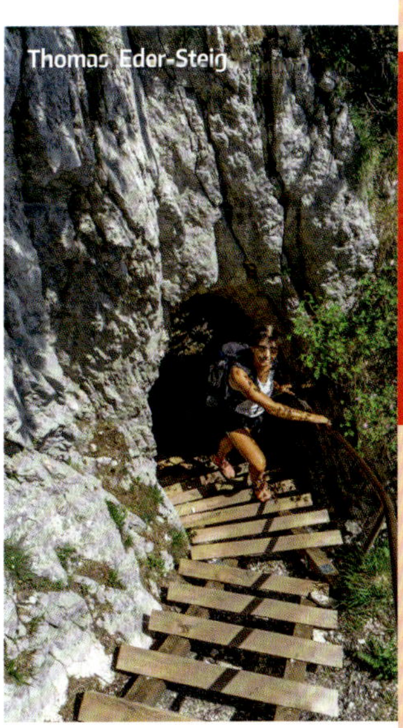
Thomas Eder-Steig

Rossfeld mit dem Ahornbüchsenkopf, 1.604 m

Obwohl das Rossfeld als Panorama-Straße viel befahren und im Winter als Skigebiet genutzt wird, gibt es auch dort einsame Zustiege und einen ziemlich einsamen höchsten Gipfel, da der Weg dort hinauf nicht ausgeschildert ist. Die Nähe zu den hohen Wänden des Gölls und der weite Blick ins Salzachtal verleihen der Tour ihren besonderen Charakter.

Parkplatz Schwalber in Kuchl-Gasteig, Skilanglauf-Loipe (Kühschwalbweg), Anfahrt: in Kuchl (Richtung Golling fahrend) nach der Ortseinfahrt rechts, unter der Bahn hindurch, nach der Salzachbrücke rechts, kurz darauf links und dann unter der Autobahn hindurch, der Straße nach links oben folgen, am Gasthaus Schöne Aussicht vorbei, nach ca. 1,5 km Parkplatz an der rechten Straßenseite (670 m)

6 Stunden: Aufstieg zur Dürrfeichtenalm 2 Std., zum Eckersattel 15 Min., über Ahornkaser auf den Ahornbüchsenkopf 45 Min., Abstieg zurück zur Dürrfeichtenalm 30 Min., Querung zur Nesslangeralm (Kuchler Sonnenweg) 1 Std., Abstieg zum Parkplatz 1 ½ Std.

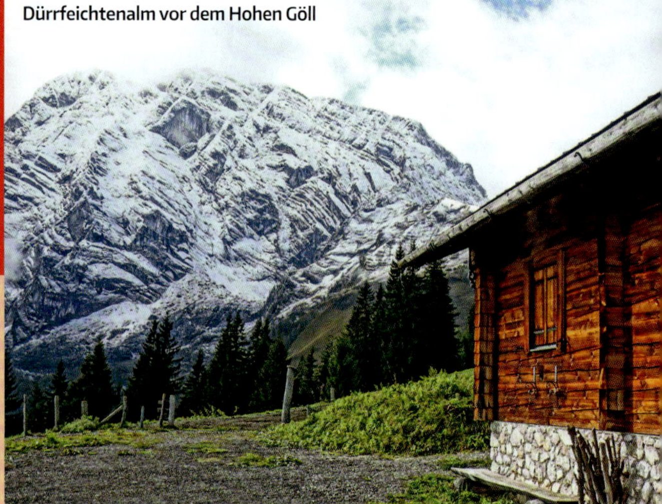

Dürrfeichtenalm vor dem Hohen Göll

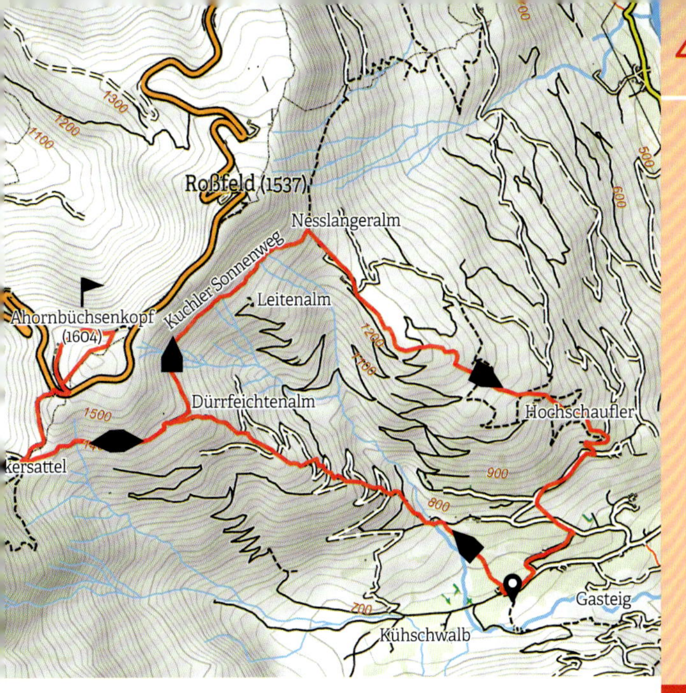

Gleich hinter dem Parkplatz weisen gelbe Schilder zu einem Weg nach rechts zwischen den Häusern hindurch (Richtung Eckersattel). Wir durchqueren eine Wiese und gelangen auf einen Karrenweg. Nach der Brücke zweigt rechts ein netter schmaler Waldpfad ab, der uns in vielen kleinen Kehren, eine Forststraße mehrfach kreuzend, nach oben bringt. Schließlich erreichen wir die Almwiesen der Dürrfeichtenalm und der Weg führt uns über die Terrasse der unteren Hütte. Jetzt folgen wir dem breiten Almweg nach links und erreichen nach etwa 15 Minuten den Eckersattel, eine Senke, in der sich viele Wege treffen.

Hier wenden wir uns jetzt nach rechts Richtung Rossfeld und steigen den steilen Sandweg hinauf. Oben kreuzen wir die Straße und queren über das freie Feld zur Zufahrt des Ahornkasers. An dieser Gaststätte

13,8 km 974 Hm Variante

Ahornkaser auf dem Rossfeld, zeitweise Nesslangeralm

Almsteig ist nach Regen lange nass und morastig

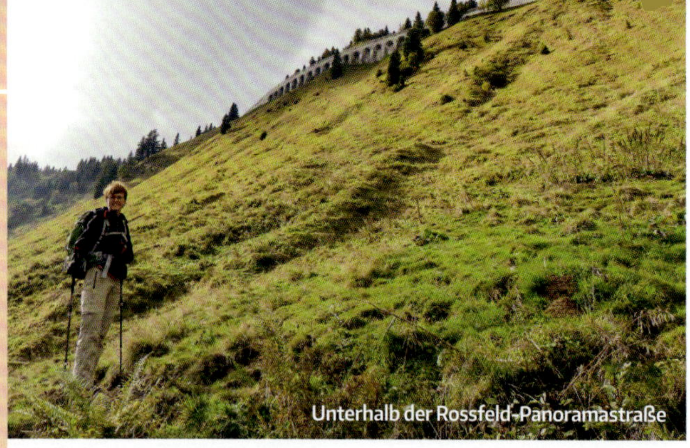
Unterhalb der Rossfeld-Panoramastraße

führt ein breiter Sand-/Wiesenweg hinter dem Ahornbüchsenkopf entlang. Kurz bevor man wieder auf die Rossfeldstraße treffen würde, entdeckt man nach rechts oben einen Trampelpfad, der zum Waldrand und einem davor verlaufenden Weidezaun führt. An diesem Zaun nach rechts hinauf verläuft ein schwach ausgetretener Pfad, der uns zu dem aussichtsreichen Gipfel mit einer netten Sitzgruppe und einem Gipfelkreuz bringt.

Für den Abstieg gehen wir nicht zurück, sondern verfolgen den Pfad weiter Richtung Eckersattel, halten uns steil bergab durch die Wiese auf die Straße zu. Jetzt gehen wir den gleichen Weg zurück über den Eckersattel zur Dürrfeichtenalm, wo wir diesmal auf die obere Alm zusteuern. Ein – teilweise recht morastiger – Almverbindungssteig, der Kuchler Sonnenweg, führt uns jetzt durch mehrere Rinnen oberhalb der Leitenalm vorbei zu einer Weggabelung oberhalb der Kuchler Skihütte auf der Nesslangeralm. Auf diese steuern wir jetzt zu, zwar markiert, aber dennoch eher weglos bergab durch die Wiese.

Nach der Kuchler Skihütte geht's zunächst abwärts und dann nach der Senke wieder etwas aufwärts, wir halten uns bei den Schildern Richtung Hochschaufler und folgen – nach dem Übertritt über den Weidezaun – dem schmalen Waldpfad, der auch als SalzAlpenTour markiert ist. Unser Pfad kreuzt die Forststraße mehrfach und trifft unweit einer Häusergruppe auf eine Teerstraße. Dort weisen uns die Wegweiser nach rechts Richtung Gollinger Wasserfall. Wir folgen den Teerstraßen und Wegweisern, erst nach links, dann weiter unten nach rechts und erreichen so bald unseren Parkplatz.

Hinweis: Der Kuchler Sonnenweg zwischen Dürrfeichten- und Nesslangeralm wurde von der

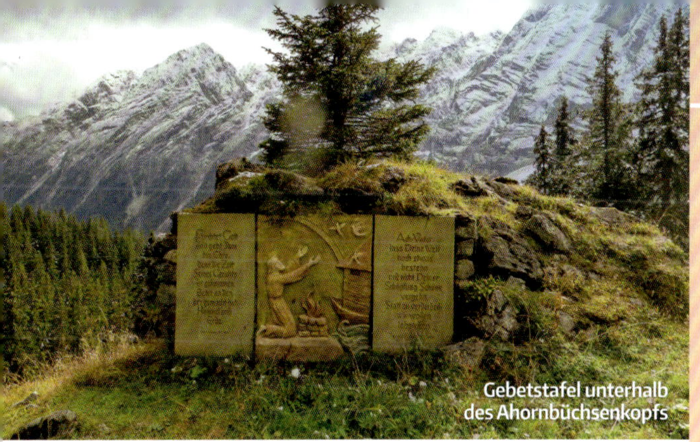
Gebetstafel unterhalb des Ahornbüchsenkopfs

Kuchler Alpenvereinssektion und den Almbauern schön hergerichtet, dennoch sollte man ihn möglichst nach einer längeren Trockenperiode gehen. Im Frühjahr hält sich hier der Schnee verhältnismäßig lange in den Rinnen, auch wenn die schneefreien Wiesen Richtung Rossfeldstraßen-Befestigung vorgaukeln, dass dieser südseitige Weg gut zu begehen sei.

Variante

Ein Abstecher in die Kühschwalb, den Kessel am Ende des Tals, ist auf jeden Fall lohnend: Geht man vom Parkplatz der Straße entlang und den sich dann anschließenden Weg bis zum Ende, kommt man den fast 2.000 Meter hohen Wänden des Hohen Gölls und der stillen, nahezu unberührten Natur in dem Kessel sehr nahe.

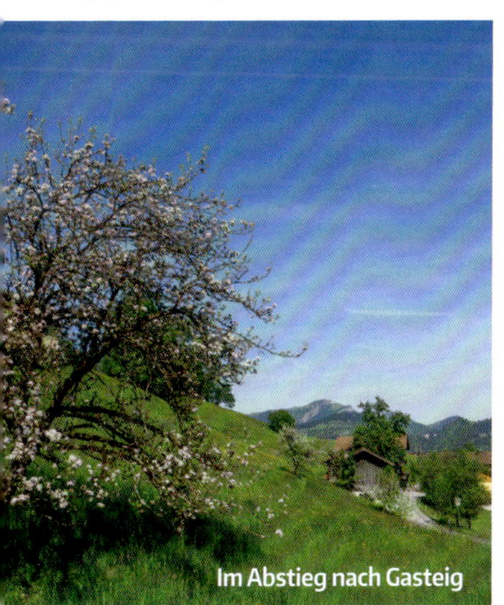
Im Abstieg nach Gasteig

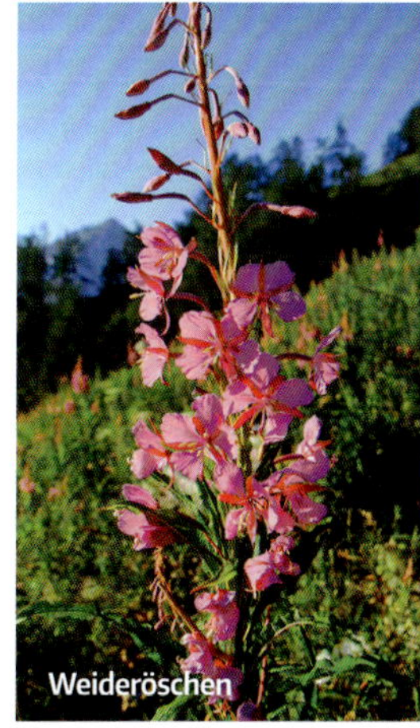
Weideröschen

Gamskarkogel, 2.014 m über die Ostpreußenhütte

Einer der leichtesten Zweitausender der Berchtesgadener Alpen, zumal der Anstieg noch durch einen lohnenden Zwischenstopp mit kulinarischen Höhepunkten versüßt werden kann. Abwechslungsreicher Anstieg durch Wald- und Wiesenlandschaft, nur die letzten hundert Höhenmeter sind alpin.

Parkplatz Dielalm, Tauernautobahn, Ausfahrt Werfen, Richtung Werfen Ortszentrum, dann aber vorbeifahren und 200 m vor dem Parkplatz der Burg Hohenwerfen links bergauf fahren (Ausschilderung Dielalm, 1.010 m). Zug oder Bus bis Werfen, dann zu Fuß zusätzliche 320 Höhenmeter Richtung Dielalm/Ostpreußenhütte

7 Stunden: Bis Sonneckhütte 1 ½ Stunden, zur Ostpreußenhütte 1 ½ Std., Aufstieg auf den Gamskarkogel 1 ½ Std., Abstieg bis Ostpreußenhütte 1 Std., zur Dielalm 1 ½ Std.

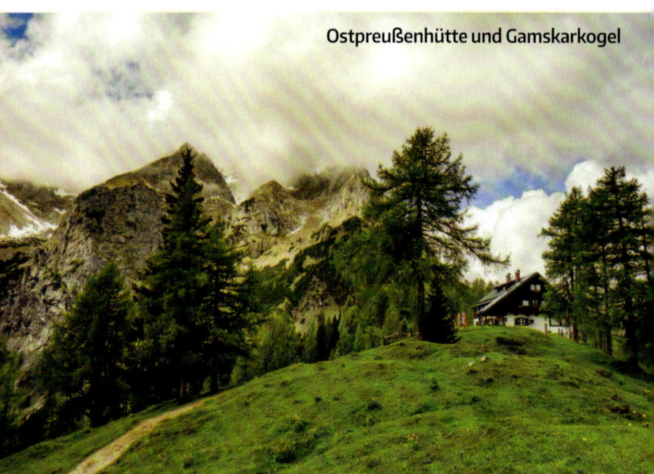
Ostpreußenhütte und Gamskarkogel

Vom Parkplatz gehen wir zunächst einmal abwärts – 150 Höhenmeter, die es sich lohnt in Kauf zu nehmen, da der Anstieg über die Sonneckhütte unvergleichlich schöner und abwechslungsreicher ist als der direkte Weg zur Ostpreußenhütte. Gleich nach der ersten Kurve des Sträßchens führt

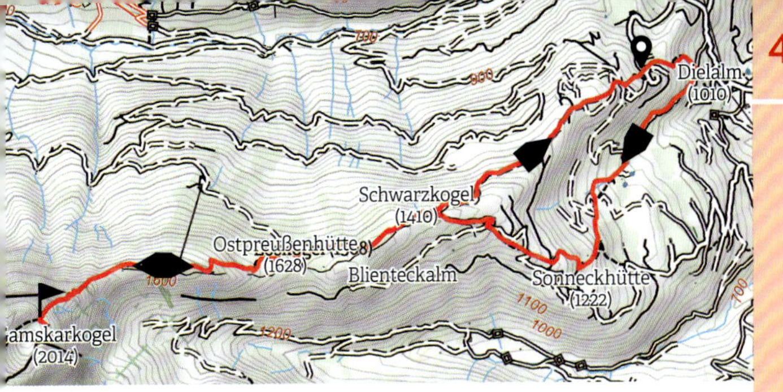

ein Wiesenpfad nach rechts hinab (Ausschilderung Richtung Werfen), der bald ein Waldstück durchquert und nach ca. 20 Minuten auf eine andere kleine Straße stößt (850 m). Ab hier geht es wieder bergauf und die Ostpreußenhütte ist gut ausgeschildert. Wir nehmen zunächst die Straße nach rechts, vorbei an allen Bauernhöfen und Wiesen mit einer ungewöhnlichen Dichte von teils seltenen Wiesenblumen.

Nach etwa 15 Minuten zweigt ein Karrenweg nach links ab. Vor einer bald folgenden Linkskurve dieses Weges nach rechts auf den Rücken hinaufgehen, dann links über einen Graben und rechts auf einen Weg – stets weisen Schilder den Weg, sind aber manchmal erst nach kurzer Suche zu entdecken. Der Weg führt uns über die Tanngutalm zur Sonneckhütte. Auf der dahinter liegenden Forststraße gehen wir ein kurzes Stück aufwärts, bis unser Weg nach links abzweigt. Nach einer guten halben Stunde kommen wir zu dem breiten Verbindungsweg, der von der Dielalm zur Ostpreußenhütte führt, und folgen diesem nach links.

Über herrliche Almwiesen gelangen wir zur Blienteckalm und kommen dann vorbei an einem eingezäunten Weiher, der im Frühsommer durch unzählige Fieberklee- und Knabenkraut-Blüten umkranzt ist. Nach eventueller Zwischenrast in der Ostpreußenhütte nehmen wir den finalen Gipfelanstieg in Angriff: Hinter der Hütte beginnt der Pfad, der uns erst durch Wiesen, dann im Zickzack durch die Latschen führt. Danach heißt es Acht geben, denn der Weg geht über einen an beiden Seiten steil abfallenden Grat und dann an die Wand heran in felsiges Gelände. Diese Passage könnte man durchaus als alpin bezeichnen, das letzte Stück zum Kreuz ist wieder einfacher: Bereits unterhalb der Skistange mit den Wegweisern ist auf Felsblöcken angeschrieben, wo es nach links

 15,6 km  1.228 Hm  Ostpreußenhütte, Dielalm

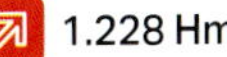

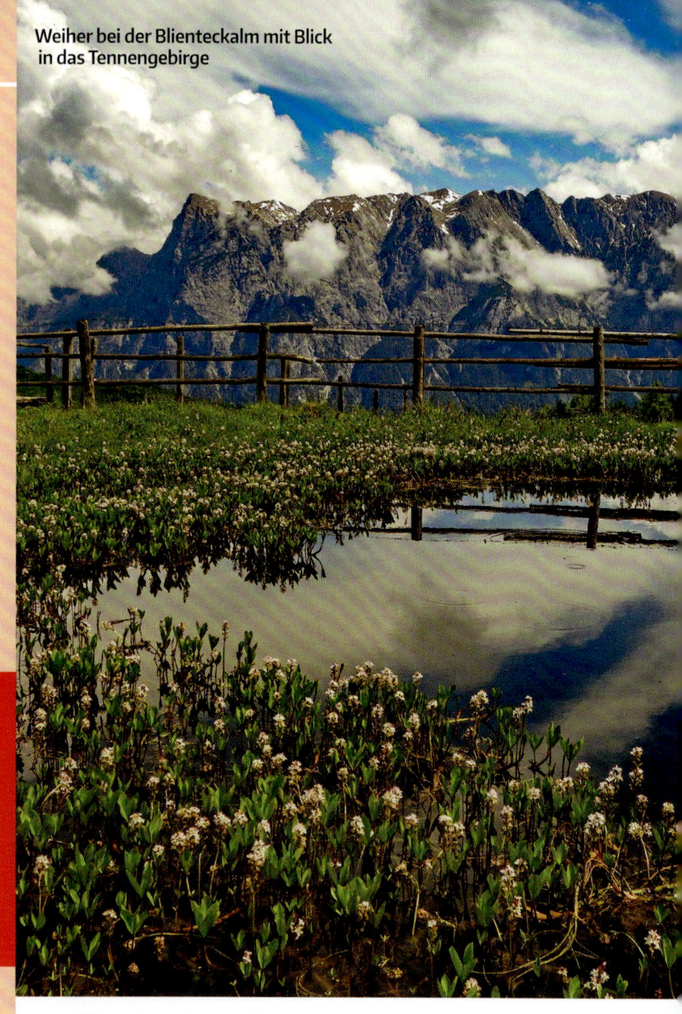
Weiher bei der Blienteckalm mit Blick in das Tennengebirge

vom Weg abzweigt, und in wenigen Minuten ist der malerische Gipfel mit dem Kreuz und den vielen Blütenpolstern erreicht. Der Abstieg zur Hütte und dann über die Blienteckalm erfolgt auf dem gleichen Weg. Bei der Weggabelung bleiben wir auf dem breiten Forstweg, der uns – mit einigen geschickten, ausgeschilderten – Abschneidern zum Parkplatz zurückführt. Dort würde die Dielalm eine nochmalige Einkehr lohnen.

49

Kleine Reib´n mit Schneibstein, 2.276 m und Windschartenkopf

Beliebte Runde durch das Hagengebirge, die zwar – anders als der Name vermuten lässt – nicht gerade klein, aber aufgrund der Fahrt mit der Jennerbahn gut machbar ist. Ein kleiner Abstecher auf den Windschartenkopf bringt uns kurzzeitig in wirklich einsame Gefilde.

Parkplatz und Bushaltestelle Königssee / Jennerbahn, Fahrt mit der Jennerbahn zur Bergstation (1.800 m)

9 ½ Stunden: Übergang von der Jenner-Bergstation zum Stahlhaus 45 Min., Aufstieg auf den Schneibstein 2 Std., Abstieg zur Windscharte 1 Std., Auf- und Abstieg Windschartenkopf 45 Min., zum Seeleinsee 1 Std., durch den Stiergraben zur Priesbergalm 1 ½ Std., Abstieg zum Königssee 2 ½ Std.

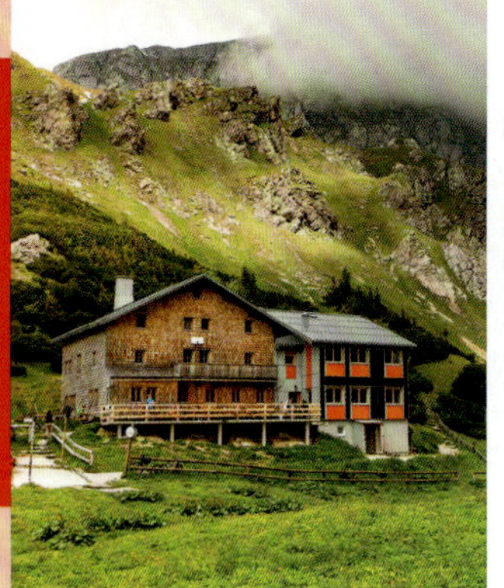

Carl-von-Stahl-Haus

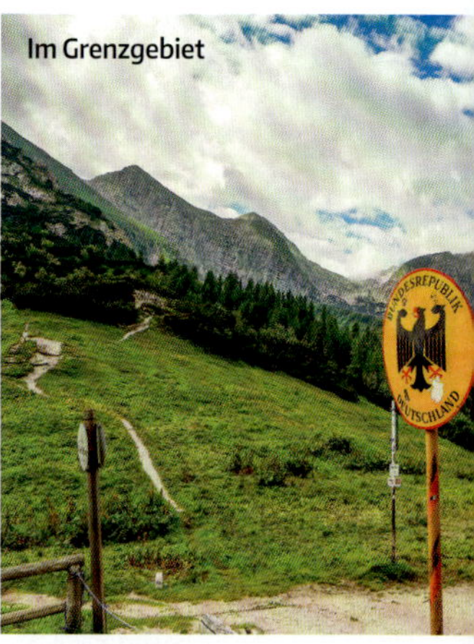

Im Grenzgebiet

Nachdem wir möglichst eine frühe Bahn zur Jenner-Bergstation genommen haben, steigen wir den – wahrhaft nicht schönen Weg – über die ehemalige Skiabfahrt hinab und halten uns nach wenigen Minuten bei der ersten Gabelung nach rechts abwärts Richtung Stahlhaus. Bis zu einer Senke (Mitterkaserjoch, 1686 m) folgen wir noch der Skiabfahrt, dann können wir kleinere Pfade finden, die uns bis zu unserer nächsten Abzweigung nach rechts bringen. Dieser Weg führt dann zunächst abwärts und wieder aufwärts durch einen Graben. Bei der nächsten Weggabelung wählen wir den linken Weg Richtung Stahlhaus (1.736 m), das wir ohne Höhenverlust erreichen. Gegenüber der Hüttenterrasse führt der Weg auf den breiten Schneibstein hinauf, einen Gipfel mit zwei Gipfelkreuzen (deutsch und österreichisch), aber ohne Gipfelbuch. Vom Gipfel aus halten wir zunächst auf die gelben Schilder südwestlich unterhalb zu, die den Weg Rich-

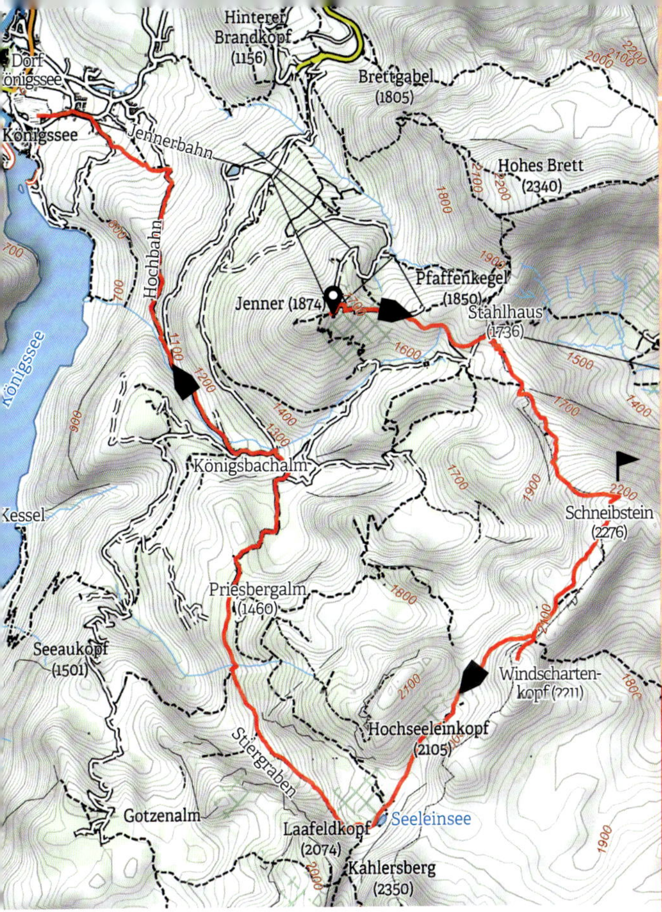

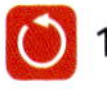 17,2 km  745 Hm 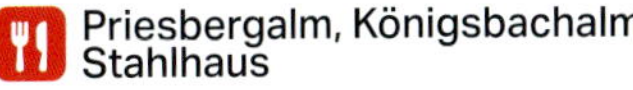 Priesbergalm, Königsbachalm, Stahlhaus

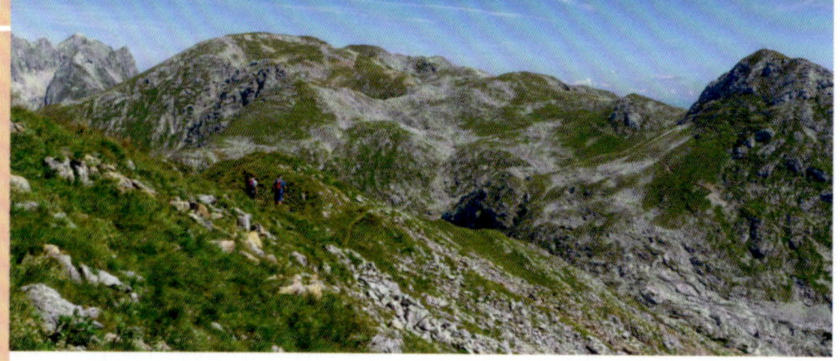
Blick hinüber zur Kleinen Reib´n

tung Windscharte und Seeleinsee weisen. Während die ersten 150 Höhenmeter im Abstieg etwas mühsam sind, weil man sich ständig über Steinbrocken hinwegarbeiten muss, wird der Pfad zur Windscharte hin angenehmer.

Nach der Windscharte (2.103 m), wo gelbe Schilder nach links Richtung Schlum und Bluntautal weisen, bleiben wir noch ein paar Minuten auf dem Weg. Kurz nach einer Stange der Wintermarkierung zeigt links unten ein weißes Schild den Einstieg in den Weg auf den Windschartenkopf an. Steindauben und Tritte im Gras helfen uns, den Weg zu halten, der sich im oberen Teil dann als weitgehend eindeutiger Pfad entpuppt und unschwierig zum sich bald zeigenden Gipfelkreuz (2.211 m) führt. Nach dem Abstieg auf gleichem Weg folgen wir der „Kleinen Reib´n" nach links. Die „Kleine Reib´n" ist übrigens die kleine Skitouren-Runde – im Vergleich zur „Großen Reib´n", die auch noch das Funtensee-Gebiet und den Loferer

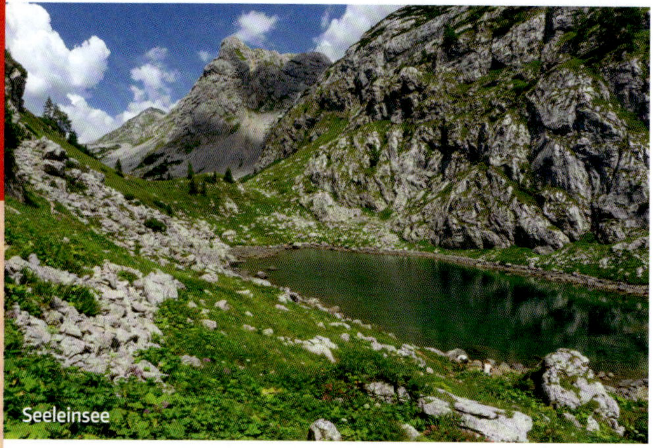
Seeleinsee

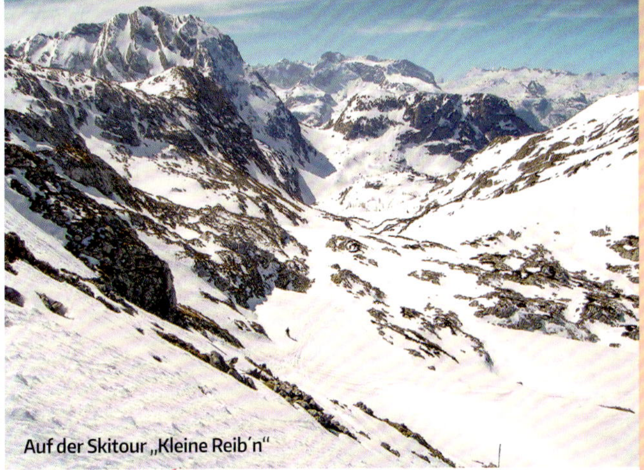
Auf der Skitour „Kleine Reib´n"

Seilergraben ins Wimbachgries mitnimmt.

Wir erreichen auf unserer „Reib´n" den malerischen Seeleinsee und steigen danach ab in den Stiergraben. Später geht der Weg lange Zeit eben, durch schöne Wiesen mit unzähligen Orchideengewächsen, zur Priesbergalm. Nach einer eventuellen Rast steigen wir weiter ab, durchs Priesberger Moos hindurch bis zum sogenannten „Steinernen Bankerl", wo sich tatsächlich ein großer Fels als Sitzgelegenheit anbietet.

Hier teilen sich die Wege: Wir nehmen den linken Weg bergab, gehen an der Königsbachalm vorbei über die Hochbahn, die uns oberhalb der östlichen Wände des Königssees entlang hinunter führt. Eine Abkürzung bietet sich nach etwa einer Stunde in einer auffälligen Linkskurve (auf 830 m Höhe) an, wo direkt hinter dem Pletzgrabenbach ein (unbezeichneter), zeitweise etwas rutschiger Pfad nach unten führt. Dort, wo wir auf einen von oben herabkommenden Wirtschaftsweg treffen, gehen wir auf diesem noch ein paar Meter rechts hinab, um kurz darauf einen nach links abzweigenden unbezeichneten Pfad zu wählen. Dieser führt uns zum Malerwinklrundweg, dem wir dann nach rechts folgen. Der Weg bringt uns zur Jennerbahnstraße, die dann abwärts zum Königssee-Parkplatz leitet.

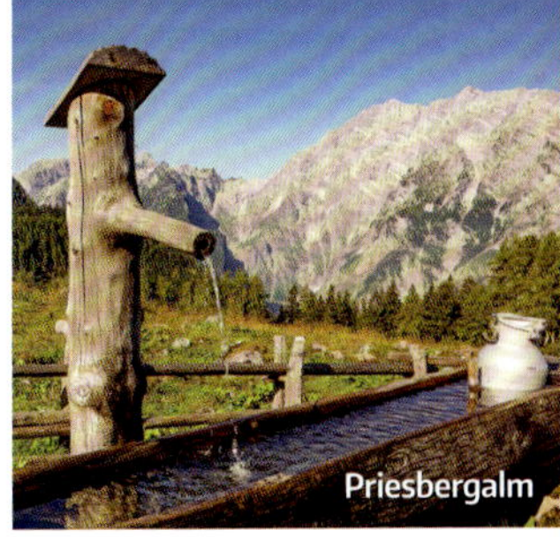
Priesbergalm

Kahlersberg, 2.350 m

Mächtig thront der Kahlersberg im Hagengebirge, ihm fehlen nur 11 Höhenmeter aufs Große Teufelshorn, sonst wäre er nicht nur der mächtigste, sondern auch der höchste Gipfel dieses Gebirgsstocks. Der Weg dorthin ist abwechslungsreich, so dass auch der Rückweg auf denselben Pfaden interessant bleibt. Rundtouren lassen sich nur mit sehr großem Aufwand gestalten.

Parkplatz und Bushaltestelle Hinterbrand, Schönau am Königssee (1.125 m)

10 ½ Stunden: Zum Steinernen Bankerl oberhalb der Königsbachalm 1 ¼ Std., zur Priesbergalm 45 Min., durch den Stiergraben zum Seeleinsee 1 ¾ Std., Anstieg übers Hochgeschirr auf den Kahlersberg 2 Std., Abstieg zum Hochgeschirr 1 ¼ Std., Abstieg zur Priesbergalm 1 ¾ Std., Abstieg zum Steinernen Bankerl und Querung nach Hinterbrand 1 ¾ Std.

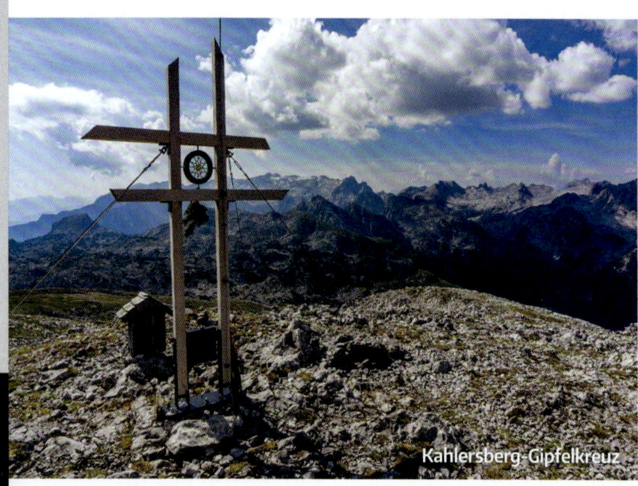
Kahlersberg-Gipfelkreuz

Zunächst halten wir uns Richtung Jenner-Mittelstation, queren die Skitrasse und gelangen auf den schönen und aussichtsreichen Weg Richtung Königsbachalm. An der Kreuzung beim Steinernen Bankerl, das es rechts am Weg tatsächlich gibt, gehen wir nicht hinunter zur schon länger sichtbaren Königsbachalm, sondern steil hinauf Richtung Priesbergalm. Die Abzweigung Richtung Jenner oder Stahlhaus ignorierend gelangen wir auf bequemen Pfaden vorbei an der Enzianbrennhütte und durch das Priesberger Moos zur Priesbergalm, die in den Som-

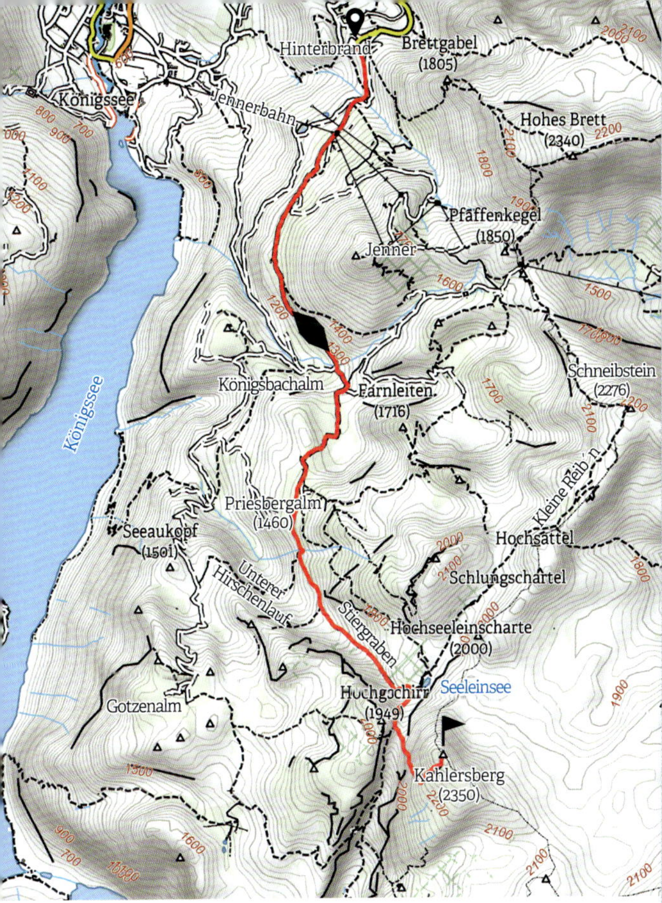

19,8 km 1.290 Hm  Varianten

Priesbergalm, Königsbachalm (kleiner Abstecher), Dr. Hugo-Beck-Haus (kurz vor der Jenner-Mittelstation)

kurze Kletterpassagen

mermonaten bewirtschaftet ist und eine gigantische Aussicht hinüber zur Watzmann-Ostwand bietet. Von da aus geht es noch eine Weile eben weiter durch herrlich blühende Wiesen, dann erreichen wir den Stiergraben, der uns recht steil bergauf zur Weggabelung oberhalb des Seeleinsees führt.

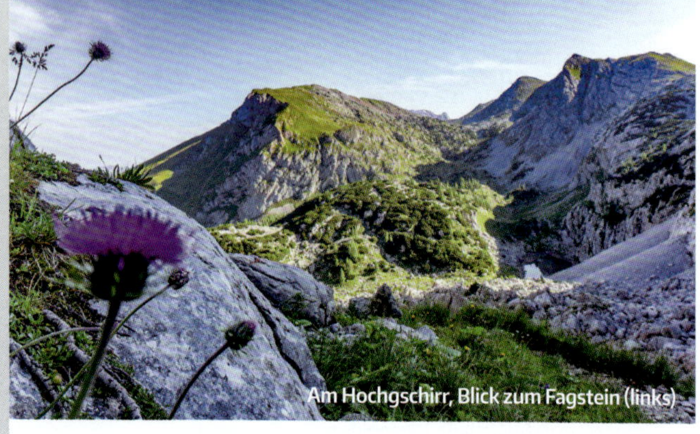
Am Hochgschirr, Blick zum Fagstein (links)

Wir biegen nach rechts Richtung Hochgschirr (1.949 m), dem Sattel vor dem Landtal, ab und wenden uns dort dann nach links zum Kahlersberg-Anstieg. Den Namen Mauslochsteig verdankt der einzige bezeichnete Weg auf den Kahlersberg einer gesicherten Engstelle, durch die aber nicht nur Mäuse, sondern auch ausgewachsene Wanderer gut passen. Dennoch verlangt der Weg auf den ersten 200 Höhenmetern unsere ganze Konzentration: Er führt mehrfach sehr ausgesetzt an Kanten mit tiefen Abbrüchen vorbei. Das letzte Stück des Anstiegs ist dagegen relativ einfach, wir gehen durch grasige Hänge, die teilweise mit Steinen durchsetzt sind. Falls wir sehr früh aufgebrochen sind, bekommen wir möglicherweise hier oben auch noch Steinböcke zu Gesicht, aber auch sonst lohnt die fantastische Rundumsicht mit dem einzigartigen Einblick ins Steinerne Meer die Mühen des Anstiegs.

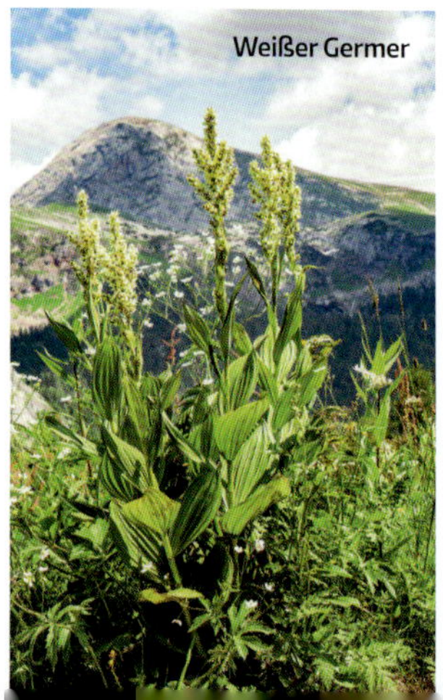
Weißer Germer

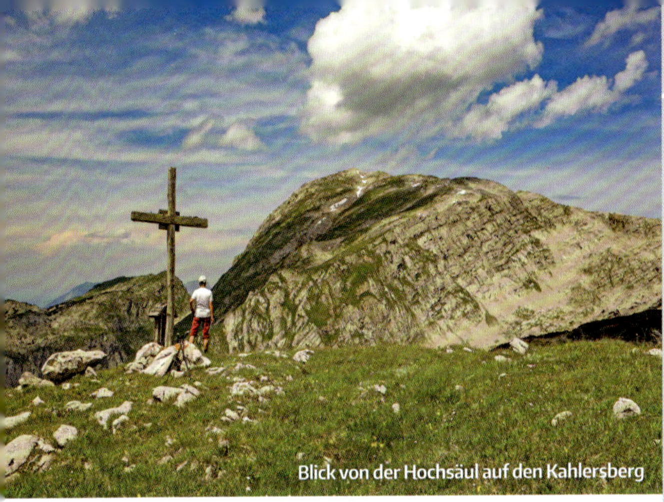

Blick von der Hochsäul auf den Kahlersberg

Für den Abstieg wählen wir am besten die gleiche Route, hier eine Rundtour zu unternehmen, würde große Anstrengungen verlangen, die man nach diesem langen Weg meist nicht mehr auf sich nehmen mag. Zumal der Seeleinsee, die Priesbergalm und auch die Königsbachalm noch lohnende Abstecher beim Abstieg darstellen.

Varianten

Wer eine Rundtour bevorzugt, wendet sich im Abstieg beim Hochgschirr nach links ins Landtal. Nach etwa 30 Minuten zweigt ein bezeichneter Weg rechts Richtung Regenalm / Gotzenalm ab. Bei der nächsten Gabelung halten wir uns rechts Richtung Gotzenalm. Nach der Gotzenalm (1.685 m) steigen wir zunächst gut 200 Höhenmeter auf der Almstraße ab, wählen dann den als „Unteren Hirschenlauf" bezeichneten Weg Richtung Priesbergalm (zusätzl. Zeitbedarf für diesen Umweg: gut 2 Stunden).

Wer eine gute Kondition besitzt, kann vom Hochgschirr zunächst rechts zum Seeleinsee absteigen und von dort über den Weg der Kleinen Reib´n auf den Schneibstein aufsteigen, dann zum Stahlhaus absteigen und zum Mitterkaserjoch unterhalb des Jennergipfels hinüberqueren. Über die Mitterkaseralm und den Krautkaserhang gelangt man dann wieder nach Hinterbrand (mind. 4 Stunden länger als der Direktabstieg).

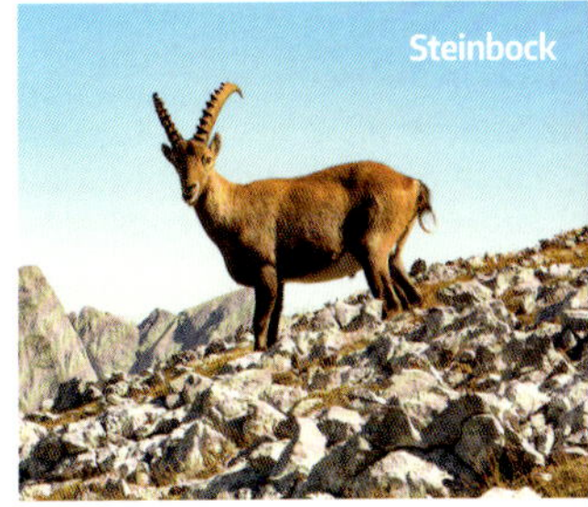
Steinbock

Gotzenalm mit Feuerpalfen, 1.741 m

Eine Genusstour, die viel fürs Auge bietet, ohne allzu große Herausforderungen zu stellen. Die Brotzeit auf der Gotzenalm und der einmalige Tiefblick auf den Königssee, auf die Halbinsel mit der Wallfahrtskirche St. Bartholomä sowie die dahinter aufragende Ostwand zeichnen diese Tour aus.

Parkplatz und Bushaltestelle Königssee, Fahrt mit der Königssee-Schifffahrt nach Salet (604 m)

8 Stunden: Von Salet über den Kaunersteig zur Regenalm 3 ½ Std., zur Gotzenalm 45 Min., zum Aussichtspunkt Feuerpalfen 30 Min., Abstieg zur Gotzentalalm 1 ¾ Std., Abstieg zum Königssee (Haltestelle Kessel) 1 ½ Std.

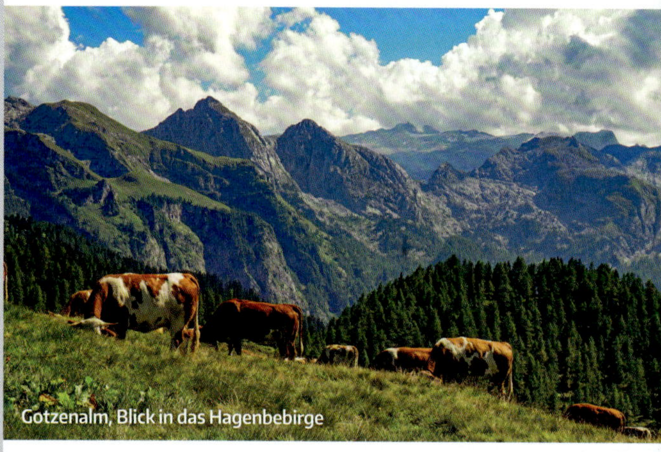
Gotzenalm, Blick in das Hagenbebirge

Bei der Bootsanlegestelle Salet halten wir uns gleich links und gehen etwa zehn Minuten auf einem schmalen Pfad am See entlang. Der Kaunersteig zieht sich dann rechts teilweise steil aufwärts, doch helfen viele Eisentritte, die Steilpassagen zu überwinden. Im weiteren Verlauf wird's gemütlicher: Viele Kehren führen durch den Wald hinauf. Am Ende des Steigs gelangen wir zur Regenalm, wo unser Weg einen Bogen nach links macht. Die bald darauf folgende Abzweigung Richtung Landtal ignorieren wir und erreichen – offenes Gelände querend – die Gotzenalm, deren bewirtschaftete Almhütte die Einkehr lohnt.

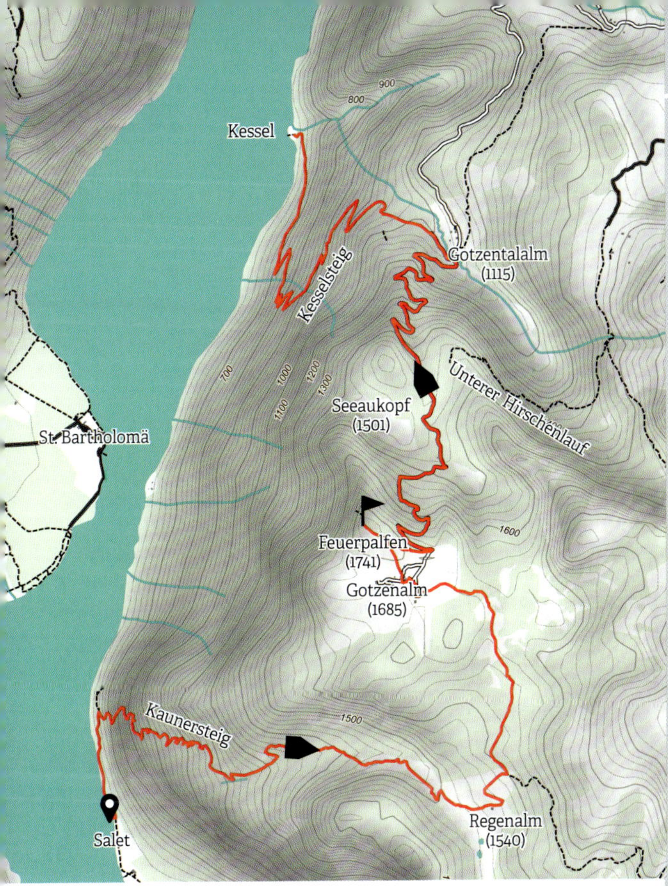

Den Abstecher zum Feuerpalfen, der uns etwa eine halbe Stunde Umweg kostet und hinter der Hütte startet, sollte man nicht versäumen: Hier hat man den besten Blick auf die 2.000 Meter hohe Watzmann-Ostwand und gleichzeitig einen einmaligen Tiefblick auf die Königssee-Halbinsel mit der Wallfahrtskirche St. Bartholomä. Auf dem Rückweg geht man nicht wieder durch das Drehkreuz, sondern bleibt auf dem Rücken und wendet sich dann nach links, die Almstraße hinab. Die Abzweigung Richtung Priesbergalm über den Unte-

 15,6 km 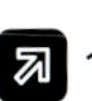 1.191 Hm 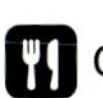 Gotzenalm  Varianten

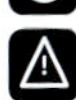 ausgesetzte Passagen

ren Hirschenlauf ignorieren wir und folgen der Almstraße weiter bis zur Gotzentalalm. Dort geht links ein breiter Weg ab, der bald in einen gut planierten schmaleren Weg übergeht und als Kesselsteig in langen Kehren entlang des steilen Hangs über dem Königssee zur Bedarfshaltestelle Kessel führt. Dort signalisieren wir mittels Umdrehen einer Tafel, dass wir mit dem Boot zur Seelände zurück fahren wollen.

Varianten

An Wochenendtagen und schönen Ferientagen im Sommer – vor allem, wenn zuvor das Wetter einige Tage nicht so schön war – haben die Königssee-Schiffe großen Zulauf. Dann werden die Schiffe in St. Bartholomä voll belegt und es kann sehr lange dauern, bis eins der Schiffe bei der Bedarfshaltestelle Kessel vorbeikommt. An solchen Tagen empfehlen sich zwei Abstiegsvarianten: Bei der Gotzentalalm den Fußgänger-Weg bis zur Königsbachalm wählen und von dort über die Hochbahn nach Königssee absteigen.

Oder bereits oberhalb der Gotzentalalm (1.435 m) den Steig über den Unteren Hirschenlauf wählen. Dieser ist etwas anspruchsvoller, weil er entlang steiler Hänge, teils gesichert, zum Ende eines Taleinschnitts führt und dann auf der anderen Seite wieder aufwärts. Der Weg führt dann weiter zur Priesbergalm. Etwa fünf Minuten unterhalb der beiden direkt am Weg liegenden Almhütten steht an der rechten Seite noch ein Almkaser, wo kurz darauf in

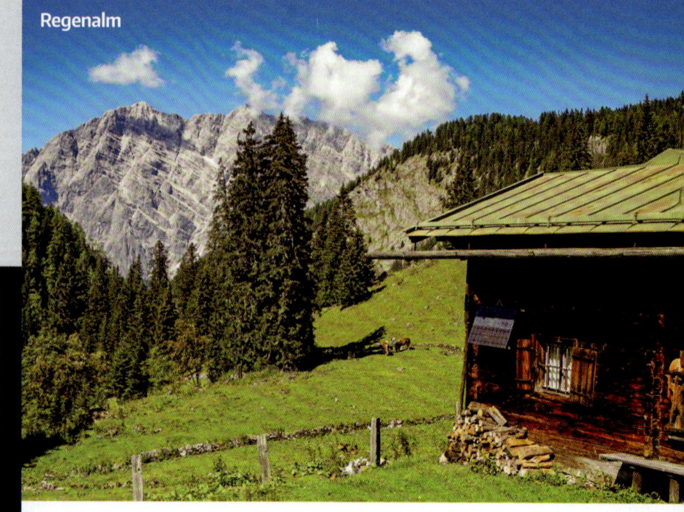
Regenalm

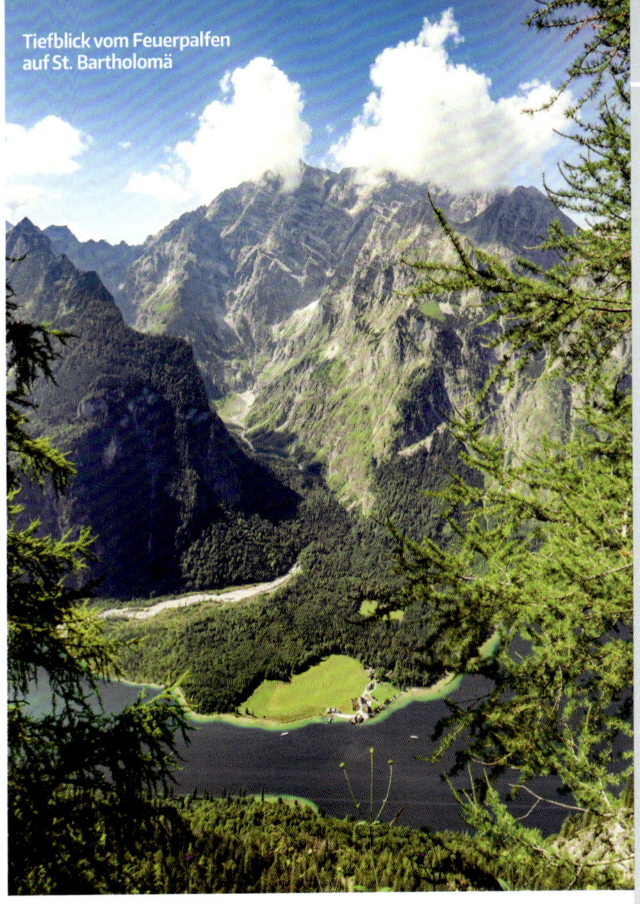
Tiefblick vom Feuerpalfen auf St. Bartholomä

der Rechtskurve links ein unbezeichneter Pfad abzweigt, der letztlich abwärts zur Königsbachalm führt.

Die Hochbahn bringt uns dann zum Königssee herunter, auf etwa 830 Höhenmetern bietet sich ein weiterer Abkürzer an: Direkt nach der Überquerung des Bachs im Pletzgraben geht ein Pfad links ab, der uns parallel zu dem Bach nach unten führt. Dort, wo wir auf einen von links oben herabkommenden Wirtschaftsweg treffen, gehen wir auf diesem kurz rechts und gleich danach links in einen Pfad, der uns zum Malerwinklrundweg bringt. Jetzt gehen wir nach rechts und gelangen über die Jennerbahnstraße zum Parkplatz zurück.

Halsköpfl, 1.718 m – an der Runde zwischen Königssee & Wasseralm

Das Halsköpfl ist eine der schönsten Aussichtswarten mit Blick auf den Königssee und gleichzeitig einer der wenigen Gipfel im Steinernen Meer, der als Tagestour ohne Hüttenübernachtung zu bewältigen ist – auch für nicht gar so flotte Bergwanderer.

Parkplatz und Bushaltestelle Königssee, Fahrt zur Bootsanlegestelle Salet (604 m)

9 Stunden: Von Salet über Sagereckersteig zur Abzweigung Richtung Wasseralm (noch vor dem Grünsee) 3 ¼ Std., zur Abzweigung zum Halsköpfl 45 Min., Abstecher zum Halsköpfl (hin und zurück) 30 Min., zur Wasseralm 1 ¼ Std., Abstieg über den Röthsteig zum Talgrund beim Röth-Wasserfall 1 ½ Std., zur Bootsanlegestelle Saletalm 1 ½ Std.

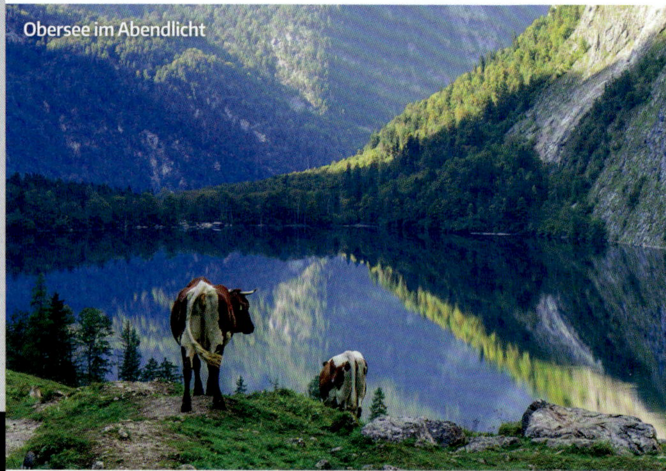
Obersee im Abendlicht

Wir nehmen unbedingt das erste Boot über den Königssee (im Sommer, vor allem an den Wochenenden, empfiehlt es sich, eine halbe Stunde vor Abfahrt an der Seelände zu sein!), damit wir nicht den ganzen Tag unter dem Stress gehen, ja das letzte Boot nicht zu verpassen. In Salet wenden wir uns vorne am Bootssteg nach rechts und zweigen etwa fünf Minuten später wieder nach rechts ab Richtung Kärlingerhaus / Wasseralm.

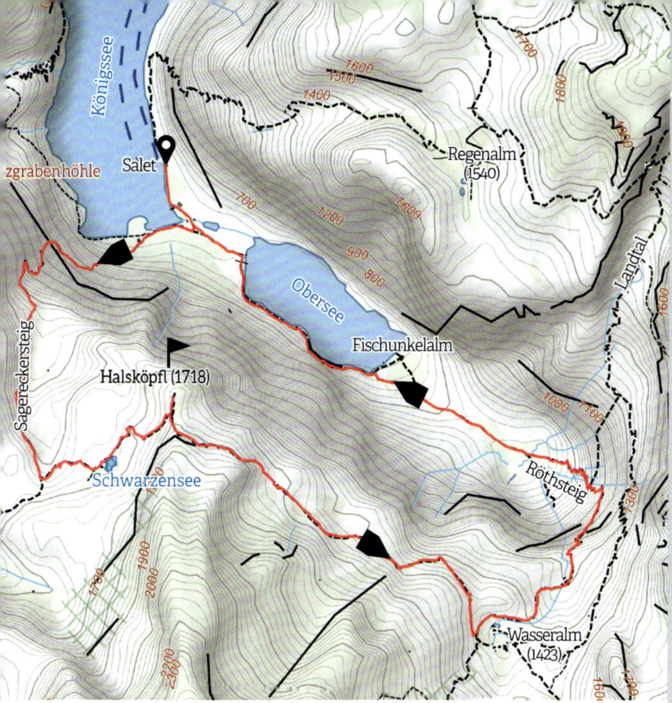

Über das Gelände der Saletalm gelangen wir an den Einstieg in die recht steile Wand, durch die sich der Sagereckersteig nach oben zieht. Vor allem bei Nässe erfordert dieser gut gestufte Weg mit einigen Seilversicherungen höchste Aufmerksamkeit, insgesamt ist er jedoch unkompliziert zu begehen. Nach gut zwei Stunden wird der Weg flacher und wir erreichen bald die Wiesen der ehemaligen Sagereckalm. Der Weg bringt uns dann an eine gut ausgeschilderte Gabelung, wo wir den linken Zweig Richtung Wasseralm wählen.

Durch waldiges Gelände steigen wir zunächst recht steil hinauf bis zum malerischen Schwarzensee und erreichen dann bald darauf den Abzweiger zum Halsköpfl. Auf einem kurzen Abstecher gelangen wir auf diesen vorgelagerten Gipfel, von dem wir über einen großen Teil des Königssees mit der Halb-

 14,9 km  1.202 Hm  Wasseralm

 kurze Kletterstellen, sehr ausgesetzte Passagen

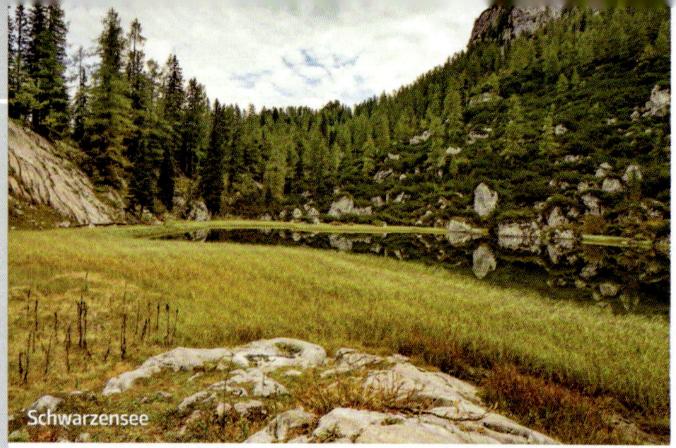
Schwarzensee

insel und der Wallfahrtskirche St. Bartholomä hinweg blicken können und wo Rastbänke zum Verweilen einladen. Der Weg zur Wasseralm geht wieder überwiegend durch abwechslungsreichen Wald, doch plötzlich öffnet sich der Blick auf den herrlichen Wiesenkessel, in dem die Wasseralm-Alpenvereinshütte liegt, auf die wir jetzt zusteuern.

Nach einer Rast gehen wir wieder ein Stück zurück zu der Kreuzung bei der etwas oberhalb gelegenen Brennhütte, wo wir dann den rechten Weg Richtung Obersee (über den Röthsteig) wählen. Zunächst führt uns dieser Weg nur leicht bergab, bis wir die Geländekante erreichen, wo es nun sehr steil wird. Durch viele Seile und gute Tritte gesichert gelangen wir über den ausgesetzten Röthsteig hinab in den Talboden, wo wir an der linken Seite den Röthbach-Wasserfall entdecken können, mit 470 Metern Fallhöhe der höchste Wasserfall Deutschlands. Wir durchqueren den schönen Kessel zwischen den steilen Felswänden des Steinernen Meers auf der einen und des Hagengebirges auf der anderen Seite und gelangen nach etwa einer halben Stunde zur Fischunkelalm.

Von dort gehen wir am – vor allem im spätnachmittäglichen Licht eindrucksvoll schimmernden – Obersee entlang, wobei wir einen kleinen Gegenanstieg in Kauf nehmen müssen. Rechtzeitig zur Abfahrt der letzten Boote erreichen wir die Saletalm.

Achtung!
Wer sich nicht zutraut, die (großzügig bemessenen) offiziellen Gehzeiten zu halten oder für die Pausen sogar leicht zu unterschreiten, sollte die Tour unbedingt auf zwei Tage aufteilen, indem er in der Wasseralm übernachtet. Wer das letzte Boot verpasst, kann auf der Saletalm nirgends übernachten und muss eine extrem teure Sonderfahrt in Anspruch nehmen!

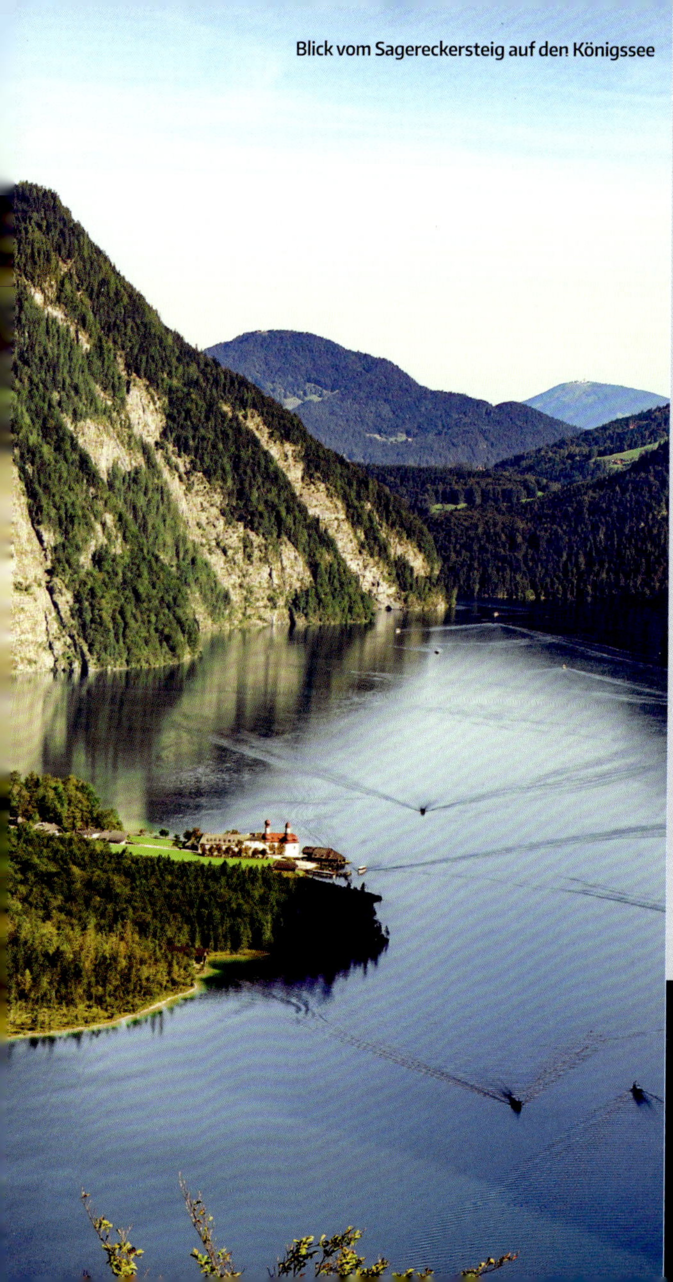

Blick vom Sagereckersteig auf den Königssee

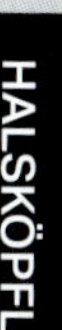

Viehkogel, 2.157 m

Die Lage des Viehkogels inmitten des Steinernen Meeres garantiert einen optimalen Rundumblick, bedingt aber gleichzeitig, dass der Gipfel, wenn auch recht einfach zu besteigen, nur mit einer Hüttenübernachtung zu erobern ist.

Kärlingerhaus (1.630 m)

4 ¼ Stunden: Anstieg über bezeichneten Weg ab dem Kärlingerhaus 2 ¼ Std., Abstieg über Schafgasse (Staubgasse) 2 Std.

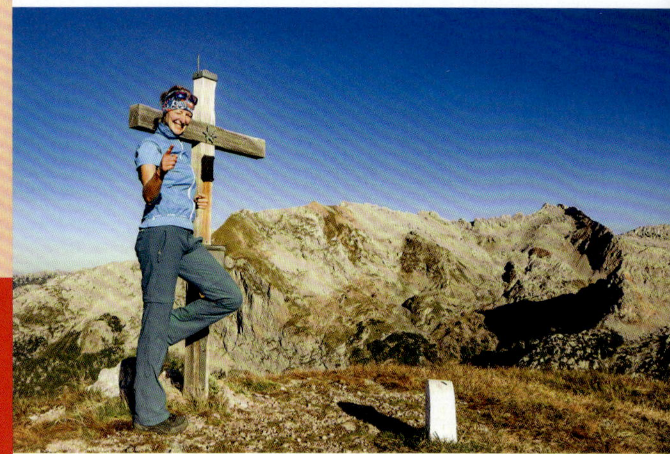

Vom Kärlingerhaus wenden wir uns in die westliche, also dem Funtensee abgewandte Richtung und halten uns bei der kurz danach folgenden Weggabelung nach links Richtung Viehkogel / Ingolstädter Haus.

Nachdem wir über etliche Serpentinen ein erstes Stück Höhe gewonnen haben, gehen wir wieder links Richtung Viehkogel. Jetzt geht es eine Weile steil bergan und unter der westlichen Wand des Viehkogels entlang. Sobald wir eine kleine Hütte, die Viehkogeltal-Diensthütte, passiert haben, leiten uns die Markierungen (keine Ausschilderung) nach links oben. (Der geradeaus weiterführende Weg durch das Viehkogeltal Richtung Riemannhaus ist hier nicht mehr deutlich gekennzeichnet.) Nach einer knappen halben Stunde, in der wir gut auf die Markierungen achten müssen, gelangen wir in eine deutlich wahrnehmbare Senke, von wo aus der Weg sich dann klar nach links oben zum bereits sichtbaren Gipfel (2.157 m) wendet. Nach der Gipfelrast gehen wir zunächst auf dem gleichen Weg zurück in die Senke. Dort aber wenden wir uns nach links und erspähen auch gleich schon einen (hell-) blauen Punkt. Dieser Markierung und zwischendurch einigen hilfreichen Steindauben folgen wir jetzt eine gute Stunde. Sie führen uns erst ein Stück hinab, dann durch die sogenannte Schaf- oder Staubgasse lange quer den Hang entlang Richtung Osten, dann nach einem Bogen steil hinab. Dort, wo wir einen besonders prägnanten blauen Punkt an einem Felsen wahrnehmen, ahnen wir, dass dieser für die Wanderer gedacht ist, die dort aus der anderen Richtung kommend in den Pfad einsteigen wollen, und dass demzufolge der offiziell markierte Weg nicht weit ist.

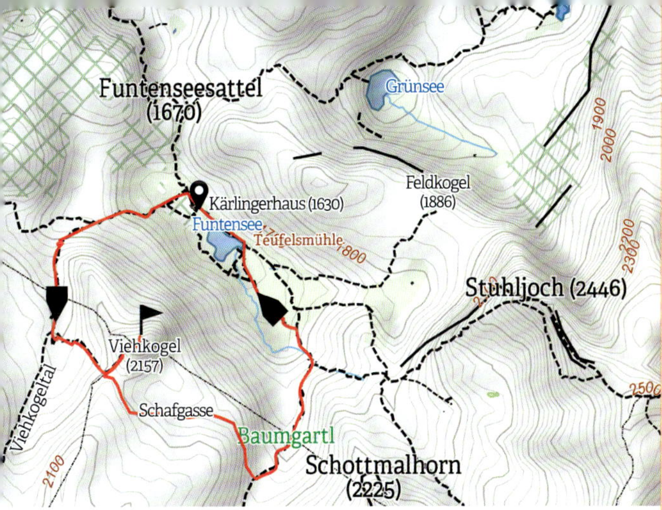

Wir halten uns entlang der Trittspuren in den Blaubeerstauden geradeaus und erreichen bald den markierten Weg, der vom Riemannhaus über das Salzburger Kreuz und die Schwarze Lack' zum Kärlingerhaus führt. Auf diesem gehen wir nach links, durchqueren kurz darauf das landschaftlich reizvolle Baumgartl, steigen dann ab Richtung Funtensee und gelangen an diesem vorbei wieder zum Kärlingerhaus. Eine wahrhaft schöne Rundtour, die den Nachmittag

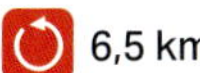

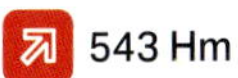

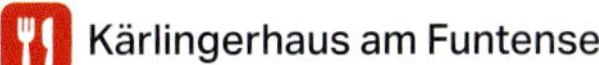

Rückweg erfordert Pfadfindergeist und Umsicht

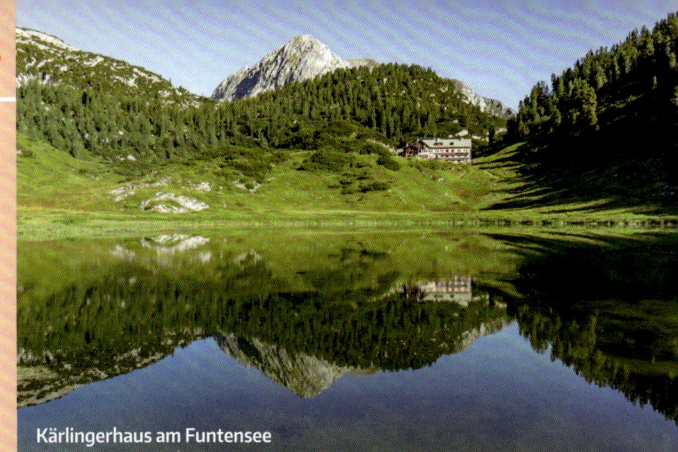
Kärlingerhaus am Funtensee

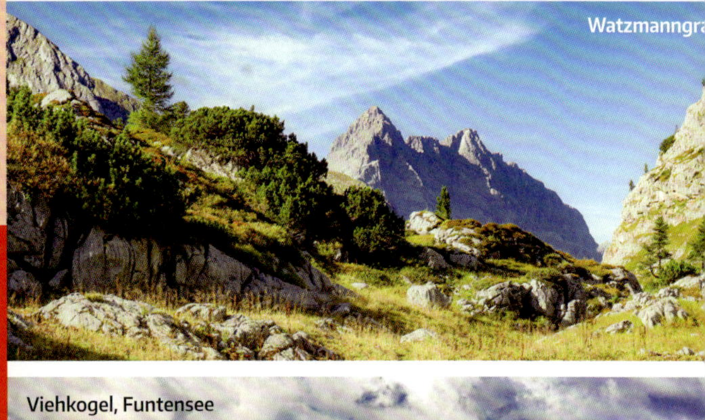
Watzmanngra

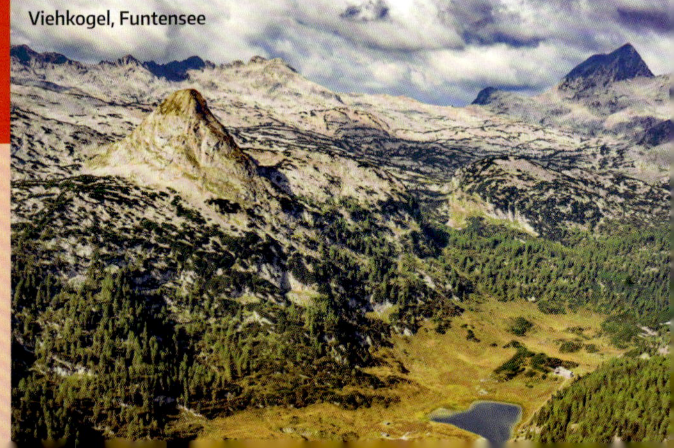
Viehkogel, Funtensee

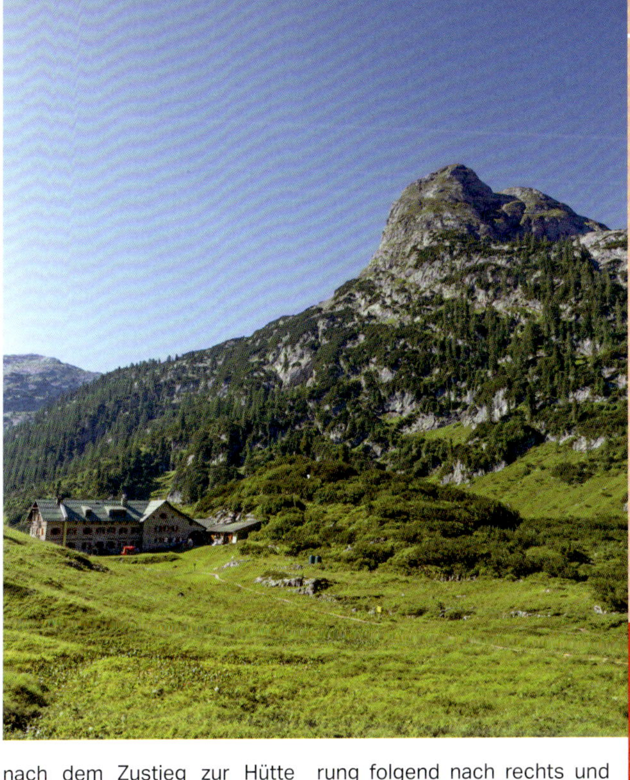

nach dem Zustieg zur Hütte krönt.

Zustiege zum Kärlingerhaus:
Mit einem Königssee-Boot nach St. Bartholomä, dort guter Ausschilderung Richtung Südende des Sees folgen, am Schrainbach-Wasserfall und der Schrainbach-Holzstube vorbei über die Saugasse zum Kärlingerhaus (5 Std. ab St. Bartholomä). Alternativ mit dem Boot bis zur Bootsanlegestelle Salet fahren, dort guter Ausschilderung folgend nach rechts und gleich wieder rechts über die Saletalm zum Sagereckersteig. Nach anfangs steilem Anstieg die Almfläche der ehemaligen Sagereckalm queren, später absteigen zum Grünsee und erneuter Anstieg zum Kärlingerhaus (5 Stunden ab Salet).

Das Kärlingerhaus wird auch bei Hüttenwanderungen von der Wasseralm, vom Riemannhaus und vom Ingolstädter Haus erreicht.

Feldkogel und Funtenseetauern, 2.578 m

Eine Kombination von zwei herrlichen und relativ unkompliziert zu besteigenden Gipfeln der Funtenseeregion.

Kärlingerhaus (1.630 m), Zustiege in Tour 53 beschrieben

6 ½ Stunden: Aufstieg zum Funtenseetauern ab Kärlingerhaus 3 ¼ Std., Abstieg bis zur ersten Weggabelung (1.870 m Höhe) 1 ¾ Std., Querung und Aufstieg auf den Feldkogel 45 Min., Abstieg zum Kärlingerhaus 45 Min.

Zum Funtensee hinuntersteigen, den Abzweiger zum Feldkogel ignorieren und durch anfangs offenes Gelände und

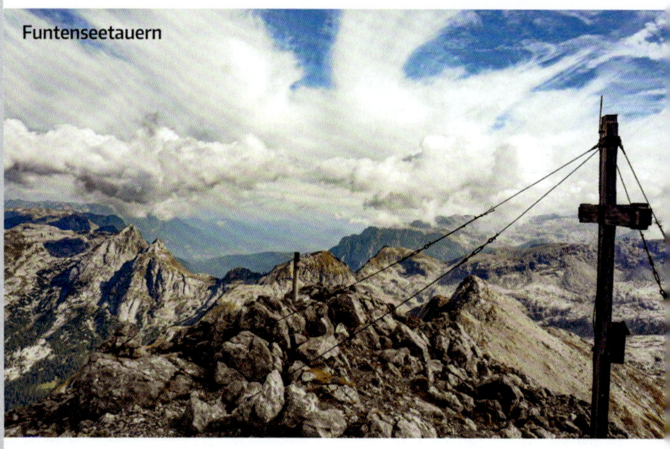
Funtenseetauern

dann in den Wald aufsteigen. Dort verzweigt sich der Weg bald, wir nehmen den linken Weg Richtung Funtenseetauern. Bei der nächsten (ausgeschilderten) Weggabelung halten wir uns wieder links. Ein gut markierter Weg führt jetzt über breite Wiesenmatten, zwischendurch mit einer Steilstufe gespickt, hinauf in Richtung der oberen sichtbaren Kante, dem Stuhlwandgrat. Doch knapp 100 Höhenmeter unterhalb dieser Kante nimmt unser Weg einen Bogen nach rechts, verliert sogar nochmal etwa 50 Meter an Höhe und führt so durch ausgesetztes Gelände am oberen Rand des Ledererkars entlang. Wenn diese Passage gemeistert ist, wird der Weg wieder bequemer: Unkomplizierte Pfade

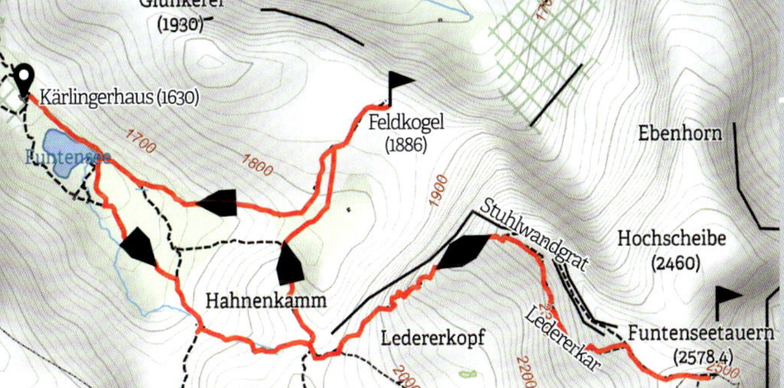

führen uns über zwei vorgelagerte Köpfe hinweg zum Gipfel (2.578 m).

Der Abstieg erfolgt auf dem gleichen Weg – bis zur ersten Weggabelung, wo der Weg zur Wasseralm abzweigt. Dort folgen wir noch etwa 50 Meter dem Pfad Richtung Kärlingerhaus, der sich dann verzweigt. Wir gehen nach rechts ab, verlassen also den markierten Weg, gehen noch ein Stück vor und können dann schon bald unter uns den Holzunterbau der verfallenden Feldalm sowie einige Wege in diese Richtung erspähen. Wir halten uns auf einem erdigen Pfad hinab in diese Richtung, in der Senke gehen wir weglos auf den nördlichen Grasbuckel und halten uns Richtung Feldkogel. Bald sehen wir die verfallene Alm wieder, lassen diese jedoch rechts von uns liegen und steuern, überwiegend weglos, nach halblinks oben, wo wir bald auf den offiziellen Weg Richtung Feldkogel stoßen. Von hier aus ist es nur noch etwa eine Viertelstunde auf den Gipfel (1.886 m), der einen schönen Tiefblick auf den Königssee und das sich dahinter auftürmende Watzmann-Massiv bietet. Für den Abstieg nehmen wir dann den offiziellen Weg zum Kärlingerhaus, der uns durch herrlichen lichten Bergwald und am Funtensee entlang zurückführt.

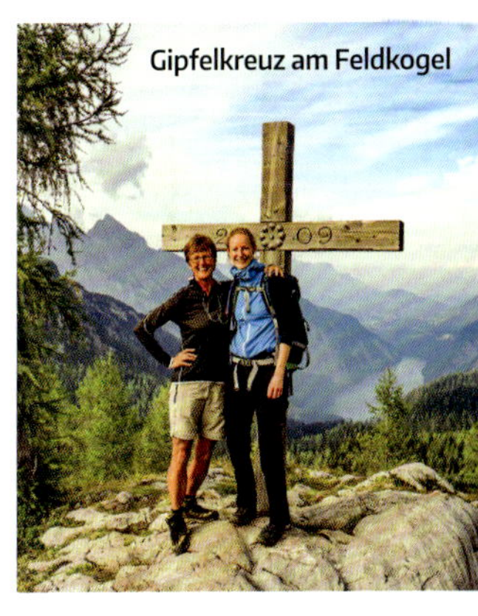

Gipfelkreuz am Feldkogel

 10,4 km 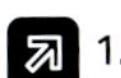 1.105 Hm  Kärlingerhaus am Funtensee

 ausgesetzt, keine Kletterstellen

Kleiner & Großer Hundstod, 2.594 m

Der Große Hundstod fällt als einer der markantesten Gipfel des Steinernen Meeres von allen Richtungen ins Auge – ihn zu besteigen gestaltet sich jedoch weniger schwierig, als es aus der Ferne anmutet. Bei dieser Zweitages-Rundtour – mit Übernachtung in einer der schönsten Hütten der Berchtesgadener Alpen – durchquert man zudem zwei wahrhaft reizvolle Täler: das Wimbachtal und die Hochwies.

Parkplatz und Bushaltestelle Wimbachbrücke (625 m)

An zwei Tagen 21 Stunden: Zum Wimbachschloss 1 ½ Std., zur Wimbachgrieshütte 1 ¾ Std., zur Wimbachscharte über Loferer Seilergraben 2 ¾ Std., zur Kematenschneid 15 Min., hinunter zur und durch die Hochwies 1 ½ Std., zum Ingolstädter Haus 2 Std., Großer Hundstod 2 Std., Abstieg 1 Std., Abstecher zum Kleinen Hundstod (hin und zurück) 30 Min., Rückkehr zur Hütte 20 Min., zum Hundstodgatterl 2 Std., zum Trischübel-Pass 1 ½ Std., zur Wimbachgrieshütte 1 ¼ Std., zur Wimbachbrücke 2 ¾ Std.

Zunächst starten wir auf der kleinen Teerstraße Richtung Wimbachschloss. Diese geht dann bald in eine gut hergerichtete Sandstraße über, die uns parallel zum Bach und anschließend durch den Wald zum Wimbachschloss bringt. Dort folgen wir dem Wanderweg, der etwa eine halbe Stunde nach dem Schloss vom Fahrweg nach rechts abzweigt, später das Griesbett

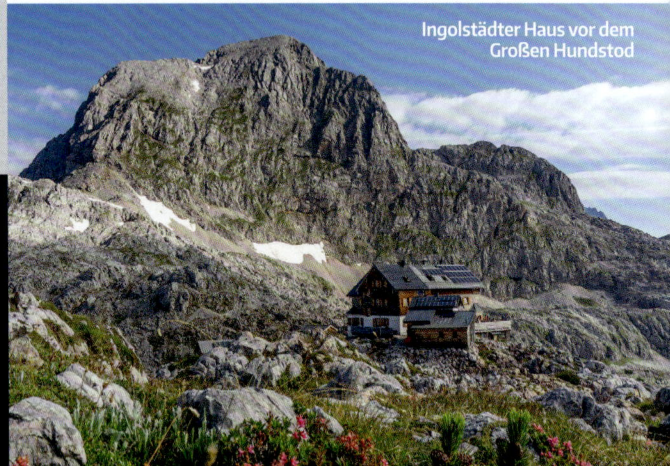

Ingolstädter Haus vor dem Großen Hundstod

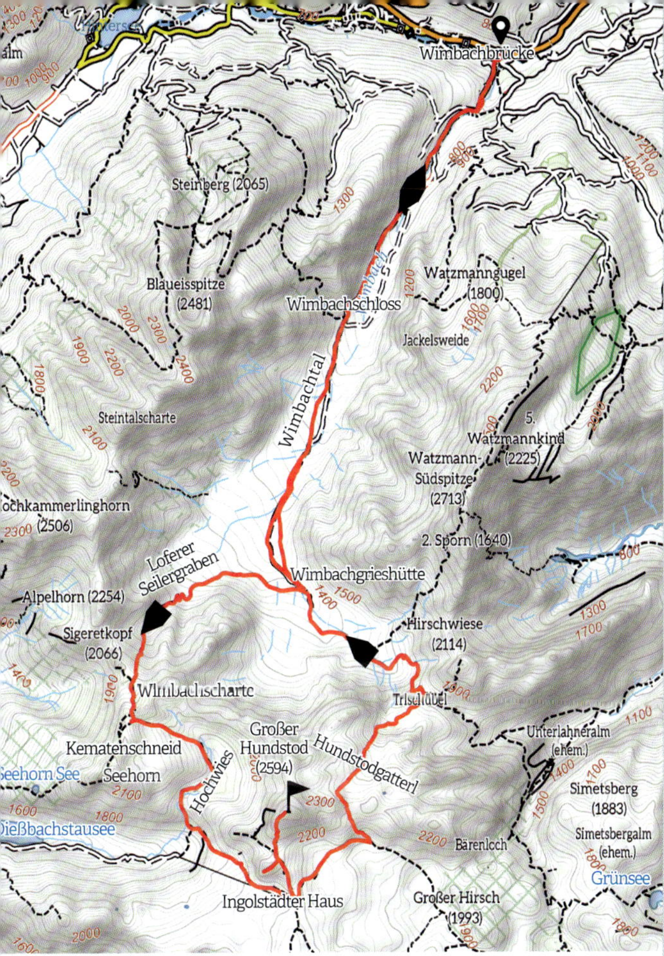

quert und uns auf einem schönen Pfad bis zur Wimbachgrieshütte führt. Gegenüber und etwas unterhalb der Hütte sehen wir einen Wegweiser Richtung Wimbachscharte und Ingolstädter Haus. Ein schmaler Pfad bringt uns durch ein Waldstück, durch offene Schuttlandschaft und sandige Gräben an einen Einschnitt

 37,1 km 2.667 Hm  einige leichte Kletterstellen, eine knifflige Stelle (I)

Wimbachgrieshütte, Ingolstädter Haus, Wimbachschloss

heran, wo wir uns tendenziell nach links oben in den Loferer Seilergraben wenden. Dort wird der Weg steiniger, führt nochmal durch einen tiefen Sandgraben, wo ein Seil mit Schlaufen im Abstieg hilft, aber Klettergeschick bei der ersten kniffligen Passage des Anstiegs gefordert ist. Dann geht es in festerem Gestein zur Wimbachscharte hinauf. Die Wegweiser, die wir schon von weit unten erblickt hatten, deuten nach links und wir erreichen in einem Bogen die Kematenschneid, der wir noch etwa 15 Minuten nach vorne folgen, bis unser Weg in die Hochwies wiederum nach links abzweigt. Ein schöner schmaler Pfad bringt uns in einer Senke hinab, in der der Dießbach zwischen den Steinen hervorquillt. Dessen Lauf folgen wir, bei viel Wasser auf die Felsen oberhalb mithilfe von guten Markierungen ausweichend, hinab in die herrlich weite Landschaft der Hochwies. Hier verläuft der Bachlauf mal unterirdisch, mal wird er in breiten Schleifen sichtbar. Dort, wo sich die Wiese wieder verengt, müssen wir den Bach queren und folgen ihm dann auf der linken Seite abwärts. Im Abstieg, der auch einige seilversicherte Passagen enthält, erkennt man immer wieder kleine Pfade nach rechts zum Bach hin, der sich hier ein klammartiges, wirklich sehenswertes, Bett geschaffen hat, das beim letzten Abstecher (kurz nach der markanten Latschengasse) mit einem Wasserfall beeindruckt.

Kurz darauf erreichen wir den Hüttenanstieg zum Ingolstädter Haus, dem wir nach links oben folgen. Die exponierte Lage, die gute Stimmung und der herausragende Komfort des Ingolstädter Hauses (2.119 m) lohnen allein schon, den Hundstod als Zwei-Tages-Tour einzuplanen. Zumal dann mehrere Optionen offenstehen: Den Gipfel am Nachmittag nach der Ankunft, den Gipfel zum Sonnenuntergang, den Gipfel zum Sonnen-

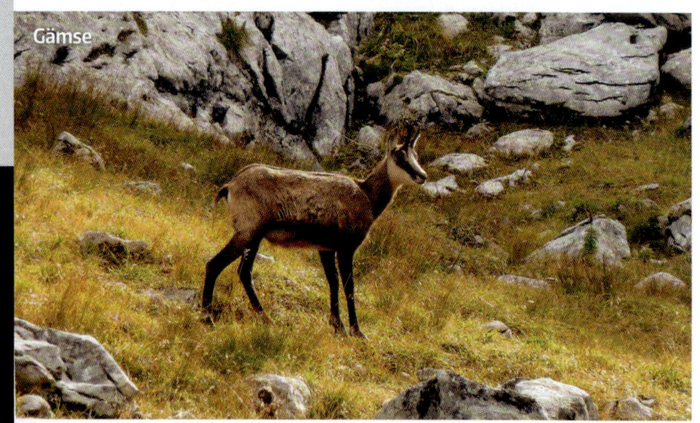
Gämse

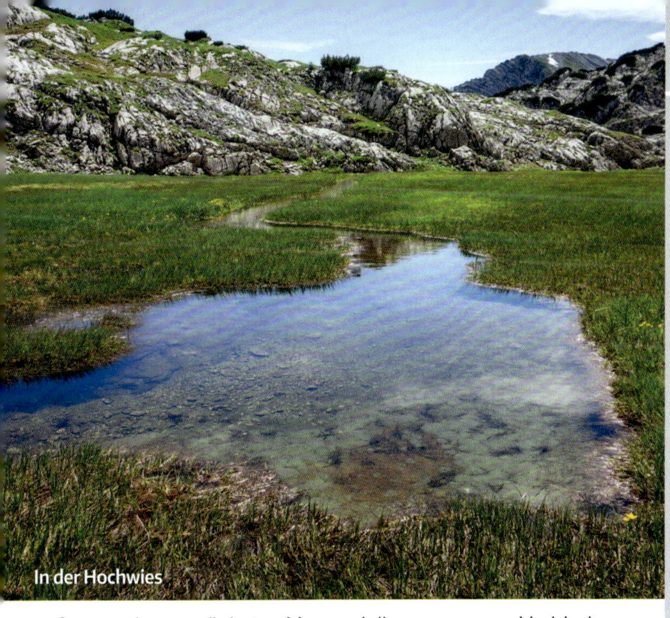
In der Hochwies

aufgang oder am nächsten Morgen nach dem leckeren Frühstück. Vom vorderen Eingang der Hütte geht es nach links oben auf einem gut markierten Weg, der lediglich an zwei Stellen kurz mal den Einsatz der Hände für leichte, unkomplizierte Kletterstellen verlangt. Der Gipfel imponiert mit einer Aussicht über nahezu das gesamte Steinerne Meer und hinüber zur Watzmann-Südspitze sowie in die Hohen Tauern. Im Abstieg kann man den Kleinen Hundstod, der aufgrund der Aussicht auf den Dleßbachstausee, das Seehorn und die Steinberge ebenfalls lohnt, mittels eines Abstechers nach rechts mitnehmen.

Unser Rückweg verläuft zunächst nach Osten, auf dem vielbegangenen Verbindungsweg zum Kärlingerhaus. Nach etwa einer Dreiviertelstunde verlassen wir diesen Weg jedoch nach links oben und steigen nochmals etwa 180 Höhenmeter hinauf über viele große Steinblöcke zum Hundstodgatterl. Dann geht es abwärts – bis auf einen kurzen Gegenanstieg über etwa 50 Höhenmeter – zum Trischübel-Pass, wo wir uns nach links wenden Richtung Wimbachtal. Der bequem zu gehende, nur beim Queren einer Sandreiße etwas mehr Aufmerksamkeit erfordernde Pfad bringt uns hinab ins Wimbachtal, wo wir an der Grieshütte vorbei, wahlweise entweder auf dem Wanderweg oder der Fahrstraße, das lange, aber landschaftlich nie langweilige Tal hinauslaufen.

Hirschwieskopf, 2.114 m im Rahmen der Watzmann-Umrundung

Der Blick vom Hirschwieskopf auf die Watzmann-Südspitze ist respekteinflößend, doch ist die Wanderung sehr lang. Schließlich umrundet man den gesamten Watzmann-Gebirgsstock, auch wenn man Boot und Bus zur Hilfe nimmt.

Parkplatz Wimbachbrücke (Ramsau), Fahrt mit einem frühen Bus über den Berchtesgadener Bahnhof zum Königssee, von dort Bootsfahrt bis St. Bartholomä (603 m)

Gut 11 Stunden: Zum Trischübel-Pass über Sigeretplatte 5 Std., Aufstieg auf den Hirschwieskopf 1 ¼ Std., zurück zum Trischübel-Pass 1 Std., Abstieg zur Wimbachgrieshütte 1 ¼ Std., zum Wimbachschloss 1 ½ Std., zur Wimbachbrücke 1 ¼ Std.

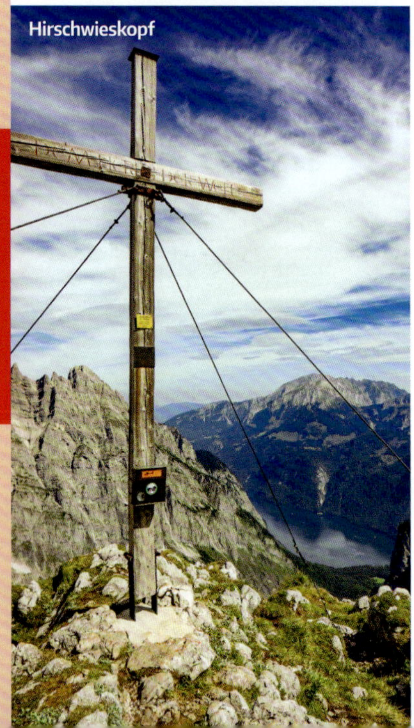
Hirschwieskopf

Wir starten möglichst mit einem so frühen Bus von der Wimbachbrücke, dass wir eins der ersten Boote am Königssee erwischen (Achtung: Im Hochsommer werden die Wartezeiten unkalkulierbar, wenn man an schönen Tagen erst nach 9 Uhr zur Seelände kommt!).

Nach der Bootsfahrt gehen wir in St. Bartholomä weiter nach vorn, also nach Süden, am Seeufer entlang (Richtung Kärlingerhaus, Trischübel). Nach einer schönen Viertelstunde am See entlang gewinnt der Steig zusehends an Höhe. Zahlreiche Kehren führen uns, am Schrainbach-Fall vorbei, zur Schrainbach-Holzstube, wo der Weg auf die andere Bachseite wechselt. Etwa eine halbe Stunde später weisen uns Wegweiser nach rechts aufwärts. Ein schmaler Pfad führt uns zunächst durch den Wald, dann durch freies Gelände und eine Felssturzpassage. Die Steilwand der Sigeretplatte und auch eine prägnante Felsnase überwinden

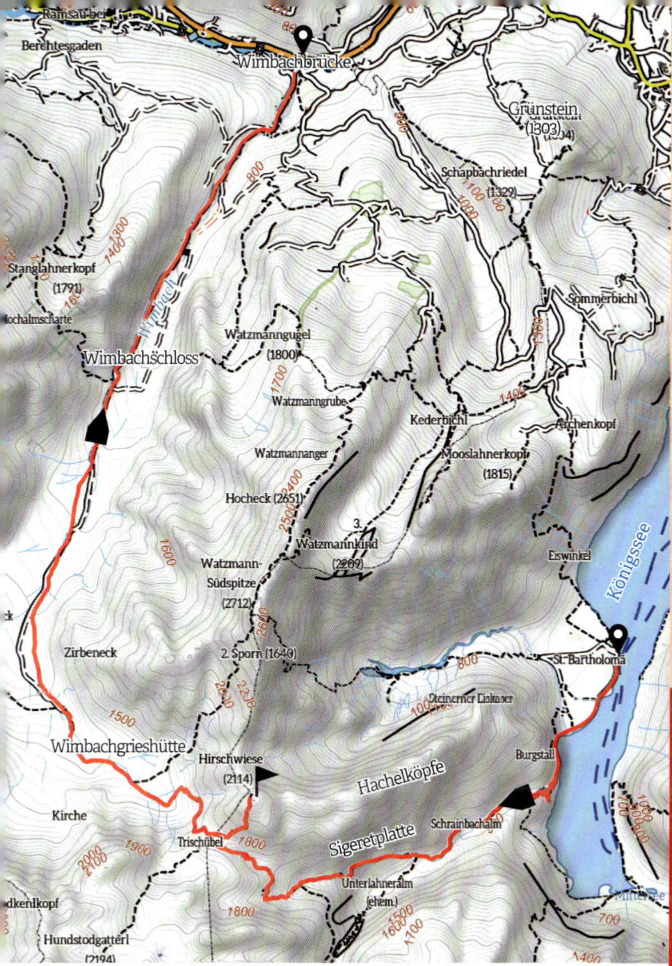

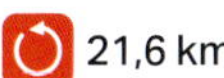 21,6 km 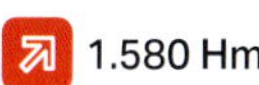 1.580 Hm 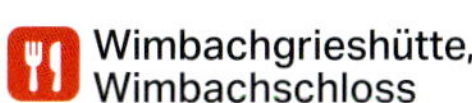 Wimbachgrieshütte, Wimbachschloss

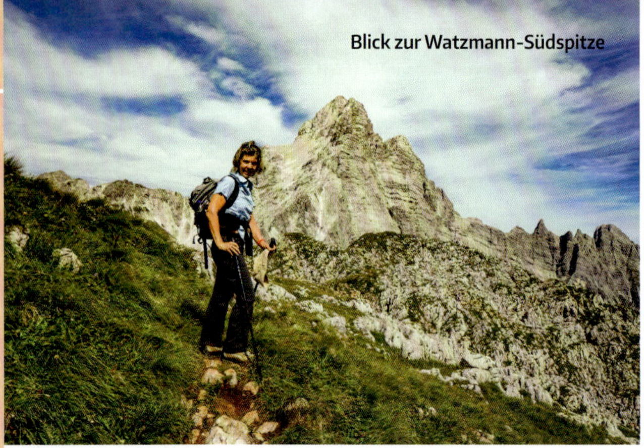
Blick zur Watzmann-Südspitze

wir auf ausgesprengten Felsbändern, wo Seile und Holzstufen Sicherheit geben. Weiter geht es steil durch den Wald, vorbei an einer Kanzel, die uns einen tollen Blick auf die gegenüberliegende Saugasse bietet, und durch das Hochtal der verfallenen Sigeretalm. Zwischen steilen Felswänden geht es nun (den nach links abzweigenden Oberlahner-Steig ignorierend) Stück für Stück auf einem überwiegend bequemen Weg weiter aufwärts, bis wir den Trischübel-Pass erreicht haben. Dort

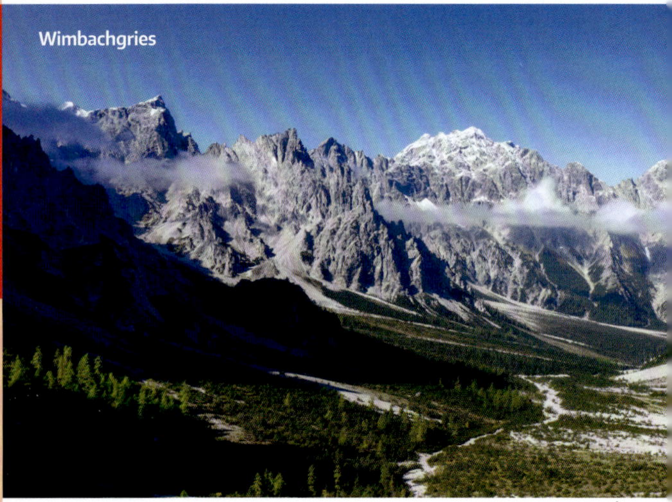

Wimbachgries

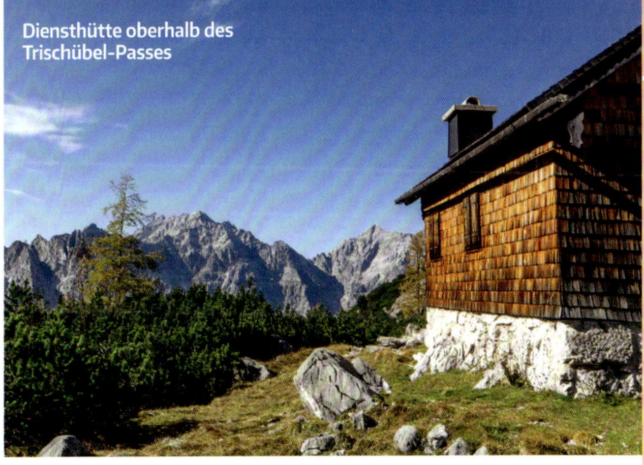
Diensthütte oberhalb des Trischübel-Passes

können wir einen schmalen Pfad nach halbrechts wählen (links geht es markiert mit einer kleinen Felsstufe weiter) und an der nächsten unmarkierten Abzweigung wieder den rechten Pfad nehmen. Dieser führt uns an einer schönen kleinen Diensthütte vorbei hinauf auf den Hirschwieskopf. Nach dem Abstieg wählen wir erneut einen unmarkierten Pfad nach rechts und gelangen nach wenigen Minuten zu einer Kreuzung mit gelben Wegweisern. Dort geht es geradeaus und dann in großen Kehren, eine steile Sandreiße durchquerend, welche regelmäßig neu versichert werden muss, in den Talboden des weiten und langen Wimbachtals hinein.

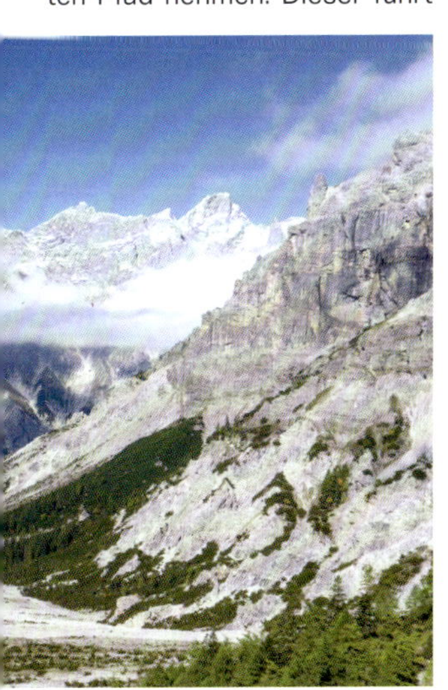

Für eine Rast bietet sich die Wimbachgrieshütte an, wo man bei schönem Wetter stets stolze (und auch erschöpfte) Watzmann-Überquerer trifft. Im fast steten leichten Bergab gehen wir – streckenweise breite Schotterströme querend und dann am Wimbachschloss vorbei oder nochmal rastend – zur Wimbachbrücke zurück.

Hochalmscharte, 1.599 m

Kein echter Gipfel, dennoch eine famose Tour: Zwischen Watzmann und Hochkalter ergeben sich fantastische Blicke hinauf in die Felsriesen. Die Hochalm und die darunter liegende Märchenwiese sind vor allem in den frühen Sommermonaten Blumenparadiese.

Parkplatz und Bushaltestelle Wimbachbrücke, Ramsau (625 m)

7 Stunden: Zum Wimbachschloss 1 ½ Std., zur Hochalmscharte 2 ½ Std. Abstieg zur Hochalm 20 Min., zur Eckaualm 1 Std., über den Schattseitweg zurück zur Wimbachbrücke 1 ½ Std.

Wir gehen die kleine Fahrstraße hinauf Richtung Wimbachklamm, die wir entweder durchqueren (vorher Zutrittsmarke beim letzten Bauernhof rechts erwerben!) oder auf dem steilen Sandweg rechts umgehen. Dieser Sandweg bringt uns dann erst am Bach und dann neben den großen Schotterströmen des Griestals entlang zum Wimbachschloss, das im 18. Jahrhundert als Jagdschloss von einem Berchtesgadener Fürstpropst erbaut wurde und heute als Gaststätte genutzt wird. Wenige Meter danach zweigt rechts ein ausgeschilderter Pfad zur Hochalmscharte ab. Dieser steile, gut ausgebaute Weg – ein ehemaliger Steig der Jäger – führt über zahlreiche Kehren, teils durch Drahtseile, Tritte und eine Leiter entschärft,

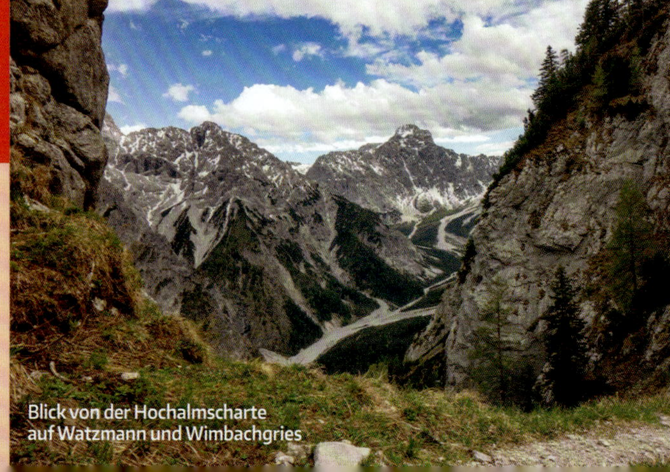

Blick von der Hochalmscharte auf Watzmann und Wimbachgries

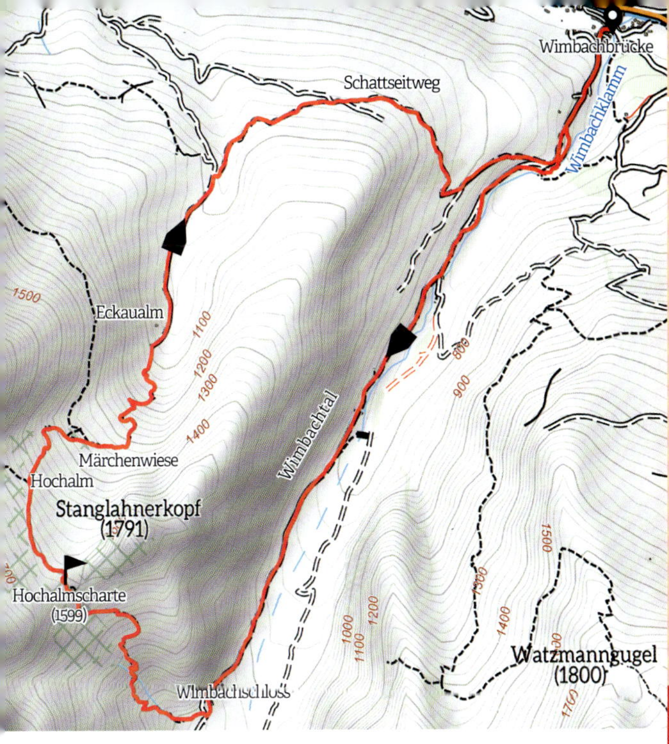

in die Scharte hinauf. Dort geht es dann zunächst durch eine offene Landschaft zur Hochalm hinunter. Unterhalb, nachdem wir etwa eine halbe Stunde lang durch steilen Bergwald abgestiegen sind, durchqueren wir eine wunderschöne Wiesenlichtung, die von den Berchtesgadenern „Märchenwiese" genannt wird und diesem Namen mit ihrer Blumenpracht in den frühen Sommermonaten alle Ehre macht. Wir halten uns nach rechts und steigen zunächst auf gut gepflegten Pfaden zur Eckaualm und dann auf der sandigen Almstraße Richtung Ramsau / Wimbachbrücke ab. Eine Viertelstunde unterhalb der Eckaualm müssen wir gut Acht geben: Nach rechts geht der Schattseitweg Richtung Wimbachbrücke ab, auf dem wir ein kurzes Stück aufwärts gehen. Dem Schattseitweg folgen wir, eine Forststraße schräg nach rechts kreuzend, bis wir auf den Weg stoßen, der ins Wimbachtal führt, und nehmen diesen nach links abwärts zum Parkplatz zurück.

 12,3 km  975 Hm Wimbachschloss

Steinberg, 2.065 m

Aus der Steinberg-Perspektive zeigt sich die Watzmann-Westwand in ihrer ganzen Mächtigkeit und auch sonst ist die Rundumsicht gigantisch. Im Gipfelanstieg quert man ein Plattengelände, bei dem man kurzzeitig die Hände zur Hilfe nehmen muss, dafür ist der Weg durch den Lärchenwald im Abstieg eher beschaulich.

Parkplatz und Bushaltestelle Holzlagerplatz, rechts an der Straße zwischen Ramsau und Hintersee (790 m)

7 Stunden: Zur Blaueishütte 2 ½ Std., Anstieg auf den Steinberg 1 ½ Std., Abstieg zur Schärtenalm 1 ½ Std., Abstieg zum Parkplatz 1 ½ Std.

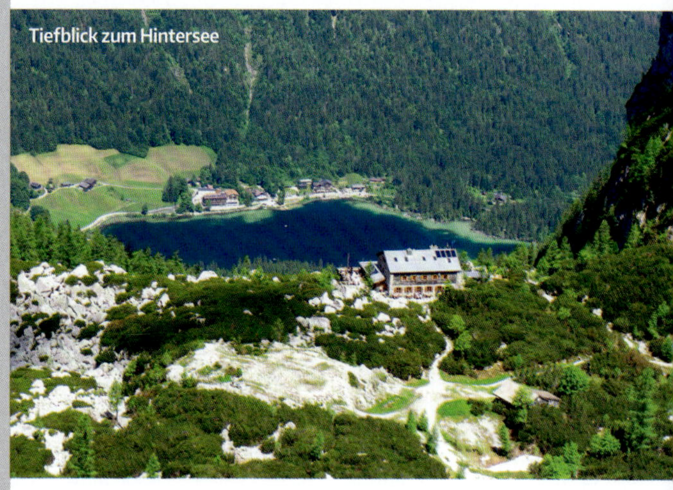

Tiefblick zum Hintersee

Gegenüber dem Parkplatz beginnt die Forststraße, die zur Materialseilbahn der Blaueishütte führt. Dieser folgen wir, eventuell auch alternative Pfade (anfangs) links neben der Straße nutzend, bis eine Forststraße nach links oben abzweigt, wo neben den gelben Schildern am Felsen ein „Radfahren verboten"-Schild hängt.

Wir nehmen jetzt – entgegen der Ausschilderung – die geradeaus weiterführende Forststraße und zweigen an der Wendeplatte nach links oben in einen deutlichen Pfad ab. Dieser

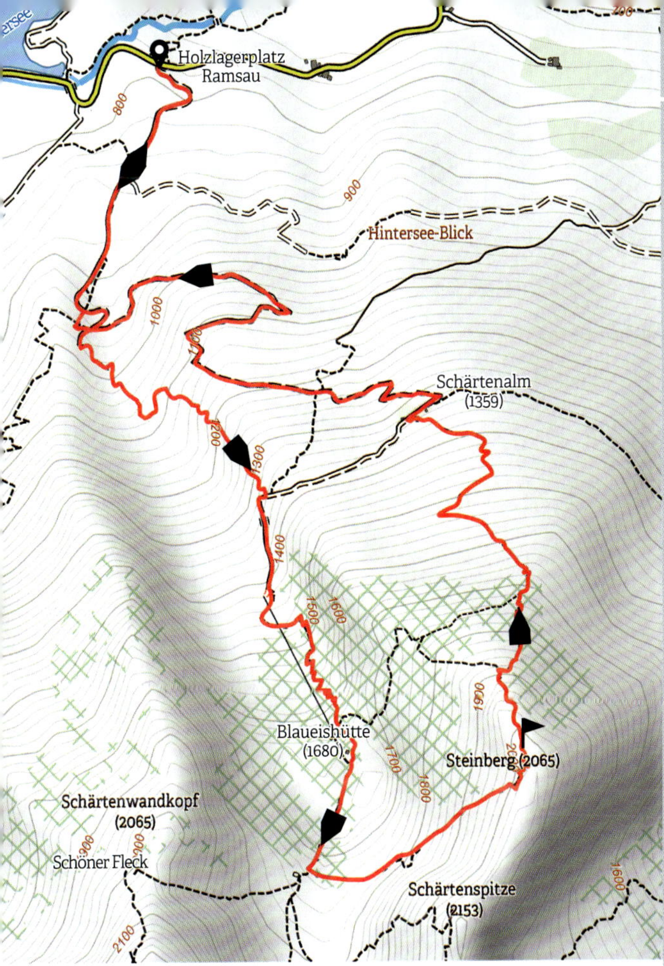

Pfad erspart uns über drei Kilometer auf der Forststraße, er windet sich direkter hinauf und bleibt eindeutig. Sobald wir die Forststraße wieder erreichen, wenden wir uns nach rechts, auch wenn hier kurzzeitig etwas abwärts zu einem Holzsteg unterhalb einer Wand geht. Kurz darauf zweigt der Weg zur

 10,7 km 1.270 Hm 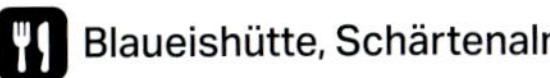 Blaueishütte, Schärtenalm

 schwierige Stellen (I) vor allem im Anstieg durch das schrofige Gelände

Anstieg über die Platten

Blaueishütte – diesmal ausgeschildert – nach links von der Forststraße ab. Auf dem Pfad gelangen wir über Stufen und enge Kehren unter einer Felswand entlang zur Blaueishütte (1.680 m).

Wir halten uns an die Beschilderung Schärtenspitze / Hochkalter, bis nach etwa 20 Minuten und knapp 100 Höhenmetern durch das Blaueiskar ein gelbes Schild nach links Richtung Steinberg weist.

Dieser Weg führt an die Felsplatten heran, durch die wir dann relativ steil und mit gelegentlicher Hilfe der Hände quer

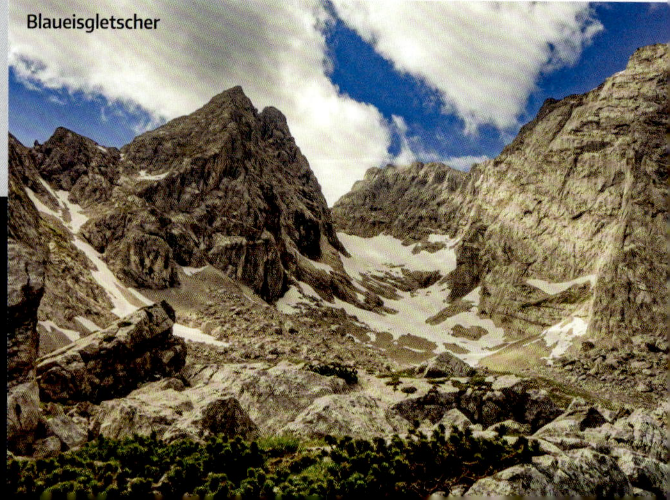

Blaueisgletscher

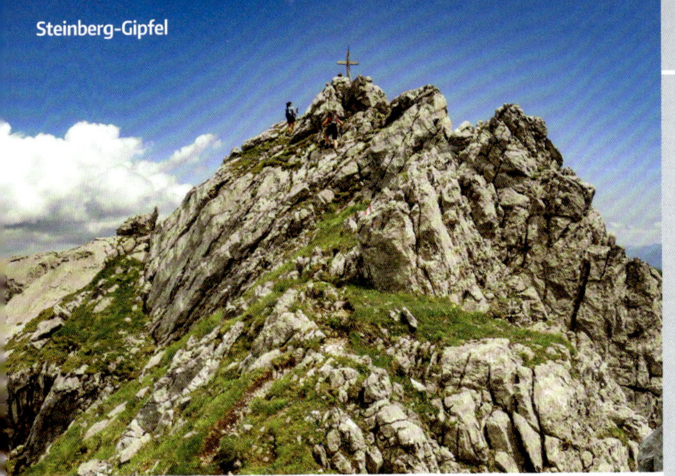
Steinberg-Gipfel

zum Steinberggipfel ansteigen. Der Abstieg erfolgt über die Nordseite des Gipfels, wobei wir uns anfangs tendenziell an der rechten, also der ostseitigen Kante halten. Kleine rote Punkte und Steindauben helfen den nicht ganz einfach zu findenden Pfad zu erkennen.

Bevor wir in dichtes Latschengelände eintreten, dürfen wir uns auf keinen Fall nach links ablenken lassen, denn dort verläuft ein sehr schwierig zu haltender Steig entlang einer Wasserleitung. Wir jedoch steigen in die rechte Richtung in Latschengassen nach unten, erreichen dann einen schönen Lärchenwald, durch den sich der Pfad auf malerische Weise nach unten windet.

Unterhalb zeigen sich zwei Dächer, rechts die Forst-Diensthütte und links vor uns die Schärtenalm (1.359 m), die immer eine Einkehr wert ist. Danach geht es auf der Forststraße entsprechend der Ausschilderung (oder im unteren Teil auch über die Abkürzer) zum Parkplatz zurück.

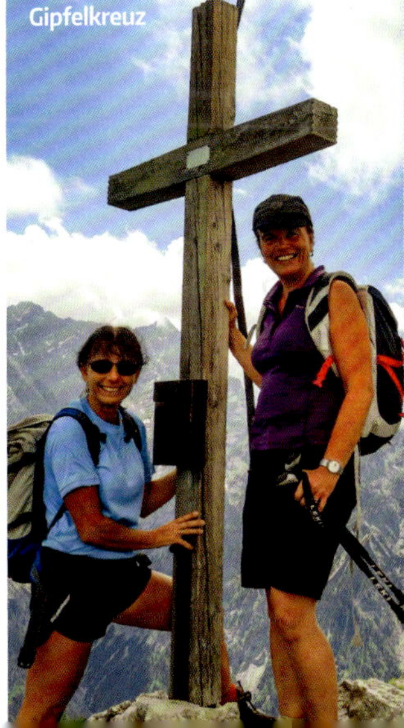
Gipfelkreuz

Schärtenspitze, 2.153 m

Ein Gipfelgrat vom Feinsten – rechts den Watzmann und links den Hochkalter im Blick – so nähern wir uns der Schärtenspitze, wenn wir über die Hochalm und die Eisbodenscharte aufsteigen. Der Abstieg zur Blaueishütte erfordert aber fast noch mehr Trittsicherheit und Umsicht.

Parkplatz Pfeiffenmacherbrücke, Ramsau, Bushaltestelle Oberwirt, von dort auf die andere Seite der Ramsauer Ache wechseln und auf dem Fußweg 500 Meter nach rechts (Richtung Westen) zum Parkplatz gehen (670 m)

Gut 9 Stunden: Zur Eckaualm 1 ¾ Std., weiter zur Hochalm 1 ¼ Std., Gipfelbesteigung über Eisbodenscharte 2 ½ Std., Abstieg zur Blaueishütte 1 Std., zur Schärtenalm 50 Min., zurück zum Parkplatz 1 ¾ Std.

Wir nehmen den breiten Sandweg, der an der westlichen Seite des Parkplatzes Richtung Eckaualm aufwärts führt. Wir ignorieren alle Abzweigungen und gelangen, immer der breiten Forststraße folgend, zur Eckaualm. An dieser gehen wir links vorbei und biegen dann links in einen ausgeschilderten Weg ab, der bald schmaler wird und uns in häufigem Zickzack auf die sogenannte Märchenwiese bringt.

Am unteren Rand dieser für ihre Blumenpracht gerühmten Wiese steht eine malerische

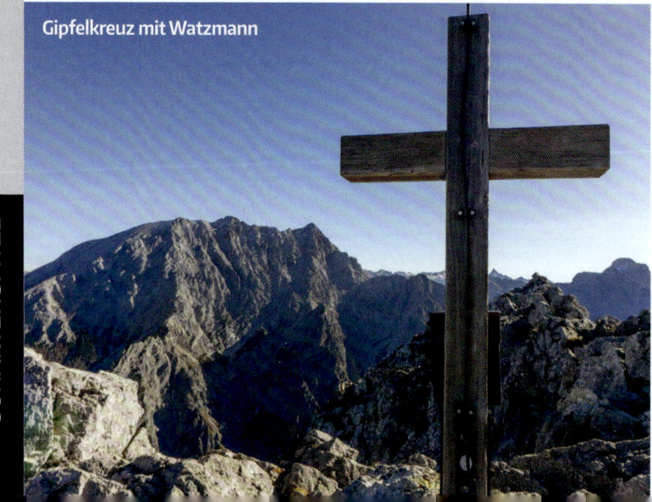

Gipfelkreuz mit Watzmann

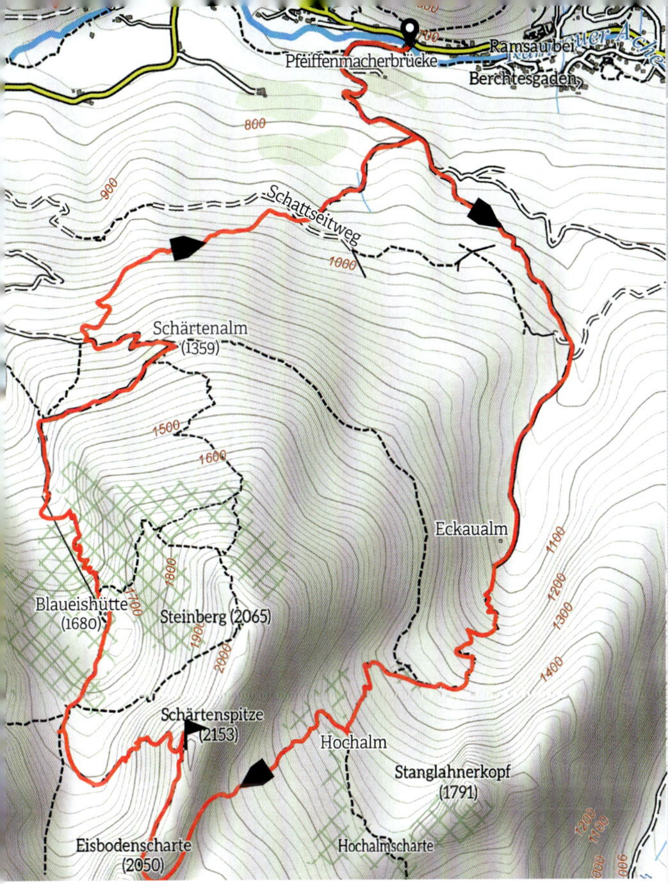

Pfeiffenmacherbrücke
Ramsau bei Berchtesgaden
Ramsauer Ache
700
800
900
1000
Schattseitweg
Schärtenalm (1359)
1500
1600
1700
1800
1900
2000
Eckaualm
1100
1200
1300
1400
Blaueishütte (1680)
Steinberg (2065)
Schärtenspitze (2153)
Hochalm
Stanglahnerkopf (1791)
Eisbodenscharte (2050)
Hochalmscharte

Diensthütte des Forstbezirks, wir jedoch halten auf den oberen Rand der Wiese zu, wo uns Wegweiser den Weiterweg Richtung Hochalm zeigen. Bei der Hochalm, einer unbewirtschafteten Alm, deren Hütte sich aber dennoch für eine kleine Rast anbietet, erreicht man eine weite Wiesenlandschaft. Durch diese zieht sich der nach rechts abzweigende Weg, der zunehmend steiniger wird und uns zuletzt durch große Felsblöcke an die Felswand der Schärtenspitze heranbringt.

 13,8 km 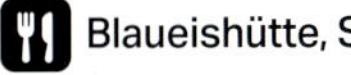 1.476 Hm Blaueishütte, Schärtenalm

 einige wenige Kletterstellen, viel Umsicht im gerölligen Gelände erforderlich

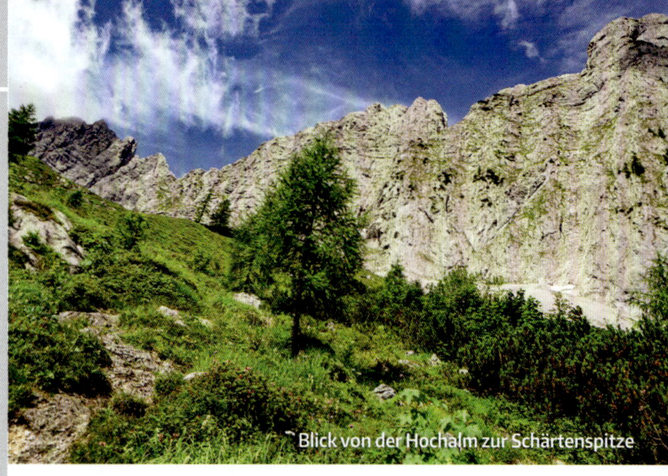

Blick von der Hochalm zur Schärtenspitze

Zunächst arbeiten wir uns über sandige steile Tritte noch etwa hundert Höhenmeter empor, bis uns ein schöner gesicherter Steig zur Eisbodenscharte, dem Einschnitt zwischen Blaueisspitze (links) und dem von der Schärtenspitze herabführenden Grat (rechts), bringt. Die letzte halbe Stunde geht es ziemlich ausgesetzt und mit einigen (gesicherten) leichten Kletterstellen am Grat entlang – mit grandiosen Ausblicken zum Watz-

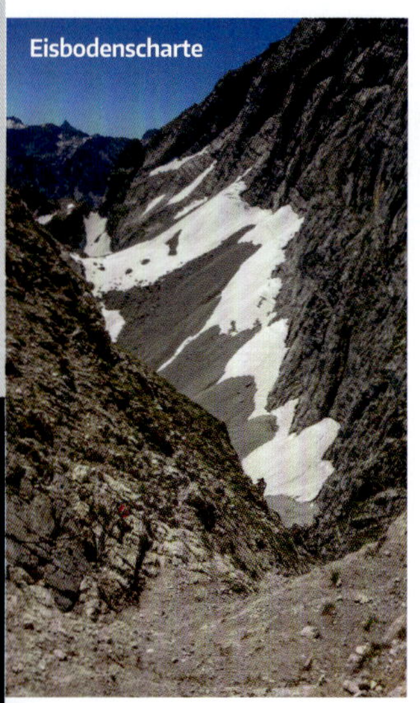

Eisbodenscharte

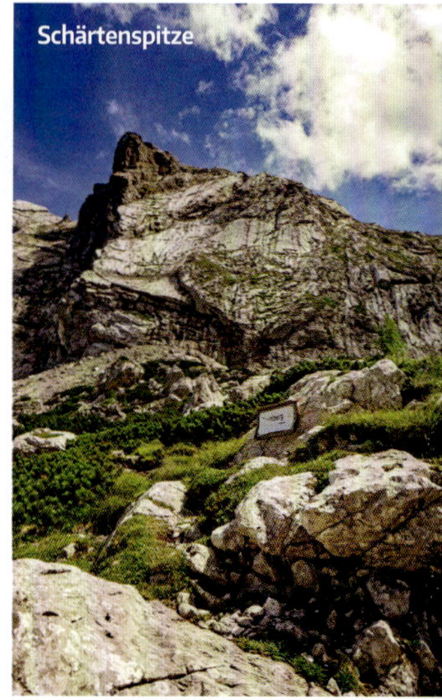

Schärtenspitze

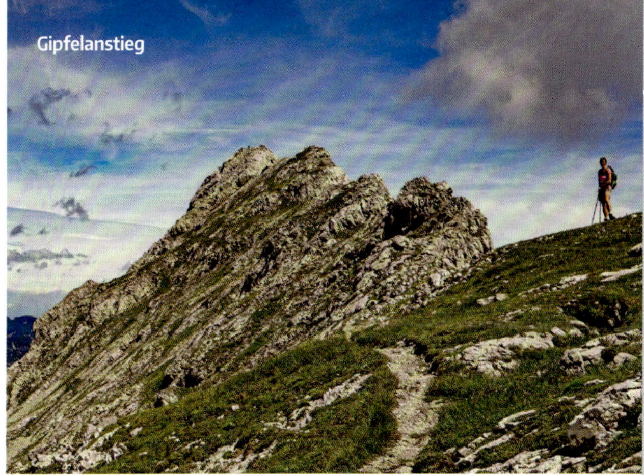

Gipfelanstieg

manngrat und zum Hochkalter – auf die Schärtenspitze zu.

Für den Abstieg klettern wir das letzte Stück des Anstiegs wieder ab, halten uns dann aber nach rechts unten Richtung Blaueishütte. Der anfangs leichte Weg erfordert in einer Rinne dann aber noch einiges an Klettergeschick und ist aufgrund des vielen losen Gerölls auch danach mit Vorsicht zu genießen. Das letzte Stück zur Blaueishütte und dann weiter zur Schärtenalm, die sich beide für eine ausführliche Rast anbieten, ist dagegen unkompliziert zu bewältigen. Nach der Schärtenalm steigen wir noch etwa eine Viertelstunde auf dem Sandweg Richtung Hintersee ab, nehmen dann aber einen schmaleren Weg, der nach rechts Richtung Ramsau Pfeiffenmacherbrücke abgeht. Nachdem wir den Schattseitweg, der vom Hintersee Richtung Wimbachbrücke führt, gekreuzt haben, treffen wir wieder auf

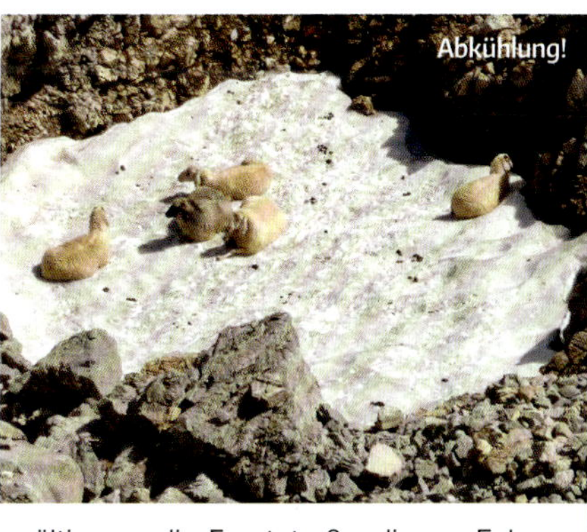

Abkühlung!

die Forststraße, die zur Eckaualm führt, und nehmen diese nach links abwärts zurück zum Parkplatz.

Kammerlinghorn, 2.484 m

Ein Genussberg, da man schnell in aussichtsreiche Höhen gelangt: Man kann mit der Zugspitze und dem Großglockner die höchsten Berge Deutschlands und Österreichs gleichzeitig sehen, aber auch Watzmann, Hochkalter, Hochkönig und die imposanten Gipfel im Steinernen Meer stellen sich grandios in Szene.

Parkplatz und Bushaltestelle Hirschbichlstraße, Fahrt mit dem Almerlebnisbus bis zum Hirschbichl (1.140 m)

7 ½ Stunden: Zur Kammerlingalm 45 Min., zum Karlboden (Weggabelung) 1 ½ Std., aufs Kammerlinghorn 2 Std., Abstieg zum Karlkopf 45 Min., zur Weggabelung Karlboden 45 Min., zur Bindalm 1 ½ Std., zur Bushaltestelle 15 Min.

Wir fahren mit dem ersten Almerlebnisbus bis zur Station Hirschbichl und gehen dann weiter auf oder neben der Straße bis zur nächsten Bushaltestelle. Kurz darauf zweigt links ein Almweg zur Kammerlingalm ab. Dort angekommen, ist der Weg etwas schwieriger zu finden: Bei den Schildern halten wir uns am besten an den zweispurigen Weg in Richtung der Almhütte, die

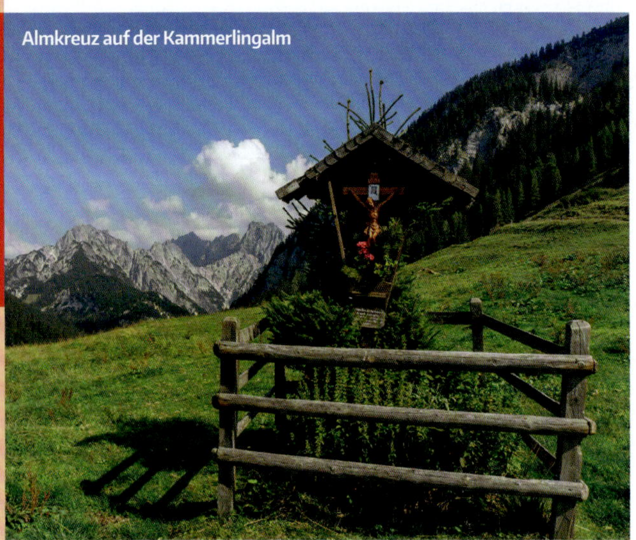

Almkreuz auf der Kammerlingalm

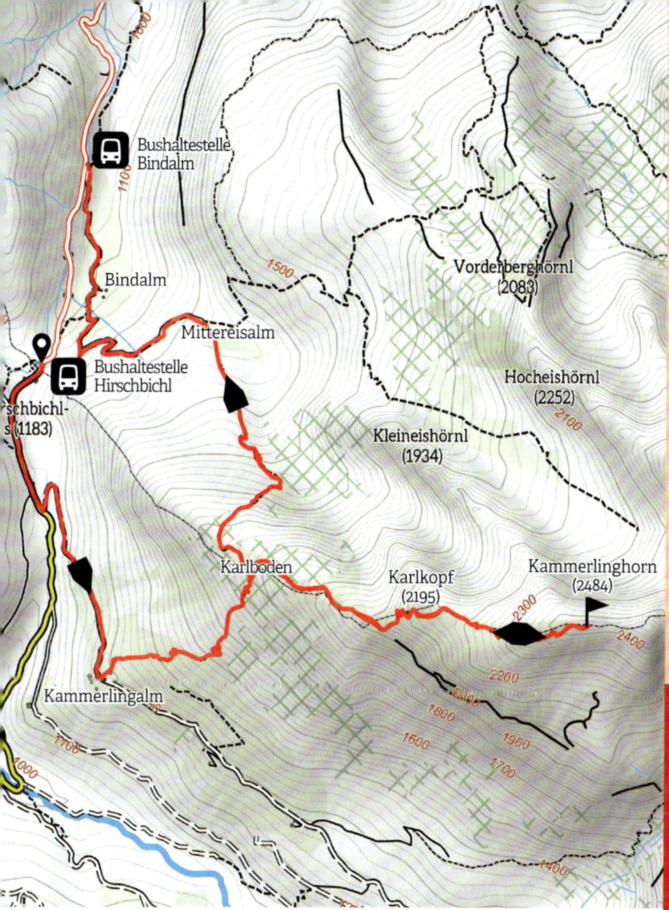

links oberhalb liegt. Nach dieser Hütte gibt es einen Durchschlupf durch den Zaun und dann nehmen wir den Trampelpfad am Zaun entlang.

Kurz darauf weisen Holzpfähle den Weg nach rechts oben. Um den Weg zu halten, müssen wir sorgfältig nach den Markierungen Ausschau halten, zweimal helfen auch gut sichtbare Pfeile an großen Felsblöcken. Unterhalb des Waldes, wohin die Kühe seltener aufsteigen, wird der Weg eindeutiger und führt uns dann zwar steil, aber ganz bequem zur Weggabelung

 10,8 km  1.342 Hm 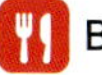 Bindalm, Kammerlingalm

im Karlboden – mit dem netten Namen „Kraxentrager". Wir gehen rechts nach oben weiter. Anfangs durch Wiesen und Latschengassen, später durch steinigeres Gelände führt uns der Weg knapp unter dem Karlkopf vorbei auf das Kammerlinghorn.

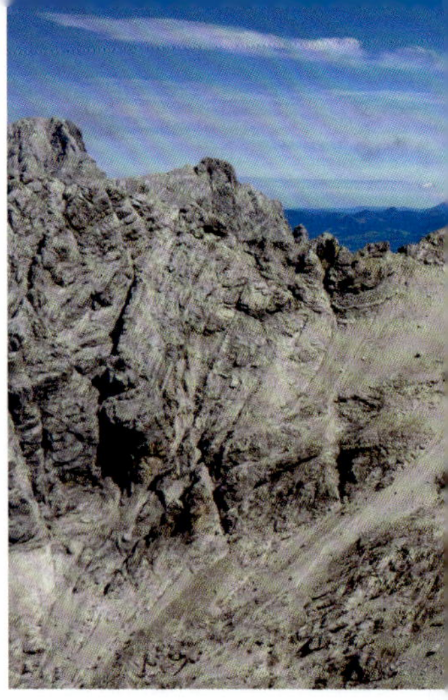

Die Aussicht auf diesem westlichsten Zweitausender des Hochkalter-Massivs ist gigantisch: Wo sieht man schon mit bloßem Auge gleichzeitig den höchsten und den zweithöchsten Gipfel Deutschlands und zudem noch den höchsten Gipfel Österreichs, also Zugspitze, Watzmann und Großglockner? Das Breitband-Panorama der Hohen Tauern – vom Ankogel bis zum Großvenediger – und der Einblick ins Steinerne Meer mit sämtlichen hohen Gipfeln machen einen längeren Gipfelaufenthalt lohnend. Im Abstieg, anfangs auf gleichem Weg zurück, nehmen wir diesmal den Karlkopf mit, indem wir gleich

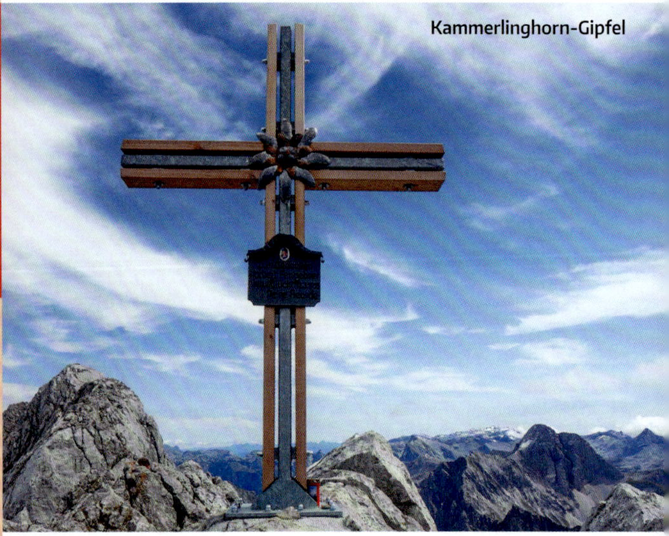

Kammerlinghorn-Gipfel

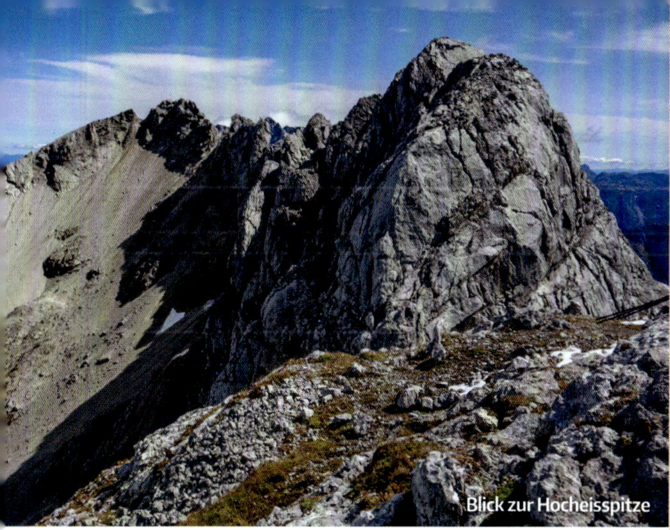

Blick zur Hocheisspitze

in der Scharte am rechten Rand einen unbezeichneten Pfad zum Gipfel nehmen und dann auf dem ausgeschilderten Pfad wieder zum Abstiegsweg hinuntersteigen. Der Karlkopf ermöglicht einen tiefen Einblick in das Hocheiskar.

Wenn wir wieder im Karlboden angekommen sind, nehmen wir diesmal den rechten Weg, der über die Nordseite dieses Rückens Richtung Mittereis- und Bindalm hinabführt. Anfangs auf einem etwas gerölligen steilen Pfad gelangen wir in den Kessel unterhalb des Hocheiskars, passieren die Mittereisalm und steigen auf der Almstraße hinab Richtung Bindalm. Wenn noch Zeit bleibt bis zur Busabfahrt (Abfahrtszeiten auf den Fahrkarten ersichtlich), lohnen zwei Almhütten auf der Bindalm eine Pause. Von dort erreichen wir die unterhalb liegende Haltestelle Bindalm in etwa 15 Minuten über eine vor allem im Frühsommer herrlich blühende Almfläche.

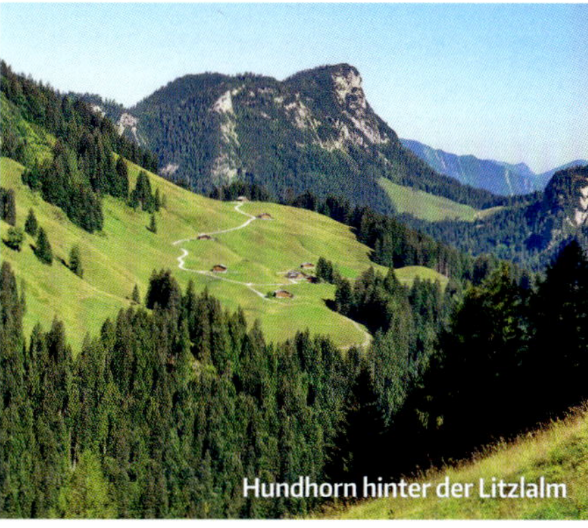
Hundhorn hinter der Litzlalm

Seehorn, 2.321 m

Eine abwechslungsreiche Tour, die vielfältige Landschaftseindrücke zu bieten hat. Der Seehornsee und die Hochwies, eine von Bachläufen durchzogene ursprüngliche Wiesenlandschaft, in der im Juli wilder Schnittlauch in Massen aufblüht, stellen einzigartige Höhepunkte dar.

Wanderparkplatz Pürzlbach, Weißbach bei Lofer, von der Bundesstraße zwischen Lofer und Saalfelden kurz nach dem Ortsende von Weißbach links abbiegen Richtung Hirschbichl / Seisenbergklamm / Kallbrunnalm, dann rechts Richtung Pürzlbach (Güterstraße), die Jausenstation Pürzlbach rechts liegen lassen, bis zu gekennzeichnetem kostenpflichtigem Parkplatz (1.081 m)

9 Stunden: Zur Kallbrunnalm 1 ½ Std., Seehornsee 1 ½ Std., Seehorn 1 ½ Std. , Kematenschneid 30 Min., Hochwies 1 Std., Dießbachstausee 1 ¼ Std., Kallbrunnalm 45 Min., Parkplatz Pürzlbach 1 Std.

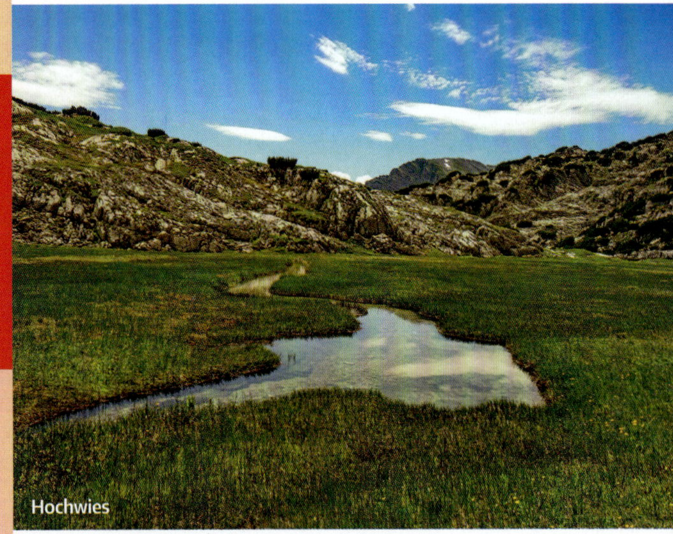

Hochwies

Vom Parkplatz gehen wir zunächst ein kurzes Stück auf der Almstraße, bis dann links ein Abkürzer Richtung Kallbrunnalm

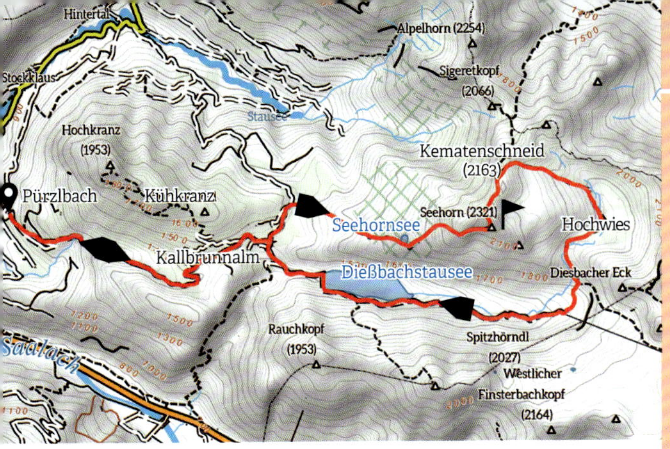

ausgeschildert ist. Der Ausschilderung weiter folgend gelangen wir zur Kallbrunnalm (1.450 m). Wir durchqueren das Almgelände auf dem breiten Hauptweg, ignorieren die Abzweigung Richtung Hochkranz und halten uns bei der nächsten Kreuzung links Richtung Hirschbichl und Seehorn. Kurz darauf zweigt rechts ein kleiner Pfad Richtung Seehornsee ab, der auf sehr angenehme Weise über Wiesen- und Waldpfade und zuletzt durch Latschengassen zu diesem malerisch in einer Senke gelegenen kleinen See führt. Rechts am Seehornsee (1.790 m) vorbei geht der Weg weiter, überwindet eine steile Stufe, teils auch durch Rinnen. Die letzten 250 Höhenmeter des Gipfelanstiegs verlaufen durch steile Wiesen.

Zum Abstieg wenden wir uns in die nördliche Richtung und erreichen nach etwa einer halben Stunde eine Wegverzweigung auf der Kematenschneid (2.163 m). Wir wählen den Weg nach rechts Richtung Hochwies. Anfangs über recht bequeme

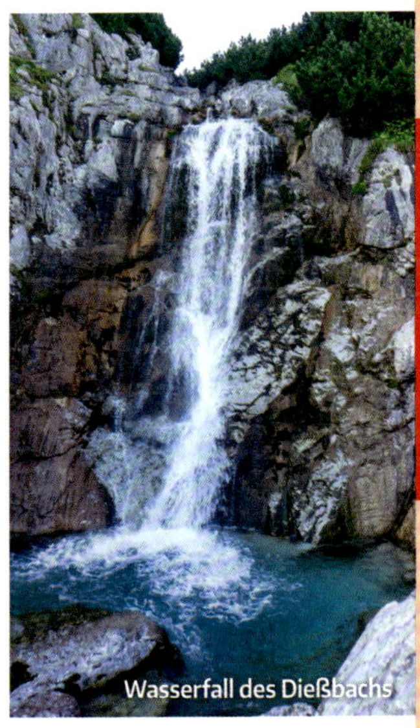
Wasserfall des Dießbachs

SEEHORN

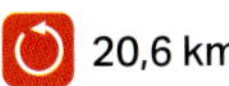 20,6 km 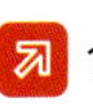 1.406 Hm 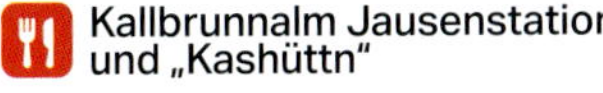 Kallbrunnalm Jausenstation und „Kashüttn“

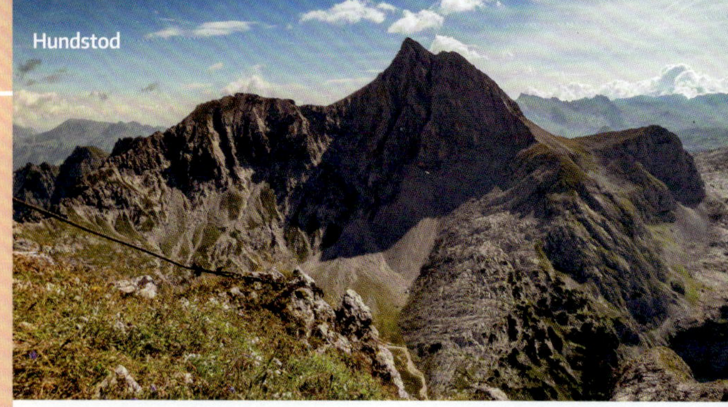
Hundstod

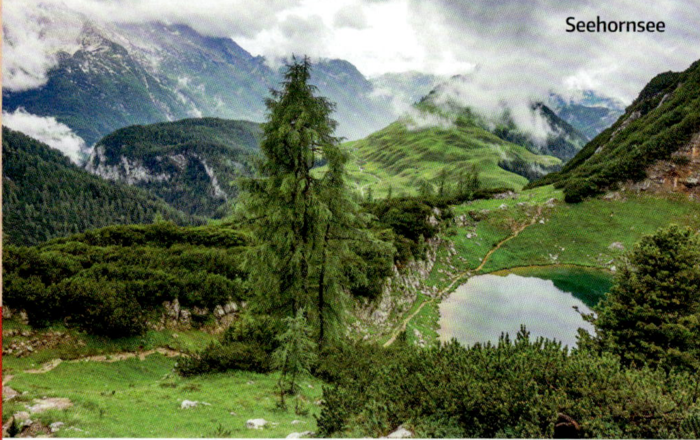
Seehornsee

Schotterwege, dann aber immer steiler im Graben des dort entspringenden Dießbachs und schließlich über Felsen rechts neben dem Einschnitt arbeiten wir uns zur Hochwies hinunter.

Dieses malerische Hochtal ist ein Kleinod, selbst in den an Naturschönheiten reichen Berchtesgadener Alpen. Bachläufe schlängeln sich dort hindurch, versiegen unter dem Schotter, tauchen an anderer Stelle wieder auf. Rechts türmt sich das aus dieser Perspektive richtig hochalpin wirkende Seehorn, links der Große Hundstod auf und wir gehen durch Wiesen, die im Juli von wildem Schnittlauch gesprenkelt sind. Links neben dem Dießbach zieht sich unser Weg dann vorne im Tal hinab. Kurz nachdem die steilen Querungen geschafft sind und unten schon der Verbindungsweg zwischen Ingolstädter Haus und Dießbachstausee zu erspähen ist, sollte man nicht versäumen, einen kleinen Pfad nach rechts zurück zu gehen, um einen klammartigen Abschnitt des Dießbachs mit einem großen Wasserfall zu bewundern.

Sobald wir den Weg, der vom Ingolstädter Haus hinab kommt, erreicht haben, wenden wir uns nach rechts Richtung Dießbachstausee. Diesen müssen wir passieren, wobei wir einen ganz ordentlichen Gegenanstieg in Kauf nehmen. Nach der Staumauer geht es vor zur Kallbrunnalm und dann nach links wieder zurück Richtung Pürzlbach.

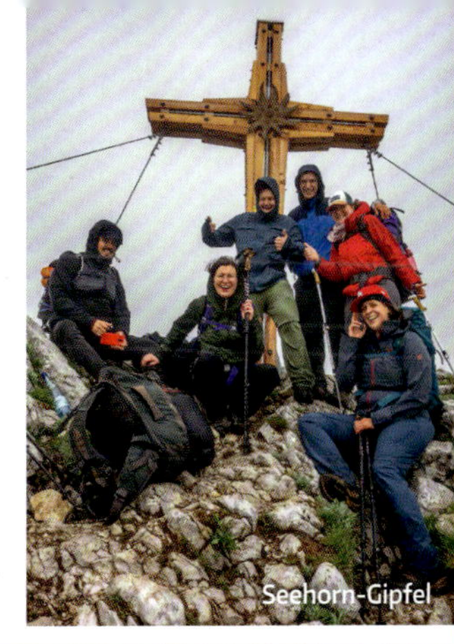
Seehorn-Gipfel

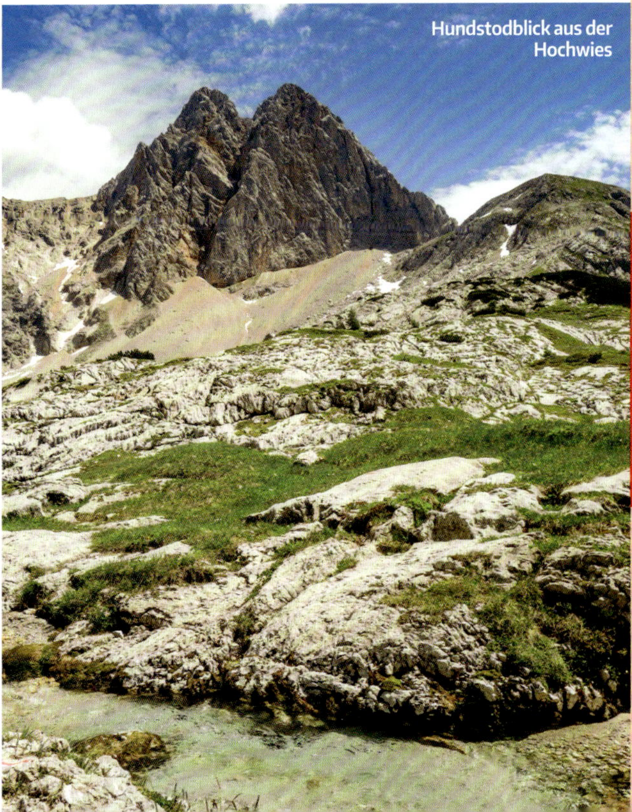

Hundstodblick aus der Hochwies

Kallbrunnalm & Hochkranz, 1.953 m

Die Kallbrunnalm, eine der schönsten Almen der Berchtesgadener Alpen, ist von Berchtesgaden aus nur mithilfe des Almerlebnisbusses und eines langen Fußmarsches zu erreichen. Das i-Tüpferl ist dann noch der Anstieg auf den Hochkranz, der allerdings im Gegensatz zum Almanstieg eine eher rassige Tour darstellt.

Parkplatz und Bushaltestelle Hirschbichlstraße, Fahrt mit dem Almerlebnisbus zur Haltestelle Abzweigung Kallbrunnalm (990 m)

7 ½ Stunden: Von der Bushaltestelle „Abzw. Kallbrunnalm" zur Kallbrunnalm 2 Std., Aufstieg auf den Hochkranz 2 Std., Abstieg zur Alm 1 ½ Std., Rückweg über das Jagdhaus Falleck zum Gasthaus Hirschbichl (Bushaltestelle) 2 Std.

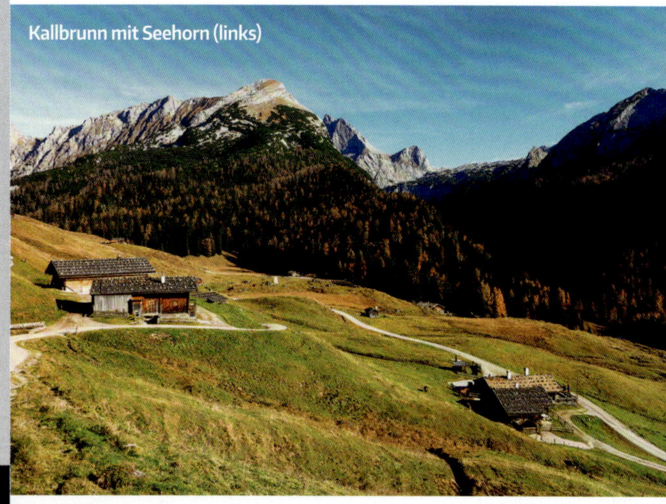
Kallbrunn mit Seehorn (links)

Nachdem wir aus dem Bus ausgestiegen sind, gehen wir noch ein Stück vor und biegen dann hinter dem Holzschuppen links in eine breite Forststraße Richtung Kallbrunnalm ab. Dieser folgen wir eine knappe halbe Stunde, das Gelände der Weißbachalm querend, bis zu einer Weggabelung. Unser Weg führt nach rechts oben.

Die teilweise recht steil ansteigende Straße bringt uns auf das

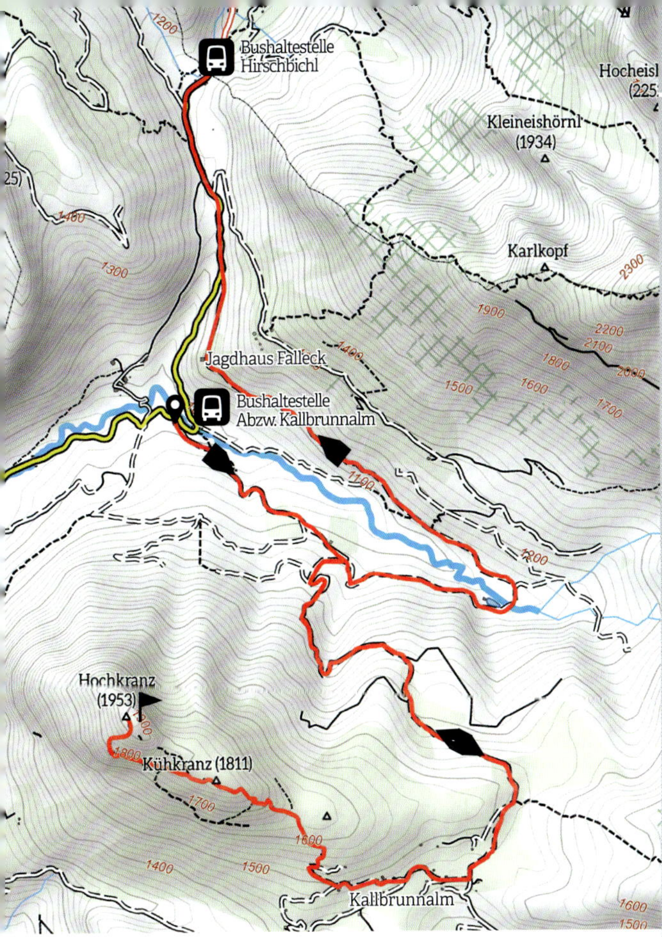

Gelände der Kallbrunnalm. Dort halten wir uns immer rechts und gelangen – an den letzten Wegverzweigungen durch Schilder Richtung Hochkranz geleitet – zu den obersten Almhütten. Dort geht der Weg nach links in die Wiese ab und wir steigen auf einem meist etwas matschigen Weg zum sogenannten Hochfeld auf, das uns bereits mit einer schönen Aussicht zum

 19,4 km  1.235 Hm 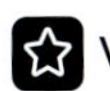 Varianten

 ausgesetzt, einige einfache Kletterstellen 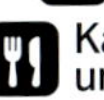 Kallbrunnalm Jausenstation und „Kashüttn“

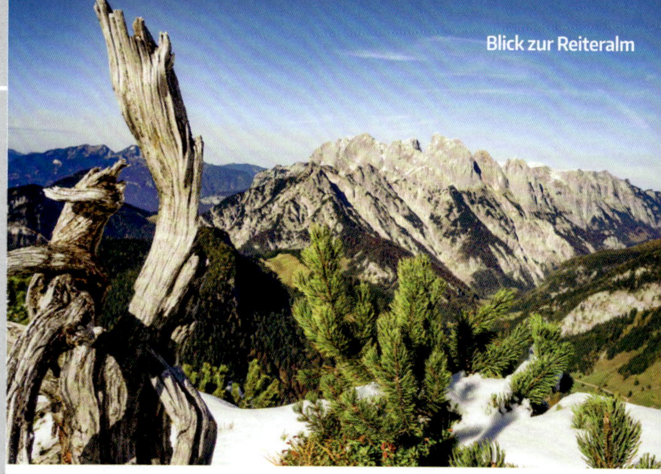

Blick zur Reiteralm

Dießbachstausee, zum Seehorn und Kammerlinghorn belohnt. Wir übersteigen – wenn wir in den Almweidemonaten unterwegs sind – zum ersten Mal einen Weidezaun. Der Weg wird jetzt deutlich trockener und führt nach dem nächsten Überstieg in ein erstes steiniges Steilstück. Wir erreichen erneut ein Plateau, den breiten Rücken des Kühkranzes, und gelangen kurz darauf zu Schildern, die zum bezeichneten Weg nach links unten weisen. (Der Anstieg über den Ostgrat ist keinesfalls zu empfehlen: Der Weg ist weder gekennzeichnet noch eindeutig zu finden, enthält einige schwierige, ungesicherte Kletterstellen (II) und ein extrem ausgesetztes Stück an einem schmalen Grat entlang.)

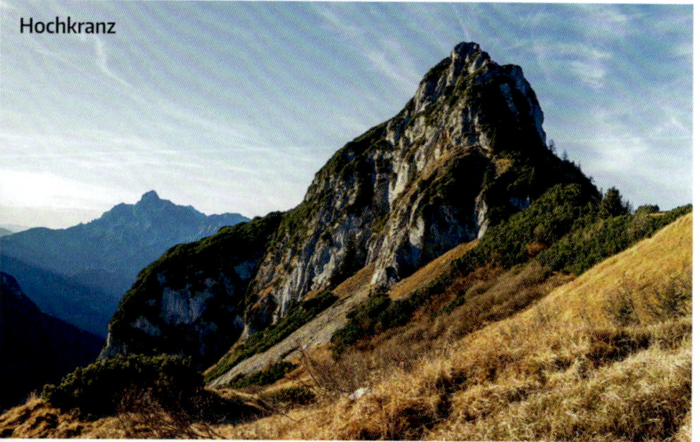

Hochkranz

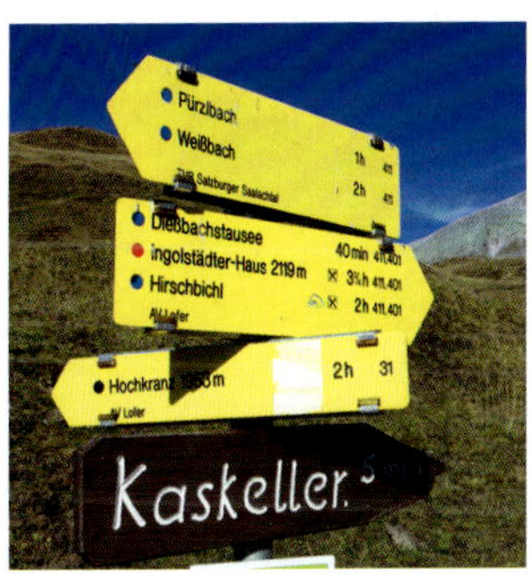

Unser Weg geht zunächst noch einmal etwa 60 Höhenmeter abwärts, anfangs über eine steile Wiese, dann aber über ein Schotterfeld und einen schmalen Steig, der bereits seilversichert ist, hinüber zu einer Rinne, wo wir mithilfe von Sicherungsseilen und einigen Griffen hinaufsteigen. Die anschließende Passage durch – zum Teil steile – Latschengassen geht zwar nicht mehr direkt am Abhang entlang, erfordert aber dennoch Umsicht. Nach einer kurzen ausgesetzten Gratpassage – durch Griffe vereinfacht – gelangen wir zum Gipfelkreuz.

Der Abstieg erfolgt auf dem gleichen Weg zurück bis zur Kallbrunnalm, wo eine Jausenstation oder auch eine „Kashüttn" (ein Stück Richtung Dießbachstausee) zu einer Rast einladen. Dann gehen wir auf der Almstraße, die wir für den Aufstieg benutzt haben, wieder zurück bis zu der Weggabelung, wo wir diesmal den rechten Weg wählen (Ausschilderung: Hirschbichl über Jagdhaus Falleck). Wir kommen nach etwa einer halben Stunde an einem Ausgleichsbecken vorbei, von wo aus Wasser des Weißbachs durch eine unterirdische Leitung zum Dießbachstausee abgeleitet wird, und diesen bei Bedarf so auffüllt, dass die Stromgewinnung jederzeit möglich ist. Dort macht unser Weg einen Bogen nach links und führt dann fast eben zum malerisch gelegenen Jagdhaus Falleck. Die kleine Straße mündet nach kurzer Zeit in die Hirschbichlstraße, der wir nach rechts aufwärts folgen, wo wir bald den Pass und auch die Bushaltestelle beim Gasthaus erreichen.

Achtung! Diese Tour verlangt eine gute Planung, wenn man den Hin- und Rückweg tatsächlich mit dem Bus zurücklegen will. Ohne Busrückfahrt dauerte die Wanderung gut zwei Stunden länger.

Varianten

Alternativ könnte man den Weg zur Kallbrunnalm auch mit einem Mountain- oder E-Bike zurücklegen – die Alm gilt als eines der klassischen Mountain-Bike-Ziele in den Berchtesgadener Alpen. Eine andere Möglichkeit: Mit dem Auto über Lofer und Weißbach nach Pürzlbach fahren und von dort auf die Kallbrunnalm aufsteigen (Anstieg bei Tour 61 beschrieben). Wer diese Variante wählt, kann sich dann einen Abstecher zum Dießbachstausee mit eventuellem Badespaß leisten.

Wagendrischelhorn, 2.251 m

Die Reiteralm diesmal von der anderen Seite: Die Zustiege aus dem Saalachtal bei Lofer sind wenig begangen, aber abwechslungsreich und landschaftlich reizvoll. Die kurzen rassigen Passagen zur Mayrbergscharte und in der gesicherten Kletterpassage Richtung Gipfel geben der Tour einen interessanten Mix.

Parkplatz in Reith (zwischen Unken und Lofer), an der kleinen Kirche und dem Gasthaus „Zu den drei Brüdern" vorbeifahren, bei einer Straßengabelung den breiteren Ast nach rechts nehmen, nach den letzten Häusern taucht rechts der Parkplatz am Rand der dort beginnenden Forststraße auf (620 m)

10 ¼ Stunden: Anstieg und Querung nach Obermayrberg 1 ¾ Std., Anstieg zum Hochgscheidsattel 2 ¼ Std., in die Mayrbergscharte 1 ¼ Std., über den Klettersteig aufs Wagendrischelhorn 45 Min., Abstieg zur Rossgasse 30 Min., Abstieg zur Alten Traunsteiner Hütte 1 ¼ Std., Abstieg über den Alpasteig 2 ½ Std.

Zunächst folgen wir der Forststraße Richtung Neue Traunsteiner Hütte, bei der ersten Gabelung der Forststraßen (nach etwa einer halben Stunde) halten wir uns nach rechts Richtung Obermayrberg / Lanzental, bei der zweiten ebenfalls. Kurz darauf erreichen wir das Lanzental mit einer großen alten Holzhütte, nach der wir den ausgeschilderten Waldpfad nehmen, der weiter Richtung Obermayrberg führt.

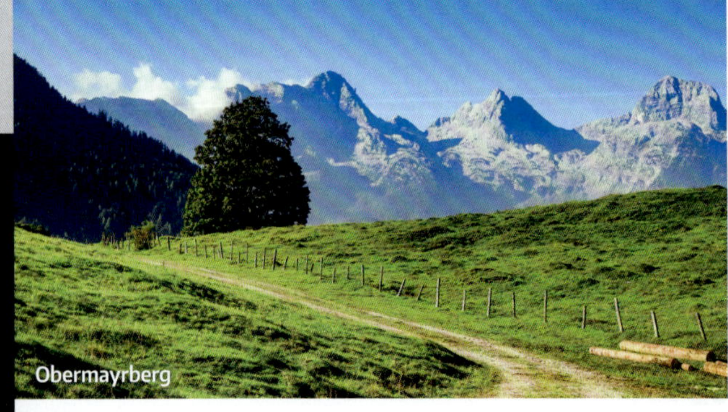

Obermayrberg

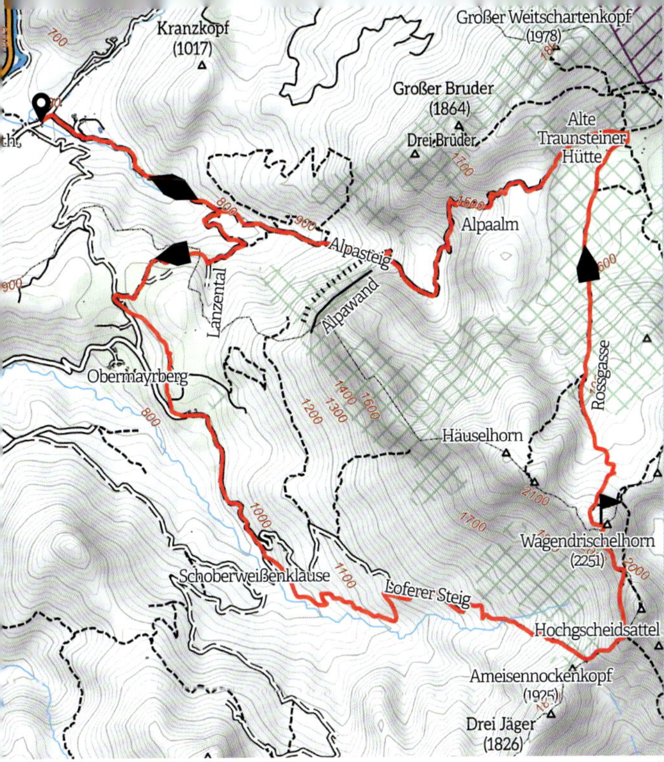

Bald treffen wir auf malerische Wiesen mit tollen Ausblicken Richtung Loferer Steinberge, die Loferer Alm und auf die Ausläufer der Reiteralm. Beim Moarbauer gehen wir links auf die kleine Straße, die wir dann bald wieder nach links verlassen. Dieser Pfad führt oberhalb der Straße zum Gasthaus Obermayrberg, dort geht die Straße dann in eine Forststraße über, der wir Richtung Schoberweißbachklause / Auer Wiesen, Knappenstadl folgen. Noch vor der Klause, bei der Holzstube Daxstein, geht unser Steig nach links oben Richtung Mayrbergscharte ab. Ein schöner Pfad, der zwischendurch kurzzeitig auch mal entlang von Wirtschaftswegen verläuft und im

 21,7 km 1.811 Hm

 Keine Einkehr am Weg, Abstecher zur Neuen Traunsteiner Hütte kostet eine knappe Std. zusätzliche Gehzeit

anspruchsvolle, gesicherte Kletterpassagen (I), sehr ausgesetzt, evtl. Klettersteigset sinnvoll

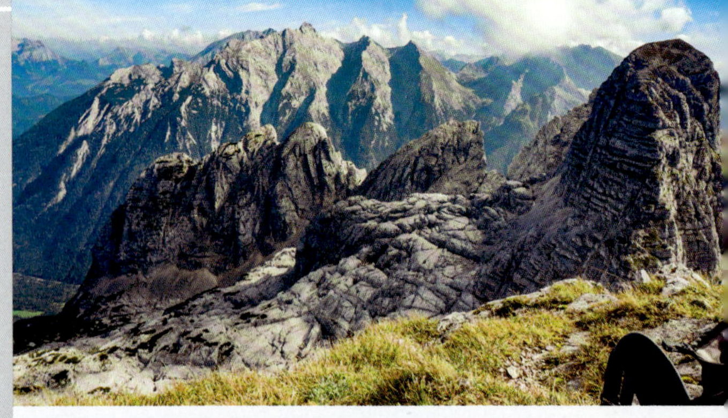
Hochkalter (Mitte hinten) und Stadelhorn (rechts)

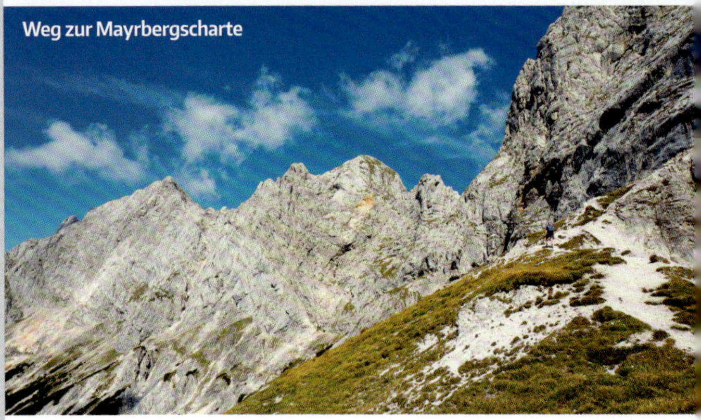
Weg zur Mayrbergscharte

oberen Teil als Loferer Steig tituliert wird, bringt uns zur Jagdhütte Hochgscheid, die sich als Platz für eine Rast anbietet. Der Pfad führt zum Hochgscheidsattel, wo wir dann nach links weiter ansteigen. Jetzt wird der Weg sandiger und erfordert mehr Aufmerksamkeit. Nach etwa 150 Höhenmetern mündet der Schaflsteig (vom Hintersee) in unseren Weg hinein, und wir gelangen zu einem felsigen Einschnitt. Anfangs in etwas fordernder, aber gut durch Sicherungen und Tritte unterstützter Kletterei, später erneut durch sandige Passagen erreichen wir die Mayrbergscharte. Dort wenden wir uns gleich bei den ersten Schildern nach links und nehmen den gut gesicherten Klettersteig, der zwar nur kurz, aber dafür an einigen Stellen extrem ausgesetzt ist und etwas Klettergeschick erfordert. Oben gehen wir dann entlang der rechten Kante durch grasiges Gelände direkt auf das Gipfelkreuz zu, das aufgrund der geschmiedeten Engel zu den ausgefallenen Kreuzen der Berchtesgadener Alpen gehört.

Für den Abstieg nehmen wir jetzt den unterhalb des Anstiegswegs herabführenden bezeichneten Pfad, der uns durch etwas mühsames sandiges und später mit Karren durchsetztes Gelände zu einer Weggabelung bringt, die lediglich durch Aufschriften auf Felsblöcken gekennzeichnet ist. Wir nehmen den linken Weg, der über viele Karren zur Rossgasse hinab führt. Durch die steile Rossgasse gelangen wir zur Alten Traunsteiner Hütte, wo wir links Richtung Alpasteig abbiegen. Bevor es jedoch endlich abwärts geht, müssen wir nochmal etwa 40 Höhenmeter gewinnen und dann noch ein Stück relativ flach vorgehen. Dann bringt uns der Alpasteig, der aufgrund seiner vielen angelegten Stufen recht bequem zu gehen ist, – durch das Gelände der Alpaalm hindurch – wieder zurück zu unserem Parkplatz.

Hinweis
Die Runde in Obermayrberg starten zu lassen würde über 200 Höhenmeter im An- und Abstieg sparen, allerdings gibt es dort nur „Parken verboten"-Schilder und höchstens eine Chance, das Auto einige Meter unterhalb des Gasthauses Obermayrberg am Straßenrand abzustellen.

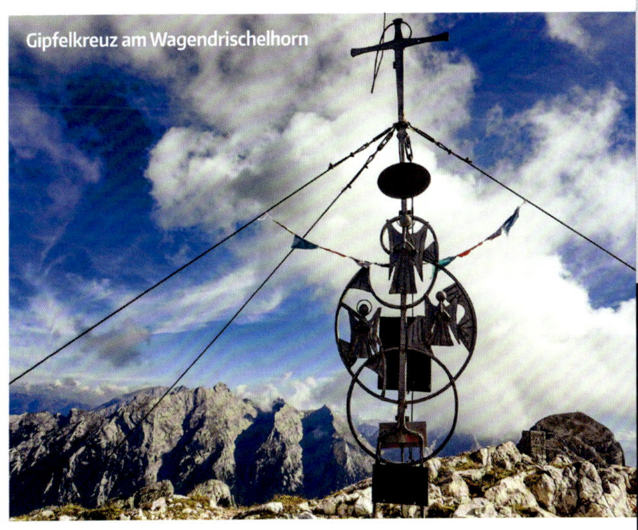
Gipfelkreuz am Wagendrischelhorn

Großer Weitschartenkopf, 1.978 m

Auch wenn der Gipfel des Großen Weitschartenkopfs nicht spektakulär wirkt – die Aussicht ist es dennoch. So schön aufgereiht sieht man den Watzmann und die Gipfel der Hochkaltergruppe selten.

Wanderparkplatz Oberjettenberg (bei der Straßengabelung die linke Straße wählen, 640 m)

10 ½ Stunden: Aufstieg zur Traunsteiner Hütte 4 Std., Gipfelanstieg zum Weitschartenkopf 1 ½ Std., Übergang zum Großen Bruder 1 Std., Abstieg zur Traunsteiner Hütte 1 Std., Abstieg nach Oberjettenberg 3 Std.

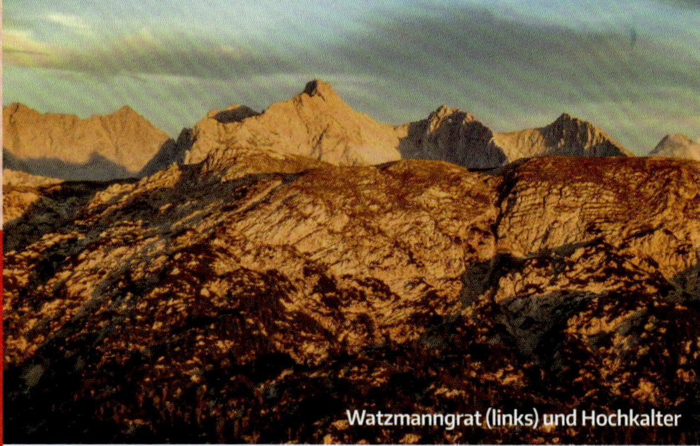

Watzmanngrat (links) und Hochkalter

Zunächst gehen wir ca. 800 Meter auf der geteerten Straße weiter, vor dem Tor einer Bundeswehrerprobungsstätte geht es dann rechts auf einer sandigen Forststraße nach oben. Ausgeschilderte Abkürzer sparen uns im weiteren Verlauf einige Straßenkurven, bis wir nach etwa einer Stunde die Chance haben, der Forststraße ganz auszuweichen, indem wir bereits das untere Stück des Schrecksteigs dem Forststraßenanstieg vorziehen. Nach einer halben Stunde treffen die beiden Wege zusammen und ab da geht der Schrecksteig als gut hergerichteter und bequem zu gehender Steig zum Schrecksattel auf 1.620 m. Dort erinnern einige Gedenktafeln an Menschen, die in den Bergen ihr Leben gelassen haben.

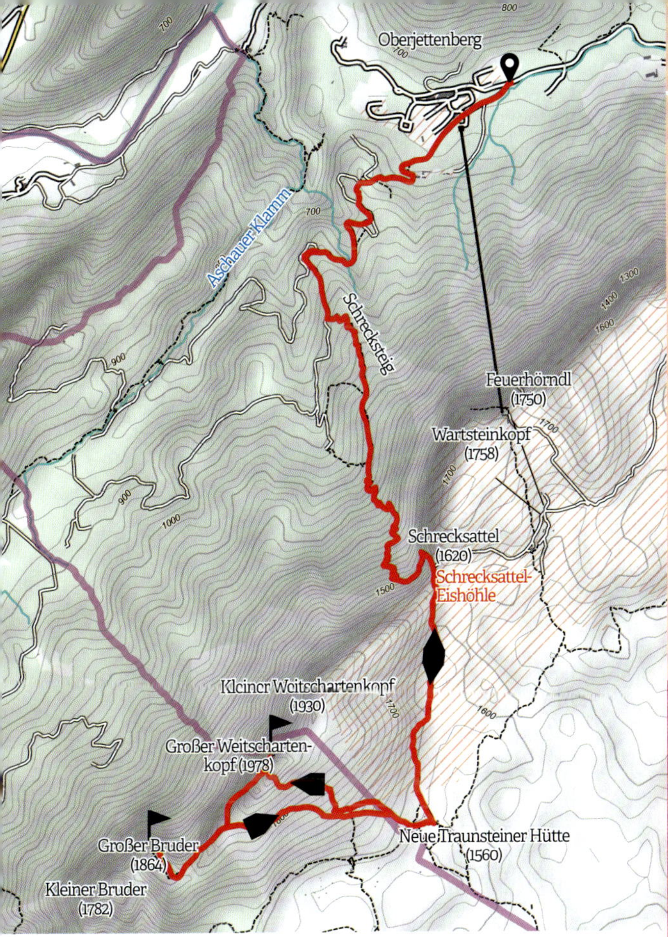

Wir halten uns nach rechts und legen die zwei Kilometer bis zur Neuen Traunsteiner Hütte auf einer teils sandigen, teils betonierten Fahrstraße zurück. Nach einer Stärkung an der Hütte geht es wieder zu der Kreuzung unterhalb der Hütte zurück und wir folgen der Ausschilderung Richtung Großer Weitschartenkopf (und vieler anderer Ziele) und biegen nach etwa fünf Minuten

 20,2 km  1.671 Hm  Varianten

 Neue Traunsteiner Hütte

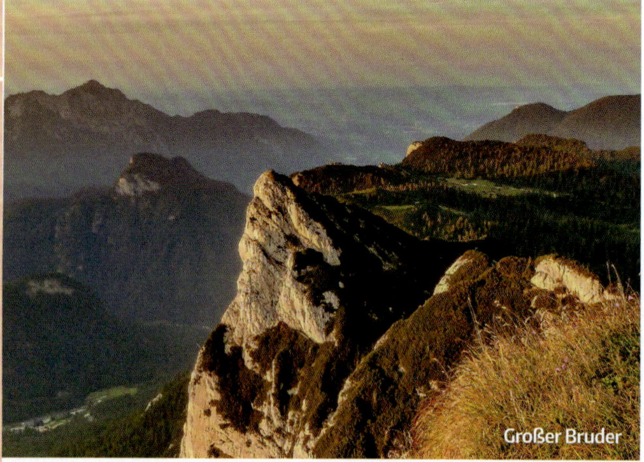
Großer Bruder

nach rechts von dem Hauptweg ab. Auf einem bequemen und gut gestuften Weg erreichen wir den Gipfel des Großen Weitschartenkopfs, wo wir den Rundumblick genießen können.

Beim Abstieg müssen wir gleich nach wenigen Metern Obacht geben: Etwa nach fünf Minuten zweigt rechts ein, zunächst fast ebener, ausgetretener Pfad ab. Dieser Pfad leitet uns entlang des Kamms, doch durch die Latschen an beiden Seiten nehmen wir den steilen Abbruch kaum wahr. Später steigen wir auf Tritten durch eine Wiese abwärts, queren unter einem Latschendickicht weiter nach Westen und treffen dann auf den bezeichneten Anstieg zum Großen Bruder, dem wir nach rechts folgen.

Auf bequemem Pfad und nach kurzem steilem Schluss-Anstieg haben wir diesen nächsten, diesmal sehr markanten Gipfel (1.864 m) erreicht. Der Abstieg erfolgt auf gleichem Weg, den wir dann weiter bis zur Neuen Traunsteiner Hütte verfolgen. Nachdem wir uns nochmals mit dem guten Kuchen auf der Hütte belohnt haben, steigen wir auf dem gleichen Weg wieder Richtung Oberjettenberg ab.

Varianten

Statt von Oberjettenberg kann man auch beim Wachterl-Parkplatz (oberhalb des Gasthauses) in Ramsau-Taubensee starten. Für den Auf- und Abstieg über den Wachterlsteig rechnet man aber ebenfalls vier bzw. drei Stunden.

Wer die Chance hat, ein zweites Auto oder ein Fahrrad zu stellen, kann auch die beiden Steige kombinieren. Das Fahrrad sollte dann aber auf jeden Fall beim Wachterl stehen, damit das Rad am Ende der Wanderung überwiegend abwärts rollen kann.

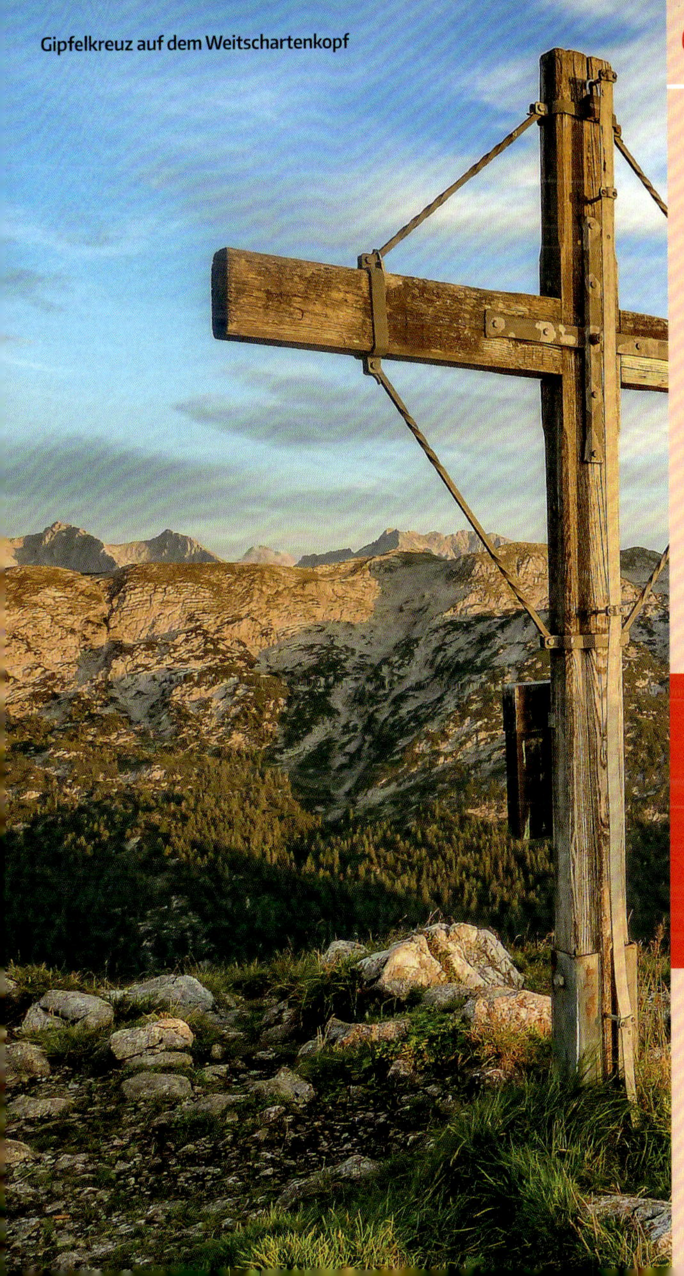

Gipfelkreuz auf dem Weitschartenkopf

Häuselhörner, 2.284 m

Das Große Häuselhorn ist nach dem Stadelhorn der anspruchsvollste Gipfel in der Reiteralm und auch der zweithöchste. Allerdings unterscheidet sich die Höhe nur um zwei Meter, entsprechend grandios ist auch die Aussicht von den Häuselhörnern.

Neue Traunsteiner Hütte (1.560 m, Zustiege in Tour 64 beschrieben)

6 Stunden: Aufstieg aufs Kleine Häuslhorn ab der Hütte 3 Std., Querung vom Kleinen zum Großen Häuselhorn 30 Min., Abstieg zur Hütte 2 ½ Std., Abstieg ins Tal (nach Oberjettenberg oder Wachterl) zusätzlich 3 Std.

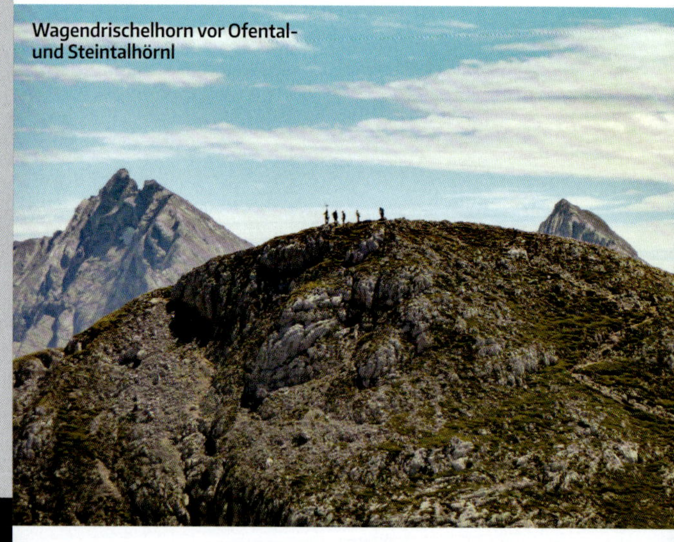

Wagendrischelhorn vor Ofental- und Steintalhörnl

Ab der Traunsteiner Hütte nehmen wir den Weg, der unterhalb der Hütte nach Westen führt. Wir gehen lange nahezu eben an der Alten Traunsteiner Hütte vorbei und ignorieren die Abzweige Richtung Weitschartenkopf, Alpasteig und Steinberggasse.

Unser Weg führt dann durch eine Senke an die Rossgasse heran, wo er sich dann ziemlich bald steil aufschwingt. Auf etwa 1.850 Metern Höhe öffnet sich plötzlich die enge Gasse und wir erhalten einen Blick aufs Wagendrischelhorn und die Windlöcher, die das Große Häuselhorn verdecken. Wir gehen durch die Senke und erreichen dann den Abzweiger nach rechts Richtung Häuselhorn. Erst arbeiten wir uns auf einem steinigen Pfad eine Geländestufe hinauf, dann an einem Altschneefeld vorbei. Bald danach sind Klettererfahrung

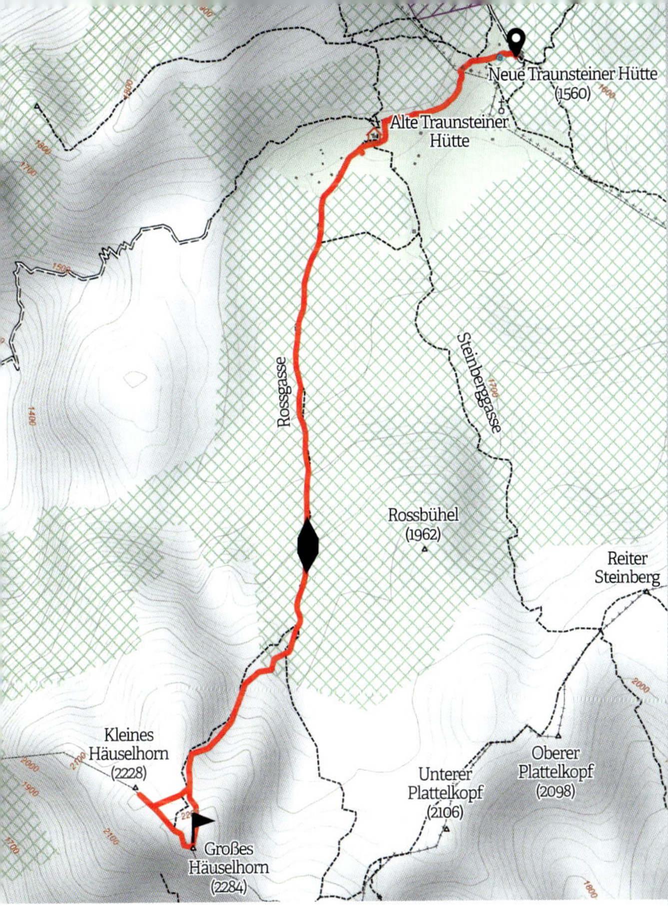

 7,8 km 754 Hm 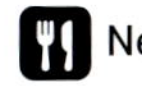 Neue Traunsteiner Hütte

 in den letzten 400 Höhenmetern des Aufstiegs mehrere ausgesetzte Kletterstellen (I) 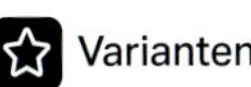 Varianten

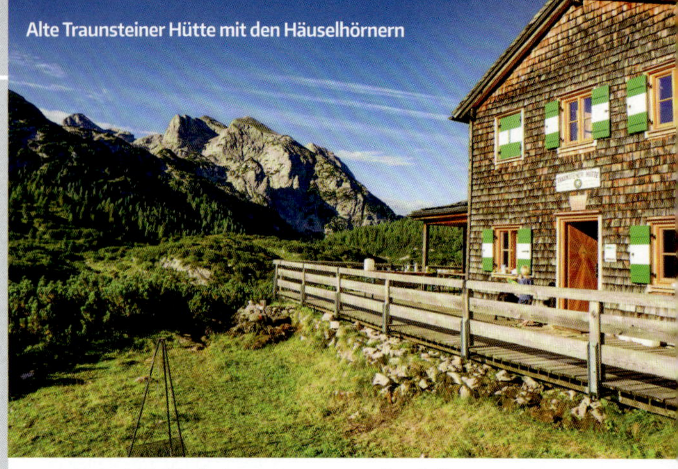

Alte Traunsteiner Hütte mit den Häuselhörnern

und Schwindelfreiheit gefragt, weil wir uns Stufe für Stufe nach oben arbeiten müssen und der Weg an keiner Stelle seilversichert ist. Wenn auch die Kletterei nicht schwierig ist, so verlangt sie doch volle Konzentration.

Nachdem wir die letzte Steilwand gemeistert haben, sehen wir auch ein zweites Gipfelkreuz, das des Kleinen Häuselhorns, an der rechten Seite. Wir steuern, geleitet durch ein paar alte Markierungen und Steindauben auf dieses kleinere Kreuz zu, queren ein paar Gräben, bewältigen einen steinigen Anstieg, der etwas Balance fordert, und haben vermutlich den Gipfel ganz für uns, weil die meisten Wanderer sich auf den höheren der beiden Gipfel beschränken.

Wir gehen die letzten 30 Höhenmeter wieder zurück in die Senke, wenden uns aber noch vor den Gräben nach halbrechts und erreichen dann, wieder geleitet durch Steindauben, einen alten Weg, der ein wenig unterhalb der südlichen Kante zum Großen Häuselhorn hinaufführt. Für den Abstieg nehmen wir dann den deutlicher markierten Normalweg und arbeiten uns dann wieder hinunter bis in die Rossgasse, über die wir dann zurück zur Neuen Traunsteiner Hütte absteigen.

Varianten

Wer nach den Häuselhörnern noch Kraft hat, kann die Runde ausweiten und im Abstieg nach Erreichen der Rossgasse nach rechts aufwärts gehen. Unterhalb des Wagendrischelhorns zweigt ein Weg nach links ab, der an den Plattelköpfen entlang zur Steinberggasse führt, die uns links abwärts ebenfalls zur Neuen Traunsteiner Hütte bringt. Denkbar wäre auch statt der Steinberggasse die Kamm-

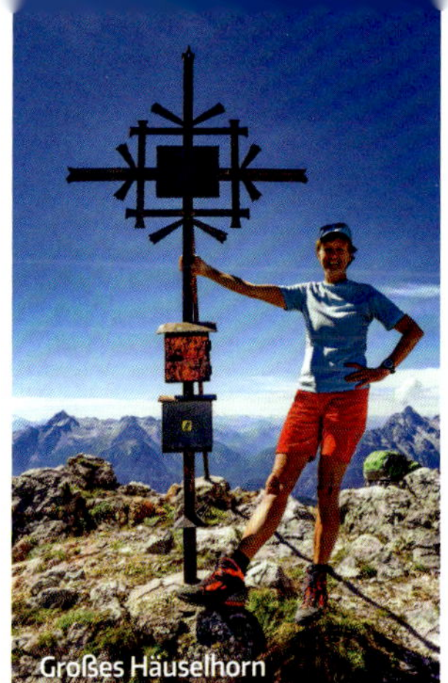
Großes Häuselhorn

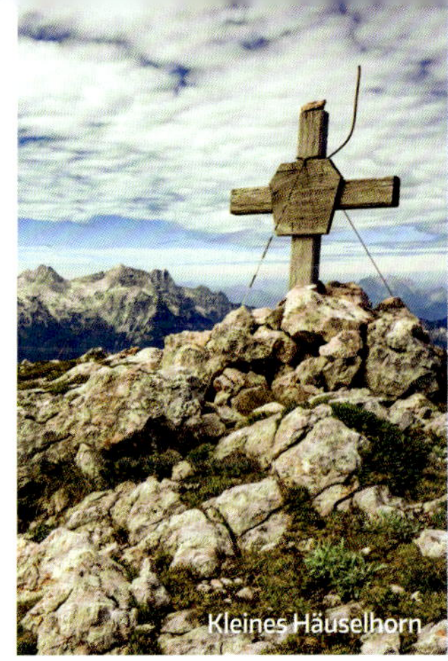
Kleines Häuselhorn

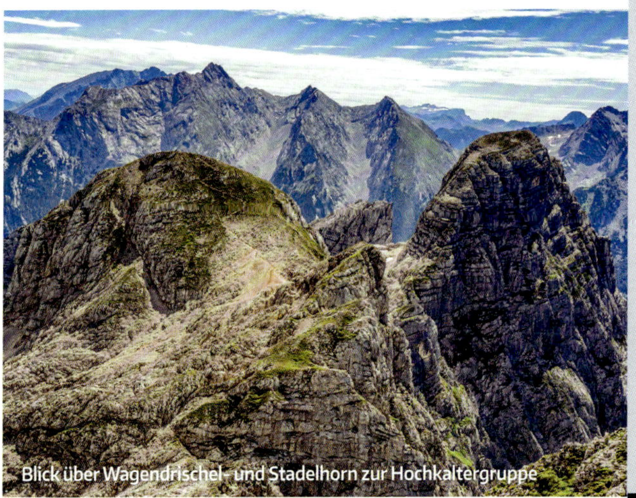
Blick über Wagendrischel- und Stadelhorn zur Hochkaltergruppe

überquerung Richtung Edelweißlahnerkopf zu wählen und dann von dort aus zur Hütte zurückzugehen.

Wer nicht übernachten möchte, kann die Häuselhörner auch als Tagestour, etwa wie beim Wagendrischelhorn (Tour 63) beschrieben, ab Reith oder Obermayrberg gehen. Dies ist aber deutlich weiter als die Runde übers Wagendrischelhorn. Auch der Schaflsteig (Tour 29) wäre ein denkbarer, aber längerer Zustieg.

Hundhorn, 1.703 m

Ein Gipfel, den selbst von den Einheimischen nur wenige zu den Berchtesgadener Alpen zählen würden. Doch der Anstieg durch eine spektakuläre Schlucht, durch einen blumengesäumten Almkessel und entlang einer Kante mit Ausblick auf die hohen Gipfel der Reiteralm lohnen die weite Anfahrt allemal.

Parkplatz beim Fußballplatz neben dem Campingplatz Grubhof in St. Martin bei Lofer (links von der Straße zwischen Lofer und St. Martin), Bushaltestelle Campingplatz Grubhof (630 m)

7 ½ Stunden: Zur Strohwollner Schlucht 45 Min., zur Scheffsnother Alm 2 Std., über den Hundsattel auf das Hundhorn 1 ½ Std. , zurück zur Scheffsnother Alm 1 ¼ Std., zurück zum Campingplatz 2 Std.

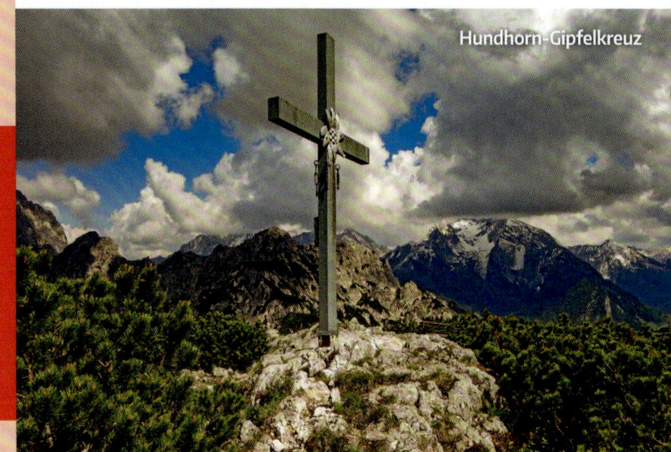

Hundhorn-Gipfelkreuz

Wir halten uns Richtung Grubhofsteg, auf dem wir hinter dem Campingplatz die Saalach überqueren. Dann gehen wir rechts Richtung Strohwolln. Nach einem knappen Kilometer zweigt links ein Pfad nach oben ab, der den Weg zur Strohwollner Schlucht etwas abkürzt.

Danach nehmen wir aber nicht den ersten, sondern erst den zweiten Abzweiger nach links oben, weil wir sonst die sehenswerte steile und durch Treppenanlagen gut erschlossene Schlucht mit den reißenden Wasserfällen umgehen würden. Beide Wege kommen an einer Kreuzung wieder zusammen, wo wir den Anstieg Richtung Scheffsnother Alm (rechts) wählen. Der kleine Pfad zieht sich zunächst in zahlreichen Kehren am Rand der Schlucht entlang, schlängelt sich immer weiter durch schönen Wald hinauf und erreicht, kurz nachdem das Gelände flacher wird, die Scheffsnother Alm. Diese liegt in einem Kessel, dessen Ränder voller Almrausch und vieler sonstiger blühender Stauden erstrahlen.

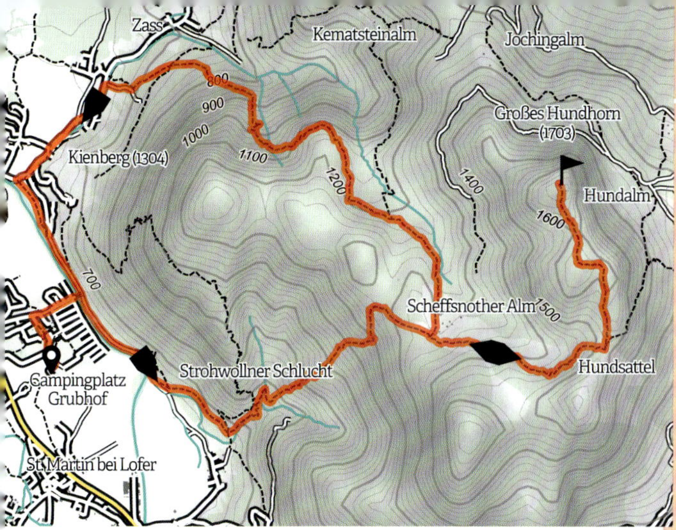

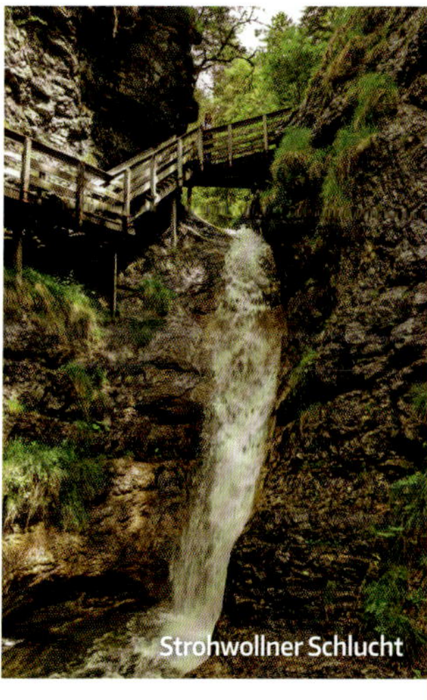
Strohwollner Schlucht

Unser Weg führt uns am rechten Rand des Kessels entlang nach oben zum Hundsattel, wo wir dann plötzlich einen gigantischen Ausblick auf die Westseite der Reiteralm gewinnen. An der Kante biegen wir vor

  15,8 km 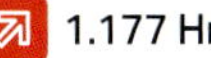 1.177 Hm 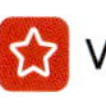 Varianten  Wirtshaus Grubhof

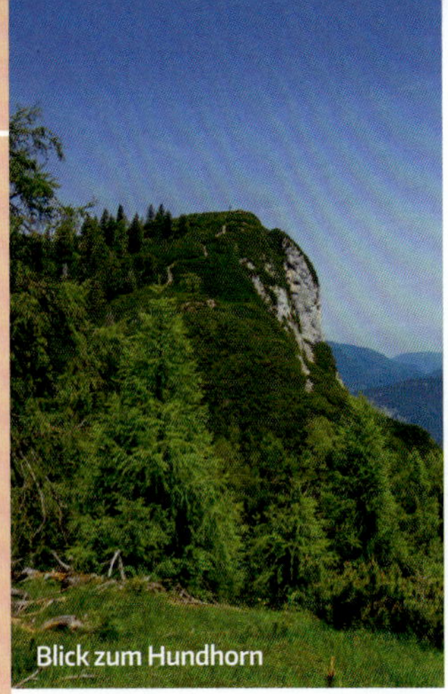
Blick zum Hundhorn

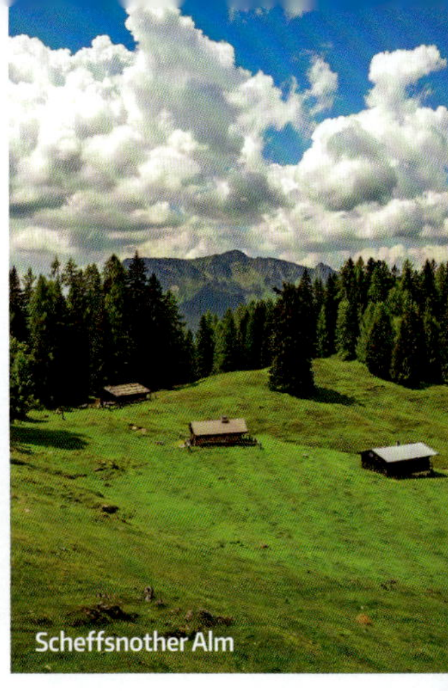
Scheffsnother Alm

dem Zaun links ab, überqueren einen Vorgipfel und verlieren dann nochmal etwa 50 Höhenmeter in einer Senke vor dem eigentlichen Gipfel. Durch Latschengassen erreichen wir das Große Hundhorn, einen von weitem unscheinbar wirkenden Gipfel, der aber eine grandiose Aussicht bietet.

Der Abstieg erfolgt zunächst auf dem gleichen Weg zurück zur Scheffsnother Alm, dort wählen wir aber dann den Abstieg nach halbrechts unten. Nachdem wir die Almwiesen durchquert haben, führt uns ein kleiner Pfad zunächst längere Zeit nahezu eben und dann etwas stärker abfallend bis zu einer Weggabelung. Dort wählen wir den linken Weg, der anfangs relativ eben, dann aber steil abwärts und kurzzeitig entlang eines Waldwirtschaftswegs an der Nordseite des Kienbergs entlang nach unten führt.
Entlang einer kleinen Straße gelangen wir links zur Saalach, wo wir den schönen Fußweg nehmen, um zum Grubhofsteg zurückzugelangen. Über den Steg gehen wir wieder hinter dem Campingplatz entlang zum Fußballplatz.

Varianten

Wer sich noch etwas mehr Zeit nehmen will, kann auch den Abstieg ab dem Hundsattel zur Hundalm wählen, dort dann über die Jochingalm und die Kematsteinalm Richtung Lofer und entlang der Saalach zurück zum Grubhofsteg. Alternativ ginge auch der Weg über die Scheffsnother Alm halbrechts abwärts, dann aber den rechten Zweig (weg vom Kienberg) zur Kematsteinalm (Rückblick zum Wasserfall!).

GPX-DATEN-DOWNLOAD

Der Verlag offeriert als zusätzlichen Bonus, dass die GPX-Daten der Touren kostenlos erhältlich sind.

https://www.plenk-verlag.com/download/download-gpx-touren-spezialfuehrer-berchtesgadener-alpen/

Download-Anleitung

- Öffnen Sie die Kamera auf Ihrem Smartphone und scannen Sie den QR-Code oder geben Sie den Link im Browser ein
- Klicken Sie auf den Download-Button, um die GPX-Daten herunterzuladen, *Passwort: Spezial_BGD*
- Bestätigen Sie den Download noch einmal mit dem grünen Download-Button
- Öffnen Sie die ZIP-Datei, *Passwort: Spezial_BGD*
- Importieren Sie die GPX-Datei entweder in eine App auf Ihrem Handy oder laden Sie die Daten auf Ihr GPS-Gerät

Die GPX-Daten – und auch die Kartenskizzen – haben die Autorin und der Verlag auf der Basis von offiziellem Kartematerial nach bestem Wissen und Gewissen erstellt. Dennoch kann es vorkommen, dass die Wiedergabe durch GPS-Geräte nicht in allen Fällen einwandfrei funktioniert. Daher bittet der Verlag die Nutzer, stets Vorsicht walten zu lassen, das eigene Orientierungsvermögen nicht zu ignorieren und nicht abseits jeglicher Pfade ins Gelände zu gehen.

Hochschlegel, 1.688 m und Dreisesselberg

So unscheinbar das Lattengebirge von der Weite wirkt, so sehr entfaltet es seine Brillanz, aber auch seine Rauheit aus der Nähe: Der spektakuläre Alpgartensteig, schöne Querungen durch Latschengassen und aussichtsreiche Gipfel krönen diese Tour.

Wanderparkplatz Bergkurgarten Bayerisch Gmain, von der B 20 zwischen Bischofswiesen und Bayerisch Gmain kurz vor dem Ortsende-Schild nach links abbiegen, der Ausschilderung „Wanderzentrum Bergkurgarten" folgen (580 m). Bahn- und Bushaltestelle Bayerisch Gmain, von dort etwa 20 Min. zusätzlicher Fußweg.

8 Stunden: Anstieg zur Schlegelalm in der Schlegelmulde 4 Std. Querung zum Dreisesselberg über Hochschlegel 1 ½ Std., Abstieg nach Bayerisch Gmain 2 ½ Std.

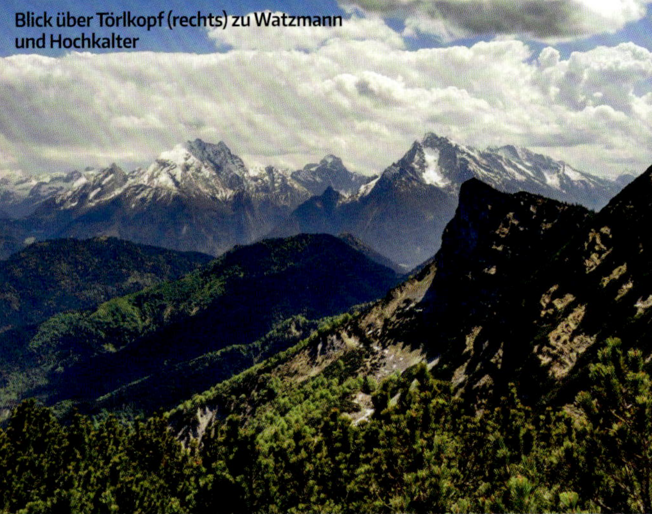
Blick über Törlkopf (rechts) zu Watzmann und Hochkalter

Vom Parkplatz aus nehmen wir den Weg nach oben, neben vielen anderen Zielen ist der „Hochschlegel über Alpgartensteig" ausgeschildert. Zunächst folgen wir jedoch der Ausschilderung Richtung Dötzenkopf, queren den Bach mittels der Eisenbrücke und stehen kurz darauf wieder vor einem Schilderwald.

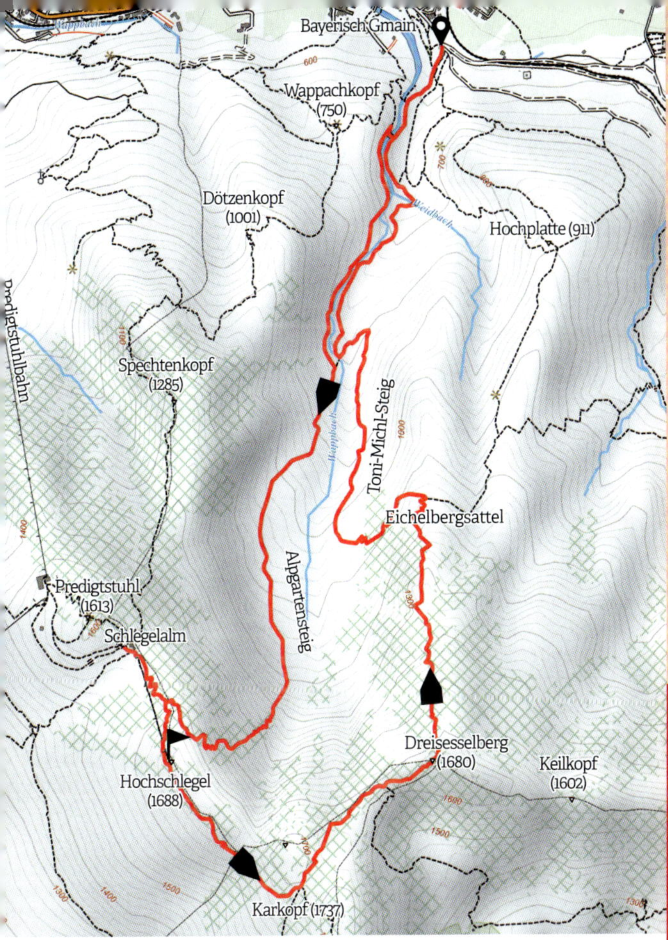

Jetzt nehmen wir den Weg nach links hinten (ausgeschildert ist nur die Gmainer Rundtour und der Eichelbergsattel). Dieser Pfad führt uns teils ober-

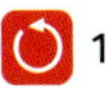 10,8 km  1.348 Hm

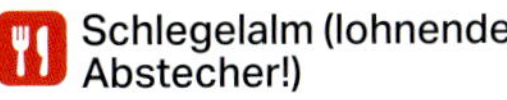 Schlegelalm (lohnender Abstecher!)

 Variante

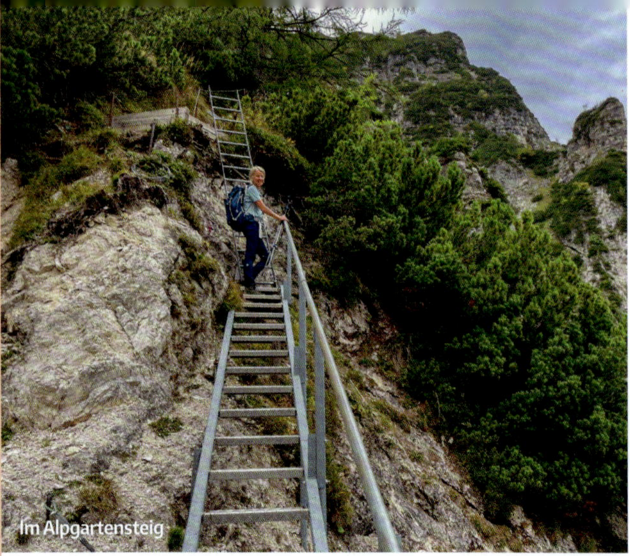

Im Alpgartensteig

halb, teils aber auch ganz nahe an der Schlucht des Wappachs – eines wilden Baches mit vielen Engstellen, Schnellen und Gumpen, der vor allem von jungen Leuten und Familien auch zum Baden und Verweilen genutzt wird – entlang nach oben.

Nach einer guten halben Stunde weist ein Wegweiser nach rechts oben zum Hochschlegel, hier ist auch der Alpgartensteig wieder angeschrieben. Dieser Steig zieht sich jetzt über 800 Höhenmeter hinauf, streckenweise recht steil über Leitern und Treppen, doch jederzeit gut gesichert. Er stößt auf den Weg, der die Schlegelmulde (rechts unten) mit dem Gipfel des Hochschlegels (links oben) verbindet. Der Abstieg in die Mulde (und spätere Gegenanstieg) kostet zwar zusätzliche 50 Höhenmeter, lohnt sich aber wegen des charmanten Teams und der leckeren Gerichte auf der Schlegelalm allemal.

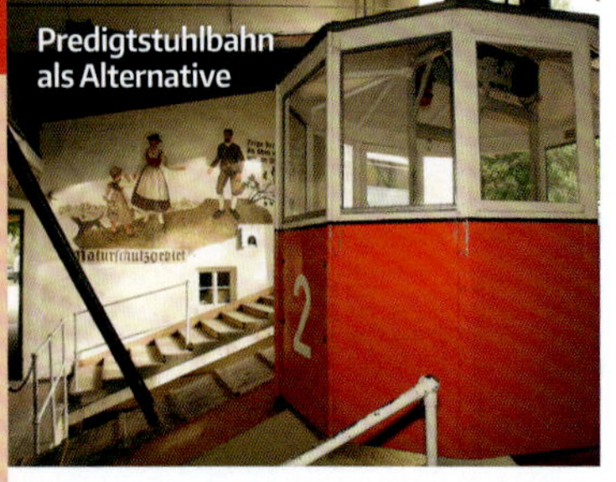
Predigtstuhlbahn als Alternative

Von der Schlegelmulde erreicht man innerhalb von einer halben Stunde den Hochschlegel-Gipfel, steigt dann wieder ab und hält sich zweimal links Richtung Dreisesselberg. Dieser leicht zu erklimmende Gipfel hat seinen Namen aufgrund seiner früheren Grenzlage – bis 1803 stießen hier die damals selbstständigen Fürstentümer Berchtesgaden, Salzburg und Bayern aneinander. Vom Dreisesselberg führt ein steiler Pfad, anfangs zum Teil durch etwas sandiges Gestein, hinab zum Eichelberg-Sattel, der aber eigentlich nur als Wegkreuzung im Wald wahrnehmbar ist.

Wir wählen den linken Abstieg, den Toni-Michl-Steig, der uns durch lichten Buchenwald und entlang mehrerer Geländeflanken wieder hinab zum Wappach führt. Auf dem diesseitigen Ufer führt ein gut ausgebauter Weg hinab zum Bergkurgarten.

Variante

Wer den doch recht steilen Abstieg vermeiden möchte, kann ab der Schlegelmulde zum Predigtstuhl hinübergehen und dort mit der Seilbahn hinunterfahren. In diesem Fall empfiehlt es sich, den Dreisesselberg wegzulassen und am Ende des Alpgartensteigs erst auf den Hochschlegel zu gehen und dann zum Gasthaus in der Schlegelmulde abzusteigen.

Die Querung zum Predigtstuhl dauert etwa 20 bis 30 Minuten, man kann wählen zwischen einem breiten Sandweg und einem „alpinen“ Steig über den Gipfel.

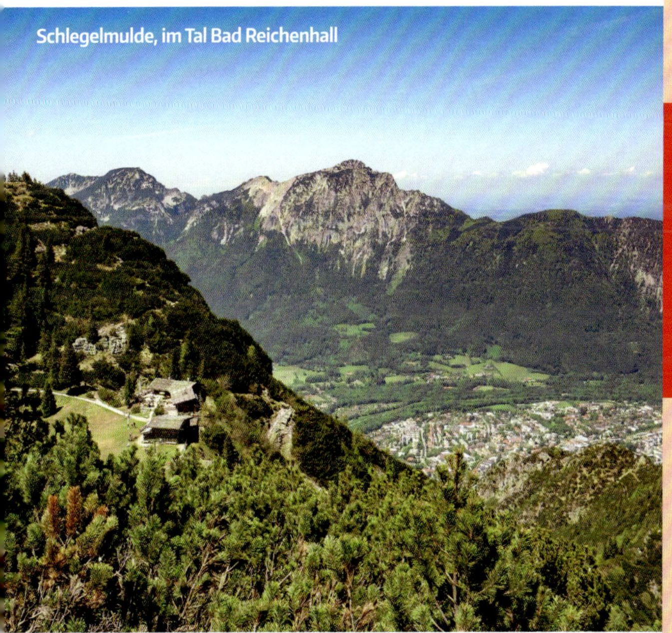

Schlegelmulde, im Tal Bad Reichenhall

Persailhorn – Mitterhorn – Breithorn, 2.504 m – der Saalfeldener Höhenweg

Eine der herausforderndsten Touren, die auf bezeichneten Wegen durch die Berchtesgadener Alpen führt: Die Überschreitung der drei Gipfel des Saalfeldener Höhenwegs verlangt sowohl in den An- als auch den Abstiegen höchste Trittsicherheit und Schwindelfreiheit. Erst ab dem Breithorn wird´s etwas bequemer. Durch Geländeabrisse am Ramseider Steig hat sich der Rückweg deutlich verlängert, daher ist es ratsam, diese Tour auf zwei Tage aufzuteilen.

Parkplatz Bachwinkl im gleichnamigen Ortsteil von Saalfelden, kurz nach der Ortseinfahrt (von Lofer kommend) links Richtung Pabing / Bachwinkl abbiegen, Parkplatz am Ende der Straße (845 m)

14 ½ Stunden: Zur Peter-Wiechenthaler-Hütte 2 ½ Std., Persailhorn 3 Std., Mitterhorn 1 ½ Std., Breithorn 1 Std., Abstieg zum Riemannhaus 1 Std., Querung zur Weißbachlscharte 2 Std., Abstieg zur Peter-Wiechenthaler-Hütte 1 ½ Std., Abstieg nach Bachwinkl 2 Std.

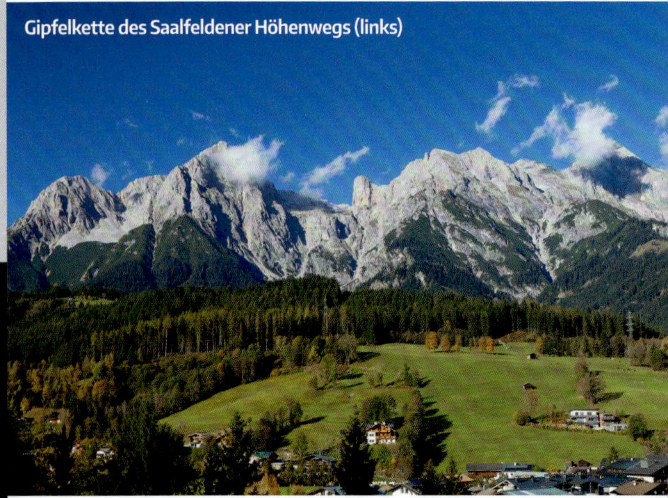

Gipfelkette des Saalfeldener Höhenwegs (links)

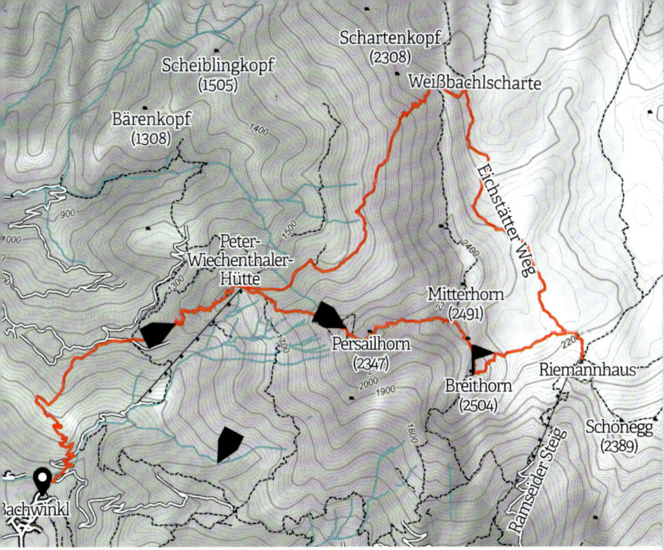

Wir gehen auf dem breiten Wanderweg nach oben. Bei der nächsten ausgeschilderten Weggabelung halten wir uns links und nehmen die bequemen Serpentinen durch den Wald Richtung Peter-Wiechenthaler-Hütte. Danach wählen wir den rechten, breiter ausgebauten Hauptanstieg, der uns relativ steil durch Latschenfelder zur Hütte bringt.

Die malerisch gelegene und freundlich bewirtschaftete Peter-Wiechenthaler-Hütte (1.707 m) bietet sich nicht nur für eine Rast, sondern auch als Übernachtungs-Option an, falls man die Wanderung auf 1 ½ Tage verteilen möchte. Ab der Hütte geht's weiter aufwärts, kurz darauf teilt sich der Weg, wir nehmen den rechten und bei der nächsten Weggabelung den linken Weg (Richtung Saalfeldener Höhenweg).

Aufs Persailhorn führen zwei Klettersteige und ein sogenannter Normalweg (ausgeschildert als Saalfeldener Höhenweg), der aber vor allem im oberen Teil ebenfalls sehr anspruchsvoll ist und mehrere Kletterstellen und am Schluss

 20,1 km  2.099 Hm

 Peter-Wiechenthaler-Hütte, Riemannhaus

lange Strecken sehr ausgesetzt und brüchig, erfordert einiges an Klettergeschick (I)

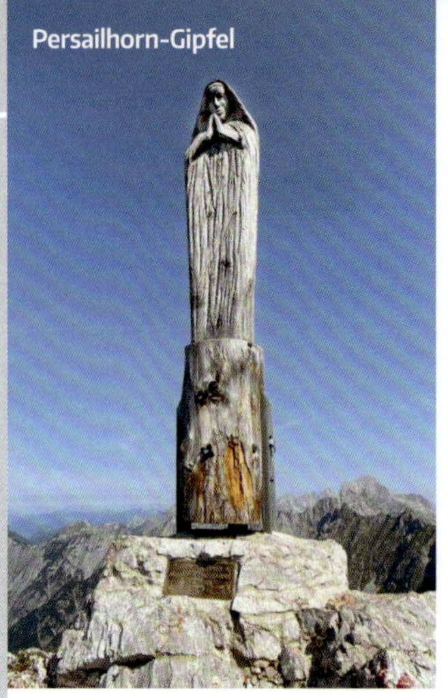
Persailhorn-Gipfel

eine ausgesetzte Gratpassage enthält. Um auf dem Normalweg zu bleiben, ignorieren wir zunächst die Abzweigung zum Südwand-Klettersteig und dann die zum Wildental-Klettersteig.

Nachdem beide Klettersteige wieder in den Normalweg gemündet sind, erreichen wir nach weiterer ausgesetzter Kletterei entlang des Gipfelgrats das Persailhorn (2.347 m). Zum Mitterhorn (2.491 m) müssen wir zunächst etwa 100 Höhenmeter in brüchigem Gelände absteigen und dann über einige Kletterpassagen diesen zweiten Gipfel erklimmen.

Zum Breithorn geht es dann an den Drei Docken vorbei, die zunächst gut zu umgehen sind, aber kurz vor dem finalen Anstieg nochmal einen steilen, seilversicherten Abstieg erfordern. Erst der finale Anstieg zum Breithorn und der Abstieg zum Riemannhaus sind relativ unkompliziert: Beim Abstieg freut man sich über die vielen Stufen, die gute Geister mittels Felsblöcken angelegt haben.

Nach einer Rast oder Übernachtung im Riemannhaus (2.177 m) in der Ramseider Scharte können wir leider nicht den gleichnamigen Abstieg nehmen, sondern müssen nach Westen zurück über den Eichstätter Weg

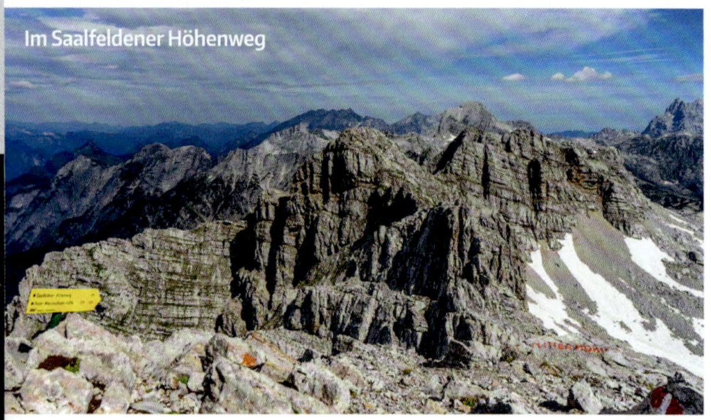
Im Saalfeldener Höhenweg

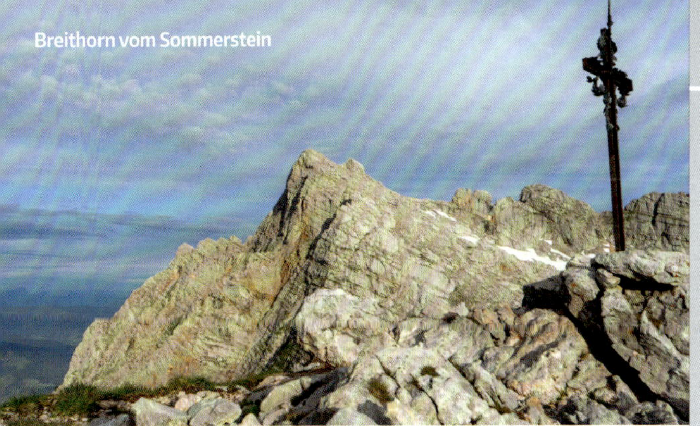
Breithorn vom Sommerstein

im Steinernen Meer queren: Wir halten uns zurück Richtung Breithorn, nehmen aber dann den rechten Weg Richtung Peter-Wiechenthaler-Hütte.

Bei der Wegkreuzung Praterstern geht es dann etwa 100 Höhenmeter hinauf zur Weißbachlscharte. Über eine sich lang hinziehende Querung erreichen wir die Wiechenthaler-Hütte und steigen von dort ab zum Parkplatz Bachwinkl.

Hinweis:
Auf keinen Fall sollte man versuchen, den Ramseider Steig trotz der Sperrung zu gehen. Denn er ist an mehreren Stellen durch großflächige Hangrutschungen nicht mehr passierbar.

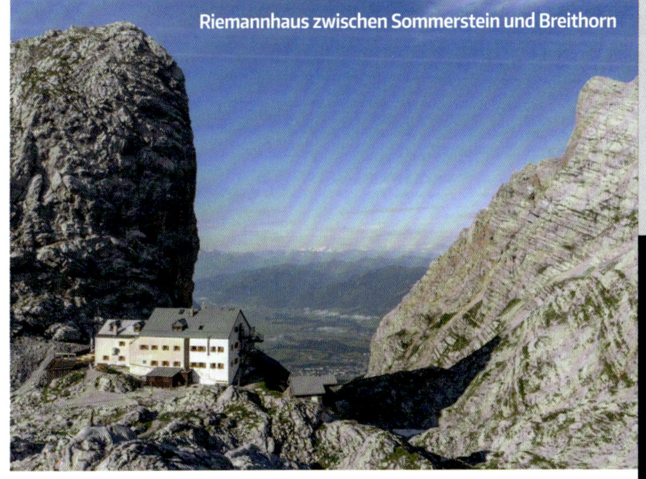
Riemannhaus zwischen Sommerstein und Breithorn

Schönfeldspitze, 2.653 m

Ohne Frage einer der markantesten Gipfel der Berchtesgadener Alpen: Von Berchtesgaden, aber auch bei der Überfahrt über den Königssee, lange im Blickzentrum, erhebt sich die Schönfeldspitze am Südrand des Steinernen Meeres. Der steile Gipfelaufbau erfordert einiges an Mut und Klettererfahrung: Etwa 250 Meter des An- und Abstiegs führen durch sehr ausgesetztes Gelände.

Parkplatz Rohrmoos (Maria Alm-Krallerwinkl), im Ortszentrum von Maria Alm der rechten Straße – vorbei am Schwimmbad – bis zur Schranke folgen (890 m)

11 Stunden: Anstieg zur Buchauer Scharte 3 ½ Std., Aufstieg zum Gipfel 1 ½ Std., Abstieg zum Riemannhaus übers Schöneck, 2 ½ Std., Abstieg zum Riemannhaus-Parkplatz (Sandt ' n) 2 Std., Rückweg nach Rohrmoos / Krallerwinkl 1 ½ Std.

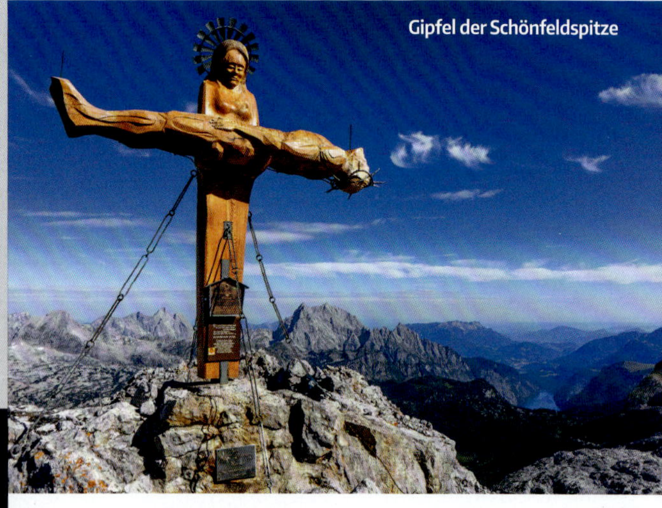

Gipfel der Schönfeldspitze

Wir gehen zunächst links über die Brücke und halten uns dann nach der Rechtskurve unterhalb des Bauernhofs geradeaus nach oben (Richtung Kaseregg). Die Almstraße und anschließend ein kleiner Zickzack-Pfad bringen uns zur Kaseregg-Kapelle, wo wir nach links abbiegen. Jetzt geht es über einen kleinen Waldpfad hinauf, bis wir wieder auf die Almstraße treffen, der wir weiter nach oben folgen. So erreichen wir die malerisch gelegene Freithofalm, die sich – obwohl unbewirtschaftet – wegen ihrer Bank neben dem Brunnen für eine erste Rast anbietet.

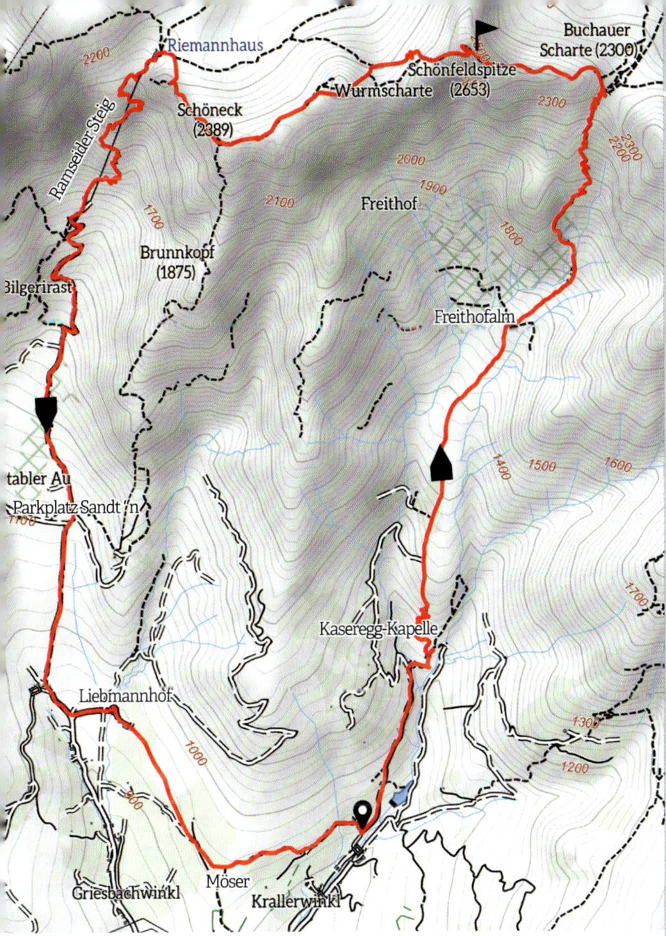

Nach der Alm führt uns der Weg zunächst durch Latschen und

 16,5 km 1.860 Hm 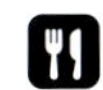 Riemannhaus

lange anstrengende Kletterei (I), einer der schwierigsten markierten Wege

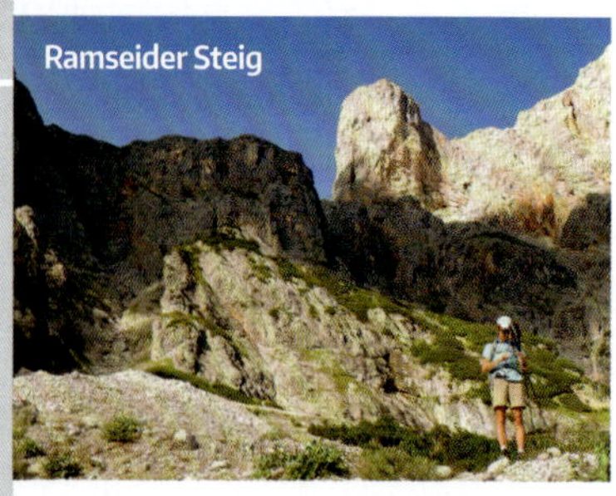
Ramseider Steig

offenes Wiesengelände, dann aber immer steiler, sandiger und gerölliger zur Buchauer Scharte, wo wir uns nach links wenden. Das letzte Stück des Gipfelanstiegs fordert unsere Trittsicherheit und unser Klettergeschick heraus: Nach einem recht einfachen, kurzzeitig sogar grasigen Wegstück müssen wir einen Felsgrat überschreiten und entlang von Felsbändern in eine Senke absteigen. Im letzten Teil benötigen wir dann teilweise auch die Hilfe der Hände. Der Gipfel der Schönfeldspitze ist nicht nur wegen des eigenwilligen Gipfelkreuzes (Madonna mit querliegendem Christus), sondern auch wegen des gigantischen Rundumblicks ein einmaliges Erlebnis.

Der Abstieg Richtung Riemannhaus erfolgt auf den ersten etwa 50 Höhenmetern in die gleiche Richtung, dann teilt sich der Weg jedoch und wir nehmen jetzt den rechten Zweig. Der Abstieg ist klettertechnisch ebenso anspruchsvoll wie der Anstieg – und 250 Höhenmeter nahezu immer extrem ausgesetzt. Zum Glück ist die Schlüsselstelle, bei der man an einem etwas vorragenden Fels vorbeiklettern muss und unter sich Hunderte Meter in die Tiefe blickt, seit einigen Jahren mit vier Eisengriffen und einem Seil entschärft. Auch an anderen Stellen helfen Eisengriffe und Tritte, wenn auch nur spärlich, ein paar schwierige Stellen zu überwinden.

Sobald das steile Gelände – zunächst an der Südseite, dann an der Westseite des Berges entlang – bewältigt ist, teilt sich der Weg noch einmal. Obwohl es uns hier zu den relativ bequem erscheinenden Sandkehren nach unten zieht, entscheiden wir uns für den halblinken Weg, der an einem Fels mit „Schöneck" angeschrieben ist und bald darauf 100 Höhenmeter (nicht mehr, auch wenn es so wirkt!) Gegenanstieg verlangt. Dieser Weg führt uns über die Schulter des Wurmkopfs, dann über einen wunderschönen Wiesenpfad mit vielen tollen Aussichten und nur gelegentlichen kurzen Kletterpassagen immer unterhalb des Grats entlang über das Schöneck und unterhalb des Sommersteins vorbei.

Ob man die Gipfel des Wurmkopfs oder des Sommersteins noch mitnimmt, kann jeder nach Lust und Laune entscheiden.

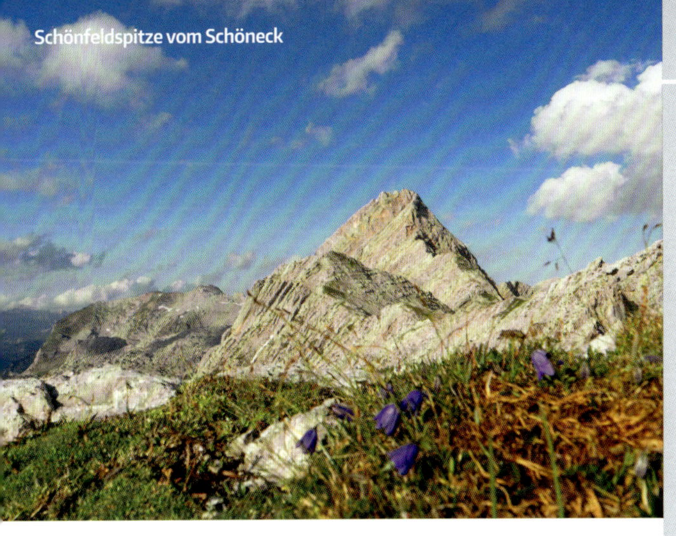

Schönfeldspitze vom Schöneck

Mit dieser Höhenüberquerung erspart man sich einen Bogen unterhalb der Wurmköpfe vorbei zum Riemannhaus. Dieser untere Weg, der ebenfalls einige kleinere Gegenanstiege erfordert, ist etwa eine halbe Stunde kürzer und der am meisten begangene Zustieg zur Schönfeldspitze. Allerdings kann er bei weitem nicht mit der Aussicht aufwarten wie die Höhenquerung übers Schöneck.

Nach einer verdienten Pause beim Riemannhaus in der Ramseider Scharte steigen wir über den gleichnamigen Steig hinab, der mit Treppen unterhalb der Hütte startet und gut ausgebaut und gesichert durch steiles Gelände führt. Wir erreichen die Talstation der Materialseilbahn des Riemannhauses und folgen jetzt der breiten Fahrstraße. Wir gehen am Parkplatz Riemannhaus (Sandt'n) vorbei, hinunter bis auf etwa 950 Höhenmeter. Dort, unmittelbar nachdem die sandige Fahrstraße nach einem Viehrost in eine asphaltierte Straße übergegangen ist, passieren wir die erste Kreuzung geradeaus und bei der zweiten, sehr markanten Kreuzung biegen wir nach links „auf den Spuren der Wallfahrer" Richtung Möser und Rohrmoos ab. Wir durchqueren den „Liebmannhof", gehen dann an Zäunen entlang, schlüpfen durch zwei Viehgatter und lassen uns von den Ausschilderungen Richtung Rohrmoos über wunderschöne Wiesenwege vorbei an der Wegkreuzung Möser zu dem Bauernhof in Krallerwinkl zurückleiten. Rechts unterhalb führt dort die Brücke wieder zu unserem Parkplatz hinüber.

Marterlkopf & Brandhorn, 2.610 m

Lange, aber beeindruckende Tour in die hinterste Ecke des Steinernen Meeres. Da der Anstieg zu den Torscharten und auch auf den Marterlkopf ohne Schwierigkeiten zu bewältigen ist, sich aber auch dort bereits großartige Rundumblicke bieten, lohnt es sich durchaus auch, eine Teilstrecke in Erwägung zu ziehen.

Parkplatz bei der Kirche in Hinterthal (Ortsteil von Maria Alm, 1.015 m)

12 ½ Stunden: Zur Niederen Torscharte 4 Std., Übergang zur Hohen Torscharte ½ Std., Aufstieg auf den Marterlkopf 1 Std., Übergang zum Brandhorn 1 ½ Std., Rückkehr zum Marterlkopf 1 ½ Std., Abstieg und Übergang bis zur Niedrigen Torscharte 1 Std., Abstieg nach Hinterthal 3 Std.

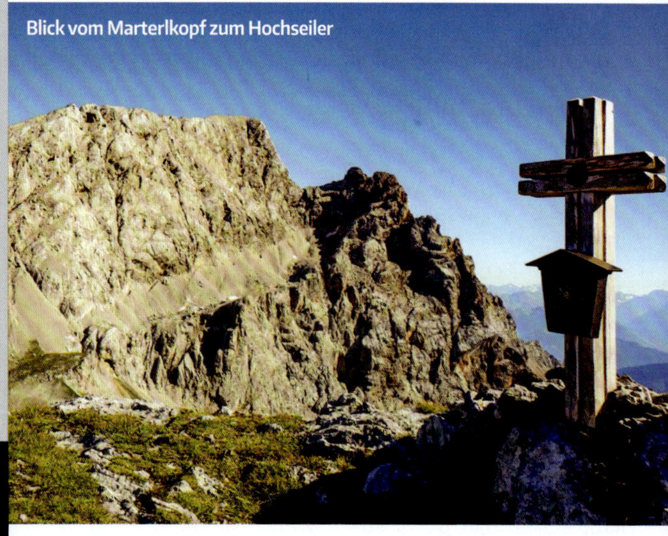
Blick vom Marterlkopf zum Hochseiler

Vom Parkplatz aus gehen wir ein Stück zurück bis zur Kreuzung und biegen dann rechts nach oben ab, wo die Torscharte bereits angeschrieben ist. Auf einem breiten Forstweg gelangen wir zu den Triefen, einer besonderen Form eines Wasserfalls, bei dem das Wasser wie eine Art Vorhang zwischen zwei

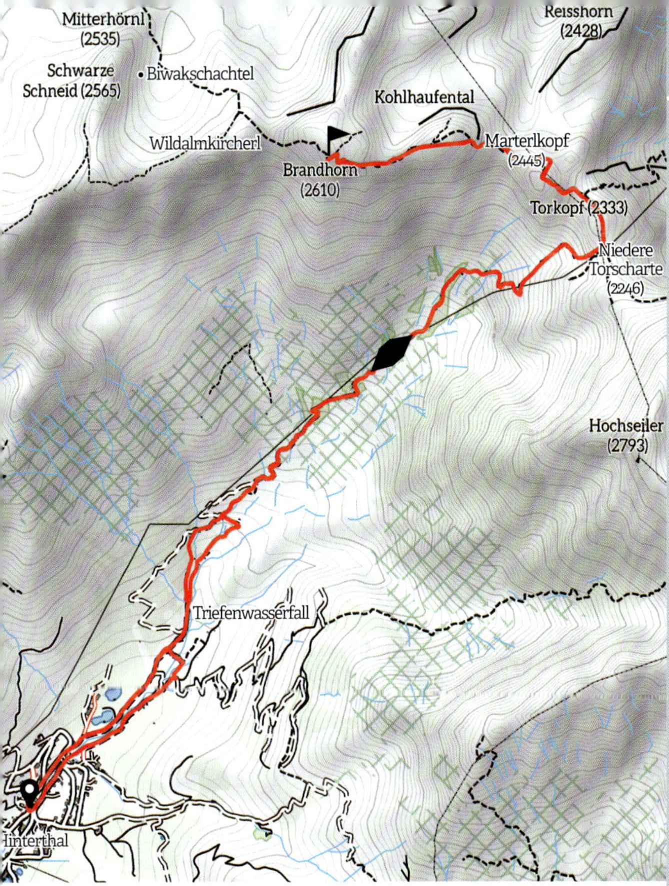

Felsschichten austritt. Danach folgen wir der Ausschilderung Richtung Torscharte nach links oben, verlassen den zweispurigen Karrenweg zwischenzeitig mal, um (ausgeschildert) auf einem schmaleren Pfad ein Stück des Karrenwegs abzuschneiden, und gehen dann den Karrenweg bis zu seinem Ende.

Jetzt wird das Gelände etwas steiler und die großen Strommasten der Verbundleitung zeigen uns den Weg Richtung Torscharte an (allerdings ist der

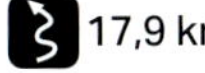 17,9 km 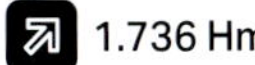 1.736 Hm 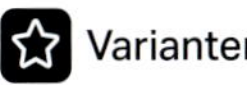 Varianten im Abstieg

 schwer, ausgesetzte Kletterei (I) zwischen Marterlkopf und Brandhorn 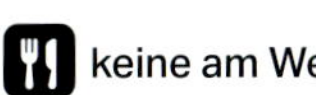 keine am Weg

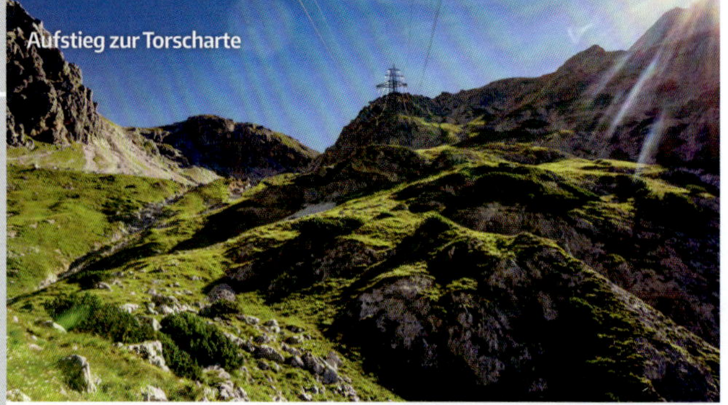
Aufstieg zur Torscharte

jetzt sichtbare Mast erst der drittletzte, der noch 400 Meter unter der Scharte auf einem Vorsprung steht).

Wir queren mehrere Bachrinnen, was manchmal ein wenig Kreativität erfordert, da die Wege durch die Wasserläufe immer wieder weggerissen werden. Gut ausgeschildert bringt uns der immer steiler, sandiger und gerölliger werdende Pfad in unzähligen Kurven bis zur Torscharte, wo wir kurz unterhalb am besten dem linken Pfad folgen, um uns einen kleinen Umweg zu ersparen.

In der Niederen Torscharte angekommen, führt uns der linke Pfad hinter dem Felsrücken herum zur Hohen Torscharte, von wo aus wir dann den Aufstieg Richtung Marterlkopf in Angriff nehmen. Wer sich das Brandhorn nicht entgehen lassen will, sollte den Marterlkopf jetzt im wahrsten Sinne des Wortes links liegen lassen und an der Geländekante unterhalb des Gipfels den Markierungen folgen, die im Bogen nach rechts und leicht abwärts führen. Der Weg zum Brandhorn erfordert mehrere Ab- und Anstiege, wobei der Abstieg nach dem Marterlkopf mit etwa 100 Höhenmetern den tiefsten Einschnitt darstellt. Den Grat zum Brandhorn bewältigen wir zunächst auf südseitigen bequemen Wegen, dann mittels ausgesetzter, aber unschwieriger Kletterei am Grat entlang und schließlich nordseitig auf felsigen Passagen, bis wir den letzten Gipfelaufschwung in Angriff nehmen können, der sich deutlich leichter als die bisherige Passage gestaltet.

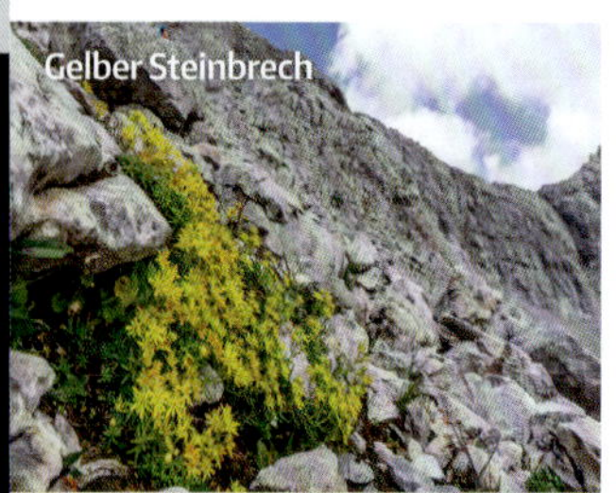
Gelber Steinbrech

Das Brandhorn ließe sich nur auf mehrtägigen Wanderungen in eine Rundtour einbinden, es liegt beispielsweise auf den Überschreitungen, die vom

Kärlinger- bzw. vom Riemannhaus zum Matrashaus führen, die aber beide mit etwa 12 Stunden anstrengender Gehzeit anzusetzen sind. Durch die Biwakschachtel, die eine gute halbe Stunde vom Brandhorn entfernt unterhalb des Wildalmkirchls liegt, könnten sich weitere Optionen ergeben.

Wir jedoch nehmen jetzt den gleichen Weg zurück, wenden uns dann aber, bevor wir in die Hohe Torscharte absteigen (Ausschilderung auf Stein Richtung Höchkönig), nach rechts zum Gipfel des Marterlkopfs (2.445 m), wohin uns einige Markierungen und auch Steindauben den in wenigen Minuten zu bewältigenden Weg weisen. Die beiden Torscharten passierend wenden wir uns dann wieder rechts abwärts ins breite Tal hinunter. Im unteren Teil (ca. 1.270 m), kurz nach einer breiten Holzbrücke, weisen uns Schilder wieder auf die Abkürzung hin.

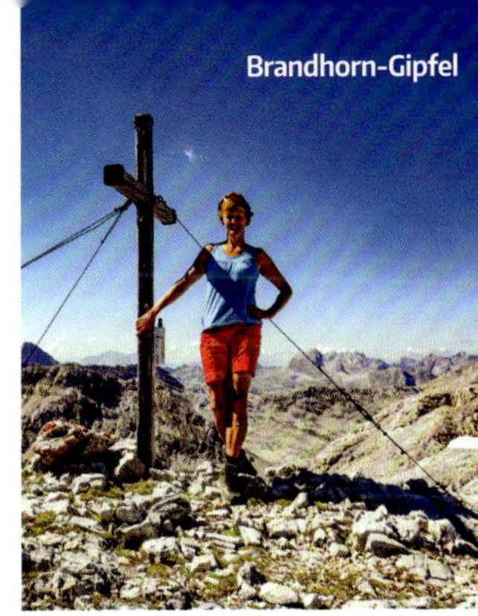
Brandhorn-Gipfel

Varianten im Abstieg

Wer noch Kraft übrig hat, kann beim Abstieg noch zwei interessante Varianten wählen: Auf 1.200 Höhenmetern zweigt der Willi-Schwaiger-Weg ab, der entlang eines quirligen Bachlaufs zu dem Triefen-Wasserfall führt. Kurz darauf kann man nochmal nach links abbiegen und den ausgeschilderten Weg durch den Kiefernwald auf der anderen Seite des Bachs wählen, der dann direkt bei der Kirche wieder herauskommt.

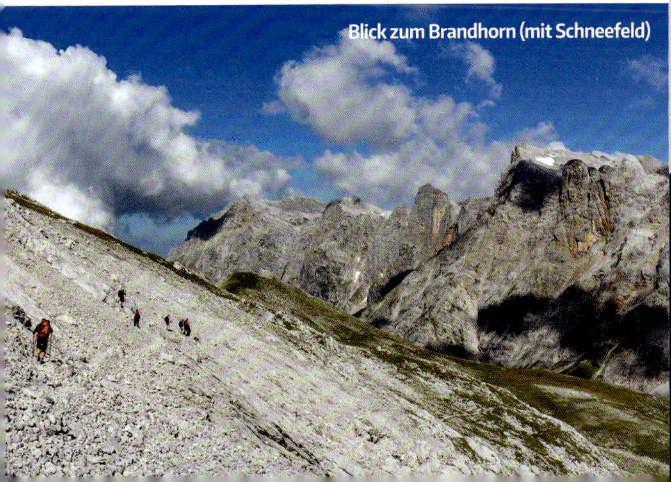

Blick zum Brandhorn (mit Schneefeld)

Historische Spaziergänge

Geschichtliche Rundgänge kennt man von Städtereisen – doch in einer Gebirgsregion? Der Berchtesgadener Talkessel lohnt tatsächlich einen genauen Blick auf die Spuren in Architektur und Kunstwerken, die die geschichtliche Entwicklung in über 900 Jahren hinterlassen hat. Viele Jahrhunderte lang war Berchtesgaden ein eigenständiges Land im Heiligen Römischen Reich deutscher Nation und hat zudem durch das dunkelste Kapitel der deutschen Geschichte Berühmtheit erlangt: Adolf Hitler hat hier etwa ein Drittel seiner Führer-Zeit verbracht und einen zweiten Regierungssitz aufgebaut.

Salz als wirtschaftliche Basis der Eigenständigkeit

Berchtesgaden wurde von Augustiner-Mönchen gegründet und bereits 1102 erstmals urkundlich erwähnt. Die Augustiner hatten auch die weltliche Macht inne: Ihr Propst, wie der Abt bei den Augustinern genannt wird, war auch der Fürst des kleinen Landes. Dass auf seinem Gebiet reiche Salzvorkommen abzubauen waren, festigte seine Macht: Salz galt im Mittelalter als das weiße Gold, da es bis zur Erfindung der Elektrizität nur wenige weitere Möglichkeiten gab, Lebensmittel zu konservieren.

Aufstrebende Bekanntheit durch bayerische Könige

Die bayerischen Könige avancierten nach den napoleonischen Kriegen und der Auflösung des Klosters 1810 zu den Herren im Lande. Dass sie das ehemalige Augustinerkloster in ein königliches Schloss verwandelten, wo sie ihre Sommermonate verbrachten, machte Berchtesgaden auch für zahlreiche Höflinge, Industrielle und später die Touristen attraktiv. Ganze Malerkolonien kamen zum Königssee und in die Ramsau und an den nahe gelegenen Hintersee, um die Schönheit der Gebirgslandschaft und die Ursprünglichkeit des dörflichen Lebens festzuhalten.

Dunkles Kapitel der Ortsgeschichte am Obersalzberg

Fünf historische Spaziergänge bringen die Geschichte Berchtesgadens und seiner Umgebung nahe: Drei Rundgänge führen durch den Markt Berchtesgaden, beleuchten ihn als ehemals eigenständige Fürstpropstei, als Ort, wo die Könige ihre Sommer verbrachten, und als Kleinod, in dem noch heute die Spuren frommer Riten, alter Bräuche und berühmter Persönlichkeiten zu entdecken sind. Ein Rundgang beschäftigt sich mit dem dunklen Kapitel am Obersalzberg und startet mit dem dortigen Dokumentationszentrum zum Dritten Reich. Die Ramsau, gelegen an der alten Salzsäumer-Straße, ist ebenfalls einen Blick auf ihre Historie und Kunstdenkmäler wert.

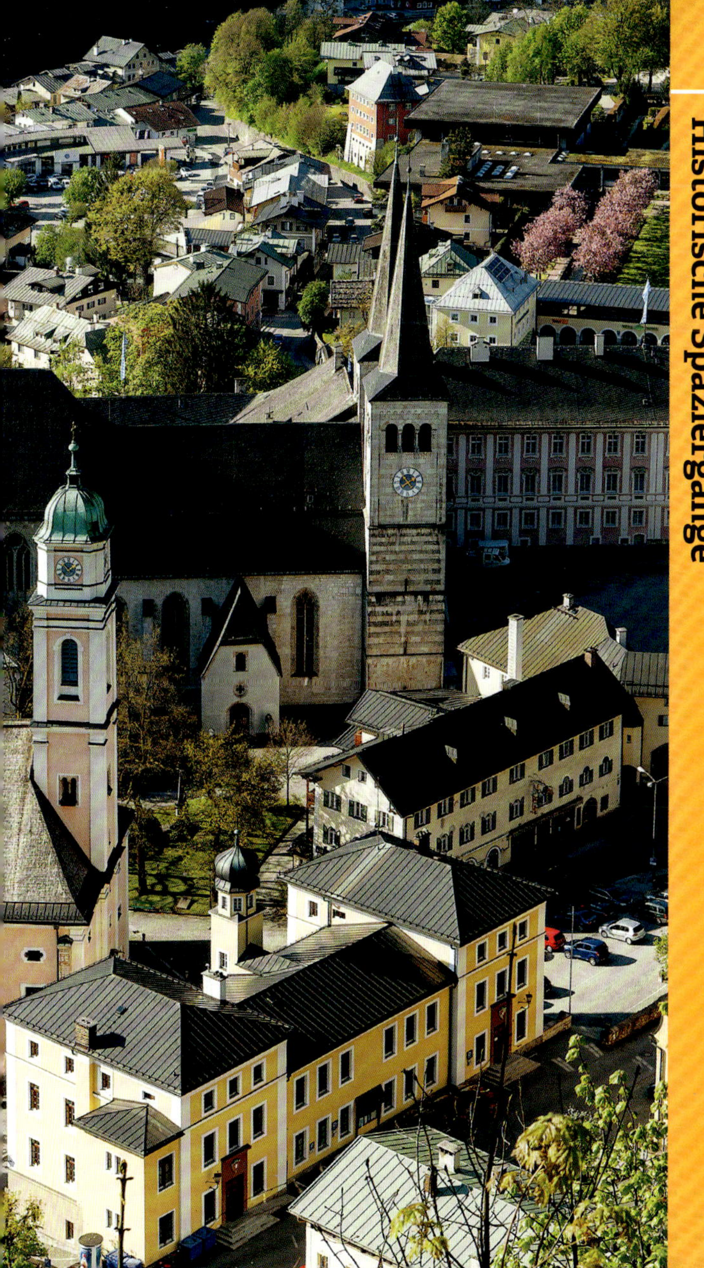

Berchtesgaden – einst eigenständig als Fürstentum

Auf einem nur kurzen Rundgang im historischen Zentrum gewinnen wir einen guten Eindruck von der Gründungsgeschichte und dem Leben in der Fürstpropstei Berchtesgaden: Mehrere Jahrhunderte lang war das kleine Berchtesgaden ein eigenständiges Fürstentum, dessen Regent, der Fürstpropst, einzig dem Kaiser unterstellt war.

Parkplatz und Bushaltestellen im Zentrum Berchtesgadens oder im Nonntal, Start am Berengar-Platz zwischen Stiftskirche und St. Andreas-Kirche

Gehzeiten (ohne Besichtigung): Schlossplatz 2 Min., Marktplatz 5 Min., Weihnachtsschützenplatz 10 Min., zurück zum Schlossplatz 10 Min.

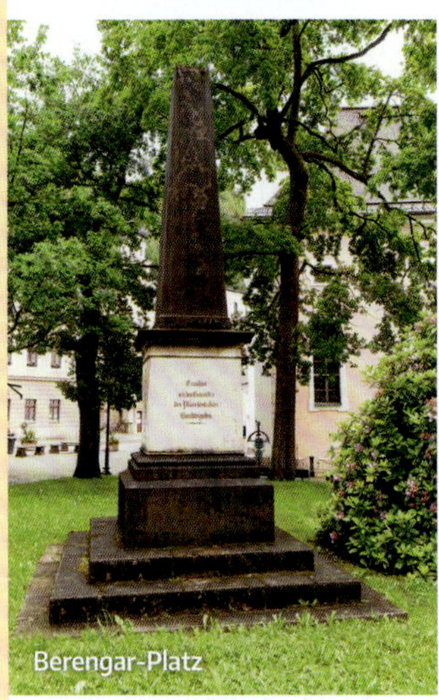
Berengar-Platz

Der Berengar-Platz zwischen den beiden Kirchen diente früher als Friedhof, worauf noch einige Grabkreuze und ein Obelisk zu Ehren der Gefallenen des deutsch-französischen Krieges 1870/71 hindeuten. Wir jedoch wenden unsere Aufmerksamkeit auf eine Steinplatte, die im Rahmen der Feierlichkeiten zum 900-jährigen Gründungsjubiläum Berchtesgadens hier angebracht wurde: Sie gedenkt des Grafen Berengar, der das Gelübde seiner Mutter Irmengard zusammen mit seinem Bruder in die Tat umsetzte. Sie hatte um den guten Ausgang eines Jagdausflugs ihres Mannes gefleht und dafür ein Kloster am Standort Berchtesgaden versprochen.

Auf Berengars Initiative hin haben Augustiner-Chorherren aus dem Kloster Rottenbuch (Allgäu) das Berchtesgadener Kloster gegründet, bereits 1102 wurde es urkundlich erwähnt: Gegen einen jährlichen Zins nahm der apostolische Stuhl in Rom das Augustinerkloster in seinen Schutz. Die Jahreszahl dieser Urkunde gilt

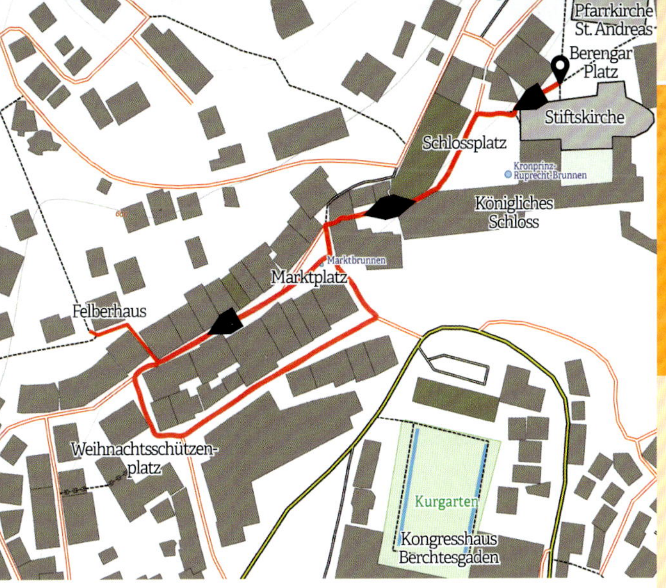

heute als Gründungsjahr Berchtesgadens. Wir gehen jetzt auf den Schlossplatz und dort zum Schlosseingang, denn das heutige Schloss entstand aus der ehemaligen Klosteranlage, die die Mönche in gut zu schützender Lage auf dem 40 Meter hohen Priesterstein errichteten.

Der Kern der Anlage, wie sie im 12. Jahrhundert entstand, ist noch erhalten: Tagsüber montags bis freitags und im Sommer auch sonntags können wir kurz vor den regelmäßigen Führungen in den Kreuzgang des ehemaligen Klosters gelangen. Dieser Kreuzgang ist einer der wenigen romanischen Kreuzgänge, die in Süddeutschland noch zu besichtigen sind. Drei Seiten des Kreuzgangs sind original erhalten – in der ganzen Kunstfertigkeit, wie ihn eigens engagierte Steinmetze aus dem italienischen Como im 12. Jahrhundert erstellt haben.

Die Säulen zwischen den Arkadenbögen sind zwar gleichmäßig angeordnet, unterscheiden sich jedoch allesamt in ihren Basen und Kapitellen. Wir können unterschiedliche Ornamente entdecken, die Blattranken, Köpfe, Tiere und heidnische Geschichten darstellen, welche für den damaligen christlichen Glauben aber von Bedeutung waren. Beispielsweise sehen wir an der achten Säule, wenn wir uns nach dem Eingang geradeaus halten, wie Orpheus aus der griechischen Mythologie mit seiner Leier die Tiere in seinen Bann zieht – so wie auch Jesus die Andersgläubigen

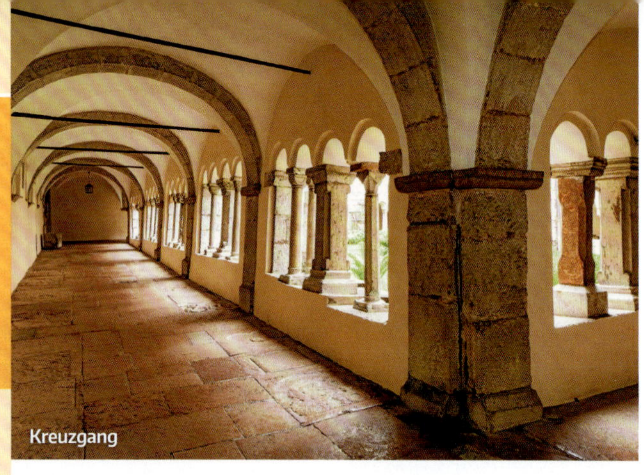
Kreuzgang

für sich gewinnen konnte. Gut erhaltene Grabplatten auf dem Boden und Grabdenkmäler an den Wänden zeugen von der Bedeutung des Kreuzgangs als Begräbnisstätte für Chorherren und hohe Beamte – die Fürstpröpste selbst erhielten damals standesgemäß ihre Ruhestätte im Boden der Stiftskirche.

Bei einer wahrhaft lohnenden Führung durch das Schlossmuseum kann die gotische Halle, ein hoher zweischiffiger Versammlungsraum der Chorherren, aus der Zeit um 1400 besichtigt werden. Andere Anbauten stammen aus der Renaissance, dem Barock oder dem Rokoko, der Klosterbau wurde nach und nach erweitert. Sämtliche Räume sind heute entsprechend ihrer Bauzeit mit wertvollen Kunstgegenständen ihrer Stilepoche ausstaffiert. Unter anderem findet sich dort ein Seitenflügel eines frühen Altarwerks von Tilman Riemenschneider, ein kunsthistorisches Glanzstück der Gotik. All diese Pretiosen stammen aus der Kunstsammlung der Wittelsbacher, zu deren Ausgleichsfonds das Schloss heute gehört und die alle Räume hochwertig ausgestattet haben. Denn ab 1810 gehörte Berchtesgaden zum Bayerischen Königreich. Seit 1818 nutzten die Könige – aus dem Geschlecht der Wittelsbacher – das Schloss als Jagdschloss und Sommerresidenz. Nach der Besichtigung des Kreuzgangs (oder des gesamten Schlossmuseums) treten wir wieder auf den Schlossplatz hinaus, um uns dann zur Stiftskirche zu wenden.

Auch dort sind noch Bauteile der spätromanischen und gotischen Vorgängerbauten erhalten: Die Vorhalle, die wir durch das Westportal betreten, stammt noch vom ersten romanischen Steinbau aus dem 12./13. Jahrhundert, ebenso das wuchtige Portal, das durch den Wechsel zwischen roten und weißen Marmorblöcken ins Auge fällt. In der marmornen Einfassung, die getreu der alten Form erneuert wurde, entdecken wir hier und dort noch originale Fratzen aus dem Mittelalter – diese sollten in der damals offenen Vorhalle andeuten, dass die Dämonen, die Versuchungen des Weltlichen, außerhalb des geschützten Bereichs der Kirche bleiben.

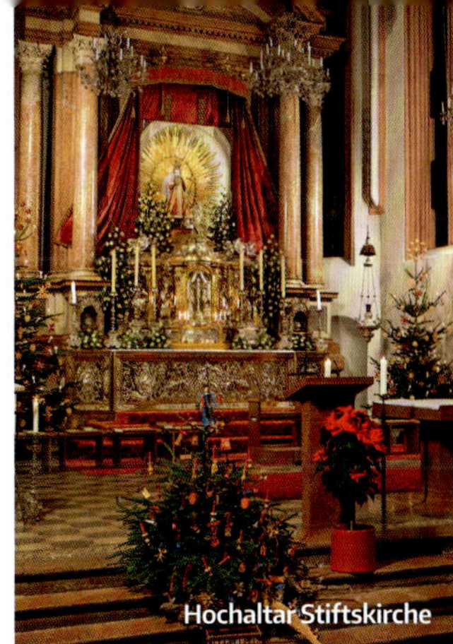
Hochaltar Stiftskirche

Da der Chor dieser ehemaligen Augustiner-Chorherren-Kirche noch aus der frühen Gotik stammt, gehen wir in der Kirche zunächst ganz nach vorne: Der drei Stufen höher gelegene Chorraum, der damals ausschließlich den Chorherren vorbehalten war, ist fast genauso breit und deutlich höher als der zentrale Kirchenraum, das Langhaus, und endet mit einer Apsis im Fünf-Achtel-Grundriss. Besonders bemerkenswert sind die frühgotischen Bündelpfeiler mit den Knospenkapitellen – teilweise mit Engelsköpfen – und das Chorgestühl, die ornamentreichen Stühle der hohen Herren, welche sich als Adelige mit einer geistlichen Ausbildung in die Gemeinschaft der Chorherren eingekauft hatten. Bei den kunstvoll geschnitzten Wangen handelt es sich zum Teil um Kopien – die Originale finden sich im Bayerischen Nationalmuseum.

Das Langhaus entstand in dieser Form in der Hochgotik (1470), was am Netzgewölbe, das sich eigenwillig verzerrt zeigt und dadurch eine kunsthistorische Besonderheit darstellt, noch gut zu erkennen ist. Wie fast alle Kirchen in Südbayern wurde auch die Stiftskirche im 17. Jahrhundert barockisiert: Aus dieser Zeit stammen der schwere Hochaltar und die Seitenaltäre sowie die weißen Oratorien oben an den Wänden des Langhauses und des Chors, die den Chorherren eine separierte Teilnahme am Gottesdienst ermöglichten, dem Kircheninneren jedoch einiges an Licht raubten. Die Türme der Kirche wurden mehrfach von Blitzen getroffen, weshalb die Stiftskirche ab dem 17. Jahrhundert fast 250 Jahre nur einen Turm (und einen Turmstumpf), dann 20 Jahre lang sogar zwei Turmstümpfe besaß. 1866 entstanden die beiden Türme in der heute noch sichtbaren Form, neoromanisch mit Radfenster und neuer Westfassade.

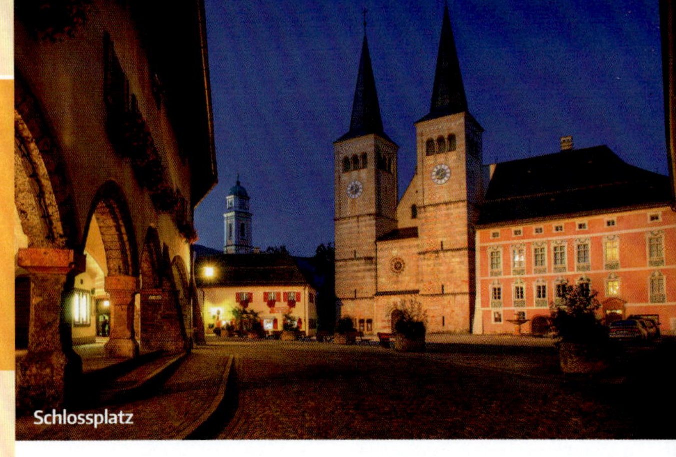
Schlossplatz

Der Schlossplatz als Gesamtheit verdient einen genaueren Rundum-Blick: Neben der Stiftskirche schließen sich zwei Flügel des Schlosses an, deren Fassaden durch Stuck-Ornamente aus dem 18. Jahrhundert harmonisch gegliedert sind. Das Schloss wirkt insgesamt sehr prächtig für einen kleinen Ort wie Berchtesgaden. Doch war Berchtesgaden über Jahrhunderte hinweg ein eigenständiges Land: Die Pröpste – wie die Äbte bei den Augustinern genannt wurden – des Klosters waren gleichzeitig die weltlichen Herrscher, die Fürstpropstei Berchtesgaden hatte einen eigenen Sitz im Reichstag des Römischen Reiches Deutscher Nation, der Fürstpropst war nur dem Kaiser unterstellt.

Auf der gegenüberliegenden Seite des Platzes steht ein Arkadenbau, in dem früher Wirtschaftsgebäude untergebracht waren, etwa der Getreidekasten, die Hofwaage oder die Pferdeställe. Heute fällt der Arkadenbau vor allem durch die überlebensgroßen Fresken auf, die den Gefallenen der beiden Weltkriege gedenken. Rechts vom Arkadenbau spannt sich der Rentamtbogen über die Ausfahrt Richtung Nonntal, das Haus daneben diente einst als Stallmeisterwohnung, wurde 1810 jedoch in ein Rentamt (Finanzamt) umgewandelt. Vor dem Haus liegen steinerne Quader: Sie dienten den Chorherren als Aufstiegshilfe, wenn sie ein Pferd besteigen wollten. Den Platz schmückt ein Brunnen, der jedoch erst 1960 dort errichtet wurde – als Zeichen für die 150-jährige Zugehörigkeit Berchtesgadens zu Bayern.

Wir verlassen den Schlossplatz durch das Schlosstor Richtung Ortszentrum, werfen einen Blick nach links auf das Fenster des ehemaligen Hungerturms und treten dann durch das Neuhaustor auf den Markplatz. Der Marktbrunnen mit seinem hoch aufragenden Löwen fällt als erstes ins Auge. Ursprünglich eine hölzerne Wasserstelle, wurde der heutige Unterbau 1860 errichtet, mit Marmorsteinen, die der bayerische König Ludwig I. gestiftet hatte. Der Löwe ist jedoch älter, er stammt noch von dem ersten steinernen Marktbrunnen, den Fürstpropst Maximilian Heinrich 1677 erbaut hatte. Wie kommt der bayerische Löwe auf den Brunnen eines Marktes, der damals noch gar nicht zu Bayern gehörte? Schlichtweg deshalb, weil der damalige Fürstpropst Berchtesgadens aus dem bayerischen Adelsgeschlecht der Wittelsbacher stammte.

Unser Blick schweift jetzt zu dem Haus unterhalb des Marktbrunnens, dem sogenannten Hirschenhaus. Tatsächlich findet sich bis heute ein Hirsch auf der Wetterfahne des Rundturms, doch fällt das Haus vornehmlich wegen seiner reich bemalten Fassade ins Auge: Abgebildet sind – oben unter dem First – Gräfin Irmengard, aufgrund deren Gelübde Berchtesgaden entstand, und ihre Söhne Kuno und Berengar, die dieses Gelübde mit den Augustiner Chorherren in die Tat umsetzten. Durch die aufgemalten Arkaden blicken wir in die Landschaft mit dem Watzmann im Hintergrund.

In der unteren Reihe stehen der damalige Fürstpropst Maximilian Heinrich, welcher den ersten Marktbrunnen aus Stein errichten ließ, und der Erbauer des Hauses Georg Labermair. Der geschnitzte Hirsch in seiner Hand weist nicht nur hin auf das in diesem Haus damals florierende Gasthaus „Zum Hirschen", sondern auch auf seine Tätigkeit als Verleger (Händler) von Schnitzereien und Holzwaren. Auch die Spanschachtel hinter seinem Fuß bestätigt diese Rolle. Das Buch auf der anderen Seite soll jedoch darauf hinweisen, dass er sich auch als Ratsbürgermeister von Berchtesgaden wichtig fühlen durfte.

Wir schlendern jetzt dem leicht aufsteigenden Markplatz entlang, der eigentlich kein Platz, sondern eine Straße in der Berchtesgadener Fußgängerzone ist. Erbaut wurden deren Häuser zum Teil bereits im 16. Jahrhundert, überwiegend im 17. Jahrhundert. Die Häuser waren für damalige Verhältnisse erstaunlich hoch, da das bebaubare Gelände durch die Steilheit der umliegenden Hänge begrenzt war. Beim Haus Marktplatz 6 (rechte Seite) entdecken wir noch den Türbogen in Form eines sogenannten Eselsrückens aus der Spätgotik, der aus Marmor gefertigt ist. Dagegen bestehen die meisten Haussockel und weitere Bögen, die wir rundherum sehen, aus Nagelfluh, einem Konglomeratgestein, das damals in der zur Fürstpropstei gehörigen Ramsau abgebaut wurde.

Unter dem Giebel des Hauses mit der Nummer 12 können wir noch den Flaschenzug der ho-

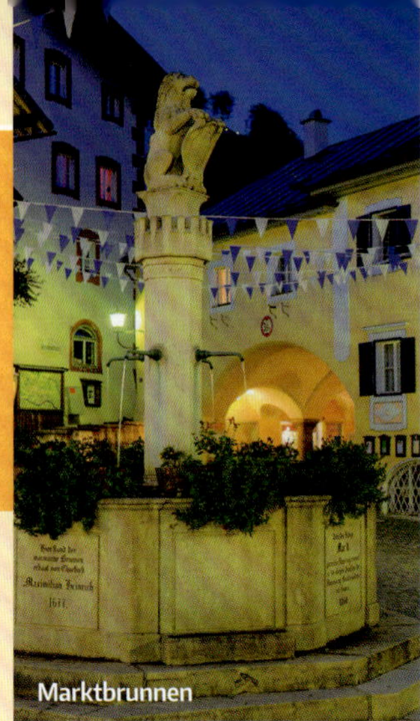
Marktbrunnen

hen Diele, wo mangels Unterkellerung der Häuser die Waren gelagert waren, erkennen. Bei Nummer 18 entdecken wir die Zahl 1629 im Firstbalken. Das gegenüberliegende Kerschbaumer Haus wurde 1660 errichtet, der klassizistische Stuckdekor, der heute noch die Fassade schmückt, wurde jedoch erst im 19. Jahrhundert hinzugefügt. Die Kerschbaumer, eine alteingesessene Kaufmannsfamilie, stellten in mehreren Generationen die Berchtesgadener Bürgermeister.

Zwischen den Häusern Nr. 20 und 22 biegen wir rechts in den Fürstensteinweg ein und betrachten linker Hand das renovierte Felberhaus, das bereits 1451 auf einem der wenigen ganz ebenen Plätze Berchtesgadens errichtet wurde und als eines der ältesten erhaltenen Wohnhäuser gilt. Dort befand sich das Badhaus, das aber nicht nur der Reinlichkeit dienen sollte, sondern wo auch Zähne herausgerissen, Schröpfgläser aufgesetzt und Blutegel angelegt wurden. Erhalten sind noch der Rundbogen aus dem Kälberstein-Marmor und ein Medaillon, das Maria zeigt, wie sie dem Jesukind eine Kornblume – als Symbol für Gesundheit – reicht.

Nach dem Abstecher zum Badhaus kehren wir zur Marktplatz-Ecke zurück, setzen unsere Runde fort und treten auf den Weihnachtsschützenplatz. Dieser ist weniger wegen seiner ihn umgebenden Bauten, sondern wegen seines Namens eine Erwähnung wert, weil er auf einen typischen Berchtesgadener Brauch hinweist: In der letzten Woche vor dem Heiligen Abend schießen Schützen nachmittags um 15 Uhr „das Christkind an". Doch auch an Silvester, hohen Festtagen und bei Hochzeiten treten die Weihnachtsschützen in Aktion. Das Gemälde auf dem Gebäude gegenüber dem Hotel Edelweiss lässt erkennen, dass sich hier früher die Poststation befand, wo die Pferde gewechselt wurden. Bereits 1235 wurde dort ein Haus erbaut, wie unter dem steinernen Posthorn zu lesen ist. Unser Standort weist noch eine weitere Besonderheit auf: Wenn wir gegen Westen schauen, erblicken wir auf dem Kalvarienberg das Auge Gottes, wie es über den Markt wacht.

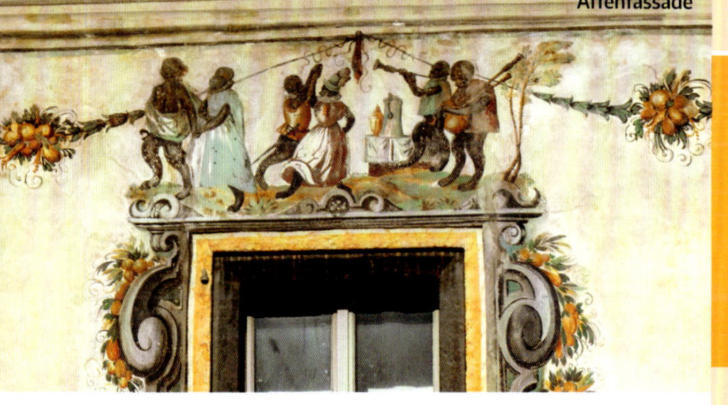

Wir gehen jetzt durch die Metzgerstraße wieder Richtung Schlossplatz zurück. In der Metzgerstraße standen bis ins 19. Jahrhundert die Fleischbänke zur Schlachtung der Tiere, daher rührt der Name. Das Blut und die Schlachtabfälle flossen durch eine Rinne ab. Das berühmteste Haus in der Metzgerstraße ist wiederum das Hirschenhaus, diesmal die Fassade auf der anderen Seite. In den Fresken, die bereits im frühen 17. Jahrhundert entstanden und somit zu den ältesten profanen Wandmalereien Süddeutschlands gehören, erkennt man Affen, die sich diversen Lastern hingeben: Sie trinken, frönen der Jagd, vergnügen sich mit Musik, Tanz und dem Brettspiel – vermutlich spielten diese übertriebenen Darstellungen auf die damalige Lebensweise einiger adeliger Chorherren an.

Während es sich die Mönche gut gehen ließen, arbeiteten die Bewohner ihres Landes hart in den Salzbergwerken, als Holzknechte oder als Leibeigene der Fürstpropstei auf den ihnen geliehenen Höfen – bis heute hat sich der Begriff Lehen für viele Anwesen erhalten. Im Winter fertigten sie Schnitzereien und Holzspielzeug, um ihren Lebensunterhalt bestreiten zu können. Diese sogenannte Berchtesgadener War, die zunehmend auch von Handwerkern gefertigt wurde, erlangte große Beliebtheit und fand Absatzmärkte in der ganzen Welt. Bis heute wird dieses traditionelle Handwerk gepflegt, wovon wir uns in dem Geschäft der Berchtesgadener Handwerkskunst zwischen den Torbögen, die zurück zum Schlossplatz leiten, überzeugen können. Dieses Geschäft befindet sich in der ehemaligen Fronfeste, dem früheren Kerker. Im Kornmesserhaus rechts daneben mussten die Bauern ihren Zehnten abwiegen lassen, den sie als Leibeigene an das Stift Berchtesgaden zu entrichten hatten.

Berchtesgaden – Aufschwung als Sommerresidenz der bayerischen Könige

Nachdem Berchtesgaden 1810 endgültig zum Königreich Bayern gehörte, nutzen die Könige das ehemalige Kloster ab 1818 als Jagdschloss und Sommerresidenz. Ihnen folgten nicht nur Mitglieder des Hofstaats, sondern auch Landschaftsmaler und schließlich die Urlauber. Doch auch der Salzabbau und Transport änderte das Bild Berchtesgadens.

Parkplatz und Bushaltestellen im Zentrum Berchtesgadens oder im Nonntal, Start am Schlossplatz

Gehzeiten (ohne Besichtigung): Durchs Nonntal zur Kirchleit'n Kapelle 20 Min., zum Soleleitungssteg 10 Min., zur Königlichen Villa 20 Min., zurück zum Schlossplatz 15 Min.

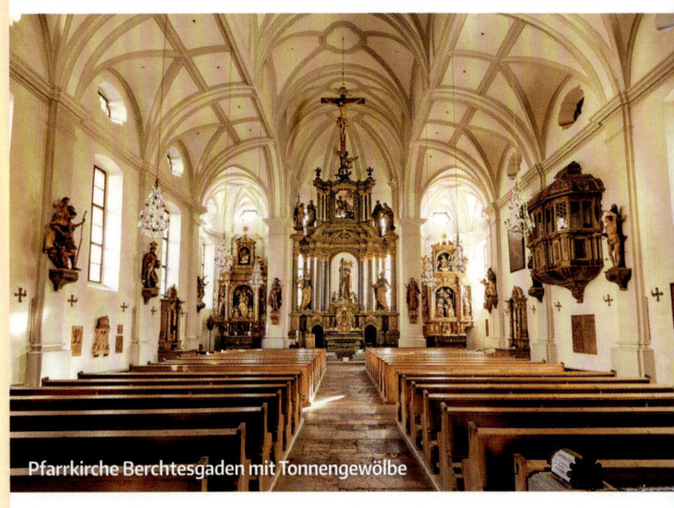

Pfarrkirche Berchtesgaden mit Tonnengewölbe

Unser Spaziergang beginnt am Rentamtbogen, der den Schlossplatz zum Nonntal hin abschließt. Dort grenzt heute der Rathausplatz an, der viele Jahrhunderte als Schrannenplatz diente, wo regelmäßig Märkte stattfanden.

Wir wenden uns jedoch zuerst nach rechts und werfen einen Blick in die Pfarrkirche: Diese

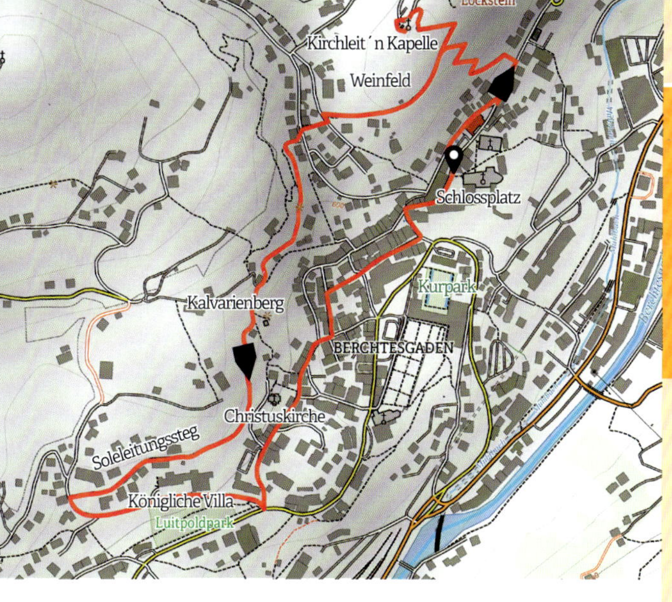

Kirche fürs Volk – im Gegensatz zur Stiftskirche – entstand bereits im 13. Jahrhundert, wurde aber Ende des 17. Jahrhunderts so einschneidend umgebaut, dass wir heute im Wesentlichen die dann entstandene barocke Form sehen. Kunstgeschichtlich erwähnenswert ist die Dachkonstruktion, ein Tonnengewölbe, das nicht auf Pfeilern oder Säulen ruht, sondern im Dachstuhl aufgehängt ist. Die Ausstattung – bestehend aus barocken Altären und Figuren – wurde nicht nur von Berchtesgadener Bürgern finanziert, sondern auch von einheimischen Künstlern geschaffen.

Auf dem Rathausplatz markiert der Brunnen die entscheidende Wende in der Berchtesgadener Geschichte: Er wurde zum 100-jährigen Jubiläum der Zugehörigkeit Berchtesgadens zu Bayern errichtet. Denn während der Napoleonischen Kriege verlor Berchtesgaden 1803 seine Eigenständigkeit, das Kloster wurde enteignet (säkularisiert) und kam nach ein paar Jahren der Wirren 1810 unter die Herrschaft der bayerischen Könige. (Der Marktbrunnen erhielt übrigens seine neue Einfassung, nachdem Berchtesgaden 50 Jahre lang bayerisch war, mit dem Brunnen auf dem Schlossplatz beging man das 150-jährige Jubiläum.)

Wir gehen jetzt die Treppen zum Rathaus hinauf und erblicken links das ehemalige Kanzler- und spätere Mundkochhaus. In der Nähe des Klosters hatten sich die hohen Beamten angesiedelt, die im Dienste der Fürstpropstei standen. Der Kanzler erledigte die Regierungsgeschäfte, der Mundkoch war für die Speisen an der herrschaftlichen Tafel zuständig. Wir gehen am Rathaus vorbei und hinab zu der breiteren Straße, die bis heute noch den Namen Nonntal trägt. Der Name stammt von einem später verlegten Nonnenkloster, das die Augustiner hier ebenfalls gründeten. Heute steht die Häuserzeile, an der wir entlang gehen und aus der das prachtvolle (spätere) Kanzlerhaus – mit der Sonnenuhr über dem Eingang und den kunstvoll verzierten Fenstereinfassungen – hervorsticht, unter Denkmalschutz.

Vom Kanzlerhaus gehen wir wieder ein Stück zurück und steigen rechts die Treppen hinauf, wo der Emmaus-Rundweg ausgeschildert ist. In der vierten Kehre könnten wir rechts einen Blick auf ein Stück der ehemaligen hölzernen Soleleitung werfen, mittels derer das in Wasser gelöste Salz, die Sole, vom Salzbergwerk in Berchtesgaden zur Saline nach Reichenhall transportiert wurde. Salz war im Mittelalter und auch noch in der Neuzeit ein wertvoller Bodenschatz: Vor der Entdeckung der Elektrizität war Salz eine der wenigen Möglichkeiten, um Lebensmittel haltbar zu machen. Bereits in den Jahrhunderten vor Christus bauten die Kelten in der Umgebung von Berchtesgaden Salz ab.

Die Saline in Marktschellenberg, die zum Stiftsgebiet gehörte, entstand bereits im 12. Jahrhundert und 1517 wurde der erste Stollen des Berchtesgadener Salzbergwerks angeschlagen. Das Salz wird in den Bergwerken aus dem Gestein mit Wasser herausgelöst, die so gewonnene salzhaltige Sole wird dann verdampft (versotten). Dieser Prozess bedurfte damals jedoch großer Mengen Holz.

Als das Holz in Berchtesgaden knapp wurde, errichtete der findige Mechaniker und Salinenrat Georg von Reichenbach, der für diese technische Meisterleistung vom König geadelt wurde, 1816/17 die 29 Kilometer lange hölzerne Soleleitung. Eine Wassersäulenmaschine pumpte die fast 27-prozentige Sole aus dem Bergwerk von einem Brunnhaus unterhalb des Schlosses hinauf zur Locksteinreserve, einem Hochbehälter, dessen Mauerreste sich noch an dem Platz mit der Informationstafel finden. Von dort floss die Sole dann mit ganz leichtem Gefälle über die Soleleitung Richtung Ramsau.

Ein kurzes Wegstück weiter führt uns ein Abstecher zur Kirchleit´n-Kapelle, wo uns ein wunderbarer Blick über Berchtesgaden für den steilen Anstieg belohnt. Wir kehren wieder zurück zum Emmaus-Weg, der jetzt eine Weile parallel zur damaligen Soleleitung verläuft. Zunächst gehen wir unterhalb des Weinfeldes, wo sich im Mit-

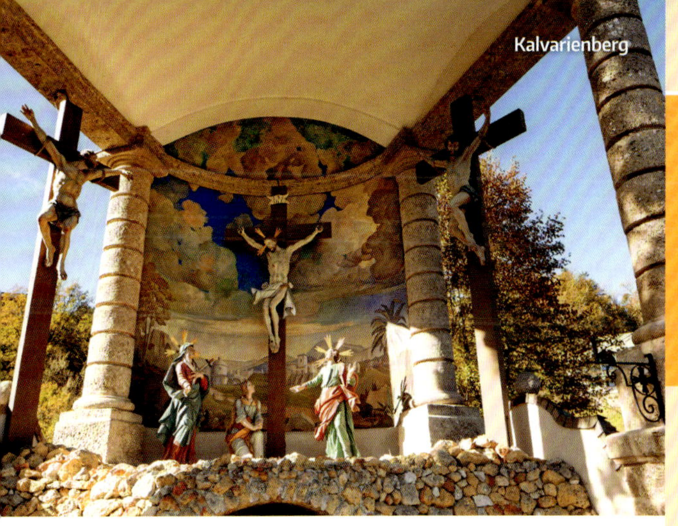
Kalvarienberg

telalter die Meierei befand, also das Landgut, das die Fürstpropstei verpachtete. Wie der Name „Weinfeld" besagt, wurde dort im Mittelalter tatsächlich auch Wein angebaut, was der heutige Besitzer netterweise durch Weinreben am Weg und eine weinumrankte Bank aufgreift. Kurz darauf erblicken wir einen noch erhaltenen Deichelbohrer, mit dem die Baumstämme für die Soleleitung ausgehöhlt wurden. Mittels metallener Muffen wurden die stets 4,20 Meter langen Rohre verbunden.

Wir verlassen das beschauliche Weinfeld durch einen Rundbogen, kreuzen die kleine Straße und halten zwischen den Häusern Ausschau nach roten Wegweisern. Der dazwischenliegende Verbindungsweg führt uns zur Straße „Doktorberg" – ein Blick nach rechts oben entdeckt das ehemalige Krankenhaus mit seinem spitzen Giebel. Wir gehen aber etwa 50 Meter nach links unten und biegen dann – ausgeschildert – nach rechts ab und verfolgen weiterhin den Emmaus-Rundweg. Nach einigen Metern auf einem Sandweg erreichen wir den Soleleitungssteg, ein spektakulärer Weg entlang der Felsen des Kälbersteins, der viele Ausblicke über Berchtesgaden und auf die umliegenden Berge ermöglicht.

Nach etwa fünf Minuten des Wegs würdigt eine Tafel den erfindungsreichen Erbauer der Soleleitung, Georg von Reichenbach. Kurz vor den Kreuzigungskapellen des Kalvarienbergs erblicken wir dann unterhalb einen kleinen Stollen: Hier wurde der Leitung ein Durchschlupf durch den Felsen gebohrt. Wenn wir zu dem Gitter hinunter gehen, kön-

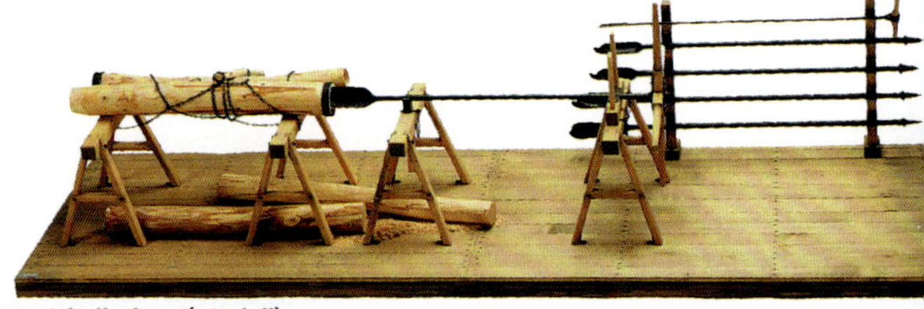

Deichelbohrer (Modell)

nen wir dort noch zwei erhaltene Holzrohre entdecken. In dem eisernen Gitter sehen wir Hammer und Eisen, das Symbol der Bergleute.

Die Kalvarienbergkapellen stammen aus dem 18. Jahrhundert und gaben den frommen Gläubigen die Möglichkeit, die Leiden Christi nachzuempfinden. Vier kleinere Kapellen mit beinah lebensgroßen Figuren stellen die dramatischen Szenen des schmerzhaften Rosenkranzes dar. In der großen Nischenkapelle mit hohen Säulen aus dem typischen Ramsauer Nagelfluh, einem Konglomerat-Gestein, sehen wir die Kreuzigungsszene. Die Kapelle steht – unübersehbar wie ein Mahnmal – auf einem exponierten Platz über Berchtesgaden. Erbaut hat die Kalvarienkapellen Fürstpropst Michael Balthasar Graf von Christallnigg, der mit dem oberhalb zu erblickenden Schloss Fürstenstein, einem Sommersitz mit eigener Kapelle, ein weiteres bemerkenswertes Bauwerk hinterlassen hat. Während der Emmaus-Weg jetzt zur evangelischen Kirche hinunter abbiegt, bleiben wir noch auf dem Soleleitungssteg (Richtung Stanggaß), bis wir oberhalb der Kirche stehen.

Die Bedeutung des Salzes als Wirtschaftsfaktor nahm für die Berchtesgadener Bevölkerung im 19. Jahrhundert durch zunehmende Konkurrenz aus anderen Regionen allmählich ab. Für neuen Aufschwung sorgte dann die Anwesenheit der bayerischen Könige in den Sommermonaten. Mit ihnen kam eine große Entourage, die viel Geld in der Region ließ. Zudem erlangte die Gegend immer mehr Bekanntheit, ganze Kolonien von Landschaftsmalern bildeten sich und hielten die reizvollen Perspektiven fest. Es mieteten sich vermehrt Sommerfrischler ein, erste Hotels wurden in der zweiten Hälfte des 19. Jahrhunderts erbaut.

Zudem entstanden stattliche Villen für Adlige und wohlhabende Bürger. Gegen Ende des 19. Jahrhunderts ließ sich beispielsweise Carl von Linde am Obersalzberg eine Sommervilla errichten. Mathilde von Waldenburg, eine preußische Adelige, baute sich eine gotisierte Villa im

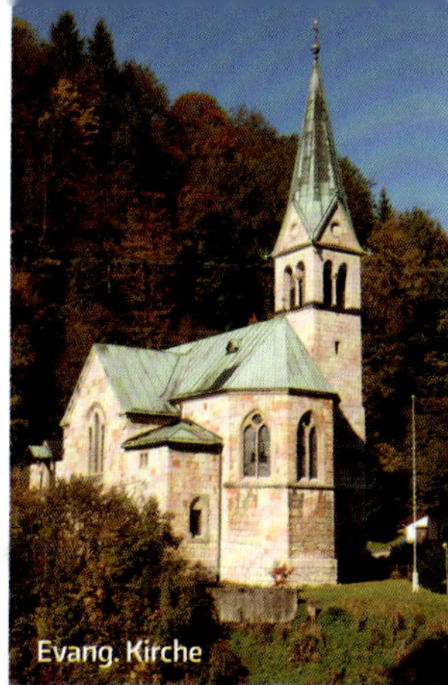
Evang. Kirche

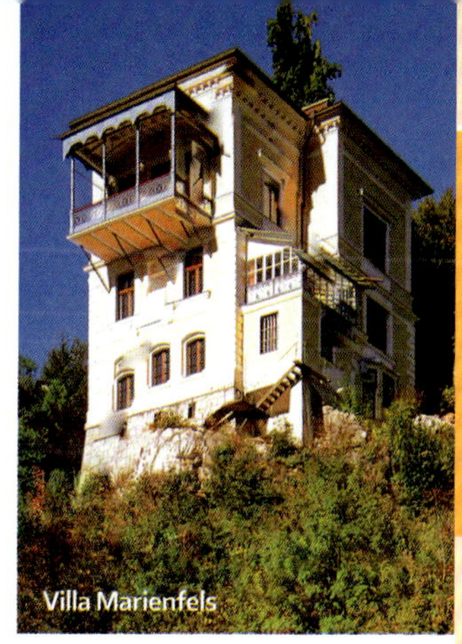
Villa Marienfels

Tudor-Stil am Rande des Ortes (Metzenleiten). Der Unternehmer Richard Pintsch, ein Pionier der Gasbeleuchtung, erwarb ein Grundstück unterhalb des Soleleitungsstegs und errichtete dort die Villa Marienfels – von unserem Standort am Soleleitungssteg oberhalb der evangelischen Kirche können wir sie links vorne am Hang betrachten.

Diese Villa gilt als erstes Fertighaus der Welt, da es in Berlin gefertigt, dann mit der Eisenbahn nach Berchtesgaden und mit Ochsenkarren hinauf an den Hang geschafft und auf einer künstlich angelegten Hangterrasse innerhalb von vier Monaten aufgestellt wurde. Und was war das für eine komfortable Villa! Sie war – anders als der Ort Berchtesgaden selbst – an die Wasserversorgung angeschlossen, besaß eine Dampfheizung, eine Gegensprechanlage und einen Schrägaufzug, so dass der herzkranke Unternehmer die 50 Höhenmeter vom Markt Berchtesgaden ohne Mühen zurücklegen konnte. Wir werden später auf unserem Rundgang nochmals einen Blick hinauf zu dieser auch heute noch imposanten Villa am steilen Berghang werfen, die ihr Berliner Architekt im Neo-Renaissance-Stil entworfen hat.

Nun verdient die evangelische Christuskirche unsere Aufmerksamkeit: Dieses neugotische, in den Proportionen sehr harmonische Gotteshaus entstand auf das Betreiben einiger evangelischer Neubürger und Urlauber, die regelmäßig wiederkamen. Vor allem Carl von Linde setzte sich sehr für den Bau einer evangelischen Kirche ein. In Berchtesgaden hatten bis Mitte des 19. Jahrhunderts nur noch wenige evangelische Christen gelebt: 1732/33 hatte die Fürstpropstei die Anhänger der Luther-

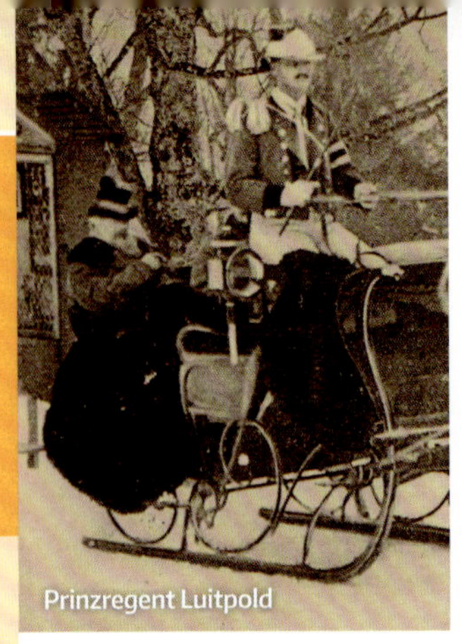
Prinzregent Luitpold

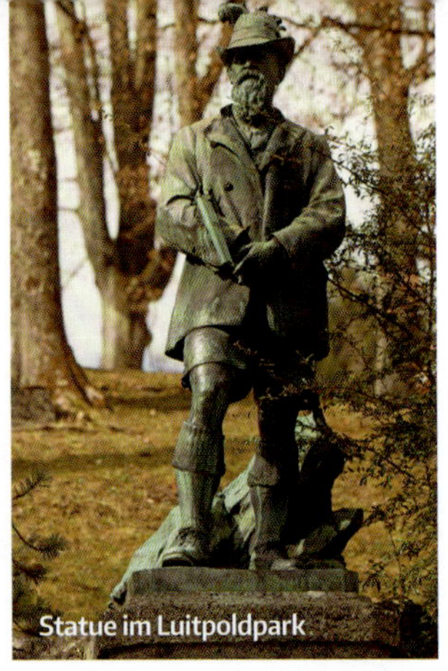
Statue im Luitpoldpark

lehre gezwungen zu emigrieren, über 1.100 der damaligen 9.000 Einwohner des Stiftes verließen das Land. Die restlichen etwa 900 Evangelischen wurden remissioniert.

Mitte des 19. Jahrhundert mehrten sich jedoch die Anhänger des evangelischen Glaubens wieder, sie erhielten sogar die Erlaubnis, ihre Gottesdienste im Gotischen Saal des Schlosses abzuhalten, doch einen Kirchenbau wollte der damals in Bayern regierende Prinzregent Luitpold zunächst nicht unterstützen, auch wenn seine Schwägerin Marie von Preußen, die verstorbene Frau von König Max II., selbst evangelisch gewesen war.

Eine Anekdote besagt, dass Carl von Linde den Prinzregenten aber letztlich dazu bewegen konnte, ein Grundstück im Markt Berchtesgaden für den Bau der evangelischen Kirche herzugeben: Carl von Linde stellte einen Kirchenbau auf seinem Grund am Obersalzberg in Aussicht, wo der Prinzregent, der damals die Königliche Villa als Jagdsitz nutzte, stets hingesehen hätte. Dies bewog den streng katholischen Prinzregenten dann dazu, ein Grundstück im Hintergrund der Königlichen Villa für den Kirchenbau freizugeben – wo die Christuskirche für ihn nicht sichtbar war.

Wir gehen bis zum Ende des Soleleitungsstegs, der in die Straße „Am Brandholz" einmündet und stoßen dann nach etwa 200 Metern auf die Kälbersteinstraße. Diese nehmen wir nach links abwärts und passieren kurz darauf das Gebäude der ehemaligen Königlichen Villa. Dieses Gebäude, das heute in Privatbesitz ist, hat sich König Maximilian II. als Sommerresidenz in einem Stilmix aus alpenländischen, gotischen und Renaissance-Elementen bauen lassen, nachdem

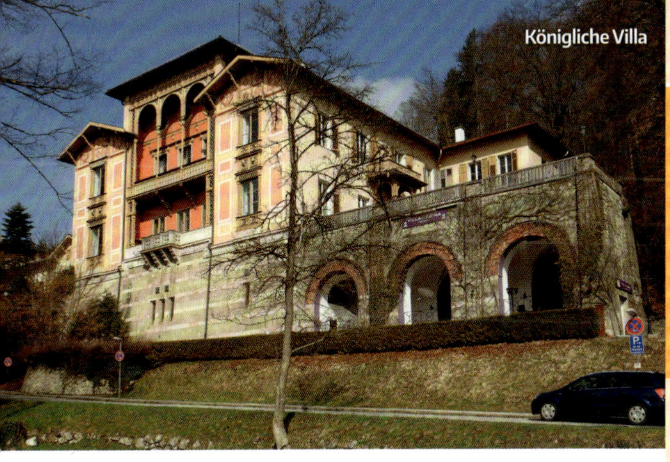

Königliche Villa

sein Vater König Ludwig I. 1848 zwar nach der Lola Montez-Affäre und der Märzrevolution abgedankt hatte, ihm aber nach wie vor das Wohnrecht im Berchtesgadener Schloss zustand. Die Villa ist heute noch durch jeweils zwei Medaillons mit den Köpfen von König Max und seiner Frau Marie auf den Gebäudeflügeln geziert. Die weiter unten an der Straße liegenden Gebäude dienten als Pferdestallungen.

Gegenüber der Villa und den ehemaligen Reitställen befindet sich der Luitpold-Park, mit dem die Berchtesgadener den Bruder von Max II., den Prinzregenten Luitpold, in Ehren halten wollten. Er stand 1886 bis 1912 dem Bayerischen Staat vor, nachdem seine Neffen Ludwig II. und Otto I. die Amtsgeschäfte wegen geistiger Umnachtung nicht mehr führen konnten. Er galt als volksnaher Herrscher, der viele Herbstmonate zur Jagd in Berchtesgaden weilte und gerne in der damals typischen Jägerkleidung auftrat: kurze Lederhose, Lodenjoppe und Hut. Ihm setzen die Berchtesgadener 1893 ein Denkmal mit dem lebensgroßen Monument, das ihn als Jäger darstellt. An dieses Jägergewand lehnte sich dann übrigens die Berchtesgadener Männertracht an.

Wir biegen jetzt unterhalb der ehemaligen Reitställe in die Ludwig-Ganghofer-Straße ein, folgen dieser, bis wir bei einem Küchenstudio auf die Abzweigung zur Griesstätterstraße stoßen. Dort drehen wir uns um und werfen einen Blick zurück auf die spektakuläre Villa Marienfels oben am Hang. Dann gehen wir links in die Dr.-Imhof-Straße und kurz darauf rechts durch den Durchgang zum Weihnachtsschützenplatz. Wenn wir die Metzgerstraße vorgehen, gelangen wir zum Gasthof Neuhaus und durch die Torbögen zurück zum Schlossplatz.

Berchtesgaden – geprägt von frommen Riten und berühmten Personen

Nicht nur das Augustinerkloster, das Zentrum der Fürstpropstei, sondern auch ein Nonnenkloster und später die Franziskaner prägten das heutige Ortsbild Berchtesgadens. Zudem spielten die Marien-Wallfahrten eine nicht zu unterschätzende Rolle. Bei unserer kurzen Runde gedenken wir zudem im Kurgarten und auf dem malerischen Friedhof einiger Persönlichkeiten, die zur Bekanntheit Berchtesgadens beigetragen haben.

Parkplatz und Bushaltestellen Franziskanerplatz oder AlpenCongress (Tiefgarage), Start im Kurgarten

Gehzeiten (ohne Besichtigung): Über die Sonnenpromenade zur Franziskanerkirche 10 Min., über Friedhof zurück zum AlpenCongress 10 Min.

Wir beginnen diesen historischen Spaziergang beim Eingang in den Kurgarten an der Maximilianstraße – schräg gegenüber vom Haupteingang des Hotels Edelweiss. Links vom Kurgarten-Eingang entdecken wir ein (recht modernes) Wandrelief, das den Almabtrieb der Kühe zeigt, einen der Höhepunkte des Jahres in dieser bäuerlich geprägten Region. Wenn wir uns nach dem Eintritt zurückwenden, sehen wir an der Mauer ein hölzernes Denkmal, das an das 100-jährige Jubiläum eines Weihnachtsschützen-Vereins im Jahr 1987 in Berchtesgaden erinnert. Die Weihnachtsschützen spielen eine große Rolle in der Berchtesgadener Tradition: Eine Woche vor dem Heiligen Abend schießen die Böllerschützen jeden Nachmittag um 15 Uhr in rhythmischen Salven, um das Christ-

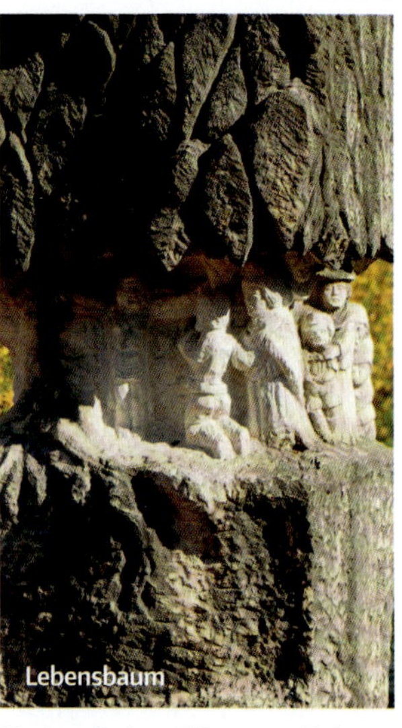
Lebensbaum

kind auf den Weg zur Erde zu geleiten und willkommen zu heißen. Aber auch zu Silvester, an hohen kirchlichen Festtagen und

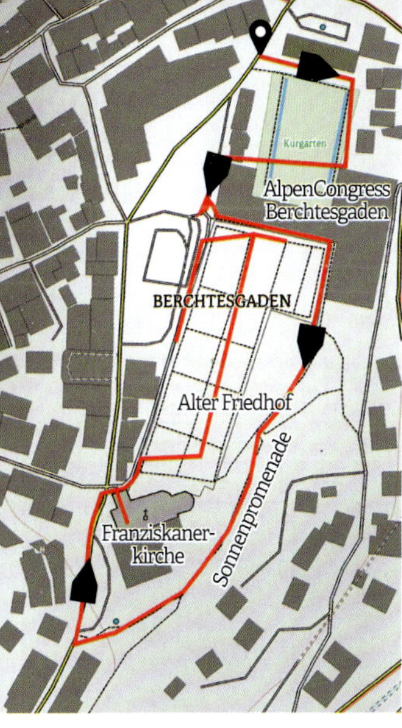

bei Hochzeiten treten die Weihnachtsschützen in Aktion.

Anfangs war das Gelände des heutigen Kurgartens der Kraut- und Gemüsegarten der Fürstpropstei. Als die bayerischen Könige im 19. Jahrhundert hier weilten, wurde er zum Hofgarten umfunktioniert. Heute ist er der Öffentlichkeit zugänglich. Wir gehen zunächst an der Pergola (links) entlang zu einer auffälligen Stein-Stele. Diese moderne Skulptur trägt den Namen „Wallfahrer unterm Lebensbaum" und spielt auch auf die Ausgrenzung der evangelischen Christen in Berchtesgaden an: Der letzte Mensch in der Reihe der frommen Christen ist abgewandt, als Evangelischer will er nicht an der Wallfahrt teilnehmen.

Jetzt gehen wir an der Hecke entlang und sehen kurz vor dem Gebäudeflügel des AlpenCongress ein Denkmal für den Schriftsteller Ludwig Ganghofer: Dieser Ende des 19. und Anfang des 20. Jahrhundert populäre Schriftsteller hat eine Serie von sieben Romanen geschaffen, die auf der Berchtesgadener Geschichte basieren und auch vielfach verfilmt wurden. „Die Martinsklause" und „Der Mann im Salz" sind die bekanntesten Titel. Aus dem Roman „Die Martinsklause", der die Gründungsgeschichte Berchtesgadens aufgreift, stammt der Ausruf „Herr, wen du lieb hast, den lässest du fallen in dieses Land", der bis heute vielfach zitiert – gar ein wenig überstrapaziert – wird.

Wir verlassen den Kurgarten durch den Durchgang im AlpenCongress schräg gegenüber. Hier befindet sich links die Tourist Info, deren Räume wir außen umrunden und dann links zwischen dem AlpenCongress und der Friedhofmauer entlanggehen. Der Weg knickt nach rechts ab und wir gelangen bald auf die Sonnenpromenade. Etwa 200 Meter weiter vorne, vor den Mauern des Franziskanerklosters und nach den Bankreihen in den Mauern, gewinnen wir einen guten Eindruck von der Position des Marktes Berchtesgaden in geschützter Lage am Hang weit oberhalb des Flusstals. Unten schauen wir auf geschichtsträchtiges Areal: Dort,

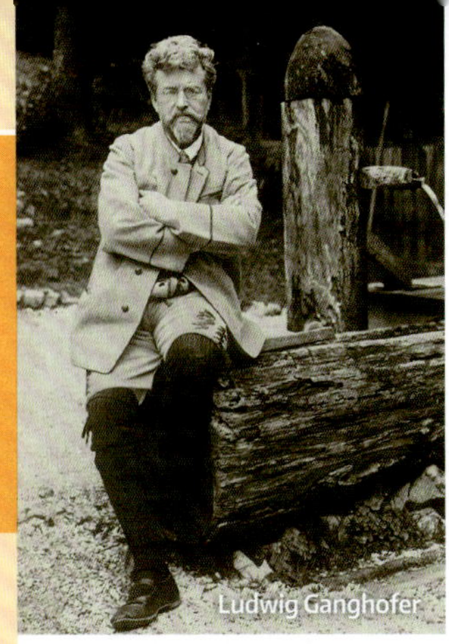

wo heute der Bahnhof, Gleise und weite Parkflächen zu sehen sind, befand sich fast vier Jahrhunderte lang die Saline Frauenreuth, in der das Salz aus der Sole gesotten wurde. Für diesen Verdampfungsprozess wurde viel Holz benötigt. Insofern lag die Saline sehr günstig, weil das Holz auf beiden hier zusammenfließenden Flüssen, der Königsseer und der Ramsauer Ache, herangeschafft – getriftet – werden konnte.

Wir verlassen jetzt die Sonnenpromenade und umrunden das Kloster, um dann über ihr Westportal (an der Straßenseite) in die Kirche einzutreten. Die zweischiffige hochgotische Hallenkirche mit reichen Netzgewölben wurde im 15. Jahrhundert für das Frauenkloster „Am Anger" errichtet. Die Chorfrauen der Augustiner hatten ihr damaliges Kloster im Nonntal (hinter dem Schlossplatz) verloren, nicht genau nachvollziehbar, ob durch Brand, Kriegswirren oder auch durch Steinschlag, denn es lag unter dem Lockstein, dessen Name tatsächlich auf den lockeren Stein dieses felsigen Hügels hinwies.

Jedenfalls entstand auf dem Anger (Weide), der damals noch außerhalb des Marktes Berchtesgaden lag, ein neues Heim für die Augustiner-Nonnen und etwa 80 Jahre später dann auch die Klosterkirche, die aufgrund der verehrten Ährenmadonna – ein Gnadenbild, das bis heute erhalten ist – den Namen „Unsere Liebe Frau am Anger" erhielt. Die Säulen zwischen den beiden großen Kirchenschiffen lassen noch erkennen, dass früher der Kirchenraum getrennt war: Im rechten Schiff, das an die Klostergebäude angrenzt, beteten die Klosterfrauen, das linke dagegen war vermutlich der Allgemeinheit zugänglich.

Der Frauenkonvent löste sich Mitte des 16. Jahrhunderts auf, im späten 17. Jahrhundert zogen Franziskaner-Mönche ein, die die Kirche erst im Stil des Barock, aber dann Ende des 19. Jahrhunderts mit neogotischen Altären neu gestalteten. Der Franziskus- (links) und der Antonius-Altar (rechts) aus dieser Zeit sind bis heute erhalten, der damals geschaffene Herz-Jesus-Altar (in der Mitte) erhielt 1998 moderne Figuren und Reliefs.

Doch auch barocke Kunstwerke

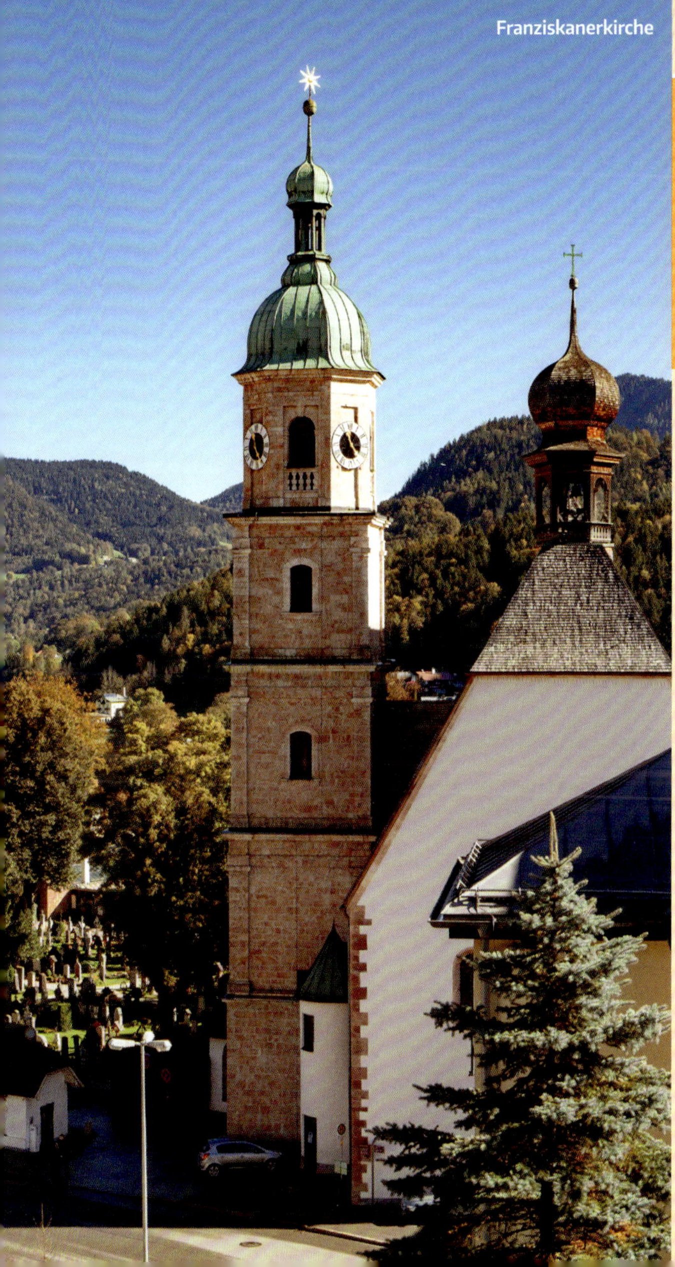

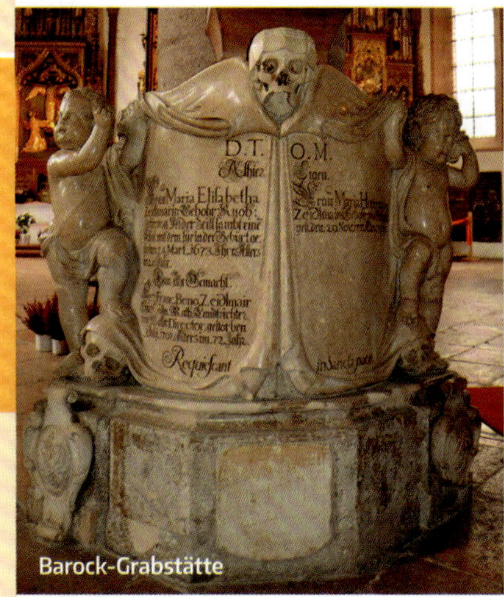

Barock-Grabstätte

sind noch zu entdecken: Beim Grabdenkmal der Familie Zeidlmair fallen die kunstvoll herausgemeißelten Putten, ein weinender und ein nach oben deutender, ins Auge. Totenköpfe, Sanduhren, Fledermausflügel und Schlangen lassen sich an diesem und anderen Grabmälern aus dieser Zeit entdecken – alles Symbole für die bedrohliche Vergänglichkeit, die im Barock ein dominantes Thema war. Ebenfalls an die Vergänglichkeit der Zeit soll die Uhr mahnen, die auf der rechten Kirchenseite über dem Oratorium – einem für den Fürstpropst geschaffenen Sonderzugang zum Gottesdienst oder privatem Gebet – angebracht ist. Nachdem wir vorne in der Kirche noch einen Blick auf die Ährenmadonna in der mit edlem Stuck ausgeschmückten barocken Gnadenkapelle geworfen haben, deren Deckenfresken leider nicht mehr erhalten sind, verlassen wir die Kirche durch das Nordportal.

Wir entfernen uns ein kleines Stück von der Kirche, um einen Blick auf den kunstvoll gestuften Läutturm werfen zu können: Dieser Anbau im Renaissance-Stil veränderte im 17. Jahrhundert – also in der Zeit zwischen den Augustiner-Nonnen und den Franziskaner-Mönchen – das Bild der Kirche einschneidend. Dieser hohe Turm aus Kälbersteinmarmor, der in einem Steinbruch oberhalb Berchtesgadens abgebaut wurde, mit elegantem Helm und Laterne gab der eher gedrungenen Klosterkirche ein stattliches Bild. Finanziert wurde dieser Turm von der Berchtesgadener Pfarrei St. Andreas, die zu dieser Zeit auch den Friedhof neben dem Klostergebäude anlegte. Bis heute gehört der Läutturm nicht zum Kloster, sondern zur Pfarrei St. Andreas. Etwa 40 Jahre später entstand übrigens erst der Dachreiter auf dem Westgiebel der Kirche (rechts vom Läutturm) – diesen errichteten sich die Franziskaner, damit sie zu ihren Chorgebetszeiten läuten konnten.

Wie kam es, dass sich die Berchtesgadener Kirche im

17./18. Jahrhundert nicht nur diesen Läutturm, sondern auch den Ausbau von St. Andreas und die Wallfahrtskirche in Maria Gorn leisten konnte? Wallfahrten brachte den Kirchen damals reiche Erträge und die Ährenmadonna – den Acker, aus dem Jesus Christus hervorging, symbolisierend – war ein sehr beliebtes Objekt, was auch die vielen Votivtafeln in der Gnadenkapelle erkennen lassen. Es ist verbrieft, dass die Kirche „Unserer Lieben Frau am Anger" nicht nur die Kirchenbauten finanzieren, sondern von ihrem Stammkapital zudem durchschnittlich 6.000 Gulden gegen Zinsen ausleihen konnte. Dass Wallfahrten damals ein gutes Geschäft waren, bezeugt auch noch das Lebzelter-Häuschen, der kleine Bau mit der Jahreszahl 1709 über der Tür, der direkt neben der Franziskanerkirche an der Maximilianstraße steht: Dort wurden die Wachskerzen für die Wallfahrt feilgeboten, „Lebzelter" war der damalige Begriff für den Wachszieher.

Nun gilt unsere Aufmerksamkeit dem Friedhof, und zwar gleich dem ersten Grabmal rechts, nachdem wir den Friedhof durch das nahe gusseiserne Tor betreten haben: Anton Adner war der berühmteste Hausierer der damaligen Zeit. Er brachte selbst gefertigte Holzwaren in seiner Kraxe (Trage) bis nach Südtirol und über München hinaus und strickte Strümpfe, während er ging. Er erreichte das biblische Alter von 117 Jahren (1705 – 1822), war aber fast bis zum Lebensende bei guten Kräften: Es ist erwiesen, dass er noch drei Jahre vor seinem Tod den Turm der Münchener Frauenkirche bestiegen hat. König Maximilian I. wählte ihn, den damals ältesten Bürger seines Reiches, mehrfach aus als Apostel für seine Fußwaschung am Gründonnerstag in der Münchener Residenz und verfügte, dass ihm für die letzten Lebensjahre eine Rente zukam. Nach seinem Tod belohnte der König die Bauern fürstlich, die Anton Adner in den letzten Jahren gepflegt hatten, und setzte dem legendären Hausierer dieses Grabmal.

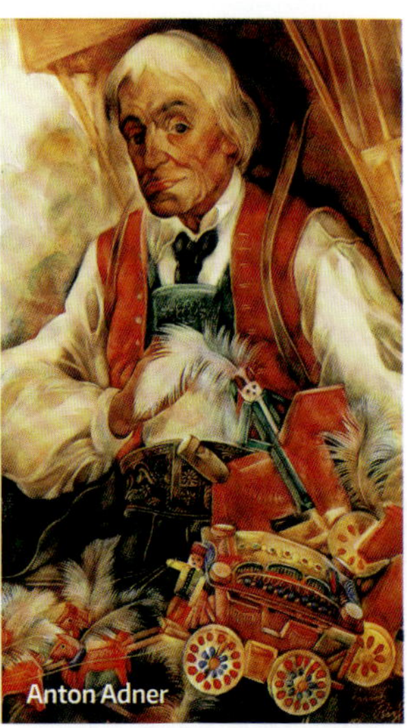
Anton Adner

Wenn wir an der Kirchenwand entlang bis zur vorletzten Ecke der Kirchenmauer vorgehen, finden wir das Grabmal der Mauritia Mayer, die nach ihrem Großvater Moritz genannt wurde, und die als Inhaberin der ersten Pension am Obersalzberg überregional bekannt war. Sie war eine hübsche und auch sehr starke Persönlichkeit, die das 1877 erworbene Bauernanwesen „Steinhaus" am Obersalzberg erfolgreich als landwirtschaftliches Gut bewirtschaftete und nach und nach in eine Fremdenpension verwandelte. Dort begrüßte sie zahlreiche Sommergäste, darunter auch bekannte Persönlichkeiten wie Clara Schumann, Johannes Brahms, Dr. Carl von Linde, Vertreter mehrerer Königshäuser, Maler, Gelehrte sowie die Schriftsteller Ludwig Ganghofer und auch Richard Voß.

Richard Voß setzte Moritz Mayer sogar ein literarisches Denkmal: In seinem Roman „Zwei Menschen" spielt die Handlung zwar in Südtirol, doch hat er sich Moritz Mayer zum Vorbild für die weibliche Hauptfigur Judith Platter genommen. Die Werke von Richard Voß gehörten in der damaligen Zeit zu den meistgelesenen im deutschsprachigen Raum, vor allem der Roman „Zwei Menschen" war ein regelrechter Bestseller. Die Romanfigur war so berühmt, dass auf der Gedenktafel der fiktive Name in Klammern aufgeführt wird und die Pension Moritz später in Platterhof umbenannt wurde und diesen Namen trug, bis die Nazis die Gebäude für sich beschlagnahmten.

Das Grab von Richard Voß, der auch mehrere in Berchtesgaden spielende Romane ge-

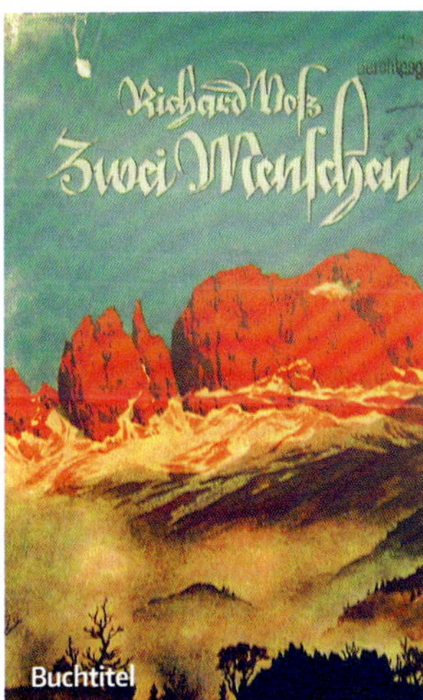

Buchtitel

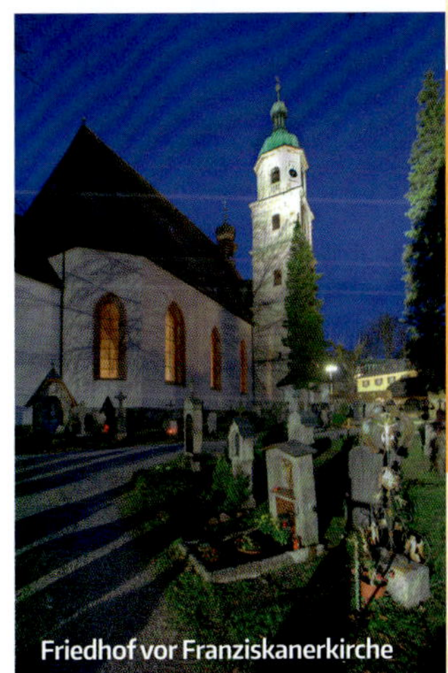
Friedhof vor Franziskanerkirche

schrieben hat, finden wir ebenfalls auf diesem Friedhof: Wir gehen am besten durch den Mittelgang zwischen den Gräbern in Richtung des AlpenCongress und dann unmittelbar vor der Friedhofsmauer nach rechts, wo wir nach etwa 15 Grabmälern das Urnengrab des Dichters Richard Voß und seiner Frau entdecken.

Von den Grabmälern der berühmten Berchtesgadener Persönlichkeiten wenden wir uns jetzt zur Gesamtanlage des denkmalgeschützten Friedhofs – eine Oase inmitten des geschäftigen Ortes. Barocke Mauern umgeben eine Vielzahl schlichter Gräber, die nahezu allesamt gepflegt sind. Nicht nur am 1. November, wenn die Katholiken ihrer Verstorbenen besonders gedenken, sondern auch am Heiligen Abend erstrahlt der Friedhof als ein Lichtermeer: In Berchtesgaden erhalten viele Verstorbene an Weihnachten kleine Christbäume aufs Grab, deren Kerzen beim Einbrechen der Dunkelheit am Heiligen Abend angezündet werden.

Bevor wir den Friedhof verlassen, sollten wir noch an der rechten Mauer (mit AlpenCongress im Rücken) entlanggehen und die wieder freigelegten oder restaurierten alten Gedenksteine der Kriegsgefallenen aus Berchtesgaden, die nicht in heimischer Erde zur Ruhe kommen konnten, bewundern. In der Mitte der Mauer nehmen wir den dortigen Ausgang, um dann – nach rechts – wieder zum AlpenCongress zu gelangen.

Der Obersalzberg – ein dunkles Kapitel der Berchtesgadener Geschichte

Das Dokumentationszentrum bringt Licht in die dunkelste Epoche der Berchtesgadener Geschichte: Die friedliche Landschaft am Obersalzberg mit seinen bäuerlichen Anwesen, Pensionen und privaten Landhäusern wurde von den Machthabern des Dritten Reichs in ein befestigtes Areal mit prunkenden Villen und Kasernen verwandelt. Davon sind nur noch einige Überreste zu sehen, die wir auf einer knapp einstündigen Runde aufsuchen.

Parkplatz: Dokumentationszentrum / Kehlsteinabfahrt (an der Obersalzbergstraße)

Gehzeiten (ohne Besichtigung): Vom Dokumentationszentrum zum Gelände des ehemaligen Berghofs 10 Min., zum Kempinski Hotel 15 Min., zurück zum Parkplatz 20 Min.

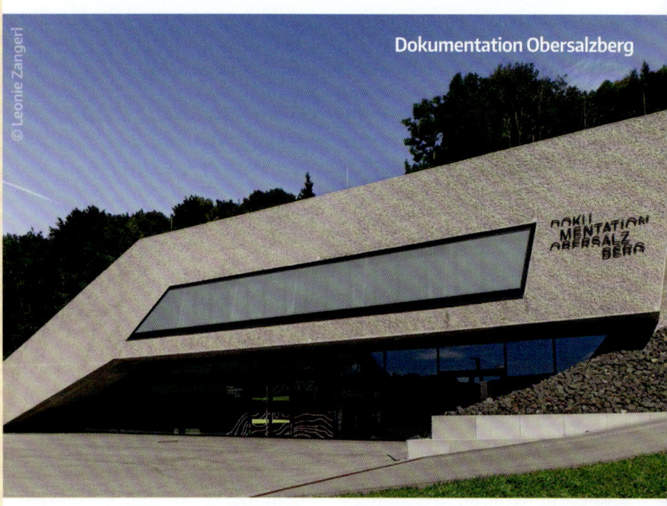

Dokumentation Obersalzberg

© Leonie Zangerl

Berchtesgaden, vor allem der Obersalzberg, erlangte in den zwölf Jahren des Nazi-Regimes eine beispiellose Bekanntheit: Nachdem Hitler sich dort ein Feriendomizil zugelegt hatte, siedelten sich auch andere Nazi-Größen an. Zu ihrer Sicherheit

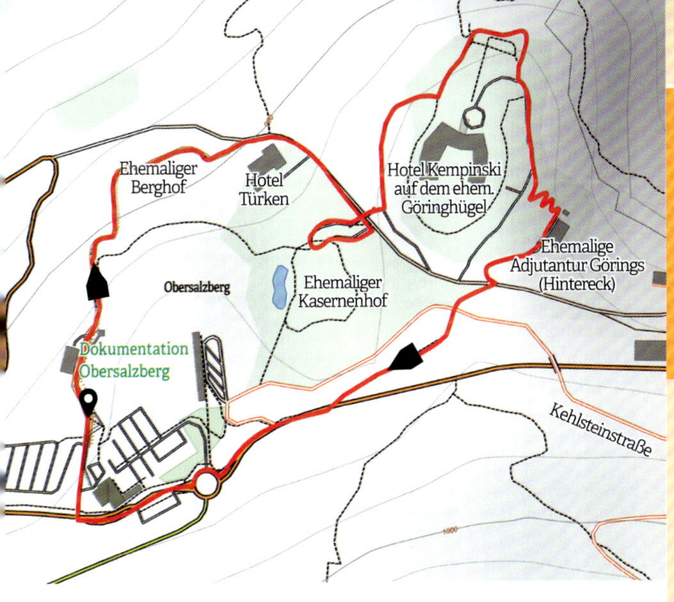

ließen sie Kasernen für die dort stationierten Truppen bauen und errichteten Bunker- und Tunnelsysteme, weshalb auch Arbeitersiedlungen und sogar eine große Theaterhalle zur Ablenkung für die vielen Arbeiter entstanden.

Unser Spaziergang beginnt mit dem Besuch des Dokumentationszentrums, das der Freistaat Bayern 1999 zusammen mit dem Institut für Zeitgeschichte eröffnet hat und das 2023 in einen in den Berg eingepassten Neubau umgezogen ist. Die Ausstellung „Idyll und Verbrechen" zeigt eindringlich, wie die Nationalsozialisten die schöne Landschaft und Bergkulisse nutzten: Hitler inszenierte sich hier als volksnaher Führer, als Natur- und Kinderfreund und großer Staatsmann in einer repräsentativen Umgebung.

Mittels vieler Beispiele – angefangen beim Klebebildchen-Sammelbuch mit Hitler-Fotos bis zu Schicksalsschilderungen einzelner Juden, die Hab und Gut und später ihr Leben verloren – illustriert die Ausstellung, wie die Nazis mittels Propaganda und rücksichtslosen Gräueltaten ihre Macht festigten. Etwa ein Viertel seiner Amtszeit verbrachte Hitler in seinem „Berghof" am Obersalzberg, hier fielen viele politische Entscheidungen, in scheinbar entspannter Atmosphäre. Der Überfall auf Polen wurde ebenso hier vorbereitet wie der Russlandfeldzug, was ein Kartentisch nachvollziehen lässt.

Das Dokumentationszentrum ermöglicht auch den Zugang zu einem Teil des in seinen Ausmaßen fast größenwahnsinnig anmutenden Bunkersystems. Hier bedrückt die Vorstellung, welche Bauten sich die Nazi-Größen zu ihrer Sicherheit noch in den letzten Kriegsmonaten errichten ließen, während Deutschland längst in Schutt und Asche versank. Anfangs für 30.000 bis 40.000 Besucher pro Jahr konzipiert, entwickelte sich das Dokumentationszentrum zur großen Attraktion am Obersalzberg: Die im Neubau Ende September 2023 eröffnete Ausstellung „Idyll und Verbrechen" zog bereits im ersten Monat fast 40.000 Menschen in ihren Bann.

Wenn wir nach dem Rundgang und der Besichtigung der Bunkeranlagen wieder nach draußen treten, gehen wir – vermutlich noch beklommen und etwas still – nach rechts entlang dem zentralen Gebäude des Dokumentationszentrums in den Wald. Dort halten wir uns bei der Weggabelung geradeaus und erreichen nach wenigen Minuten den Platz, an dem Hitler seinen „Berghof" ausbauen ließ.

Hitler kam 1923 erstmalig nach Berchtesgaden, 1925 – nach dem missglückten Hitler-Putsch in München und der Festungshaft in Landsberg – zog er sich dann dorthin zurück und diktierte den zweiten Band von „Mein Kampf". Mit Unterstützung hiesiger Freunde und Gönner konnte er 1928 das Haus Wachenfeld mieten; seine Halbschwester Angela Raubal führte ihm den Haushalt. Nach der Machtübernahme 1933 erwarb er das Haus und baute es von einem kleinen – eher bescheiden wirkenden – Feriendomizil innerhalb von drei Jahren zu seinem prächtigen „Berghof" um.

Die englische Luftwaffe zerbombte den Berghof am 25. April 1945 – ein Fliegerangriff mit 373 Flugzeugen und 1.232 Tonnen Bomben verwandelte den Obersalzberg in ein Trümmerfeld. Die Ruinen, die immer noch viele Besucher und auch einige Ewiggestrige anzogen, ließ die bayerische Staatsregierung 1952 – auf Drängen der amerikanischen Besatzungstruppen – schleifen. Demzufolge sind heute nur noch die hinteren Stützmauern sichtbar, dennoch wollen immer noch viele, auch internationale Besucher unbedingt den Standort des Berghofs besichtigen. Wir erhalten zumindest einen Eindruck, welch fantastischen Blick – damals noch nicht von Bäumen und Gebüsch behindert – die Machthaber ins Tal der Königsseer Ache, zum Untersberg und nach Salzburg hatten.

Wir gehen weiter hinab und treffen auf eine Straße, der wir rechts nach oben folgen. Über uns liegt jetzt das Hotel „Zum Türken", das während der Zeit, in der der Obersalzberg als Führersperrgebiet galt, vom Reichssicherheitsdienst belegt war. Ein Postenhäuschen direkt an der Straße erinnert noch heute an diese Funktion. Während in den ersten Jahren nach der Machtergreifung Tausende von Anhängern auf den Obersalzberg kamen, um einen Blick auf Hitler zu erheischen, war später das Betreten des umzäunten Führersperrgebiets nur noch mit einem Passierschein möglich – von Berchtesgaden aus mussten drei solcher Postenhäuser passiert werden.

Wenn wir uns mit dem Rücken zu dem Postenhäuschen stellen, dann blicken wir zum Standort des ehemaligen Bormann-Hauses, keine hundert Meter von hier im Gebüsch, aber nicht mehr zu erahnen. Dieses stattliche Landhaus – die umgebaute Villa des Arztes Dr. Seitz, der nebenan ein Kindersanatorium betrieb, – war das einzige Haus, das einen direkten Blick zum Berghof ermöglichte. Martin Bormann, Stabsleiter des Hitler-Stellvertreters Rudolf Hess und ab 1942 Sekretär Hitlers, war federführend für den gigantischen Umbruch am Obersalzberg: Auf sein Betreiben hin hatten über 50 Privateigentümer ihre Häuser am Obersalzberg abtreten müssen, teils gegen angemessene Entschädigung, teils wurden sie aber auch massiv – unter anderem durch Aufenthalte in Konzentrationslagern – unter Druck gesetzt.

Bormanns Bauwut schienen keine Grenzen gesetzt: Selbst in den Kriegsjahren konnte er durch seinen Einfluss und die Nähe zu Hitler noch Unmengen von Baumaterial herschaffen, so dass bis zu 6.000 Arbeiter den Ausbau von Gebäuden, Straßen und Tunnelsystemen vorantrieben. Nicht nur seine unerschöpflichen Bauvorhaben, sondern auch sein jähzorniges Gemüt waren berüchtigt, die Vorarbeiter fürchteten seine plötzlichen Kontrollen und sich ständig ändernde Pläne.

Wir wenden uns jetzt wieder nach oben und folgen der Straße, unterqueren die Fußgängerbrücke und biegen danach rechts ab in den geteerten Weg. Wenn wir diesem nach vorne gefolgt sind, stehen wir am Rande des ehemaligen Kasernenhofes: Vier Kasernengebäude mit riesigen Kellern und einem unterirdischen Schießplatz hatte Bormann für Truppen errichten lassen, die für die Sicherheit der Führungsclique sorgten. 2001 wurde der Platz, dessen Gebäude durch den Bombenangriff zerstört worden waren, eingeebnet, die Keller freigelegt und Hohlräume gefüllt. Heute dient der Platz dem Kempinski-Hotel als Gelände für Freizeitaktivitäten der Gäste und besondere Events.

Wir wenden uns jetzt scharf nach rechts und nehmen die Fußgängerbrücke über die Straße. Diese führt uns zu einem Parkplatz für Gäste des Kempinski-Hotels, der vor den

Rückmauern der ehemaligen Gewächshäuser entstanden ist. Hier wurden nicht nur Gemüse und Pilze angebaut, sondern sogar Blumen gezüchtet – obwohl in den entbehrungsreichen Kriegsjahren allerorts die Parole „Gemüse statt Blumen" galt. Selbst als ein Hagel die Scheiben zerschlug, beschaffte Bormann noch das zur Reparatur notwendige Glas, auch wenn dieses in den zerbombten Städten so dringend benötigt wurde.

Wir folgen jetzt dem Fußweg nach oben, gehen am Skilift, der Terrasse des Luxushotels und dem Kinderspielplatz vorbei und steuern auf die niedrige Steinmauer auf der Anhöhe am Waldrand zu. Dort stand früher das Landhaus des Reichministers Hermann Göring, das genauso wie Bormanns Haus beim Bombenangriff massiv zerstört wurde und dessen Ruinen 1952 beseitigt wurden. Trotzdem blieb der Name Göring-Hügel noch jahrzehntelang ein Begriff, obwohl die frühere Bezeichnung Eckerbichl von offizieller Seite betont wurde. Diese Bergkuppe hat man 2002 etwas abgeflacht, um das 5-Sterne-Hotel dort zu platzieren.

Von der Steinmauer, hinter der übrigens noch ein paar original erhaltene Treppenstufen zu entdecken sind, bietet sich ein herrlicher Blick hinauf zum Kehlsteinhaus, das Bormann 1939 für Hitler errichten ließ. Die Straße hinauf musste dem Fels abgerungen werden und kostete einigen Arbeitern das Leben. Doch Hitler, der unter Höhenangst litt, war ganze 13 Mal dort oben. Heute ist das Kehlsteinhaus ein beliebtes Touristenziel, es ist nur mit öffentlichen Bussen anzufahren. Die letzten 124 Höhenmeter des Aufstiegs können die Touristen in dem verschwenderisch ausgestatteten Aufzug zurücklegen.

Unser Spaziergang führt uns nun links entlang des gepflasterten Fußwegs, dann ein kurzes Stück neben der Hotelzufahrt, bis wir links am Rande der asphaltierten Bucht (Feuerwehrfläche) einen Pfad entdecken. Dieser führt uns zur ehemaligen Adjutantur Görings, wo Dienststellen untergebracht waren. Heute liegt dahinter ein privates Wildgehege mit Adlern und Murmeltieren, dessen Besuch den idealen Ausgleich zu den Erinnerungen an die entsetzliche Hitlerzeit darstellen kann. Danach gehen wir an dem Haus vorbei und rechts entlang der Zufahrtstraße, kreuzen zwei Straßen und nehmen den geteerten Fußweg, der uns, zuletzt entlang der Straße, zu einem Kreisverkehr und einem Parkplatz hinaufführt.

Der Parkplatz befindet sich auf dem ehemaligen Platterhof-Gelände, das eine wechselvolle Geschichte erlebt hat: Hier stand einst die Pension Moritz, die erste Fremdenpension am Obersalzberg. Deren Inhaberin Mauritia (Moritz) Mayer diente dem befreundeten Schriftstel-

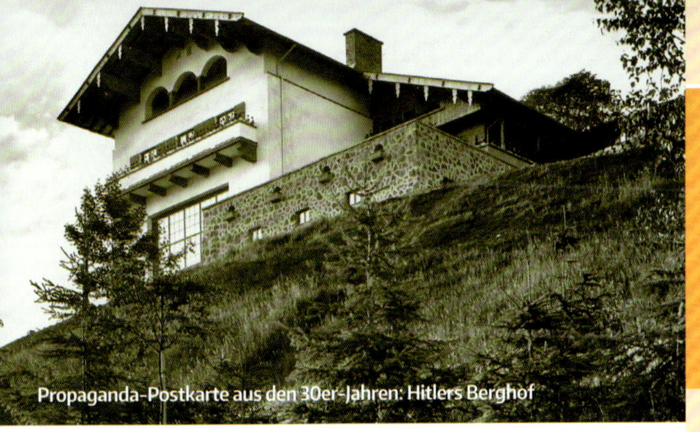
Propaganda-Postkarte aus den 30er-Jahren: Hitlers Berghof

ler Richard Voß als Vorbild für die Hauptfigur Judith Platter seines damals sehr berühmten Romans „Zwei Menschen", weshalb die Pension dann von den späteren Besitzern Platterhof genannt wurde. Diese Pension fiel jedoch auch Bormanns Bauwut zum Opfer: Hitler hatte den Wunsch nach einem Volkshotel für die Besuchermassen verlauten lassen, dieses sollte an dieser Stelle entstehen. Stattdessen ließ Bormann jedoch letztlich ein Luxushotel errichten, das bei dem Bombenangriff 1945 schwer beschädigt wurde. Die amerikanischen Besatzungstruppen bauten die Hotelanlage jedoch wieder auf und nutzen es als General Walker Hotel, ein Erholungsresort für die in Deutschland stationierten Truppen. Nachdem die Amerikaner dieses Hotel jedoch 1995 aufgaben, wurde es bis auf den damaligen „Skyline Room", eine frühere Terrassenhalle, abgerissen. In diesem Bauteil ist heute ein Restaurant untergebracht, an dessen rechter Seite eine Treppe wieder hinunter zum Dokumentationszentrum und dessen Parkplätzen führt.

Mit dem Dokumentationszentrum ist es – über 50 Jahre nach Ende des Krieges – gelungen, diesem Ort eine angemessene Rolle für die Erinnerung an das Nazi-Regime zuzuweisen. Denn anders als andere bereits bald errichtete Erinnerungsstätten wie die Konzentrationslager war der Obersalzberg kein Opfer-, sondern ein reiner Täterort des Nationalsozialismus. Deshalb hat sich der Bayerische Staat bewusst entschieden, hier keine Gedenkstätte, sondern ein Dokumentationszentrum zu errichten. Der Obersalzberg sollte kein Wallfahrtsort für verharmlosende oder gar neo-nazistische Verherrlichung werden – sondern ein mahnender Ort, an dem die Besucher erkennen können, welche grausamen Verbrechen und Kriege die von hier aus Herrschenden in Gang brachten.

Durch das Bergsteigerdorf Ramsau

Im 19. Jahrhundert kamen Heerscharen von Malern, um die Schönheit der Natur und die Ursprünglichkeit des Ortes festzuhalten. Ein Rundgang durch die Ramsau, die sich inzwischen mit dem Alpenvereinsprädikat „Bergsteigerdorf" schmücken darf, zeigt viele der Pretiosen, die schon die Maler fasziniert haben.

Parkplatz und Bushaltestelle Neuhausenbrücke in der Ramsau

Gehzeiten (ohne Besichtigung): Zur Pfarrkirche 20 Min., zur Kunterwegkapelle 20 Min., über Hochgart zur Ortsmitte 30 Min., zum Rathaus 10 Min., zurück zur Neuhausenbrücke 5 Min.

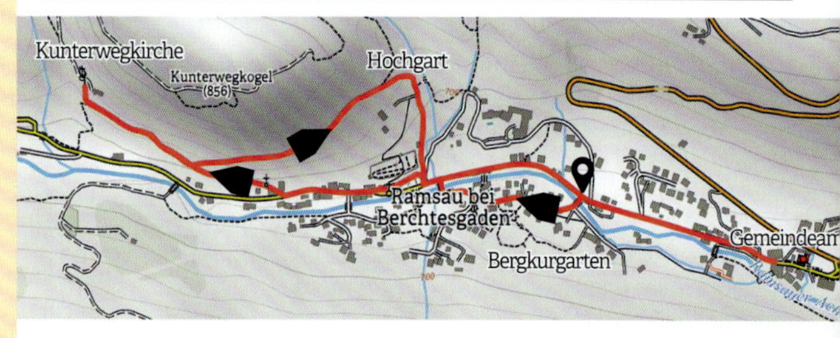

Noch am Rande des Parkplatzes können wir ein nachgebildetes Backhaus besichtigen, das Mitte des 19. Jahrhunderts auf einem kleinen Gut in der Nähe stand. Wir halten uns Richtung Ortsmitte, überqueren die Neuhausenbrücke und gehen entlang der Straße namens „Riesenbichl". Ein lohnender Abstecher nach links bringt uns zum Bergkurgarten mit dem Sole-Gradierwerk.

Zurück auf der Straße erblicken wir schon bald den barocken Turm der berühmten Pfarrkirche St. Sebastian vor dem Massiv der Reiteralm. Nach einem Haus mit dem Namen Malerwinkl richten wir unseren Blick nach links auf ein Bild auf einer stilisierten Malerstaffelei, das im 19. Jahrhundert hier gemalt wurde und jetzt als Nachdruck die dargestellte Szenerie nachempfinden lässt: Es zeigt das Schusterhäusl, wie es im späten 18. Jahrhundert ausgesehen hat, und stammt vermutlich von Johann Sperl, einem der bekannten Maler des Realismus.

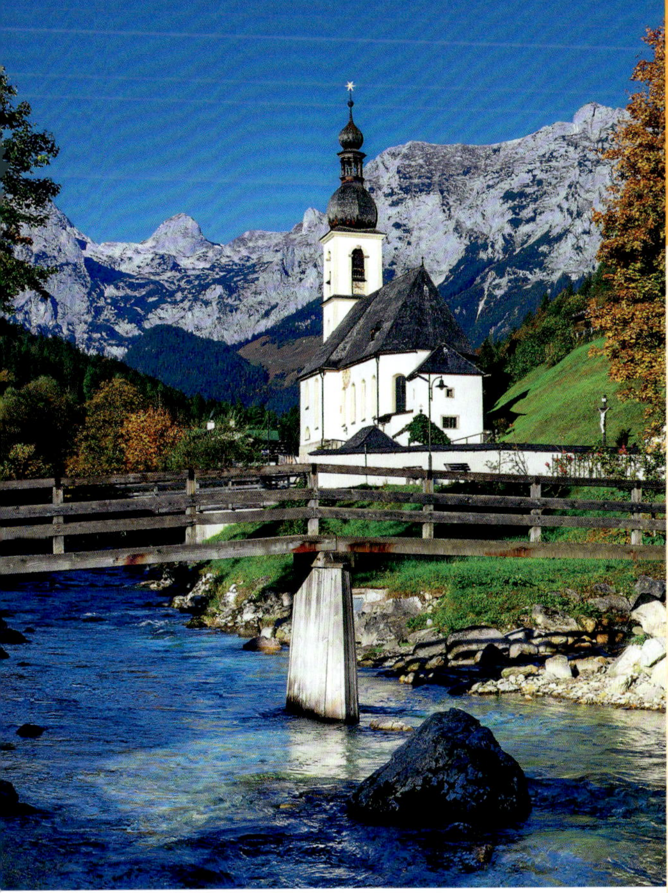
Weltberühmt: Die Ramsauer Kirche vor der Reiteralm

Dann verlassen wir die Straße und nehmen den Sandweg hinunter zu dem Holzsteg. Noch bevor wir diesen Ertlsteg hinüber zur Kirche queren, führt uns ein kleiner Sandweg rechts rückwärts zu einer Ansicht der Pfarrkirche vor den markanten Felswänden der Reiteralm: Der Wiener Maler Ferdinand Runk gilt als derjenige, der diese berühmte Perspektive erstmals skizziert hat. Mit diesen beiden Bildern beginnt der Maler-Rundweg, den die Gemeinde Ramsau angelegt hat, um den Besuchern die Perspektiven zu zeigen, aus denen die Maler die teilweise berühmten Gemälde geschaffen haben. Denn die Ramsau und der Hintersee waren – ebenso wie der Königssee – seit Beginn des 19. Jahrhunderts beliebte Ziele der Landschaftsmaler: Carl Rottmann, Ferdinand Waldmüller und sogar Wilhelm Busch kamen in dieses Gebirgstal und verewigten es in zahlreichen erstklassigen Gemälden. Der Maler-Rundweg führt zum Hintersee und um diesen herum; bei unserem heutigen Spaziergang werden wir nur einem Teil der Bilder begegnen. Jetzt queren wir den Steg, nicht ohne in seiner Mitte nochmal einen Blick auf die Pfarrkirche zu werfen und eins der berühmtesten Deutschland-Motive wahrzunehmen – millionenfach verwertet in Postkarten, Kalendern und Puzzles: die barocken Türme von St. Sebastian vor der imposanten Reiteralm.

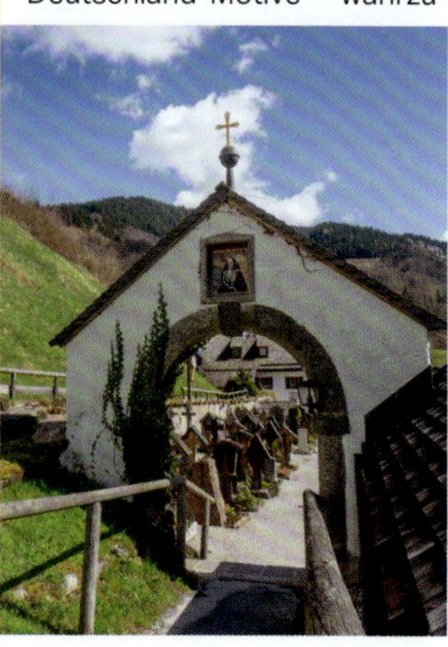

Die Staffelei auf der gegenüberliegenden Straßenseite (in der vorderen Ecke des dortigen Parkplatzes) zeigt die Kirche mit Friedhofsmauer und Eingangstor. Durch dieses – noch in dieser Form erhaltene - östliche Tor betreten wir jetzt den denkmalgeschützten Friedhof. Dieser wurde bereits 1658 angelegt und ist nicht nur, weil er in seiner ursprünglichen, harmonischen Form über Jahrhunderte erhalten blieb, sondern auch wegen eines Grabes und einer Gedenktafel erwähnenswert: Der berühmte Bergsteiger Johann Grill, genannt Kederbacher, der 1881 zusammen mit dem Wiener Otto Schück als Erster die Watzmann-Ostwand durchstieg, hat in der vierten Reihe des Friedhofs, fast am rechten Rand seine letzte Ruhestätte gefunden. Nur zwei Reihen weiter vorne hängt an der rechten Wand eine Tafel für Hermann Buhl, den Erstbesteiger des 8.125 m hohen Nanga Parbat (1953), der allerdings bei einer späteren Expedition in Nepal verschollen blieb.

Wir gehen seitlich an der Pfarrkirche St. Sebastian entlang und betreten sie durch ihren westlichen Eingang: Auch im Innenraum beeindruckt dieser Kirchenbau einerseits durch seine Schlichtheit, die aber durch die

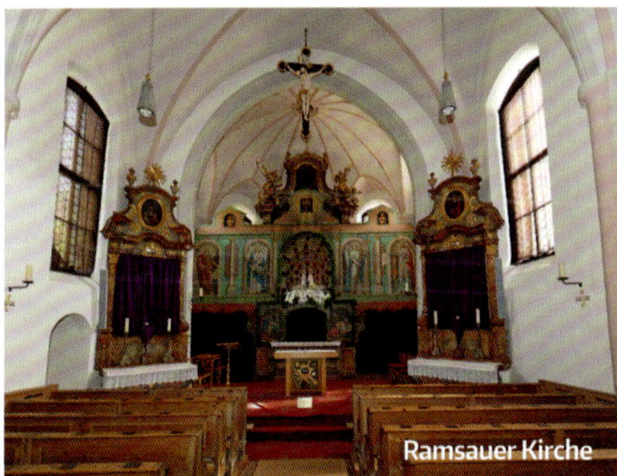
Ramsauer Kirche

barocken Altäre und eine historische Orgel prunkvolle Kontraste erhielt. Im Kern entstand die Kirche bereits 1512: Der damalige Berchtesgadener Fürstpropst Gregor Rainer platzierte sie in die Nähe der Taverne (heute Gasthaus „Oberwirt"), in der die Salzsäumer und andere Händler auf dem Weg Richtung Pinzgau Rast einlegten. Die Salzsäumer transportieren das im Mittelalter sehr wertvolle Handelsgut, auch „weißes Gold" genannt, über die Landesgrenze am Hirschbichlpass zwischen der damals selbstständigen Fürstpropstei Berchtesgaden und dem salzburgischen Pinzgau. Der 1295 erstmalig urkundlich als „Ramsaw" erwähnte Ort lag ideal, um den fahrenden Händlern Rast und Unterkunft bieten zu können.

Die Pfarrkirche erhielt ihr heutiges Bild dann um 1700: Der spätgotische Kirchenraum wurde – wie unzählige andere Kirchen in Bayern auch – barockisiert: Sie erhielt mit Gold, Engeln und unzähligen Zierelementen prunkende Hoch- und Seitenaltäre und die reich geschmückte Kanzel. Der hohe Westturm mit der für die Barockzeit typischen Zwiebel stammt ebenfalls aus dieser Zeit. Der Hochaltar zeigt das Martyrium des Kirchenpatrons, des heiligen Sebastians: Er starb durch unzählige Pfeile, weil er sich als Anführer der Leibwache des römischen Kaisers Diokletian zum Christentum bekannte.

Trotz des mächtigen barocken Kirchenschmucks ist die ehemals schlichte Anlage des Kirchenraums noch zu erkennen: Das Langhaus, also der große Kirchenraum, ist mit Kreuzgratgewölben geschmückt, der Marmorfußboden und das Kirchengestühl mit den schön geschnitzten Seitenwangen und den Namenstafeln, die die Kirchenplätze den Familien zuordneten, sind über 200 Jahre alt. Ein Blick zurück zur Orgelempore fällt auf zwölf Apostelfiguren mit Christus in der Mitte, die kunsthistorisch besonders wertvoll sind, weil sie bereits aus der ersten Hälfte des 15. Jahrhunderts stammen, also noch älter als die Kirche selbst sind.

Auch die Orgel hat einen Seltenheitswert: Sie wurde 1881

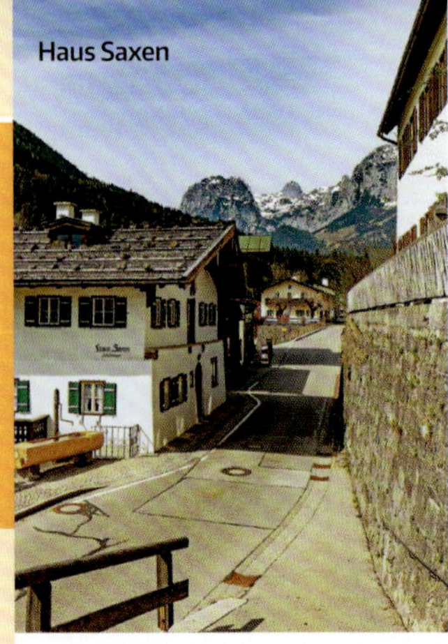
Haus Saxen

für eine mittelfränkische evangelische Kirche gebaut und kam 1992 hierher. Sie gilt als eine der wenigen romantischen Orgeln süddeutscher Art, bei denen noch Kegelladen und mechanische Spiel- und Registertrakturen erhalten sind. Ihr Gehäuse jedoch stammt von der ehemaligen Orgel der benachbarten Kunterwegkirche. Bis heute hält die Ramsauer Kirchengemeinde an alten Traditionen fest: Männer und Frauen sitzen auf unterschiedlichen Seiten der Kirche, bei Beerdigungen umkreisen die Trauernden den Hochaltar – die Männer im Uhrzeigersinn, die Frauen anders herum – und erhalten dann hinter dem Altar ein Sterbebildchen.

Nachdem wir die Pfarrkirche wieder durch das Westportal verlassen haben, gehen wir einige Meter der Straße entlang, vorbei am Eck des Hauses Saxen, das bereits seit 1632 erstmals urkundlich erwähnt wurde und bis auf den heutigen Tag die Ortsdurchfahrt einengen darf. Wir passieren den Oberwirt und gehen dann unterhalb des Gästehauses Oberwirt in den Sandweg, wo wir noch vor einer Kapelle die Staffelei mit dem Bild des englischen Malers Thomas Fearnley betrachten, das die Pfarrkirche aus dem außergewöhnlichen Blickwinkel mit dem Höhen Göll im Hintergrund zeigt.

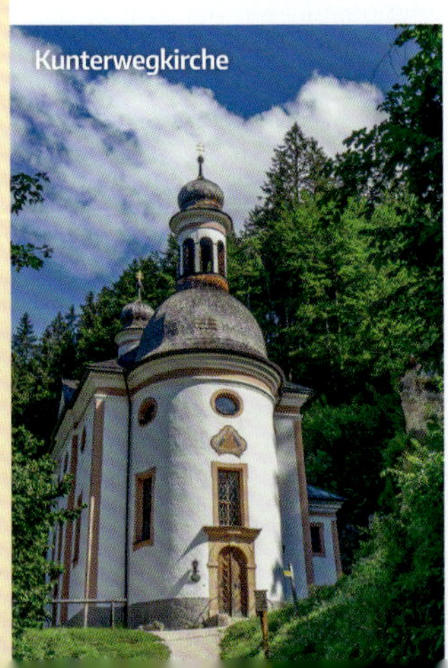
Kunterwegkirche

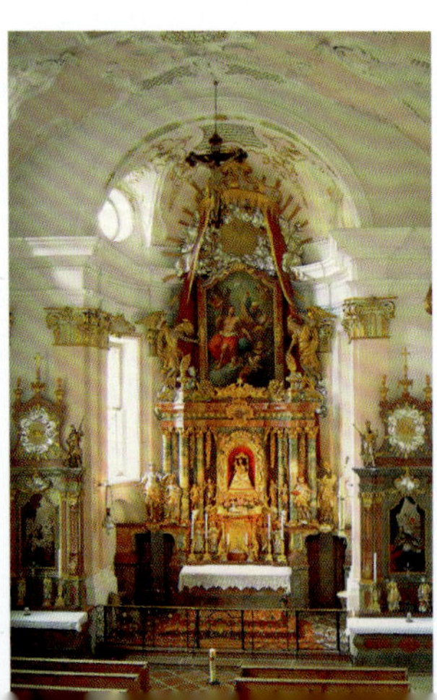

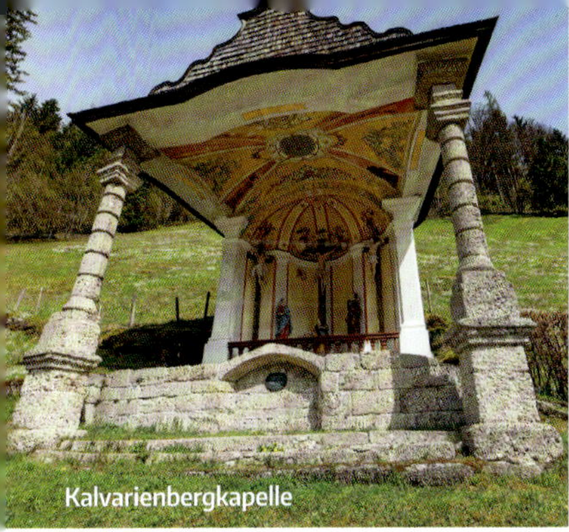
Kalvarienbergkapelle

betrachtet haben, nehmen wir den Stationsweg auf. Dieser Weg der 15 Rosenkranz-Geheimnisse führt uns bis zur Kunterwegkirche. Mehrere Kirchenprozessionen der Ramsauer Kirchengemeinde, etwa an Fronleichnam oder Erntedank, führen auch heute noch dort entlang.

Die Pletzer-Kapelle, auch Wirts-Kapelle genannt, die gleich neben diese Staffelei steht, fällt – wie auch einige Kapellen, denen wir später noch begegnen, – vor allem durch ihr weit vorkragendes Dach auf. Diese Kapellen dienten in früheren Jahrhunderten als Stationen auf den Leichenzügen, dort wurde innegehalten und gebetet.

Die kurz darauf auftauchende große Kalvarienbergkapelle bildet mit ihren fast lebensgroßen Figuren aus dem 18. Jahrhundert die Kreuzigungsszene im Stil des späten Rokoko ab. Die das Vordach tragenden Säulen sind aus Ramsauer Mühlstein, wie die hier abgebaute Gesteinsart Nagelfluh genannt wurde. Die Steinbrüche, in denen die Ramsauer den Mühlstein gewinnen konnten, waren damals eine wichtige Einkommensquelle für die Dorfbewohner, die ein karges Leben führten.

Nachdem wir auf der Staffelei das romantisch verklärte Bild von der Kalvarienbergkapelle

Der Kunterweg war jedoch nicht immer so heilig, wie die Stationstafeln vermuten ließen: „Kunter" war ein mittelhochdeutscher Begriff für Kleinvieh, also entstand der Weg als Verbindung zu den zur Ramsau gehörenden Hochflächen, wo die Ziegen und Schafe hinauf getrieben wurden. Wir erreichen jetzt über diesen gut hergerichteten Weg die Wallfahrtskirche Maria am Kunterweg, die alleine schon aufgrund ihrer exponierten einsamen Lage am Waldrand ein besonderes Kleinod darstellt.

Ebenso wie zwei weitere Kirchen im Berchtesgadener Talkessel, die ebenfalls an besonders malerisch exponierten Plätzen in Maria Gern und Ettenberg stehen, gibt die 1733 geweihte Wallfahrtskirche Maria am Kunterweg Zeugnis von der barocken Marienverehrung: In der Mitte des Hochaltars thront eine prächtig gekleidete Maria mit dem Jesuskind auf einem goldverzierten Thron. Das noch aus dem 17. Jahrhundert stam-

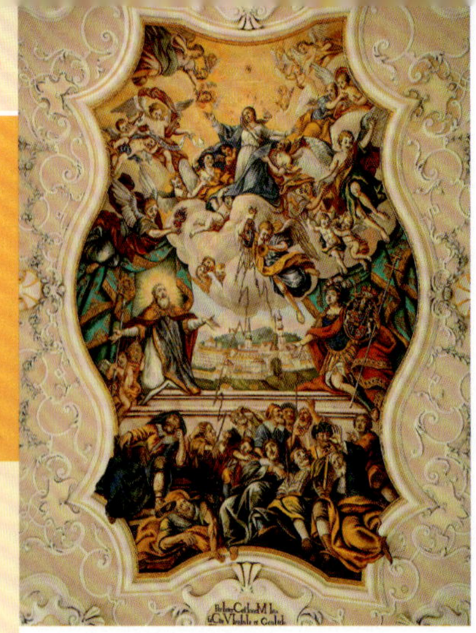

Protestanten, die 1733 mit Schimpf und Schande aus der Berchtesgadener Fürstpropstei, in der weltliche und kirchliche Macht in einer Hand lagen, vertrieben wurden. Ein kleines kunsthistorisches Detail: Wer genau hinschaut, erkennt Füße, Rocksäume und eine Hand, die – in Stuck gearbeitet – aus der Umrahmung des Bildes herausragen: ein typisches Stilelement des späten Rokoko.

mende Gnadenbild, das vor dem Kirchenbau in einer Nische der dahinterliegenden Felswand ausgestellt war und die Tradition der Wallfahrt begründete, ist mit einem goldenen Rahmen und Engelsfiguren umkranzt.

Das Deckenbild, für dessen Betrachtung man sich am besten an den rechten Rand des schmiedeeisernen Gitters zwängt, zeigt die Aufnahme Mariens in den Himmel – und zwar genau über dem Berchtesgadener Kloster und flankiert von einer Figur des Augustinus, zu dessen Orden das Berchtesgadener Stift gehörte, und einer Figur, die das Wappen des Fürstpropstes zeigt. Im unteren Teil sehen wir erbarmungswürdige Menschen – ausgestoßen jenseits der Klostermauer und von einem Engel mit Blitzen gequält. Dabei handelt es sich um die

Dass Maria am Kunterweg ein beliebtes Wallfahrer-Ziel war, bekunden auch die vielen Votivtafeln, die in den Nischen und auch an der Brüstung der obersten Empore angebracht sind. Sie stammen aus dem 18. und 19. Jahrhundert: Mittels dieser Tafeln, deren älteste Exemplare bereits in den Jahren 1702 und 1706 entstanden sind, bekundeten die Wallfahrer, dass die Fürbitten an die Heiligen zum erbetenen Ausgang geführt haben.

Die schmiedeeisernen Gitter, sowohl vor dem Hauptschiff als auch vor dem Altar, der kunstvoll ausgestaltete Deckenstuck, die goldverzierten Kapitelle unter dem Gesims, die harmonisch wirkenden Proportionen und die hochwertigen Malereien und Skulpturen dieser Haupt- und der Nebenaltäre zeugen davon, dass hier Meister ihres Fachs am Werk waren.

Auch die architektonische Anlage dieser Wallfahrtskirche erweist sich als gelungene Kreativleistung: Der Salzburger Hofbaumeister Sebastian Stumpfegger hat einen originellen Kirchenbau geschaffen, dessen halbkreisförmige Vorbauten vorne und hinten runde Halbkuppeln tragen, die jeweils von einem kleinen Laternenturm mit Zwiebelhelm gekrönt werden. Von der gegenüberliegenden Hangseite wirkt es so, als schaue man auf die Front einer breiten Kirchenfassade mit zwei Türmen.

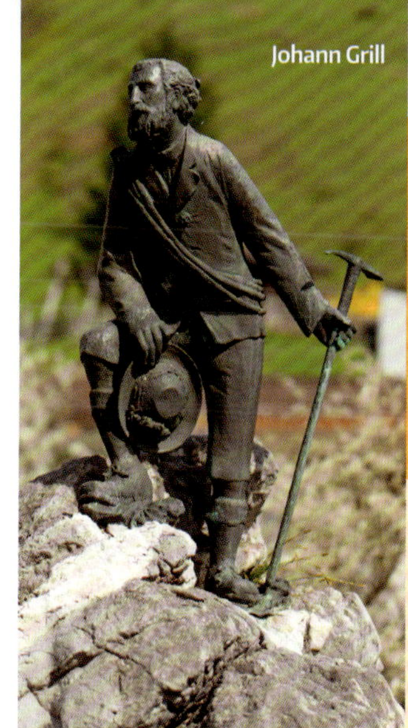
Johann Grill

Wir wenden uns jetzt wieder zurück, nehmen aber nicht den breiten Weg, sondern einen kleinen Pfad, der nach ein paar Metern links abzweigt und parallel zum Hang verläuft. Dieser führt uns, an einem für diese Region typischen Bildstock mit einer Christusfigur und einer Skizze von Wilhelm Busch vorbei an den oberen Rand einer wunderschönen Wiese mit einigen Rastbänken, von wo aus wir über das ehemalige Bauernanwesen Hochgart hinweg das Dorf Ramsau überblicken. Wir nehmen die Stufen und dann die steile Straße abwärts und landen damit wieder an der zentralen Dorfstraße „Im Tal", der wir jetzt nach links folgen.

Kurz darauf sehen wir nochmal eine Kapelle mit vorkragendem Dach für die Leichenzüge, die Barberkapelle, und etwa 500 Meter weiter Richtung Ortseingang die Mairinger Kapelle, eine Wegkapelle ohne lang gezogenes Dach. Rund um ihr Rathaus gedenkt die Gemeinde, die seit 2015 als erster deutscher Ort zu den Bergsteigerdörfern des Alpenvereins gehört, ihrer berühmten Bergsteiger-Legenden: Eine Gedenktafel erinnert an die Erstbesteigung des Nanga Prabat durch Hermann Buhl und ein schön angelegter Brunnen mit nebenstehendem Schilderbaum rühmt die bergsteigerischen Leistungen des ersten autorisierten Bergführers Deutschlands, Johann Grill, der nach dem Lehen, aus dem er stammt, Kederbacher genannt wurde. Dieser war übrigens auch der erste Pächter des Watzmannhauses, das bereits 1888 erbaut worden war.

Wenn das Wetter mal nicht so schön ist

Kaum eine Alpenregion hat so viele Optionen bei schlechtem Wetter zu bieten wie das Berchtesgadener Land. Alleine im Ort Berchtesgaden und seiner direkten Umgebung finden sich über zehn Anlaufstellen für Schlechtwettertage. In einer guten halben Stunde erreicht man zudem Salzburg und Bad Reichenhall und weitere Attraktionen.

Unter den 75 beschriebenen Touren eignen sich gut die **„Historischen Spaziergänge"**, aber auch die (gelb gekennzeichneten) **Talwanderungen und die Klamm-Besichtigungen** (Wimbachklamm und Almbachklamm) als Schlechtwetter-Alternativen – wenn es nicht gerade stürmt oder aus Kannen gießt, was hier aber nur sehr selten vorkommt. Darüber hinaus versprechen folgende Ziele eine interessante Abwechslung.

Königliches Schloss mit Rehmuseum, Berchtesgaden
Wie im ersten Historischen Spaziergang beschrieben, ist das Königliche Schloss, vormals das Kloster der Augustiner, auf jeden Fall einen Besuch wert. Sehr stimmungsvoll sind Abendführungen und Schlossführungen im Advent. Im Rehmuseum kann man sich von der Jagdleidenschaft und den Forschungen des Herzogs Albert von Bayern begeistern lassen.

Dokumentationszentrum, Berchtesgaden-Obersalzberg
Wie im vierten Historischen Spaziergang geschildert, liefert das Dokumentationszentrum einen umfassenden Überblick über Ideologie, Praktiken und Machenschaften während des Dritten Reichs.

Haus der Berge und weitere Nationalpark-Informationsstellen, Berchtesgaden und Umgebung
Eine wahrhaft interessante Ausstellung „Vertikale Wildnis", aber auch viele (kostenlose) Wechselausstellungen und Einblicke erhält man im Haus der Berge, dem Nationalparkhaus. Zudem bietet der Alpen-Nationalpark sechs Informationsstellen an: Zwei im Klausbachtal, je eine an der Wimbachbrücke, auf der Königssee-Halbinsel bei St. Bartholomä, auf der Kühroint-Alm und in der Jennerbahn-Bergstation.

Salzbergwerk, Berchtesgaden
Das älteste, sich noch in Betrieb befindende Salzbergwerk Deutschlands ermöglicht den Besuchern eine Einfahrt auf typischen Bergmannszügen, die Nutzung der früheren Rutschen der Bergleute und die Fahrt

über einen illuminierten unterirdischen See.

Watzmann Therme, Berchtesgaden
Ein 25-Meter-Becken lockt auch sportliche Schwimmer, das Erlebnisbecken mit einem großen Strudel und einer Rutsche bietet Familien viel Abwechslung. Zudem findet sich in der Watzmann Therme ein großer Wellness- und Saunabereich.

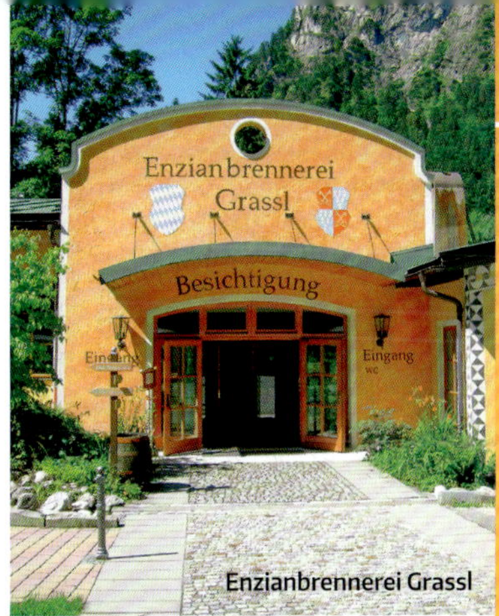

Enzianbrennerei Grassl

Museum im Schloss Adelsheim, Berchtesgaden
In diesem Renaissance-Schlösschen verstarb der letzte Fürstpropst 1803 kurz nach seinem Rücktritt. Die Sammlung historischer Werke der Berchtesgadener Handwerkskunst, traditioneller Trachten und volkskundlicher Zeugnisse über das Leben zwischen Untersberg und Watzmann ist sehenswert.

Kugelmühle, Marktschellenberg
Beim Gasthaus Kugelmühle, unmittelbar vor dem Einstieg in die Almbachklamm, können Besucher bis heute bestaunen, wie Marmorkugeln, früher ein beliebtes Spielzeug, allein durch Wasserkraft geschliffen werden.

Eishalle, Berchtesgaden
Nicht nur in den Wintermonaten, sondern auch in Frühjahr und Herbst ist die Eishalle der Gemeinde Berchtesgaden geöffnet, wo ein aktiver Eislaufverein mit Eishockeymannschaft und Eisläufern trainiert, aber auch andere Freizeitsportler jeden Tag zu festgelegten Laufzeiten willkommen sind.

DAV Alpin- und Kletterzentrum Bergsteigerhaus Ganz, Bischofswiesen-Strub
Zwei große Kletter- und zwei Boulderhallen bieten herausfordernde, abwechslungsreiche Routen, falls das Wetter nicht zum Klettern am Fels einlädt. Auch das Klettern mit Selbstsicherungsgeräten ist möglich.

Enzianbrennerei Grassl, Berchtesgaden-Unterau
Wie der Enzian-Schnaps aus den Wurzeln der gleichnamigen Bergblumen gebrannt wird und schmeckt, erfahren Besucher bei einem kostenlosen Rundgang in der Enzianbrennerei Grassl.

Lesesäle in den Tourist Infos
In den Lesesälen der Tourist Infos von Schönau und Ramsau finden Feriengäste, die ihre Regentage etwas ruhiger angehen möchten, aktuelle Tageszeitungen und Zeitschriften sowie kostenloses WLAN.

Salzburger Altstadt
Ihre Lage an der Salzach, umringt von den Stadtbergen, verleiht der Salzburger Altstadt ihre besondere Attraktivität. Hinzu kommt, dass das barocke Stadtbild mit großen Plätzen, einem sehenswerten Dom und vielen schönen Kirchen und Gebäuden noch sehr gut erhalten und als Unesco-Weltkulturerbe gerühmt ist. Als Museen sind das Salzburg Museum, das DomQuartier und das Haus der Natur, letzteres auch für Kinder, besonders interessant.

Salzburger Freilichtmuseum, Großgmain
Über hundert wieder errichtete Originalbauten – alte Bauernhäuser, eine Schule, eine historische Museumsbahn und viele Handwerksstätten – bilden das Salzburger Freilichtmuseum, das zudem mit vielen netten Veranstaltungen und Vorführungen von alten Handwerkspraktiken lockt.

Schloss und Wasserspiele Hellbrunn, Salzburg
Der Schlosspark ist eine Schau – etwa mit leuchtenden Dahlienbeeten von Juli bis September oder seinem Abenteuerspielplatz. Die Wasserspiele sind ein Spaß, mit dem sich bereits die Gesellschaft der Adeligen im 17. Jahrhundert vergnügt hat.

Zoo, Anif bei Salzburg
Seine Lage vor einer natürlichen Felswand und seine wohl bedachte Anlage belässt den Lebensräumen der Tiere in diesem Zoo viel Natürlichkeit. Tolle Führungen unter bestimmten Themenschwerpunkten machen ihn bei Regenwetter zu einer wirklich attraktiven Alternative.

Alte Saline, Bad Reichenhall
Salz wird in Bad Reichenhall vermutlich bereits seit der Keltenzeit gewonnen: Solequellen brachten das in Frühzeit und Mittelalter sehr wertvolle Salz an die Oberfläche, wo es dann in Sudpfannen eingedampft wurde. Die Alte Saline, die unter dem bayerischen König Ludwig I. errichtet wurde, ist ein einmaliges Industriedenkmal, birgt einen Quellenbau mit großen Wasserrädern und ein Salzmuseum.

Hans-Peter-Porsche TraumWelt, Anger
Eine Sammlung von Blechspielzeugen und eine Modellbahnwelt in einem modernen Museumsbau mit Park und Abenteuer-Spielplatz bilden ein außergewöhnliches Museum, mit dem sich der Porsche-Enkel einen Traum verwirklicht hat.

Register (nur Wanderungen und Bergtouren)

Register

Herausgeber
Plenk Media und Verlag GmbH & Co. KG
83471 Berchtesgaden | Koch-Sternfeld-Straße 5
Telefon +49 (0) 8652 4474
mail: info@plenk.media | www.plenk-verlag.com

4. aktualisierte Auflage 2024
Autorin: Elke Kropp | Bilder: Autorin und Verlag
Druckvorstufe: plenk.media | Gesamtherstellung: Printed in EU

Die GPX-Daten hat der Verlag – ebenso wie die Tourenkarten – auf Basis von offiziellem Kartenmaterial nach bestem Wissen und Gewissen erstellt. GPX-Daten können vom Gelände abweichen. Es kann passieren, dass bei die Wiedergabe mit GPS-Geräten durch Störungen die Tracks fehlerhaft dargestellt werden. Der Verlag empfiehlt den Nutzern, stets Vorsicht walten zu lassen, das eigene Orientierungsvermögen nicht zu ignorieren und nicht abseits jeglicher Pfade ins Gelände zu gehen. Die GPX-Tracks werden unverbindlich zur Verfügung gestellt. Für die Benutzung ist der Wanderer und Bergsteiger (Nutzer) alleine verantwortlich. Der Verlag übernimmt keine Gewähr für die Richtigkeit der GPX-Daten (Tracks).

Der Wanderführer bzw. die Touren unterliegen stetigen Veränderungen auch durch Natureinflüsse (Unwetter, Felssturz, Lawinen, Hochwasser usw.). Die Angaben im Führer können vom aktuellen Naturzustand abweichen. ***Zeitangaben können je nach Kondition unter- oder überschritten werden!*** *Alle Touren wurden in den letzten drei Jahren neu begangen und nach bestem Wissen und Gewissen zusammengestellt. Alle Benutzer der Karten und des Führers verwenden diese ausschließlich auf eigenes Risiko und auf eigene Gefahr, somit eigenverantwortlich. Eine Haftung für etwaige Schäden und Unfälle jeder Art übernimmt der Verlag nicht. Bei der großen Datenmenge, die in diesem Wanderführer, den Kartenskizzen, den Fotos und den GPS-Tracks verarbeitet wurden, können Fehler vereinzelt auftreten. Unstimmigkeiten sind nicht auszuschließen.*
Änderungshinweise und Korrekturen nimmt der Verlag gerne entgegen und ist sehr dankbar dafür!